Über dieses Buch

Die Erfahrung hat gelehrt, daß geschichtliche Ereignisse erst in gehörigem Abstand interpretiert und sachlich dargestellt werden können. Aus diesem Grunde unterlagen auch viele Publikationen über das Phänomen des Nationalsozialismus tendenziösen Einflüssen und begegneten dadurch zum Teil dem Widerstand der Leserschaft. Wir haben daher versucht, die politischen Ereignisse der jüngsten deutschen Vergangenheit selber sprechen zu lassen.

Die Dokumente, die Walther Hofer, Professor für Neuere Geschichte an der Universität Bern, zusammengestellt und kommentiert hat, sprechen eine beredte Sprache und sind unwiderlegbar. Jeder Satz hat authentischen Aussagewert und steht für eine menschliche und politische Haltung, die als abschreckendes Exempel der Gegenwart vor Augen geführt werden muß. Wir hoffen, daß dieses Brevier der Unmenschlichkeit, das zugleich die Kräfte eines anderen, besseren Deutschland beschwört, seine Wirkung auf die Leser nicht verfehlen wird.

DER NATIONALSOZIALISMUS

DOKUMENTE 1933-1945

Herausgegeben,
eingeleitet und dargestellt von
WALTHER HOFER

FISCHER TASCHENBUCH VERLAG

Originalausgabe
des Fischer Taschenbuch Verlages
1.–50. Tausend: August 1957
51.–100. Tausend: November 1957
101.–150. Tausend: Dezember 1957
151.–175. Tausend: Mai 1959
176.–200. Tausend: Januar 1960
201.–250. Tausend: März 1960
251.–275. Tausend: April 1960
276.–300. Tausend: August 1960
301.–325. Tausend: August 1961
326.–350. Tausend: März 1962
351.–375. Tausend: Dezember 1962
376.–409. Tausend: August 1963
410.–421. Tausend: Januar 1965
422.–446. Tausend: Juli 1965
447.–471. Tausend: Juli 1966
472.–501. Tausend: Juli 1967
502.–523. Tausend: Oktober 1968
524.–548. Tausend: September 1969
549.–568. Tausend: Januar 1971
569.–593. Tausend: September 1971

Fischer Taschenbuch Verlag GmbH, Frankfurt am Main

Gesamtherstellung: Hanseatische Druckanstalt GmbH, Hamburg
Printed in Germany
ISBN 3 436 00183 x

INHALT

EINLEITUNG

Dieses Buch soll in der wissenschaftlichen Literatur über den Nationalsozialismus eine von vielen schmerzlich empfundene Lücke füllen. Es gibt wohl auf der einen Seite vielbändige und dickleibige Dokumentationen, etwa über die Außenpolitik und die Kriegführung, die Kirchenpolitik oder die Judenverfolgung, und auf der anderen Seite kleine Dokumentenheftchen für den Geschichtsunterricht, nicht aber, was dieses Buch zu bieten beabsichtigt: eine handliche und trotzdem umfassende, das heißt sämtliche Aspekte berührende Dokumentation und Darstellung des Nationalsozialismus in einem Band. Jedem der acht Kapitel wird jeweils die dazugehörige Dokumentation unmittelbar angefügt, so daß Text und Dokumente auch äußerlich als Einheit erscheinen.
Die Darstellung ist in der Form, wie sie hier geboten wird, aus einer Vortragsreihe hervorgegangen, die im Winter 1956/57 in Radio Beromünster (Studio Zürich) gehalten wurde, mit Ausnahme des Kapitels über die Judenverfolgung, das besonders für dieses Buch geschrieben wurde.
Die vorliegende Darstellung ist die Frucht einer jahrelangen intensiven Beschäftigung mit dem Gegenstand. Was in diesem Band vorgelegt wird, ist ein äußerstes Konzentrat.
Die Masse der Dokumente, die für diese Auswahl durchgesehen werden mußte, füllt viele Dutzende von Bänden. Als Auswahlprinzip galt einzig und allein die Frage, was wesentlich und typisch ist für die geschichtliche Erscheinung und die geschichtliche Erkenntnis des Nationalsozialismus. Die meisten abgedruckten Dokumente sind nationalsozialistische Staats- und Parteiakten. Sie führen uns direkt ein in Denkweise und Planung der nationalsozialistischen Führung und in die Arbeitsweise und das Funktionieren ihres Herrschaftsapparates. Der Nationalsozialismus wird also im wesentlichen aus seinen eigenen Planungen und Handlungen heraus dargestellt und interpretiert.
Die gerade im Zusammenhang mit der wissenschaftlichen Behandlung zeitgeschichtlicher Probleme immer wieder aufgeworfene Frage der Objektivität erledigt sich in den meisten Fällen somit von selbst. Wer den Gegenstand der Darstellung selbst dokumentarisch in Erscheinung treten oder zu Worte kommen läßt, der ist per definitionem objektiv. Daß alle Dokumente der quellenkritischen Prüfung des Historikers unterworfen waren, ist selbstverständlich, obschon der wissenschaftliche Apparat äußerlich möglichst zurücktreten sollte.
Geschichtliche Darstellung besteht indessen nicht nur aus Analyse und Interpretation, sondern auch aus Urteilen, falls sie sich über Chronik oder Statistik erheben soll. Historische Urteile sind

aber nie möglich ohne bestimmte weltanschauliche, das heißt ethische und politische Voraussetzungen. Der Leser wird den Standpunkt des Verfassers aus der Darstellung selbst kennen lernen. Trotzdem sei schon hier in aller Kürze darauf hingewiesen, daß der Verfasser Humanismus und Christentum für unabdingbare Grundlagen unserer Kultur hält, ebenso wie die Anerkennung der Würde der menschlichen Persönlichkeit und ihrer unveräußerlichen Rechte. In der Revolution von 1789 sieht er somit nicht eine ›Untermenschenrevolution‹, sondern eine Sternstunde der Menschheit, die nicht nur die beste, sondern allerdings auch die schwierigste Staatsform hervorgebracht hat, die geschichtlich bislang in Erscheinung getreten ist und durch den Nationalsozialismus eine der größten Gefährdungen ihrer Existenz erleben sollte: die freiheitlich-abendländische Demokratie.

Mehreren Kollegen schulde ich Dank für wertvolle Hinweise bei der Zusammenstellung der Dokumentation. Mein besonderer Dank indessen gilt der tatkräftigen Mitarbeit meiner wissenschaftlichen Assistenten, Herrn Rudolf Holzgräber und Herrn Wolfgang Kremer.

Berlin, den 1. März 1959 — Walther Hofer

I

ADOLF HITLER, SEINE IDEOLOGIE UND SEINE BEWEGUNG

Kein Name ist mit der Erscheinung des Nationalsozialismus so eng verbunden wie derjenige Adolf Hitlers. Er ist die überragende, zentrale Figur in jener Epoche deutscher Geschichte, der er die Züge seiner verhängnisvollen Persönlichkeit aufs tiefste eingeprägt hat. Er hat den Nationalsozialismus als politische Idee wie als politische Bewegung in so hohem Maße selbst geschaffen, daß man auch schon von Hitlerismus gesprochen hat [1]. Die Laufbahn Adolf Hitlers ist eine der erstaunlichsten, unheimlichsten und unverständlichsten Karrieren der Weltgeschichte. So viel der Historiker auch an Tatsachen anbringen mag über den Verlauf dieses Lebens von der gescheiterten Existenz eines angeblich zur Kunst Berufenen bis zum Beherrscher und Verderber einer großen Nation und ganz Europas – es wird immer ein ungelöster Rest bleiben. Am Anfang haben wir uns infolgedessen mit der Persönlichkeit und der Gedankenwelt dieses merkwürdigen Mannes etwas näher zu befassen. Wer war dieser Mann, der aus der tiefsten Misere zum unumschränkten Herrscher Deutschlands aufsteigen konnte? Welches sind die politischen Ideen, denen er diesen Aufstieg verdankt? Welche Entwicklung nahm seine Bewegung in den Jahren bis 1933? Das sind die Fragen, denen wir zunächst unsere Aufmerksamkeit zuwenden müssen.

Adolf Hitler wurde am 20. April 1889 in dem österreichischen Städtchen Braunau am Inn geboren. Er stammte aus sozial gesicherten, aber menschlich recht unerfreulichen Verhältnissen [2]. Er war das vierte Kind aus der dritten Ehe seines Vaters, der Zollbeamter war. Daß der Vater sehr früh starb, wirkte sich ungünstig auf die Entwicklung des Knaben Adolf aus. Obschon durchaus intelligent, blieb er stets ein nur mittelmäßiger Schüler. Er fühlte sich indessen zu Höherem berufen: zur Kunst. 1908, mit 19 Jahren, zog er nach Wien, um Maler zu werden. Die Kunstakademie in Wien lehnte ihn aber zweimal hintereinander ab wegen ungenügender Probezeichnungen, die Architekturschule wiederum konnte er nicht besuchen, da er kein Abitur besaß [3]. Nach dem Scheitern seiner künstlerischen Ausbildungspläne lebte Hitler weitere Jahre in Wien bis kurz vor Ausbruch des ersten Weltkrieges. In der alten Kaiserstadt der Donaumonarchie bewegte sich sein Leben nun zwischen Gelegenheitsarbeiten und Obdachlosenasyl. Der junge Hitler raffte sich nie dazu auf, einen ordentlichen Beruf zu erlernen, genau wie er sich nie dazu durchringen konnte, etwas systematisch zu durchdenken und durchzuarbeiten.

In diesen Jahren vor 1914 eignete er sich durch ausgedehnte, aber völlig ungeordnete Lektüre eine Halbbildung an, die für sein ganzes späteres Denken und Handeln kennzeichnend bleiben sollte. Wie er in seinem später geschriebenen und als Selbstbiographie sehr zweifelhaften Buch »Mein Kampf« bekannte, hat er diesen Wiener Jahren die entscheidenden Eindrücke seines Lebens zu verdanken. Hier, in den Armutsvierteln und im Völkergemisch der Kaiserstadt, bildeten sich seine Vorurteile und Haßgefühle heraus, die später zur Geißel Deutschlands und Europas werden sollten. Seine Theorie von der germanischen, insbesondere deutschen Herrenrasse, die zur Weltherrschaft berufen sei, sein unbändiger Haß gegen die Juden, gegen die Demokratie, gegen Liberalismus und Humanismus, ja überhaupt gegen die gesamte abendländische Tradition und ihre tragenden gesellschaftlichen und geistigen Schichten, seine Verherrlichung der Macht und Verachtung der christlichen Religion, sein fanatischer Nationalismus großdeutscher Prägung, seine Geringschätzung der menschlichen Persönlichkeit [4]. So sehr er den Marxismus in allen seinen Erscheinungsformen haßte, so hat er doch viel von dessen Propaganda gelernt und von seiner Massenführung übernommen: neben der Benutzung der Masse als Werkzeug der Machteroberung die revolutionäre Taktik, die Demagogie, die Kampflieder, die rote Farbe, das Fahnenmeer, die Aufmärsche und die militärische Parteidisziplin.

Vorläufig hatte Hitler in Wien aber noch keine Gelegenheit, seine politischen Ansichten in die Tat umzusetzen. Er blieb ein Taugenichts, bis ihn der Kriegsausbruch von 1914 von seinem Nichtstun erlöste. Er schrieb später selbst, daß er dem Allmächtigen auf den Knien für dieses Ereignis gedankt habe. Er meldete sich sofort als Freiwilliger bei einem bayrischen Regiment. Adolf Hitler liebte den Krieg, weil er die erste Beschäftigung war, der er einen Sinn abgewinnen konnte. Er diente meistens als Meldeläufer und wurde zweimal verwundet und ausgezeichnet. Als im November 1918 in Deutschland die Revolution ausbrach, lag Hitler gasvergiftet und halberblindet im Lazarett. Der militärische Zusammenbruch und die politische Revolution trafen ihn wie ein Donnerschlag, und sein erbitterter Haß richtete sich fortan gegen die Schöpfer der Weimarer Republik. Für ihn waren sie die »Novemberverbrecher«, die aus der Heimat einen Dolchstoß in den Rücken des unbesiegt weiter kämpfenden Heeres geführt hätten. Hitler beschloß sofort, das Ergebnis von 1918 niemals anzuerkennen und alles zu tun, um es rückgängig zu machen. So wurde er Politiker: haßerfüllt gegen den neuen demokratischen Staat, von blindem nationalistischen Eifer befallen [5].

Sein erstes politisches Betätigungsfeld wurde Bayern und vor allem die Hauptstadt München. Hier entwickelte er in den Jahren nach 1919 aus einem kleinen Häuflein Unentwegter seine Nationalsozialistische Deutsche Arbeiterpartei (NSDAP), die sich sehr bald kein geringeres Ziel setzte als die Eroberung der Macht im Deutschen Reiche. Es stießen nun jene Männer zu ihm, die später zu Spitzenfunktionären seiner Herrschaft werden sollten: der Hauptmann der Reichswehr Ernst Röhm, der Student der Geopolitik Rudolf Heß, der ehemalige Fliegeroffizier Hermann Göring, der baltische Emigrant Alfred Rosenberg, der Volksschullehrer und besessene Antisemit Julius Streicher, die Brüder Gregor und Otto Strasser, beide ehemalige Offiziere, der eine jetzt Apotheker, der andere Student der Jurisprudenz, um nur die wichtigsten zu nennen. Hitlers erster Versuch, mit diesen Männern die Macht zu erobern, scheiterte indessen kläglich. Der Putsch vom 9. November 1923 trieb sie auseinander [6]. Der Hochverräter Hitler aber kam mit einer geringen Gefängnisstrafe davon, die er noch dazu benutzen konnte, in aller Muße den ersten Band seines Kampfbuches zu schreiben.

Die Jahre nach dem Ruhrkampf und der Inflation, d. h. das Jahrfünft von 1924 bis 1929, waren durch eine wirtschaftliche Scheinblüte gekennzeichnet. Man hat sie den »letzten Nachsommer« Europas genannt. Immerhin gaben diese Jahre keinen günstigen Nährboden ab für die extremistische Propaganda der Nationalsozialisten, deren Partei Hitler nach seiner vorzeitigen Haftentlassung im Frühjahr 1925 neu begründete. Dennoch bekämpfte Hitler die Demokratie von Weimar unentwegt mit allen Mitteln der Demagogie und der Verleumdung und tat es hier durchaus den Kommunisten gleich [7]. Die Mitgliederzahl seiner Partei wuchs in diesen Jahren nur langsam an. Ende 1928 waren es 60 000, und die Wahlen desselben Jahres brachten Hitler 12 Sitze im deutschen Reichstag, womit die NSDAP unter den deutschen Parteien an neunter Stelle rangierte. Es war also kein Anlaß, in Hitler und seiner Anhängerschaft eine ernsthafte Gefahr für die Demokratie zu sehen.

Mit dem Hereinbrechen der Weltwirtschaftskrise änderte sich das Bild plötzlich. Seit 1929 wurde die Partei Hitlers zu einer Massenbewegung von Entwurzelten, Unzufriedenen, Verarmten, aber auch von Opportunisten, Idealisten und Abenteurern. Es ist schwer, eine soziologische Analyse seiner Anhängerschaft zu geben [8]. Sicher herrschte das kleinbürgerliche Element stark vor. Im einzelnen liefen ihm die Menschen aus völlig verschiedenen Gründen und mit zum Teil sich widersprechenden Erwartungen nach. In geschickter Weise legte sich Hitler nie auf ein konkretes Zukunftsprogramm fest und verstand es ausgezeichnet, jedem gerade das zu versprechen, was er gerne hören wollte [9]. In einem nationalsozialistischen Deutschland sollte alles anders werden, und Gregor Strasser rief einmal aus: »Nationalsozialismus ist das Gegenteil von dem, was heute ist!« Was die Menschen hinter Hitlers Fahnen zusammentrieb, war die Unzufriedenheit mit den bestehenden Verhältnissen: mit der demokratischen Republik, mit den Parteien, mit der Politik der Siegermächte, mit der sozialen Misere. Millionen erhofften eine bessere Zukunft, und niemand versprach sie ihnen so selbstsicher wie Hitler. Den Bauern versprach er höhere Preise, den Industriellen Unterstützung im Kampf gegen die Gewerkschaften, den Arbeitern Sicherung ihrer Existenz und Erhöhung ihrer Löhne, den ehemaligen Offizieren eine neue große Wehrmacht mit Aussicht auf kriegerischen Ruhm, den zahlreichen Nationalisten ein neues großes deutsches Reich, das die Fesseln des verhaßten Versailler Vertrages abschütteln würde. Besonders intensiv bearbeitete die nationalsozialistische Propaganda die deutsche Jugend, indem sie sehr geschickt an den Idealismus, die Romantik und die Abenteuerlust, an den Geltungs- und Betätigungsdrang der jungen Menschen appellierte.

Jetzt trug die maßlose Demagogie Hitlers reiche Früchte. Bereits im September 1930 erhielt seine Partei $6^{1}/_{2}$ Millionen Stimmen und wurde mit 107 Sitzen im Parlament zur zweitstärksten Fraktion. Da die Kommunisten ebenfalls starke Gewinne zu verzeichnen hatten, wurde die Lage der Weimarer Republik rasch katastrophal. Die extremistischen antidemokratischen Parteien beherrschten bald einmal den Reichstag und legten jede positive parlamentarische Arbeit lahm. So sehr Links- und Rechtsextremisten sich auch gegenseitig bekämpften, im Kampf gegen die parlamentarische Demokratie waren sie sich durchaus einig. Deutschland konnte bald nur noch auf Grund von Notverordnungen des Reichspräsidenten regiert werden. Die Regierungen fanden keine parlamentarische Mehrheit mehr und konnten sich – als sogenannte Präsidialkabinette – nur noch auf das Vertrauen des Reichspräsidenten stützen. Dieses Amt aber war von einem Mann besetzt, der alles andere war, als eine staatsmännische Persönlichkeit, die vielleicht allein die schwierige Situation noch hätte meistern können. Der greise Generalfeldmarschall von Hindenburg gedachte sich zwar an die Verfassung zu halten. Im Grunde seines Herzens aber war er Monarchist geblieben. Die Machtfülle, die ihm durch die Entwicklung der politischen Verhältnisse zugefallen war, gebrauchte er jedenfalls nicht im Sinne einer Erhaltung der Demokratie. Seine engsten Ratgeber, die immer mehr Einfluß gewannen, je älter er wurde, waren samt und sonders keine Anhänger der Demokratie: Oskar von Hindenburg, der »in der Verfassung nicht vorgesehene Sohn des Reichspräsidenten«, der Staatssekretär Meißner, Franz von Papen.

Schwer entwirrbare politische Kombinationen und Intrigen charakterisierten die Atmosphäre der sterbenden Republik. In diesem Spiel war Hitler bald eine wichtige Figur, besonders als seine Partei in den Wahlen vom Juli 1932 einen überwältigenden Wahlsieg errang und mit $13^{3}/_{4}$ Millionen Stimmen und 230 Mandaten zur stärksten Partei in Deutschland wurde. Gegenüber allen Versuchen, die NSDAP in eine Regierungskoalition hereinzunehmen, beharrte Hitler auf seiner Forderung, selbst Reichskanzler einer Regierung zu werden, an der seine Partei beteiligt sein sollte. Fast wäre die NSDAP über der Frage der politischen Taktik im Dezember 1932 auseinandergebrochen. Wie immer setzte Hitler auch in dieser innerparteilichen Auseinandersetzung seinen Willen schließlich durch, und sein gefährlichster Widersacher, Gregor Strasser, verließ die Partei [10]. Längere Zeit hatte sich der Feldmarschall-Reichspräsident hartnäckig geweigert, den »böhmischen Gefreiten« mit dem Amt des Reichskanzlers zu betrauen [11].

Aber im Januar 1933 war es soweit. Die Kamarilla des Reichspräsidentenpalais ebnete Hitler den Weg zur Macht. Am 30. Januar 1933 ernannte ihn Hindenburg zum deutschen Reichskanzler, da sich ihm kein anderer Ausweg mehr zu bieten schien [12]. Neben seinen getreuen Parteipaladinen, die mit Recht auf Anteil an der Beute hofften, umringten ihn die konservativen Totengräber der Demokratie. Hitlers politische Taktik hatte 10 Jahre nach seinem ersten mißlungenen Versuch zum vollen Erfolg geführt. Indem er auf der einen Seite die öffentliche Meinung und die andern Parteien mit seinen militärischen Parteiformationen terrorisiert und auf der andern Seite einen parlamentarischen Kampf mit dem Schein der Legalität geführt hatte, war ihm der kalte Staatsstreich gelungen, die Eroberung der Macht von innen her, ohne Revolution oder Bürgerkrieg [13]. Aber eine »Machtergreifung«, wie es in der nationalsozialistischen Propaganda hieß, ist es im Grunde eben doch nicht gewesen. Hitler ist letztlich nicht auf dem Rücken einer unwiderstehlichen politischen Bewegung in die Macht getragen worden, sondern die genannten Drahtzieher um Hindenburg haben ihn regelrecht in die Macht geschoben. Hugenberg und Papen, die konservativen Monarchisten, gaben sich der Hoffnung hin, den Massentrommler Hitler für ihre Zwecke gebrauchen zu können. Sie glaubten, ihn sich »engagiert« zu haben. Sie sollten indessen bald merken, daß sie die Rechnung ohne den Wirt gemacht hatten.

Daß Hitler die demokratische Republik beseitigen wollte, war diesen Männern konservativ-monarchistischer Prägung und all den Millionen, die so dachten, nur recht. Im übrigen wiegte man sich in diesen Kreisen im Glauben, der Revolutionär Hitler werde sich in der Regierungsverantwortung zu einem ordentlichen bürgerlichen Menschen wandeln. Seine politische Weltanschauung hielt man für Propaganda, wenn nicht für abenteuerliche Phantasterei. An die Verwirklichung so gefährlicher und exzentrischer Ideen, wie sie Hitler in seinem Buche verkündet hatte, wollte man nicht glauben. Der 30. Januar 1933 ist aber gerade deshalb ein Schicksalsdatum in der deutschen Geschichte und darüber hinaus in der Weltgeschichte geworden, weil der neue Reichskanzler Adolf Hitler entschlossen war, die ihm zufallende Macht allein zu dem Zwecke zu gebrauchen, um alle seine Ideen Wirklichkeit werden zu lassen, — ja die Wirklichkeit, die Hitler schaffen sollte, übertraf in ihrer Furchtbarkeit womöglich noch seine Ideologie.

Versuchen wir nun, diese nationalsozialistische Ideologie in ihren Grundzügen darzustellen [14]. Im Zentrum der von Hitler verkündeten politischen Religion steht der Rassegedanke: die Vorstellung, daß das Urelement allen geschichtlichen Geschehens, aller Staatenbildung und Kulturschöpfung, ein rassisches sei — Rasse verstanden als biologische, blutsmäßige Substanz, die Völker und Menschen nicht nur körperlich bestimme, sondern auch in ihren geistigen und seelischen Bereichen grundlegend voneinander scheide, und zwar in minder- und höherwertige, in kulturfähige und kulturlose Völker. Die höchste, beste, weil allein kulturfähige Rasse ist nun die sogenannte »arische« Rasse [15]. Der Begriff »arisch«, der in der Sprachwissenschaft durchaus seinen Platz hat und dort so viel bedeutet wie »zu den indogermanischen Sprachen gehörend«, wurde also in unzulässiger Weise auf die Rassenlehre übertragen. Die nationalsozialistische Rassenlehre, der eigene Lehrstühle an den Universitäten errichtet werden mußten, ist eine reine Pseudowissenschaft. Innerhalb dieser arischen Rasse kommt nun den Germanen und vor allem den Deutschen besonderer Wert zu. Es ist Aufgabe der Deutschen, einen festen germanischen Rassekern in Mitteleuropa zu schaffen. Die deutsche »Herrenrasse« hat zu herrschen, die minderwertigen Völker haben zu gehorchen und zu arbeiten oder müssen gar ausgerottet werden [16].

Hier verbindet sich der Rassegedanke mit dem Antisemitismus. Denn die Juden sind nach der nationalsozialistischen Doktrin nicht nur minderwertige Rasse, sondern die »Gegenrasse«, die es sich zum Ziel gesetzt hat, die arische Rasse zu zersetzen. Die Juden tun dies als »Schmarotzer« und »Parasiten« und müssen deshalb ganz folgerichtig ausgetilgt werden. Hitlers Antisemitismus mutet einen normalen Menschen wie das Phantasiegebilde eines Wahnwitzigen an. Es sollte aber in den Verbrennungsöfen der Konzentrationslager furchtbare Wirklichkeit werden. Das Bild des Juden wird in der nationalsozialistischen Literatur zur Teufelsfratze verzerrt, der Jude wird zum Brunnenvergifter der Menschheit gestempelt, er ist die Inkarnation alles Schlechten, Bösen und Dunklen. Ja, es existiert sogar eine jüdische Weltverschwörung, die sich die systematische Vernichtung der arischen Rasse und insbesondere wiederum des deutschen Volkes zur Aufgabe gemacht hat. Diese jüdische Weltverschwörung hat nach Hitler bereits den ersten Weltkrieg gegen Deutschland angezettelt und die Revolution von 1918 entfacht. Das jüdische Element ist sowohl führend im Weltkapitalismus wie im Weltbolschewismus, den beiden Hauptfeinden deutscher Größe [17].

Eine neue deutsche Größe kann nach Hitler nur erkämpft werden, wenn vorher das deutsche Volk zu einer Volks- und Kampfgemeinschaft zusammengeschweißt wird wie sie vorher nie bestanden hat in der deutschen Geschichte. Eine solche eiserne Volksgemeinschaft ist aber mit Individualismus, Liberalismus und Demokratie nicht realisierbar, sondern nur mit Autorität und straffer Führung. Der neue deutsche Volksstaat wird infolgedessen ein autoritärer Führerstaat sein [18]. Deutsche Rechts- und Staatsphilosophen unternahmen es, den Nachweis zu erbringen, daß dieser Führerstaat zugleich auch die einzig wahre Demokratie darstelle, weil der auserkorene Führer den Willen des Volkes verkörpere [19]. Diese verschworene Kampfgemeinschaft soll durch eine Reihe von Maßnahmen zustande gebracht werden: durch Reinigung der Rasse vor allem, durch Überwindung der Klassengegensätze sowie durch Beseitigung aller trennenden Elemente wie Parteien, Ideologien, Konfessionen und schließlich durch eine neue, artgemäße Erziehung und Ethik. Erst wenn dieses innere Werk vollbracht sein wird, kann sich Deutschland äußeren Aufgaben zuwenden. Die vornehmste und wichtigste Aufgabe einer neuen Außenpolitik sollte nichts weniger sein als die Eroberung neuen Lebensraumes. Denn die biologische Zukunft des deutschen Volkes kann nur durch territoriale Expansion gesichert werden, durch Besitznahme neuen Bodens. Da dies wiederum nicht möglich ist ohne Verdrängung der bereits eingesessenen Völker, können die außenpolitischen Ziele des nationalsozialistischen Deutschland nur durch einen großen und blutigen Krieg verwirklicht werden. Den zu erobernden Lebensraum sieht Hitler vor allem im Osten Europas und nicht in Übersee wie der alte Kolonialimperialismus.

Diese ganzen Gedankengänge stehen alle in Hitlers Buch »Mein Kampf«, das Jahre vor seiner Ernennung zum Reichskanzler veröffentlicht worden war. Aber man glaubte eben nicht an die Ernsthaftigkeit eines solchen Programms, nicht nur in Deutschland, sondern weitherum in Europa. Denn wo war jemals ein Politiker erschienen, der seine außenpolitischen Absichten vorher der Weltöffentlichkeit ausplauderte? Das konnte kaum ernst gemeint sein. Für Hitler aber war der Kampf der Völker um Raum und Boden ein Naturgesetz. In Anwendung vulgärdarwinistischer Gedankengänge wird das Leben der Menschen und Völker zu einem unablässigen Kampf auf Leben und Tod, wo der Stärkere siegt und der

Schwächere zum Untergang verurteilt ist. »Der Kampf hat den Menschen groß gemacht ... Welches Ziel der Mensch auch erreicht hat, er verdankt es seiner Schöpferkraft *und* seiner Brutalität«, so dozierte Hitler selbst einmal, und er fuhr fort: »Das gesamte Leben läßt sich in drei Thesen zusammenfassen: der Kampf ist der Vater aller Dinge, die Tugend ist eine Angelegenheit des Blutes, Führertum ist primär und entscheidend ...« Hier haben wir in Hitlers eigenen Worten die Kernsätze der nationalsozialistischen Weltanschauung in ihrer ganzen kalten Dogmatik vor uns [20].

Es ist leicht einzusehen, wie all die großen Werte und Ideale der freiheitlichen Demokratie und der abendländischen Überlieferung hier keinen Platz mehr finden konnten: die Idee der Humanität wurde als Gefühlsduselei verunglimpft, die Freiheit der Persönlichkeit bedingungslos dem Willen des Staates und des Führers untergeordnet, der große Katalog der Menschen- und Bürgerrechte mit höhnischer Geste zerrissen. Hitlers Rassenlehre und Antisemitismus ist ein nicht für möglich gehaltener Rückfall in eine Barbarei, die die gesamte abendländische Überlieferung und Gesittung leugnete. Auch für die christliche Religion konnte hier kein Platz sein. Für Hitler und den gläubigen Nationalsozialisten gab es keinen Zweifel darüber, daß das Christentum ausgerottet werden mußte, wenn je ihre Ideologie einen vollständigen Sieg über den deutschen Menschen erringen sollte. Es liegt im Wesen der totalitären Ideologie, daß sie neben sich nicht nur keine andere politische Lehre dulden kann, sondern auch keine Religion. Aus seinem innersten Wesen heraus mußte daher der Nationalsozialismus, nicht anders wie der Bolschewismus, die christliche Kirche und Religion bekämpfen.

Und so wird denn der Schöpfer dieser Ideologie vom christlichen Standpunkt aus auch als Antichrist und Gottesgeißel bezeichnet. Zwar nahm Hitler selbst die Worte Gott oder Vorsehung oft und gern in den Mund, doch war er zweifellos im tiefsten Grund seiner Seele ein Ungläubiger. Sie sind keineswegs Mächte, denen er sich je unterworfen oder auch nur verantwortlich gefühlt hätte. Sie waren für ihn nur Attrappen einer ichbezogenen Welt, gotteslästerliche Formen seines krankhaft übersteigerten Ichbewußtseins. Alles was Hitler noch anbetete, waren im letzten Grunde Erscheinungsformen seiner selbst. Seine Selbstüberheblichkeit, seine Rechthaberei, seine Unduldsamkeit und seine Herrschsucht nahmen im Verlaufe der Jahre in erschreckendem Maße zu und kannten schließlich keine Grenzen mehr [21]. Auch seine eigene Ideenwelt war für ihn doch nur ein Instrument seiner Machtausübung, ohne irgendeinen selbständigen Wert. So etwas wie geistige Werte im Nationalsozialismus zu suchen, ist doch wohl ein nutzloses Unterfangen. Wer sie dennoch zu entdecken glaubte, der hatte sie wohl selbst hineininterpretiert. Der Nationalsozialismus stellt auf der Ebene der politischen Ideen vielmehr den größten und furchtbarsten Aufstand des Ungeistes dar, den Europa in seiner langen Geschichte erlebt hat.

DOKUMENTE ZUM 1. KAPITEL

[1] *Alfred Rosenberg über Hitlers Verantwortlichkeit*

[Letzte Aufzeichnungen]

... Der Name Nationalsozialismus stammt aus dem Sudetenland, die politische *Idee* als Neugeburt des Volkstums in einer die Schäden der Demokratie überwindenden Lebens- und Staatsform hat Adolf Hitler geprägt, gestaltet, erkämpft, zur Höhe des Reiches geführt. Nie war die deutsche Seele einiger mit sich selbst als im Jahre 1933. Nie erschien der großdeutsche Traum der Wirklichkeit näher als 1938. Nie noch fiel das Reich in größere Trümmer zusammen als 1945. Das alles wird von *einem* Namen umfaßt, von *diesem* Namen aber auch vor dem Gericht der deutschen Nation zu verantworten sein ...

[2] *Über Hitlers Eltern*

[Aus Alan Bullock: »Hitler«]

... Als Adolf Hitler geboren wurde, war sein Vater fünfzig und seine Mutter achtundzwanzig Jahre alt. Vater Alois war jedoch nicht nur viel älter als Klara und ihre Kinder, sondern auch streng, jähzornig und ohne Wärme. Sein Familienleben – drei Frauen, eine davon vierzehn Jahre älter als er, eine andere dreiundzwanzig Jahre jünger, eine Scheidung und sieben Kinder, darunter ein uneheliches und zwei, die kurz nach der Hochzeit geboren wurden – deutet auf ein schwieriges und heftiges Temperament hin ...

[3] *Zensuren der Kunstakademie in Wien*

[Aus Konrad Heiden: »Adolf Hitler«]

... Compositionsaufgaben für die Probezeichner. Erster Tag: Austreibung aus dem Paradiese usw. Zweiter Tag: Episode aus der Süntflut usw. ...

... Die Probezeichnung machten mit ungenügendem Erfolg oder wurden nicht zur Probe zugelassen die Herren: ... Adolf Hitler, Braunau a. Inn, 20. April 1889, deutsch, kath., Vt. Oberoffizial, 4 Realsch. Wenig Köpfe. Probez. ungenügend.

... Die Probezeichnungen machten mit ungenügendem Erfolg oder waren nicht zum Probezeichnen zugelassen die Herren: ...

24. Adolf Hitler, Braunau a. I., 20. April 1889, deutsch, kath. Oberoffizial, 4 Realschulen. Nicht zur Probe zugelassen ...

[4] *Die Psyche der breiten Masse*

[Aus »Mein Kampf«]

... Die Psyche der breiten Masse ist nicht empfänglich für alles Halbe und Schwache.

Gleich dem Weibe, dessen seelisches Empfinden weniger durch Gründe abstrakter Vernunft bestimmt wird als durch solche einer undefinierbaren, gefühlsmäßigen Sehnsucht nach ergänzender Kraft, und das sich deshalb lieber dem Starken beugt, als den Schwächling beherrscht, liebt auch die Masse mehr den Herrscher als den Bittenden, und fühlt sich im Innern mehr befriedigt durch eine Lehre, die keine andere neben sich duldet, als durch die Genehmigung liberaler Freiheit; sie weiß mit ihr auch meist nur wenig anzufangen und fühlt sich sogar leicht verlassen. Die Unverschämtheit ihrer geistigen Terrorisierung kommt ihr ebensowenig zum Bewußtsein wie die empörende Mißhandlung ihrer menschlichen Freiheit, ahnt sie doch den inneren Irrsinn der ganzen Lehre in keiner Weise.

... Nicht minder verständlich wurde mir die Bedeutung des körperlichen Terrors dem einzelnen, der Masse gegenüber.

... Denn während in den Reihen ihrer Anhänger der erlangte Sieg nunmehr als ein Triumph des Rechtes der eigenen Sache gilt, verzweifelt der geschlagene Gegner in den meisten Fällen am Gelingen eines weiteren Widerstandes überhaupt ...

... Die Aufnahmefähigkeit der großen Masse ist nur sehr beschränkt, das Verständnis klein, dafür jedoch die Vergeßlichkeit groß. Aus diesen Tatsachen heraus hat sich jede wirkungsvolle Propaganda auf nur sehr wenige Punkte zu beschränken und diese schlagwortartig solange zu verwerten, bis auch bestimmt der Letzte unter einem solchen Worte das Gewollte sich vorzustellen vermag ...

... Die breite Masse eines Volkes besteht weder aus Professoren noch aus Diplomaten. Das geringe abstrakte Wissen, das sie besitzt, weist ihre Empfindungen mehr in die Welt des Gefühls. Dort ruht ihre entweder positive oder negative Einstellung ... Ihre gefühlsmäßige Einstellung aber bedingt zugleich ihre außerordentliche Stabilität. Der Glaube ist schwerer zu erschüttern als das Wissen, Liebe unterliegt weniger dem Wechsel als Achtung, Haß ist dauerhafter als Abneigung, und die Triebkraft zu den gewaltigsten Umwälzungen auf dieser Erde lag zu allen Zeiten

weniger in einer die Masse beherrschenden wissenschaftlichen Erkenntnis als in einem sie beseelenden Fanatismus und manchmal in einer sie vorwärtsjagenden Hysterie.
Wer die breite Masse gewinnen will, muß den Schlüssel kennen, der das Tor zu ihrem Herzen öffnet. Es heißt nicht Objektivität, also Schwäche, sondern Wille und Kraft ...

[5] *Ein Entschluß von welthistorischer Bedeutung*

[Aus »Mein Kampf«]

... Elende und verkommene Verbrecher!
Je mehr ich mir in dieser Stunde über das ungeheure Ereignis klarzuwerden versuchte, um so mehr brannte mir die Scham der Empörung und der Schande in der Stirn. Was war der ganze Schmerz der Augen gegen diesen Jammer?
Was folgte, waren entsetzliche Tage und noch bösere Nächte – ich wußte, daß alles verloren war. Auf die Gnade des Feindes zu hoffen, konnten höchstens Narren fertigbringen oder – Lügner und Verbrecher. In diesen Nächten wuchs mir der Haß gegen die Urheber dieser Tat.
In den Tagen darauf wurde mir auch mein Schicksal bewußt. Ich mußte nun lachen bei dem Gedanken an meine eigene Zukunft, die mir vor kurzer Zeit noch so bittere Sorgen bereitet hatte. War es nicht zum Lachen, Häuser bauen zu wollen auf solchem Grunde? Endlich wurde mir auch klar, daß doch nur eingetreten war, was ich so oft schon befürchtete, nur gefühlsmäßig nie zu glauben vermochte.
Kaiser Wilhelm II. hatte als erster deutscher Kaiser den Führern des Marxismus die Hand zur Versöhnung gereicht, ohne zu ahnen, daß Schurken keine Ehre besitzen. Während sie die kaiserliche Hand noch in der ihren hielten, suchte die andere schon nach dem Dolche.
Mit dem Juden gibt es kein Paktieren, sondern nur das harte Entweder – Oder.
Ich aber beschloß, Politiker zu werden ...

[6] *Aufruf des Generalstaatskommissars v. Kahr vom 9. November 1923*

Trug und Wortbruch ehrgeiziger Gesellen haben aus einer Kundgebung für Deutschlands nationales Wiedererwachen eine Szene widerwärtiger Vergewaltigung gemacht. Die mir, General v. Lossow und dem Obersten Seißer mit vorgehaltener Pistole erpreßten Erklärungen sind null und nichtig. Ein Gelingen des sinn- und ziellosen Umsturzversuches hätte Deutschland mitsamt Bayern in den Abgrund gestoßen. An der Treue und dem Pflichtbewußtsein der Reichswehr und der Landespolizei ist der Verrat gescheitert. Auf diese Getreuen gestützt, ruht die vollziehende Gewalt fest in meiner Hand. Die Schuldigen werden rücksichtslos der verdienten Strafe zugeführt. Die nationalsozialistische Arbeiterpartei, die Bünde Oberland und Kriegsflagge sind aufgelöst. Unbeirrt durch Unverstand und Tücke werde ich mein deutsches Ziel verfolgen: unserem Vaterlande die innere Einheit zu erringen.

München, den 9. November 1923. v. Kahr

[7] *Ein Beispiel für politische Demagogie (1929)*

[Gesetzentwurf für das Volksbegehren über den Youngplan]

§ 1. Die Reichsregierung hat den auswärtigen Mächten unverzüglich in feierlicher Form Kenntnis davon zu geben, daß das erzwungene *Kriegsschuld*anerkenntnis des Versailler Vertrages der geschichtlichen Wahrheit widerspricht, auf falschen Voraussetzungen beruht und völkerrechtlich unverbindlich ist.

§ 2. Die Reichsregierung hat darauf hinzuwirken, daß das Kriegsschuldanerkenntnis des Art. 231 sowie die Art. 429 und 430 des Versailler Vertrages förmlich außer Kraft gesetzt werden. Sie hat ferner darauf hinzuwirken, daß die *besetzten Gebiete* nunmehr unverzüglich und bedingungslos sowie unter *Ausschluß jeder Kontrolle über deutsches Gebiet* geräumt werden, unabhängig von Annahme oder Ablehnung der Beschlüsse der Haager Konferenz.

§ 3. Auswärtigen Mächten gegenüber dürfen neue Lasten und Verpflichtungen nicht übernommen werden, die auf dem Kriegsschuldanerkenntnis beruhen. Hierunter fallen auch die Lasten und Verpflichtungen, die auf Grund der *Vorschläge der Pariser Sachverständigen* und nach den daraus hervorgehenden Vereinbarungen von Deutschland übernommen werden sollen.

§ 4. Reichskanzler und Reichsminister sowie Bevollmächtigte des Deutschen Reiches, die entgegen der Vorschrift des § 3 Verträge mit auswärtigen Mächten zeichnen, unterliegen den im § 92 Nr. 3 StGB. vorgesehenen Strafen.

§ 5. Dieses Gesetz tritt mit seiner Verkündung in Kraft.

[8] *Die soziale Schichtung der NSDAP*

[in Prozenten]

a) VERGLEICH DER SOZIALGLIEDERUNG DER NSDAP UND DER GESELLSCHAFT 1930

Berufsgruppe	NSDAP		Gesellschaft		Gesellschaft = 100
Arbeiter	28,1		45,9		61,2
Angestellte	25,6		12,0		213,5
Selbständige	20,7		9,0		230,0
Beamte	8,3		5,1		162,7
Beamte		6,6		4,2	157,1
Lehrer		1,7		0,9	188,8
Bauern	14,0		10,6		132,0
Sonstige (m-Personen)	3,3		17,4		18,9
	100,0		100,0		

b) SOZIALSTRUKTUR DER NSDAP 1930 UND 1933

Berufsgruppe	1930	1933	1930 = 100
Arbeiter	26,3	32,5	123,6
Angestellte	24,4	20,6	84,4
Selbständige	18,9	17,3	91,5
Beamte	7,7	6,5	84,4
Bauern	13,2	12,5	94,7
Sonstige	3,4	3,7	108,9
Rentner	1,9	1,6	84,3
Hausfrauen	3,6	4,1	114,0
Studenten	1,0	1,2	120,0

[9] *Wahlaufruf der NSDAP (1932)*

... Der Führer unserer nationalsozialistischen Freiheitsbewegung, die sein Werk ist, der 12 Jahre lang mit ihr um die Seele seines Volkes für Deutschland gerungen hat, fordert heute im Namen dieses Volkes das System in die Schranken. Wir wissen, daß das Volk, für das er kämpft, in dieser Stunde zu ihm steht, um mit ihm für die deutsche Nation zu kämpfen und zu siegen.

Die nationalsozialistische Bewegung – in dieser Stunde als Sturmkolonne um ihren Führer geschart – ruft heute das ganze deutsche Volk auf, mit ihr anzutreten, um Adolf Hitler den Weg zu bahnen an die Spitze der Nation und damit zur Führung Deutschlands in die Freiheit.

Hitler das ist die Parole aller, die an Deutschlands Wiederauferstehung glauben.

Hitler ist die letzte Hoffnung derer, denen man alles nahm, Haus und Hof, Ersparnisse, Existenz, Arbeitskraft, und denen nur eines blieb, der Glaube an ein gerechtes Deutschland, das seinen Volksgenossen wieder Ehre, Freiheit und Brot geben wird.

Hitler ist für Millionen das erlösende Wort, weil sie heute verzweifeln und nur in diesem Namen einen Weg sehen zu neuem Leben und neuem Schaffen.

Hitler erfüllt das Vermächtnis der zwei Millionen toten Kameraden des Weltkrieges, die nicht starben für das heutige System der langsamen Vernichtung unseres Volkes, sondern für Deutschlands Zukunft.

Hitler ist der seinen Feinden verhaßte Mann aus dem Volk, weil er das Volk versteht und für das Volk kämpft.

Hitler das ist der stürmische Wille der deutschen Jugend, die inmitten eines müden Geschlechtes nach neuer Gestaltung ringt und den Glauben an eine bessere deutsche Zukunft nicht aufgeben will und kann, und darum ist Hitler das lodernde Fanal aller, die eine deutsche Zukunft wollen.

Sie alle werden am 13. März den Männern des Systems, die ihnen Freiheit und Würde versprachen, aber Steine und Phrasen statt Brot geben, zurufen:

Euch kennen wir zur Genüge, jetzt sollt ihr uns kennenlernen!

Hitler wird siegen,
weil das Volk seinen Sieg will!

München, 1. März 1932. Reichsleitung der NSDAP

[10] *Aus Goebbels' Tagebuch (23. 12. 1932)*

Man hat seine kleinen Besorgungen für Weihnachten zu machen, Pakete wegzuschicken, Geschenke zu verteilen. Man möchte allen so gerne eine kleine Freude bereiten.

Der Führer ruft an, daß von Strassers Seite in Berlin mit Schleicher konspiriert werde. Ich stelle gleich Nachforschungen an, die aber vorläufig zu keinem Ergebnis führen.

Die Mitarbeiter des Gaues versammeln sich im Festsaal in der Voßstraße zu einer schlichten, feierlichen Weihnachtsstunde. Wie anständig und vornehm diese einfachen Menschen aus dem Volke

so eine Sache anfassen! Wir fühlen uns alle wie in einer großen Familie. Ich halte eine Rede und danke ihnen für ihr tapferes Ausharren während des ganzen Jahres. Ich gebe ihnen die Hoffnung, daß das neue Jahr uns den Sieg bringen werde.
In der Nacht noch muß ich meine Frau einer plötzlichen schweren Erkrankung wegen in die Klinik bringen lassen. Jetzt sind alle anderen beschert, und nun fängt unser Weihnachten an.
Das Jahr 1932 war eine ewige Pechsträhne. Man muß es in Scherben schlagen. Draußen geht der Weihnachtsfrieden durch die Straßen. Ich sitze ganz allein zu Hause und grüble über so vieles nach. Die Vergangenheit war schwer, und die Zukunft ist dunkel und trübe; alle Aussichten und Hoffnungen vollends entschwunden.
Das ganze Haus wirkt wie ausgestorben. Die furchtbarste Einsamkeit fällt wie eine dumpfe Trostlosigkeit über mich herein.
Es bleibt mir also nichts übrig, als zu versuchen, mit Arbeit über diese Leere hinwegzukommen. Alle Mitarbeiter sind schon in Urlaub gegangen. Aber man darf sich von diesen Sentimentalitäten nicht niederwerfen lassen. Wie viele tausend Menschen sind jetzt ohne Dach und Brot – und verzweifeln doch nicht!

[11] *Hindenburg lehnt Hitler ab (1932)*

Berlin, 24. November. (Telegr.) Das Wolff-Büro veröffentlicht folgende amtliche Verlautbarung:
In seinem Schreiben vom 23. November 1932 hat Herr Adolf Hitler es abgelehnt, den ihm erteilten Auftrag der Feststellung einer parlamentarischen Mehrheit für eine von ihm zu bildende Regierung auszuführen und hat seinerseits vorgeschlagen, daß der Herr Reichspräsident ihn ohne Vorbehalte und ohne vorherige Feststellung einer Reichstagsmehrheit mit der Bildung einer Regierung betrauen und dieser die Präsidialvollmachten zur Verfügung stellen solle. Der Herr Reichspräsident hat diesen Vorschlag abgelehnt, da er glaubt, es vor dem deutschen Volk nicht vertreten zu können, dem Führer einer Partei, die immer erneut ihre Ausschließlichkeit betont hat, seine präsidialen Vollmachten zu geben, und er befürchten mußte, daß ein von Herrn Hitler geführtes Präsidialkabinett sich zwangsläufig zu einer Parteidiktatur mit all ihren Folgen für eine außerordentliche Verschärfung der Gegensätze im deutschen Volk entwickeln würde, die herbeigeführt zu haben der Herr Reichspräsident vor seinem Eid und seinem Gewissen nicht verantworten könnte.

[12] *Amtliche Mitteilung über die Ernennung der Regierung Hitler am 30. Januar 1933*

Der Herr Reichspräsident hat nach dem Rücktritt der Reichsregierung Herrn Adolf Hitler zum Reichskanzler ernannt. Auf Vorschlag des Reichskanzlers ernannte der Herr Reichspräsident

den Reichskanzler a. D. von Papen zum Stellvertreter des Reichskanzlers und zum Reichskommissar für das Land Preußen,

das M. d. R. den Staatsminister a. D. Dr. Frick zum Reichsminister des Innern,

das M. d. R. Geheimen Finanzrat Dr. Hugenberg zum Reichswirtschaftsminister und zum Reichsminister für Ernährung und Landwirtschaft,

Franz Seldte zum Reichsarbeitsminister,

Generalleutnant von Blomberg zum Reichswehrminister,

den Präsidenten des Reichstags Göring zum Reichsminister ohne Geschäftsbereich und zum Reichskommissar für den Luftverkehr.

Ferner bestätigte der Herr Reichspräsident auf Vorschlag des Reichskanzlers in ihren bisherigen Ämtern

den Reichsminister des Auswärtigen Freiherrn von Neurath,

den Reichsminister der Finanzen Graf Schwerin von Krosigk,

den Reichspost- und Reichsverkehrsminister Freiherrn von Eltz-Rübenach,

den Reichsminister der Justiz Dr. h. c. Gürtner.

[13] *Die NSDAP und die parlamentarische Demokratie*

a) VOR DER »MACHTERGREIFUNG« (1931)

[Aus einer Erklärung der nat.soz. Reichstagsfraktion]

... Am 14. September 1930 haben 6½ Millionen deutscher Wähler der NSDAP ihre Stimme gegeben, in dem Vertrauen, daß unsere 107-Mann-Fraktion im Reichstag einen aktiven Kampf eröffnete gegen den Tributwahnsinn und die damit verbundene Verelendung des deutschen Volkes und seiner breitesten arbeitenden Schichten.

Wider Recht und Gesetz hat die regierende Gewalt des heutigen Systems die NSDAP von der Übernahme der Macht ausgeschlossen. Das Kabinett Brüning hat unter Ausschaltung der verfassungsmäßig berufenen Instanzen des deutschen Reichstages ohne zwingende Not einschneidende Gesetzentwürfe wirtschaftlicher,

sozialer und politischer Art auf Grund des Artikels 48 der Weimarer Reichsverfassung verordnet. Dieses Kabinett hat sich schon damit eines qualifizierten Verfassungsbruches schuldig gemacht. Und es hat nunmehr seinem gesetzwidrigen Handeln die Krone aufgesetzt dadurch, daß es mit Hilfe der hinter ihm stehenden Tributparteien eine verfassungswidrige Änderung der Geschäftsordnung unter Vergewaltigung der Opposition erzwingen ließ, ein Gewaltstreich, der den einst so eifrig beschworenen Grundsätzen Hohn spricht und jede positive kritische Opposition im Dienste der gesamten Nation in diesem Reichstag von vornherein unmöglich macht.
Die nationalsozialistische Fraktion des Reichstages hat gestern durch ihre Nichtbeteiligung an der Abstimmung über diesen neuerlichen Verfassungsbruch zum Ausdruck gebracht, daß sie keinesfalls gewillt ist, auch nur dem Scheine nach zu einer solchen flagranten Verletzung von Recht und Gesetz ihre Hand zu bieten . . .

b) NACH DER »MACHTERGREIFUNG« (1934)

[Aus einer Rede von Joseph Goebbels]

. . . Wenn die Demokratie uns in Zeiten der Opposition demokratische Methoden zubilligte, so mußte dies ja in einem demokratischen System geschehen. Wir Nationalsozialisten haben aber niemals behauptet, daß wir Vertreter eines demokratischen Standpunktes seien, sondern wir haben offen erklärt, daß wir uns demokratischer Mittel nur bedienten, um die Macht zu gewinnen, und daß wir nach der Machteroberung unseren Gegnern rücksichtslos alle die Mittel versagen würden, die man uns in Zeiten der Opposition zugebilligt hatte. Trotzdem können wir erklären, daß unsere Regierung den Gesetzen einer veredelten Demokratie entspricht.
Wir sind die souveränen Meister der Kritik gewesen und können uns heute einhellig auf den Standpunkt des Rechts zur Kritik stellen. Nur mit einem Unterschied: das Recht zur Kritik, wenn es einen Sinn haben soll und nicht einen demokratischen Unsinn darstellt, kann zum Nutzen eines Volkes, der ja über allen Dingen der Politik stehen muß – immer nur dem Klügeren über den Dümmeren zugestanden werden und niemals umgekehrt. Es bliebe also nur noch zu beweisen, daß wir Nationalsozialisten während der Opposition anscheinend die Klügeren gewesen sind . . .

c) AUCH DAS HÄTTE MAN SCHON VORHER WISSEN KÖNNEN!

[Aus einer Hitler-Rede von 1930]

... Wenn wir heute unter unseren verschiedenen Waffen von der Waffe des Parlamentarismus Gebrauch machen, so heißt das nicht, daß parlamentarische Parteien nur für parlamentarische Zwecke da sind. Für uns ist ein Parlament nicht ein Selbstzweck, sondern ein Mittel zum Zweck ... Im Prinzip sind wir keine parlamentarische Partei, denn damit stünden wir im Widerspruch zu unserer ganzen Auffassung; wir sind nur zwangsweise eine parlamentarische Partei, und was uns zwingt, ist die Verfassung. Die Verfassung zwingt uns, solche Mittel anzuwenden ... Und so ist der Sieg, den wir gerade errungen haben, nichts anderes als der Gewinn einer neuen Waffe für unsern Kampf. Wir kämpfen nicht um Parlamentssitze der Parlamentssitze willen, sondern um eines Tages das deutsche Volk befreien zu können ...

[14] *Die 25 Punkte des Programms der NSDAP*

Das Programm der Deutschen Arbeiterpartei ist ein Zeit-Programm. Die Führer lehnen es ab, nach Erreichung der im Programm aufgestellten Ziele neue aufzustellen, nur zu dem Zwecke, um durch künstlich gesteigerte Unzufriedenheit der Massen das Fortbestehen der Partei zu ermöglichen.

1. Wir fordern den Zusammenschluß aller Deutschen auf Grund des Selbstbestimmungsrechtes der Völker zu einem Groß-Deutschland.
2. Wir fordern die Gleichberechtigung des deutschen Volkes gegenüber den anderen Nationen, Aufhebung der Friedensverträge von Versailles und St. Germain.
3. Wir fordern Land und Boden (Kolonien) zur Ernährung unseres Volkes und Ansiedlung unseres Bevölkerungsüberschusses.
4. Staatsbürger kann nur sein, wer Volksgenosse ist. Volksgenosse kann nur sein, wer deutschen Blutes ist, ohne Rücksichtnahme auf Konfession. Kein Jude kann daher Volksgenosse sein.
5. Wer nicht Staatsbürger ist, soll nur als Gast in Deutschland leben können und muß unter Fremdengesetzgebung stehen.
6. Das Recht, über Führung und Gesetze des Staates zu bestimmen, darf nur dem Staatsbürger zustehen. Daher fordern wir, daß jedes öffentliche Amt, gleichgültig welcher Art, gleich ob im Reich, Land oder Gemeinde, nur durch Staatsbürger bekleidet werden darf.

Wir bekämpfen die korrumpierende Parlamentswirtschaft einer Stellenbesetzung nur nach Parteigesichtspunkten ohne Rücksichten auf Charakter und Fähigkeiten.

7. Wir fordern, daß sich der Staat verpflichtet, in erster Linie für die Erwerbs- und Lebensmöglichkeit der Staatsbürger zu sorgen. Wenn es nicht möglich ist, die Gesamtbevölkerung des Staates zu ernähren, so sind die Angehörigen fremder Nationen (Nicht-Staatsbürger) aus dem Reiche auszuweisen.

8. Jede weitere Einwanderung Nicht-Deutscher ist zu verhindern. Wir fordern, daß alle Nicht-Deutschen, die seit dem 2. August 1914 in Deutschland eingewandert sind, sofort zum Verlassen des Reiches gezwungen werden.

9. Alle Staatsbürger müssen gleiche Rechte und Pflichten besitzen.

10. Erste Pflicht jedes Staatsbürgers muß sein, geistig oder körperlich zu schaffen. Die Tätigkeit des einzelnen darf nicht gegen die Interessen der Allgemeinheit verstoßen, sondern muß im Rahmen des Gesamten und zum Nutzen aller erfolgen. Daher fordern wir:

11. Abschaffung des arbeits- und mühelosen Einkommens, *Brechung der Zinsknechtschaft*.

12. Im Hinblick auf die ungeheuren Opfer an Gut und Blut, die jeder Krieg vom Volke fordert, muß die persönliche Bereicherung durch den Krieg als Verbrechen am Volke bezeichnet werden. Wir fordern daher restlose Einziehung aller Kriegsgewinne.

13. Wir fordern die Verstaatlichung aller (bisher) bereits vergesellschafteten (Trusts) Betriebe.

14. Wir fordern Gewinnbeteiligung an Großbetrieben.

15. Wir fordern einen großzügigen Ausbau der Altersversorgung.

16. Wir fordern die Schaffung eines gesunden Mittelstandes und seine Erhaltung, sofortige Kommunalisierung der Groß-Warenhäuser und ihre Vermietung zu billigen Preisen an kleine Gewerbetreibende, schärfste Berücksichtigung aller kleinen Gewerbetreibenden bei Lieferung an den Staat, die Länder oder Gemeinden.

17. Wir fordern eine unseren nationalen Bedürfnissen angepaßte Bodenreform, Schaffung eines Gesetzes zur unentgeltlichen Enteignung von Boden für gemeinnützige Zwecke. Abschaffung des Bodenzinses und Verhinderung jeder Bodenspekulation.

18. Wir fordern den rücksichtslosen Kampf gegen diejenigen, die durch ihre Tätigkeit das Gemeininteresse schädigen. Gemeine Volksverbrecher, Wucherer, Schieber usw. sind mit dem Tode zu bestrafen, ohne Rücksichtnahme auf Konfession und Rasse.

19. Wir fordern Ersatz für das der materialistischen Weltordnung dienende römische Recht durch ein deutsches Gemeinrecht.

20. Um jedem fähigen und fleißigen Deutschen das Erreichen höherer Bildung und damit das Einrücken in führende Stellung zu ermöglichen, hat der Staat für einen gründlichen Ausbau unseres gesamten Volksbildungswesens Sorge zu tragen. Die Lehrpläne aller Bildungsanstalten sind den Erfordernissen des praktischen Lebens anzupassen. Das Erfassen des Staatsgedankens muß bereits mit dem Beginn des Verständnisses durch die Schule (Staatsbürgerkunde) erzielt werden. Wir fordern die Ausbildung besonders veranlagter Kinder armer Eltern ohne Rücksicht auf deren Stand oder Beruf auf Staatskosten.

21. Der Staat hat für die Hebung der Volksgesundheit zu sorgen durch den Schutz der Mutter und des Kindes, durch Verbot der Jugendarbeit, durch Herbeiführung der körperlichen Ertüchtigung mittels gesetzlicher Festlegung einer Turn- und Sportpflicht, durch größte Unterstützung aller sich mit körperlicher Jugendausbildung beschäftigenden Vereine.

22. Wir fordern die Abschaffung der Söldnertruppe und die Bildung eines Volksheeres.

23. Wir fordern den gesetzlichen Kampf gegen die *bewußte* politische Lüge und ihre Verbreitung durch die Presse. Um die Schaffung einer deutschen Presse zu ermöglichen, fordern wir, daß:

a) sämtliche Schriftleiter und Mitarbeiter von Zeitungen, die in deutscher Sprache erscheinen, Volksgenossen sein müssen,
b) nichtdeutsche Zeitungen zu ihrem Erscheinen der ausdrücklichen Genehmigung des Staates bedürfen. Sie dürfen nicht in deutscher Sprache gedruckt werden,
c) jede finanzielle Beteiligung an deutschen Zeitungen oder deren Beeinflussung durch Nicht-Deutsche gesetzlich verboten wird, und fordern als Strafe für Übertretungen die Schließung eines solchen Zeitungsbetriebes sowie die sofortige Ausweisung der daran beteiligten Nicht-Deutschen aus dem Reich.

Zeitungen, die gegen das Gemeinwohl verstoßen, sind zu verbieten. Wir fordern den gesetzlichen Kampf gegen eine Kunst- und Literaturrichtung, die einen zersetzenden Einfluß auf unser Volksleben ausübt, und die Schließung von Veranstaltungen, die gegen vorstehende Forderungen verstoßen.

24. Wir fordern die Freiheit aller religiösen Bekenntnisse im Staat, soweit sie nicht dessen Bestand gefährden oder gegen das Sittlichkeits- und Moralgefühl der germanischen Rasse verstoßen.

Die Partei als solche vertritt den Standpunkt eines positiven Christentums, ohne sich konfessionell an ein bestimmtes Bekenntnis zu binden. Sie bekämpft den jüdisch-materialistischen Geist *in* und *außer* uns und ist überzeugt, daß eine dauernde Genesung unseres Volkes nur erfolgen kann von *innen* heraus auf der Grundlage:

Gemeinnutz vor Eigennutz.

25. Zur Durchführung alles dessen fordern wir: Die Schaffung einer starken Zentralgewalt des Reiches. Unbedingte Autorität des politischen Zentralparlaments über das gesamte Reich und seine Organisationen im allgemeinen.
Die Bildung von Stände- und Berufskammern zur Durchführung der vom Reich erlassenen Rahmengesetze in den einzelnen Bundesstaaten.
Die Führer der Partei versprechen, wenn nötig unter Einsatz des eigenen Lebens für die Durchführung der vorstehenden Punkte rücksichtslos einzutreten.

München, den 24. Februar 1920.

[15] *Hitler doziert Rassenlehre*

[Aus »Mein Kampf«]

... *Die Sünde wider Blut und Rasse ist die Erbsünde dieser Welt und das Ende einer sich ihr ergebenden Menschheit.*
... Demgegenüber erkennt die völkische Weltanschauung die Bedeutung der Menschheit in deren rassischen Urelementen. Sie sieht im Staat prinzipiell nur ein Mittel zum Zweck und faßt als seinen Zweck die Erhaltung des rassischen Daseins der Menschen auf. Sie glaubt somit keineswegs an eine Gleichheit der Rassen, sondern erkennt mit ihrer Verschiedenheit auch ihren höheren oder minderen Wert und fühlt sich durch diese Erkenntnis verpflichtet, gemäß dem ewigen Wollen, das dieses Universum beherrscht, den Sieg des Besseren, Stärkeren zu fördern, die Unterordnung des Schlechteren und Schwächeren zu verlangen. Sie huldigt damit prinzipiell dem aristokratischen Grundgedanken der Natur und glaubt an die Geltung dieses Gesetzes bis herab zum letzten Einzelwesen. Sie sieht nicht nur den verschiedenen Wert der Rassen, sondern auch den verschiedenen Wert der Einzelmenschen. Aus der Masse schält sich für sie die Bedeutung der Person heraus, dadurch aber wirkt sie gegenüber dem desorganisierenden Marxismus organisatorisch. Sie glaubt an die Notwendigkeit einer Idealisierung des Menschentums, da sie wiederum nur in dieser die Voraussetzung für das Dasein der Menschheit erblickt. Allein sie kann auch einer ethischen Idee das Existenzrecht nicht zubilligen, sofern diese Idee eine Gefahr für das rassische Leben der Träger einer höheren Ethik darstellt; denn in einer verbastardierten und vernegerten Welt wären auch alle Begriffe des menschlich

Schönen und Erhabenen sowie alle Vorstellungen einer idealisierten Zukunft unseres Menschentums für immer verloren. Menschliche Kultur und Zivilisation sind auf diesem Erdteil unzertrennlich gebunden an das Vorhandensein des Ariers. Sein Aussterben oder Untergehen wird auf diesen Erdball wieder die dunklen Schleier einer kulturlosen Zeit senken.

... Nein, es gibt nur ein heiligstes Menschenrecht, und dieses Recht ist zugleich die heiligste Verpflichtung, nämlich: dafür zu sorgen, daß das Blut rein erhalten bleibt, um durch die Bewahrung des besten Menschentums die Möglichkeit einer edleren Entwicklung dieser Wesen zu geben.

Ein völkischer Staat wird damit in erster Linie die Ehe aus dem Niveau einer dauernden Rassenschande herauszuheben haben, um ihr die Weihe jener Institution zu geben, die berufen ist, Ebenbilder des Herrn zu zeugen und nicht Mißgeburten zwischen Mensch und Affe.

... Es ist im übrigen die Aufgabe eines völkischen Staates, dafür zu sorgen, daß endlich eine Weltgeschichte geschrieben wird, in der die Rassenfrage zur dominierenden Stellung erhoben wird ...

[16] *Darwinistische Weltanschauung*

[Aus einer ideologischen Schrift der NSDAP]

... Das allgemeinste unerbittliche Gesetz des Lebens ist nun Kampf um sein Dasein und seine Entfaltung, Kampf der Rassen um ihren Lebensraum, d. h. auch auf die Völker bezogen mit der Natur und, wenn es sein muß, mit anderen Völkern, die der eigenen völkischen Lebensentfaltung entgegenstehen. Grundvoraussetzung für jede völkische Entwicklung, ja jeder Entwicklung des Lebens überhaupt, ist eine beständige Erneuerung an seinen Quellpunkten durch Zeugung und Fortpflanzung. Völker, die sich nicht mehr genügend fortpflanzen, sind dem Untergange geweiht, mögen sie auf noch so imponierender Höhe der Kultur und der politischen Macht stehen. Sie müssen nach einer bestimmten Zeit dem Drucke geburtenstärkerer Rassen weichen, in denen sich zugleich im Bevölkerungsüberschuß die emporzüchtende Kraft der Auslese zu entfalten vermag. Von grundlegender Bedeutung für das Staats-, Kultur- und Bildungsideal ist hier nun die Art, wie Rassen und Völker diesen Kampf um ihren Lebensraum bestehen. Die einen suchen diesen durch Bedürfnislosigkeit, Fügsamkeit, Zähigkeit, vielfach auch Fleiß und allmähliches unmerkliches Eindringen in schon bevölkerte Räume auszufechten. Sie zeichnen sich durchgehends durch eine außerordentliche Frucht-

barkeit aus, aber vermeiden möglichst den offenen Kampf zur Sicherung des Lebensraumes für ihre Nachkommen.
Zu diesen »Kuli- oder *Fellachenrassen*« gehört die Überzahl der Bevölkerung des Erdballs, das Gros der farbigen Menschen Asiens und Afrikas und das ostbaltisch-ostisch-innerasiatische Volkstum Rußlands. Ein kleiner, aber mächtiger Teil der Erdbevölkerung wählte den Weg der *Parasiten.* Er sucht sich durch intelligente und heuchlerische Einfühlung und Überlistung in bodenständigen Volkstümern einzunisten, diese mit händlerischer Schlauheit um den Ertrag ihrer Arbeit zu bringen und durch raffinierte geistige Zersetzung der Selbstführung zu berauben. Die bekannteste und gefährlichste Art dieser Rasse ist das Judentum.
Die dritte Gruppe endlich führt den Kampf offen, mit Wagemut und selbstbewußtem Einsatz rassischer Kraft. Sie umfaßt die ausgesprochenen *Herren-* und *Kriegerrassen.* Sie ringen mit der Natur, um ihr Nahrung und Schätze des Bodens abzugewinnen, erst als Jäger, dann als Hirten und Bauern. Aber sie greifen auch zum Schwerte, wenn man sie ihrer Freiheit berauben will oder andere, insbesondere niedere Rassen, ihrem Nachwuchs einen Lebensraum streitig machen wollen, den diese ungenügend zu nutzen wissen. Nur diese Rassen haben sich als kulturschöpferisch und staatenbildend erwiesen. Die bedeutsamste unter ihnen ist die nordische geblieben, die sich mit ihrer Arbeits- und Wehrkraft über die Hälfte des Erdballes erobert und mit ihrer Technik und Wissenschaft ihn heute fast ganz unterworfen hat, das Vorvolk dieser Rasse aber ist das deutsche ...

[17] *Die jüdische Weltverschwörung*

a) NACH »MEIN KAMPF« (1925)

... Das Finanzjudentum wünscht, entgegen den Interessen des britischen Staatswohls, nicht nur die restlose wirtschaftliche Vernichtung Deutschlands, sondern auch die vollkommene politische Versklavung.
... So ist der Jude heute der große Hetzer zur restlosen Zerstörung Deutschlands. Wo immer wir in der Welt Angriffe gegen Deutschland lesen, sind Juden ihre Fabrikanten, gleich wie ja auch im Frieden und während des Krieges die jüdische Börsen- und Marxistenpresse den Haß gegen Deutschland planmäßig schürte, so lange, bis Staat um Staat die Neutralität aufgab und unter Verzicht auf die wahren Interessen der Völker in den Dienst der Weltkriegskoalition eintrat.

... Die Vernichtung Deutschlands war nicht englisches, sondern in erster Linie jüdisches Interesse, genauso wie auch heute eine Vernichtung Japans weniger britisch-staatlichen Interessen dient, als den weit ausgreifenden Wünschen der Leiter des erhofften jüdischen Weltreiches. Während sich England um die Erhaltung seiner Stellung auf dieser Welt abmüht, organisiert der Jude seinen Angriff zur Eroberung derselben.
Er sieht die heutigen europäischen Staaten bereits als willenlose Werkzeuge in seiner Faust, sei es auf dem Umweg einer sogenannten westlichen Demokratie oder in der Form der direkten Beherrschung durch russischen Bolschewismus. Aber nicht nur die alte Welt hält er so umgarnt, sondern auch der neuen droht das gleiche Schicksal. Juden sind die Regenten der Börsenkräfte der amerikanischen Union. Jedes Jahr läßt sie mehr zum Kontrollherrn der Arbeitskraft eines Einhundertzwanzig-Millionen-Volkes aufsteigen; nur ganz wenige stehen auch heute noch, zu ihrem Zorne, ganz unabhängig da ...

b) IN EINER BROSCHÜRE FÜR WELTANSCHAULICHE ERZIEHUNG (1944)

[Überschriften der einzelnen Kapitel]

Der Jude zerstört jede völkische Lebensordnung ...
I. Das Judentum strebt nach der Weltherrschaft. Dies liegt in seiner Weltanschauung begründet ...
II. Die zwei Hauptbegriffe, mit denen das Judentum sich in die Ideen der Völker einschleicht, sind der Materialismus und der Individualismus ...
III. Der Jude verseucht und zerbricht die Lebensordnungen seiner Wirtsvölker. Musterbeispiel ist das Deutschland vor der Machtübernahme ...
1. Der Jude greift durch Beherrschung des Geldes, des Handels, des Banken- und Börsenwesens nach den Schlüsselstellungen zur Weltwirtschaft ...
2. Der Jude durchwühlt mit Hilfe des Freimaurertums, von Revolutionen, von Demokratien und Parlamentarismus die völkischen Ordnungen jeder Gemeinschaft, jedes Staates ...
3. Der Jude entartet jede völkische Kultur und mißbraucht sie zur Propaganda für seine internationalen Pläne ...
4. Der Jude unterhöhlt die Sittlichkeit und schwächt damit Zucht, Kraft und Kinderreichtum des Volkes ...
5. Die jüdische Verbrechernatur verdreht jede artgemäße Rechtsauffassung und verdrängt Recht und Gerechtigkeit ...
IV. Der Jude ist Anstifter und Verlängerer des gegenwärtigen Krieges ...

1. Der russische Bolschewismus ist eine Ausgeburt jüdischen Denkens...
2. Der Jude stützt den britischen Imperialismus...
3. Der Jude steht hinter der amerikanischen Plutokratie...

[18] *Hitler erläutert das Führerprinzip*

[Aus »Mein Kampf«]

...Die Bewegung vertritt im kleinsten wie im größten den Grundsatz der unbedingten Führerautorität, gepaart mit höchster Verantwortung.
Die praktischen Folgen dieses Grundsatzes in der Bewegung sind nachstehende:
Der erste Vorsitzende einer Ortsgruppe wird durch den nächsthöheren Führer eingesetzt, er ist der verantwortliche Leiter der Ortsgruppe. Sämtliche Ausschüsse unterstehen ihm und nicht er umgekehrt einem Ausschuß. Abstimmungs-Ausschüsse gibt es nicht, sondern nur Arbeits-Ausschüsse. Die Arbeit teilt der verantwortliche Leiter, der erste Vorsitzende, ein. Der gleiche Grundsatz gilt für die nächsthöhere Organisation, den Bezirk, den Kreis oder den Gau. Immer wird der Führer von oben eingesetzt und gleichzeitig mit unbeschränkter Vollmacht und Autorität bekleidet. Nur der Führer der Gesamtpartei wird aus vereinsgesetzlichen Gründen in der Generalmitgliederversammlung gewählt. Er ist aber der ausschließliche Führer der Bewegung. Sämtliche Ausschüsse unterstehen ihm und nicht er den Ausschüssen. Er bestimmt und trägt damit aber auch auf seinen Schultern die Verantwortung. Es steht den Anhängern der Bewegung frei, vor dem Forum einer neuen Wahl ihn zur Verantwortung zu ziehen, ihn seines Amtes zu entkleiden, insofern er gegen die Grundsätze der Bewegung verstoßen oder ihren Interessen schlecht gedient hat. An seine Stelle tritt dann der besserkönnende, neue Mann, jedoch mit gleicher Autorität und mit gleicher Verantwortlichkeit.
Es ist eine der obersten Aufgaben der Bewegung, dieses Prinzip zum bestimmenden nicht nur innerhalb ihrer eigenen Reihen, sondern auch für den gesamten Staat zu machen.
Wer Führer sein will, trägt bei höchster unumschränkter Autorität auch die letzte und schwerste Verantwortung.
Wer dazu nicht fähig ist oder für das Ertragen der Folgen seines Tuns zu feige ist, taugt nicht zum Führer. Nur der Held ist dazu berufen...

Damit ist die Bewegung aber antiparlamentarisch, und selbst ihre Beteiligung an einer parlamentarischen Institution kann nur den Sinn einer Tätigkeit zu deren Zertrümmerung besitzen, zur Beseitigung einer Einrichtung, in der wir eine der schwersten Verfallserscheinungen der Menschheit zu erblicken haben ...

[19] *Carl Schmitt über den Führergedanken (1933)*

... Die organisatorische Durchführung des Führergedankens erfordert zunächst negativ, daß alle der liberal-demokratischen Denkart wesensgemäßen Methoden entfallen. Die *Wahl* von unten mit sämtlichen Residuen bisheriger Wählerei hört auf. (Die Neuwahl des Reichstags am 12. November 1933 kann, wie oben gezeigt, nur als Bestandteil einer Volksbefragung aufgefaßt werden.) Auch die alten *Abstimmungsprozeduren*, mit deren Hilfe eine irgendwie zusammenkoalierte Mehrheit eine Minderheit majorisierte und aus der Abstimmung ein Machtmittel der Überstimmung und der Niederstimmung machte, dürfen sich in einem Einparteistaat nicht fortsetzen oder wiederholen. Endlich haben die typisch liberalen Trennungen und Dualismen von *Legislative* und *Exekutive*, in der Gemeindeorganisation von *Beschluß-* und *Verwaltungs-* oder Ausführungsorganen, ihren Sinn verloren. Die Gesetzgebungsbefugnis der Reichsregierung ist ein erstes, bahnbrechendes Beispiel dieser Aufhebung künstlicher Zerreißungen. Überall muß das System der *Verantwortungsverteilung und -verschiebung* durch die klare *Verantwortlichkeit* des zu seinem Befehl sich bekennenden *Führers*, und die *Wahl* durch *Auswahl* ersetzt werden.

... Dieser Begriff von Führung stammt ganz aus dem konkreten, substanzhaften Denken der nationalsozialistischen Bewegung. Es ist bezeichnend, daß überhaupt jedes Bild versagt und jedes treffende Bild sogleich schon mehr als ein Bild oder Vergleich, sondern eben schon Führung in der Sache selbst ist. Unser Begriff ist eines vermittelnden Bildes oder eines repräsentierenden Vergleichs weder bedürftig noch fähig. Er stammt weder aus barocken Allegorien und Repräsentationen noch aus einer cartesianischen idée générale. Er ist ein Begriff unmittelbarer Gegenwart und realer *Präsenz.* Aus diesem Grunde schließt er auch, als positives Erfordernis, eine *unbedingte Artgleichheit zwischen Führer und Gefolgschaft* in sich ein. Auf der Artgleichheit beruht sowohl der fortwährende untrügliche Kontakt zwischen Führer und Gefolgschaft wie ihre gegenseitige Treue. Nur die Artgleichheit kann es verhindern, daß die Macht des Führers Tyrannei und Willkür wird; nur sie begründet den Unterschied von jeder noc ligenten oder noch so vorteilhaften Herrschaft eines fi teten Willens.

Artgleichheit des in sich einigen deutschen Volkes ist also fu Begriff der politischen Führung des deutschen Volkes die unu gänglichste Voraussetzung und Grundlage . . .

[20] *Das Recht der eigenen Stärke*

[Aus einer Hitler-Rede von 1928]

. . . Erstens muß unser Volk von dem hoffnungslos wirren Internationalismus befreit und bewußt und systematisch zum fanatischen Nationalismus erzogen werden . . . Zweitens werden wir unser Volk, indem wir es dazu erziehen, gegen den Irrsinn der Demokratie zu kämpfen und wieder die Notwendigkeit von Autorität und Führertum einzusehen, von dem Unsinn des Parlamentarismus fortreißen. Drittens werden wir, indem wir das Volk von dem jämmerlichen Glauben an eine Hilfe von draußen, das heißt von dem Glauben an Völkerversöhnung, Weltfrieden, Völkerbund und internationale Solidarität, befreien, diese Ideen zerstören. Es gibt nur ein Recht in der Welt, und dieses Recht liegt in der eigenen Stärke . . .

[21] *Der ehemalige Reichspressechef über Hitlers Persönlichkeit*

. . . Über Hitlers Wutausbrüche ist viel geschrieben und noch mehr gesprochen worden. Ich habe sie oft mit erlebt und ihre Intensität am eigenen Leibe verspürt. Sie waren das an menschlichen Objekten abreagierte Aufbäumen seiner dämonischen Energien gegen die Welt der rauhen Wirklichkeit. Sie waren das donnernde Zersplittern eines glasharten Willens an der noch härteren Realität der Dinge. Dieser, ich möchte sagen hypochondrische Zustand, in dem der Geist Hitlers sein Herz aufwühlte und sein Blut immer aufs neue wiederum sein Gehirn entzündete, tobte sich aus in einem Orkan der Worte, der von jedem Widerspruch nur noch stärker aufgepeitscht wurde, und der jeden sachlichen Einwand einfach durch Stimmaufwand niederknüppelte. Diese Szenen spielten sich im Großen wie im Kleinen ab, wenn die Ereignisse eine andere Richtung nahmen, als Hitlers Wille und seine Voraussagen ihnen gewiesen hatten, wenn sein unaufhörliches Mißtrauen Sabotage witterte, hinter deren Behauptung er das Eingeändnis eigener Niederlagen zu verbergen liebte, oder wenn menschliche Unzulänglichkeit seine Empfindsamkeit unverhältnismäßig erregte. Kleine Mißgriffe und Vergehen anderer wurden in diesem Zustand zu fluchwürdigsten Verbrechen gestempelt. Todesstrafen oder Konzentrationslager waren ebenso oft die Auswirkung seines hemmungslosen Zornes wie das Ergebnis seiner, wie er sich auszudrücken pflegte, »eiskalten« Überlegung.

Selbst die unbedeutendsten Vorfälle lösten die Maßlosigkeit seiner Kritik aus. Als während der schweren Kriegsjahre das Leben des von ihm besonders geschätzten Opernsängers Manowarda nach dessen Hinscheiden nicht mit Balkenüberschriften in den Zeitungen auf der ersten Seite gewürdigt worden war, steigerte er seinen Ausfall gegen die Presse zu stundenlanger Ekstase, die ihn den ganzen Tag geradezu arbeitsunfähig machte. – Als vor seinem Hause auf dem Obersalzberg angesichts einer Menge von vielen Tausenden von Menschen seine Schäferhündin »Blondi« auf den Wiesen streunte und auf mehrmaligen Zuruf seinem Willen zum Trotz absolut nicht parieren wollte, sah ich, wie ihm das Blut zu Kopfe stieg, während er sich anschickte, den üblichen Vorbeimarsch der Besucher abzunehmen. Zwei Minuten später, als eine Frau eine Bittschrift überreichte, schrie er zum Erstaunen der Menge einen seiner bekanntesten Mitarbeiter, der zufällig hinter ihm stand, um sich das Schauspiel anzusehen, völlig unmotiviert in der ausfallendsten Weise an, ohne auch nur einen Grund oder eine Erklärung dafür abzugeben. – Zu persönlichen Tätlichkeiten hat sich Hitler jedoch bei seinen Ausfällen nicht hinreißen lassen. Nur am 30. Juni 1934 sah ich, wie er in München im Innenministerium den obersten SA-Führern die Schulterstücke eigenhändig von den Uniformen riß und ebenso die Kriegsauszeichnungen. Es war das einzige Vorkommnis dieser Art. Die Behauptung, daß Hitler bei seinen Tobsuchtsanfällen sich auf die Erde zu werfen und in den Teppich zu beißen pflegte, ist eine Erfindung, die dadurch nicht an Wahrheit gewinnt, daß sie sehr oft wiederholt wurde.

... Was die Krankheit Hitlers betrifft, über die jahrelang ein so großes Rätselraten in der Öffentlichkeit herrschte, so glaube ich auf Grund meiner vielseitigen Beobachtungen seines Lebens und meines ständigen Verkehrs mit seinen Ärzten, folgendes sagen zu können: Seine sich so oft wiederholenden heftigen Erregungszustände waren nicht Symptom oder Folge eines akuten schweren Leidens, von dem sein Körper befallen war, sondern umgekehrt, diese psychisch-physischen Affektausbrüche sind als Ursache und Erreger seines häufig schlechten körperlichen Befindens anzusehen, sie waren die eigentliche Krankheit, unter der er litt. Diese explosiven und den Körper erschütternden Feuerstöße seines energieüberladenen Gehirns, die sich in ihm festkrallten und ihn erst im Erschöpfungszustand wieder verließen, haben seine Magennerven zerrüttet und sein Verdauungssystem geradezu zerfressen und von dort wechselwirkend seine Bereitschaft zu Wutausbrüchen noch verstärkt.

... Es kann kein Zweifel sein, daß das Unheil in Hitlers Leben nicht von einem schweren körperlichen Gebrechen oder einem klinischen Leiden bestimmt wurde, sondern daß die unselige Dynamik seines Daseins wesensbedingt war, ein seelisch-geistiges Phänomen. Sein dämonischer Wille war es, der am Ende auch seinen Körper verzehrt hat. Hitler fügte sich in seiner ungesunden, geradezu selbstmörderischen Lebensweise nicht dem Rat seiner Ärzte ...

II

DIE NATIONALSOZIALISTISCHE REVOLUTION

Die Ideologie des Nationalsozialismus haben wir als eine antidemokratische, antiliberale und antihumanistische Gedankenwelt kennengelernt. Hitler und seine Anhänger lehnten nicht nur das Prinzip der parlamentarischen Regierung ab, sondern die Mitwirkung des Volkes an den Regierungsgeschäften überhaupt, ja im Grunde genommen auch die ganze geistige Entwicklung, auf der die Demokratie als politisches System und als geistig-soziale Lebensform beruht. Schon die ersten Taten Hitlers nach seiner Berufung zum Reichskanzler ließen sofort erkennen, daß der 30. Januar 1933 nicht etwa den Endpunkt einer Entwicklung darstellte, sondern vielmehr das Startzeichen für eine grundlegende Umwälzung der politischen Verhältnisse, deren Richtung oder gar Ende vorläufig gar nicht abzusehen war.

Zwar versuchte Hitler in seiner ersten Regierungserklärung, dem Volk Sand in die Augen zu streuen, indem er sich betont friedfertig, vernünftig und staatsmännisch gab. Seine Regierung, in welcher in der Tat die Nationalsozialisten nur eine Minderheit darstellten, sollte als eine Regierung der »nationalen Opposition« und der »nationalen Sammlung« erscheinen. Hitler sprach noch nicht von nationalsozialistischer Revolution, sondern von »nationaler Erhebung«, in deren Mittelpunkt er noch nicht sich selbst stellte, sondern den alten Generalfeldmarschall-Reichspräsidenten. Diese Taktik bezweckte, die Millionen von konservativen, monarchistischen und bürgerlichen Anhängern zu beschwichtigen. Sie sollten nicht durch das Gespenst der Revolution unnütz aufgeschreckt werden. Zuerst wollte Hitler die ihm zugefallene Macht konsolidieren und mehren. Auf dieses eine Ziel waren alle seine Bestrebungen von Anfang an gerichtet.

Es begann damit, daß er nach Scheinverhandlungen mit der katholischen Zentrumspartei, zwecks Erweiterung seiner Regierungsbasis, den Reichstag auflösen und Neuwahlen ausschreiben ließ [22]. Von diesen Neuwahlen, die am 5. März stattfinden sollten, erhoffte sich Hitler eine solide nationalsozialistische Mehrheit. Von dieser hätte er sich dann ohne Schwierigkeiten alle nötigen Vollmachten geben lassen können. Die Wochen bis zum Wahltermin sind durch zwei Umstände gekennzeichnet: durch die Terrorisierung der politischen Gegner mittels der nationalsozialistischen Parteiformationen, also SA und SS, die jetzt sozusagen staatsoffizielle Einrichtungen geworden waren, und durch die Festigung der Macht der Hitlerregierung dank einer Reihe von Notverordnungen, welche Schlag auf Schlag die verfassungsmäßigen Grundrechte der Demokratie außer Kraft setzten. Von wirklich freien Wahlen konnte unter solchen Verhältnissen, trotz der Zulassung anderer Parteien, kaum mehr die Rede sein.

Einen ersten Höhepunkt erreichte der nationalsozialistische Terror nach dem Brand des Reichstagsgebäudes in der Nacht vom 27. Februar 1933. Dieser Brand wurde von der Regierung Hitler sofort als das Flammenzeichen eines bevorstehenden roten Umsturzes bezeichnet und entsprechend propagandistisch ausgeschlachtet und politisch ausgenutzt: man malte das Schreckgespenst einer bolschewistischen Machtergreifung an die Wand, um die eigene Machtergreifung damit um so besser konsolidieren und zugleich »legalisieren« zu können. Darin liegt die eigentliche Bedeutung des Reichstagsbrandes für die Geschichte. Was die kriminalistische Seite des spektakulären Brandes anbetrifft, so gelang es weder der nationalsozialistischen Propaganda noch dem Reichsgericht, den Nachweis für die Behauptung vom drohenden kommunistischen Umsturz zu erbringen. Obschon es sich unter starkem Druck seitens der Nationalsozialisten befand, sah sich das Reichsgericht vielmehr veranlaßt, die neben dem auf frischer Tat ertappten Holländer van der Lubbe angeklagten vier Kommunisten freizusprechen, darunter den Bulgaren Dimitroff, der ein Mitglied des Exekutivkomitees der kommunistischen Internationale war, und Ernst Torgler, Führer der Reichstagsfraktion der KPD, für den der oberste Ankläger die Todesstrafe verlangt hatte. Anderseits sprachen für die schon damals allenthalben aufkommende Vermutung, daß die Nationalsozialisten den Brand selbst organisiert haben könnten, schwerwiegende Indizien, allen voran der Umstand, daß er nur in ihrem Interesse gelegen sein konnte. Ferner blieb die Frage nach den Mittätern van der Lubbes – die in der KPD nicht gefunden werden konnten und in der NSDAP nicht gesucht werden durften – unbeantwortet; denn als alleiniger Täter konnte der Holländer nach dem Urteil des Reichsgerichts, das sich auf Gutachten hervorragender Sachverständiger stützte, nicht in Frage kommen. Wenn es bis heute auch nicht gelungen ist, eine nationalsozialistische Mittäter- oder Mitwisserschaft dokumentarisch nachzuweisen, so kann anderseits keine Rede davon sein, daß das Gegenteil einwandfrei bewiesen wäre. Vielleicht muß man sich damit abfinden, daß die Wahrheit über den Reichstagsbrand nie ans Tageslicht kommen wird [23].

Die Hitlerregierung benutzte dieses Ereignis mit einer ebenfalls Verdacht erweckenden Schnelligkeit, um den Terror gegen politische Gegner zu verschärfen und ihre diktatorischen Befugnisse auszubauen.

Noch in derselben Nacht wurde eine ausgedehnte Verhaftungsaktion eingeleitet, die weit über die Reihen der kommunistischen Funktionäre und Abgeordneten hinausgriff. Die Presse der Linksparteien wurde verboten und diese damit auf dem Höhepunkt des Wahlkampfes ihrer publizistischen Mittel beraubt. Viel schwerwiegender war indessen, daß der Brand als Vorwand dienen mußte für eine weitere Notverordnung, die sogenannte »Verordnung des Reichspräsidenten zum Schutze von Volk und Staat«, die bereits am Morgen des folgenden Tages veröffentlicht wurde, also von langer Hand vorbereitet sein mußte [24].

Durch diese Notverordnung wurden die Menschen- und Bürgerrechte, auf deren Respektierung die Demokratie beruht, praktisch aufgehoben. Es war die Proklamierung des Ausnahmezustandes, das Ende des verfassungsmäßigen Lebens. Diese Notverordnung wurde zur wichtigsten Grundlage der Herrschaft Hitlers; denn obschon sie den Passus enthielt, daß sie »bis auf weiteres« gelten sollte, ist sie nie mehr außer Kraft gesetzt worden. Mit Recht kann man deshalb sagen, daß die eigentliche Verfassung des Dritten Reiches der Ausnahmezustand gewesen ist. Der Artikel 48 Absatz 2 der Verfassung von Weimar, der sog. Notverordnungsparagraph, war damit ad absurdum geführt, da er jetzt nicht mehr zum Schutze dieser Verfassung, sondern praktisch zu ihrer Beseitigung gehandhabt wurde. Die Verfassung schien also damit sozusagen legal außer Kraft gesetzt – falls man denselben durchlöcherten Begriff der Legalität annahm, den so mancher deutsche Jurist seit jenen Tagen gebraucht hat. Wir stehen hier vor dem Phänomen der Scheinlegalität, mit der Hitler seine verfassungswidrigen Aktionen zu umhüllen verstand.

Der schrankenlosen Willkür war jetzt um so mehr Tür und Tor geöffnet, als diesmal kein Schutzhaftgesetz (wie bei analogen Vorgängen während der Weimarer Republik) in die Notverordnung aufgenommen wurde, wonach jedem Verhafteten die Vorführung vor den Richter innerhalb 24 Stunden, das Recht auf einen Verteidiger, auf Einsicht in die Akten, auf Berufung und Entschädigung gewährleistet wurde. Die Polizei konnte jetzt Personen willkürlich verhaften ohne Grundangabe und ohne Verhör, sie auf unbestimmte Zeit ohne Urteil festsetzen, sie konnte Wohnungen durchsuchen, Eigentum beschlagnahmen, alles und jedes bespitzeln, Zeitungen zensieren oder verbieten, Telefongespräche überwachen, Vereine und Parteien auflösen, Versammlungen sprengen usw. Die absolute Rechtlosigkeit des Individuums für die kommenden 12 Jahre der Hitlerdiktatur war damit bereits besiegelt. Die Notverordnung vom 28. Februar, auch »Brandverordnung« genannt, wurde in den Händen Hitlers zum entscheidenden revolutionären Schlag gegen die demokratische Staatsordnung. Die Errungenschaften eines vielhundertjährigen Ringens um Freiheit in der europäischen Geschichte wurden mit einemmal ausgelöscht; nicht nur der Katalog der Menschen- und Bürgerrechte, wie er 1789 zu Beginn der Französischen Revolution aufgestellt worden war, sondern auch der viel ältere Grundsatz des »Habeas Corpus«, des Schutzes vor willkürlicher Verhaftung.

Die neuen Machtbefugnisse wurden von Hitler und seinen Unterführern sofort rücksichtslos ausgenutzt, besonders als sich herausstellte, daß die Wahlen vom 5. März trotz aller Anstrengungen der NSDAP keine absolute Mehrheit brachten. Nur mit den 52 Sitzen ihres Koalitionspartners, der DNVP Hugenbergs, verfügten die Nationalsozialisten über eine Mehrheit von 340 Sitzen bei einer Gesamtzahl von 647 Sitzen im deutschen Reichstag. Es verdient festgehalten zu werden, daß auch in dieser letzten, noch halbwegs freien Wahl die Mehrheit des deutschen Volkes nicht bereit war, Hitler uneingeschränkte Vollmacht für die Lenkung der deutschen Geschicke zu geben. Nur 44 % der deutschen Wähler sprachen sich direkt für Hitler aus.

Hitler maß indessen der Wahl nicht allzugroße Bedeutung bei, da er entschlossen war, die Revolution auch ohne die notwendige Mehrheit voranzutreiben. Falls die Gegner nicht auf dem Boden der »Verfassung« zurückgedrängt werden konnten, so ließ er verlauten, dann bliebe immer noch der Kampf mit anderen Mitteln. Welcher Art diese Mittel waren, hatte der Wahlkampf bereits zur Genüge gezeigt. Zunächst rissen die Nationalsozialisten in den einzelnen deutschen Ländern die Macht durch staatsstreichartiges Vorgehen an sich. Es wurden Reichskommissare hingeschickt, welche überall die Polizeigewalt in die Hände von SA- und SS-Führern legten. Damit waren die Kommandanten von Hitlers Schlägerbanden in die höchsten Polizeistellen des deutschen Reiches aufgerückt [25]. In Bayern gelangte dabei die Polizeigewalt in die Hände von zwei Männern, die wie keine andern neben Hitler zum Inbegriff der nationalsozialistischen Schreckensherrschaft werden sollten: Heinrich Himmler, der rasch zum höchsten Polizeichef aufsteigen sollte, und Reinhard Heydrich, sein engster Mitarbeiter in der Geheimpolizei. Hermann Göring versicherte sich der Polizeigewalt in Preußen und damit im weitaus größten deutschen Land. Der Herr von Papen, Vizekanzler im Kabinett Hitlers, der sich als Aufpasser gefiel, wurde dabei völlig an die Wand gedrückt. Die konservativen Mitläufer Hitlers merkten nun sehr rasch, daß es ihnen an zwei Dingen gebrach, um den Kampf um die Macht mit den Nationalsozialisten aufzunehmen: an persönlicher Brutalität und an Unterstützung durch die Massen, wie sie Hitler in den Millionen von Parteianhängern und SA-Männern zur Verfügung standen. Das sogenannte Heimtückegesetz war ein weiterer Schritt auf dem Wege, den Parteiterror zu legalisieren [26].

Noch bevor also Hitler seinen zweiten wichtigen Schritt auf dem Wege der Scheinlegalität tat, um seine Macht zu sichern, waren die Nationalsozialisten in eine Reihe wichtiger Machtpositionen eingerückt. Konsequent hatten sie sich dabei auf die eigentlichen Schlüsselpositionen beschränkt, während sie Ämter mit nur dekorativem Wert gerne ihren Mitläufern überließen. Schlüsselpositionen waren aber in erster Linie die hohen Polizeikommandos. Die Polizei war jetzt in den Händen der neuen Machthaber, die Armee aber beteiligte sich nicht an dem revolutionären Umsturz. In der Person des Generals von Blomberg hatte die Reichswehr einen Vertreter in die Hitlerregierung geschickt, dem der neue Führer äußerst sympathisch erschien. Von seiten der Reichswehr war für das neue Regime also nichts zu fürchten.

Der zweite entscheidende Schritt Hitlers war die Einbringung eines sogenannten Ermächtigungsgesetzes [27]. Der neue Reichstag sollte Hitler umfassende Vollmachten geben. Vor allem sollte das Recht der Gesetzgebung auf die Reichsregierung übertragen werden. Es war ein weiterer wichtiger Schritt zum Abbau der Demokratie. Die notwendige Zweidrittelmehrheit für die Annahme dieses Gesetzes verschafften sich die Nationalsozialisten durch Verhaftung von Abgeordneten, durch Kassierung von Mandaten, durch Täuschung und schließlich Terrorisierung der andern Parteien. Die noch verbliebenen demokratischen Parteien ließen sich von dem Gedanken leiten, daß eine Ablehnung des Ermächtigungsgesetzes durch ihre Abgeordneten Hitler auch nicht hindern würde, sich die gewünschten Vollmachten, wenn nötig mit Gewalt, zu nehmen. Indem sie so urteilten, standen sie bereits unter dem Druck der Gewalt, die unheilverheißend repräsentiert wurde durch die SA- und SS-Männer, denen, selbstverständlich nicht zufällig, der Ordnungsdienst in der entscheidenden Reichstagssitzung übertragen worden war. So brachte Hitler leicht die notwendige Mehrheit zusammen. Nur die Sozialdemokraten wagten es, sich dem Willen Hitlers zu widersetzen. Zum letzten Mal kam in einer Reichstagssitzung des Hitlerstaates eine andere Meinung zu Worte als die des Diktators. Der sozialistische Fraktionsführer Wels erhob in einer wahrhaft mutigen Ansprache seine Stimme für Demokratie, Menschlichkeit und Gerechtigkeit. Er konnte den Lauf der Dinge nicht ändern und zog nur den unbeherrschten Zorn Hitlers auf sich.

Damit hatte sich das deutsche Parlament in dieser denkwürdigen Sitzung vom 23. 3. 1933 selbst aller Befugnisse begeben. Mit diesem Tage hörte jegliches parlamentarische Leben in Deutschland auf. Das Gesetz ermächtigte die Regierung, für vier Jahre ohne die Mitwirkung des Reichstages Gesetze zu erlassen, und zwar ausdrücklich auch solche, die von der Verfassung abwichen. Die legislative Gewalt war damit auf die Exekutive übergegangen und damit ein grundlegendes Prinzip der modernen Demokratie außer Kraft gesetzt. Die einschränkenden Bestimmungen, die das Gesetz enthielt, hat Hitler später samt und sonders nicht berücksichtigt. Kaum hatte Hitler das Ermächtigungsgesetz in der Tasche, machte er sich auch schon daran, die andern Parteien zu vernichten, die er eben noch gebraucht hatte, um sich den Mantel der Legalität umlegen zu können [28]. Noch bevor ein halbes Jahr seit Hitlers Regierungsantritt um war, ist Deutschland ein Einparteienstaat geworden. Alle anderen Parteien wurden verboten, oder sie lösten sich unter Druck selbst auf. Nicht einmal der Koalitionspartner wurde verschont, und alle Proteste und Beziehungen nützten Hugenberg nichts. Er mußte seine DNVP auflösen und schließlich aus der Regierung austreten. Mit aller Deutlichkeit mußte nun dieser Steigbügelhalter Hitlers erfahren, wes Geistes Kind der neue Regierungschef war und wer die Macht wirklich in Händen hatte.

Schon vor den Parteien verschwand die mächtige Organisation der freien Gewerkschaften, so oft Hitler auch früher das Gegenteil versprochen hatte. Der totale Machtanspruch Hitlers konnte keine Organisationen dulden, die sein Machtwille nicht unbedingt beherrschte. In dieser Beziehung hatten sich allerdings auch die Sozialdemokraten getäuscht. Am 1. Mai 1933 war es bereits soweit [29]. Auf einer riesigen Kundgebung beanspruchte Hitler diesen Tag als »nationalen Feiertag« für das neue Regime. Am folgenden Tag wurden die Gewerkschaftshäuser schlagartig im ganzen Land von Hitlers Polizei besetzt. Viele Funktionäre wurden von der SA mißhandelt, andere von der Gestapo verhaftet und in Konzentrationslager gesteckt. Das beträchtliche Vermögen der Gewerkschaften wurde beschlagnahmt, und Hitler machte sich daran, eine eigene nationalsozialistische Arbeiterorganisation aufzuziehen, die nach Lage der Dinge natürlich nichts anderes sein konnte als ein Befehlsempfänger der alleinherrschenden Partei.

Am 14. Juli 1933 konnte Hitler durch Gesetz verkünden lassen, daß es in Deutschland als einzige politische Partei nur noch die NSDAP gab und daß mit schwerer Strafe zu rechnen habe, wer diesem Gesetz zuwider handele [30]. In Tat und Wahrheit mußte mit jahrelangem Martyrium oder gar mit qualvollem Tod rechnen, wer fortan noch versuchte, eine andere politische Meinung zu verbreiten als diejenige des Diktators. Er dachte gar nicht daran, politische Widersacher etwa der ordentlichen Gerichtsbarkeit zu überweisen. Auf Deutschland senkte sich wie eine schwere Gewitterwolke die Willkür und Gewalt der nationalsozialistischen Herrschaft. Von jetzt an begann Hitler die öffentliche Meinung konkurrenzlos zu beherrschen, und mit allen Mitteln einer technisierten Propaganda wurde das Volk im Sinne seiner Politik beeinflußt. Als Meisterregisseur dieser Propaganda betätigte sich der längst als treuer Gefolgsmann Hitlers bekannte Dr. Joseph Goebbels, der bereits am 13. März 1933 als Reichsminister für Volksaufklärung und Propaganda in die Hitlerregierung aufgenommen worden war. Die für das Dritte Reich typische Art von »Volksbefragung« wurde jetzt durch Gesetz eingeführt [31]. Im Dezember 1933 wurde, ebenfalls durch Gesetz, der Dualismus von Partei und Staat endgültig beseitigt [32] und ein Jahr nach der Machtergreifung die Hoheit der Länder und der Reichsrat aufgehoben [33].

Im Verlaufe der Monate zeigte es sich indessen, daß Hitler, wenn auch nicht von außerhalb, so doch innerhalb seiner eigenen Partei Gefahr drohte für die Unbeschränktheit seiner Machtstellung. Es war die Millionenarmee der SA, die ihm immer mehr Schwierigkeiten zu bereiten begann. Hitler hatte dieser Parteitruppe zweifelsohne viel für seinen Aufstieg zur Macht zu verdanken. Aber nun wurden ihm die Ansprüche der großenteils beschäftigungslos gewordenen »braunen Armee« und noch mehr die Machtaspirationen ihres Führers Ernst Röhm immer lästiger. Diese fühlten sich ihrerseits bei der Verteilung der Macht und der Beute schlecht entlöhnt. Die Unzufriedenheit machte sich Luft in der Forderung nach einer Weiterführung der Revolution, nach der »zweiten Revolution«. Darunter verstanden die meisten wohl eine Entmachtung und Enteignung der bürgerlichen Schichten zu ihren Gunsten. Hitler wollte aber alles andere als eine soziale Revolution, da er eben diese bürgerlichen Schichten für seine weiteren Pläne brauchte: vor allem Offiziere und Industrielle, die ihm raschmöglichst eine starke Armee und eine autarke Wirtschaft schaffen sollten. Er war allein an der Macht, nicht an der Veränderung der gesellschaftlichen Verhältnisse interessiert. Noch mehr mißfielen Hitler die persönlichen Pläne seines Duzfreundes Röhm. Dieser hatte die Absicht, die SA mit der Reichswehr zu einer riesigen braunen Volksarmee zu verschmelzen, als deren Oberkommandierenden er sich selbst sah.

Hitler schwankte monatelang hin und her, wie er dieses Problem lösen sollte. In die Enge getrieben zwischen den Forderungen Röhms und denjenigen der Generalität, die den Plänen Röhms selbstverständlich aufs heftigste widersprach, entschied sich Hitler für die Reichswehr, die er für seine beabsichtigte aggressive Außenpolitik unbedingt brauchte. Mit der ihm eigenen Brutalität und Rücksichtslosigkeit rottete er die höchste SA-Führung aus, an ihrer Spitze den SA-Chef Röhm selbst [34]. Am 30. Juni und 1. Juli 1934 fielen Hunderte von Menschen einem genau vorbereiteten Massaker zum Opfer. Hitler und seine Paladine ließen sich die Gelegenheit nicht entgehen, gleich noch mit einer Reihe von Gegnern abzurechnen, die mit der angeblichen SA-Revolte nichts zu tun hatten. Neben Juden, ehemaligen Gegnern von 1923 und einer Reihe dem Regime mißliebigen Persönlichkeiten des öffentlichen Lebens ging es Hitler vor allem um die Liquidierung einer möglichen konservativen Gegenrevolution, auf die er durch die Marburger Rede des Vizekanzlers von Papen aufmerksam gemacht worden war [35]. Papen selbst scheint dem Blutbade nur dank dem persönlichen Schutz des Reichspräsidenten entgangen zu sein. Dafür befanden sich die Generäle Schleicher und von Bredow unter den Ermordeten [36]. Mit einem Schlag erstickte Hitler so zwei, allerdings nur der Möglichkeit nach vorhandene Revolten, diejenige der radikal-nationalsozialistischen Kreise von links und diejenige der bürgerlich-konservativen Kreise von rechts. Die offizielle Darstellung erzählte dem deutschen Volk, der Führer sei einer Revolte der SA zuvorgekommen. Heute weiß man, daß von einer bevorstehenden Revolte Röhms und seiner Getreuen keine Rede sein konnte. Die Hunderte auf Anordnung Hitlers durchgeführten Morde erhielten nachträglich sogar noch eine gesetzliche Billigung. In einer lakonischen Verkündung wurden die Morde »als Staatsnotwehr rechtens« erklärt [37]. Falls es noch eines weiteren Beweises bedurft hätte, daß Deutschland längst aufgehört hatte, ein Rechtsstaat zu sein, war er hiermit erbracht. Der Wille Hitlers konnte Recht setzen. Das war der neue Führerstaat in seiner ganzen furchtbaren Konsequenz.

Die SA spielte seit diesem Massaker keine politische Rolle mehr im Hitlerstaate. Als Sieger des Tages fühlte sich die Generalität der Reichswehr, die nun von dem lästigen Konkurrenten Röhm befreit war. Der eigentliche Sieger aber war Hitler selbst. Von da an gab es keinen Nebenbuhler mehr, der ihm die unumschränkte Macht hätte streitig machen können. Und in seinem Schatten stiegen die unheimlichen Figuren eines Himmler und Heydrich empor, deren Polizeiorganisation, die SS, nun zur vornehmlichen Stütze von Hitlers Diktatur wurde [38]. Aus dem geplanten SA-Staat wurde nun ein SS-Staat. Die Generäle sollten bald merken, daß ihnen in der SS ein viel gefährlicherer Konkurrent entstanden war. Vorläufig fügten sie sich aber willig in die Führung Hitlers. So konnte dieser nach dem Tode Hindenburgs die Ämter des Reichspräsidenten und des Reichskanzlers in seiner Person vereinigen – was mit größter Wahrscheinlichkeit nicht dem »letzten Willen« des Verstorbenen entsprach, obschon dieser Teil seines Testamentes umstritten ist – und gleichzeitig die Armee auf sich vereidigen [39]. Jetzt konnte Hitler das Ende der Revolution proklamieren: »In den nächsten 1000 Jahren«, so rief er auf dem Reichsparteitag September 1934 aus, »findet in Deutschland keine Revolution mehr statt.«

[22] *Hitlers Taktik wird durchsichtig*

Sehr geehrter Herr Reichskanzler!

Auf das gefällige Schreiben vom gestrigen Abend beehre ich mich, Ihnen folgende Feststellungen zukommen zu lassen:
Wie sich aus dem amtlichen, mit Herrn Reichsminister Dr. Frick vereinbarten Kommuniqué ergibt, habe ich namens der deutschen Zentrumspartei als Voraussetzung für eine Stellungnahme zur Frage der Tolerierung eine Reihe von sachlichen Fragen gestellt, deren Beantwortung durch Sie, Herr Reichskanzler, vorbehalten blieb. Die Fixierung dieser Fragen habe ich, Ihrem Wunsche Rechnung tragend, mit besonderer Beschleunigung fertiggestellt und sie Ihnen mit einigen Ergänzungen unter genauer Einhaltung des mit Ihnen vereinbarten Termins am Nachmittag desselben Tages, 5 Uhr, zukommen lassen, damit ihre Beantwortung ohne weitere Zeitverluste erfolgen könne und wir in die Lage versetzt wurden, die Frage der Tolerierung in dieser oder jener Form mindestens in summarischer Erkenntnis des beabsichtigten Regierungskurses zu entscheiden. Eine Vorwegnahme dieser Entscheidung vor wenigstens summarischer Beantwortung dieser Fragen ist von mir in keiner Weise zugesagt worden. Sie konnte nach Lage der Sache auch nicht in Frage kommen. In den Vorverhandlungen, die zur Bildung des neuen Kabinetts führten, ist die Zentrumspartei ebenso wie die Bayrische Volkspartei durch den Vertrauensmann des Herrn Reichspräsidenten bewußt ausgeschaltet worden, trotzdem der Auftrag des Herrn Reichspräsidenten in erster Linie auf die Feststellung der etwa vorhandenen Mehrheitsmöglichkeiten lautete. Die Deutsche Zentrumspartei war also ohne Kenntnis der sachlichen Abmachungen, auf Grund deren die jetzige Regierung zu arbeiten gedenke. Tolerieren kann man verantwortlicherweise nur, was man wenigstens in den wesentlichsten Grundzügen kennt. Unsre sachlichen Fragen sollten diese Klärung bringen. Wenn ihre Beantwortung auch nur im wesentlichen den Anforderungen entsprochen hätte, die unser Gewissen zur Sicherung gegen verfassungswidrige, wirtschaftsschädigende, sozialreaktionäre und währungsgefährdende Experimente zu stellen befahl, würde die Zentrumspartei in Übereinstimmung mit ihren staatspolitischen Grundsätzen und ihrer in Münster proklamierten Haltung, im Bewußtsein der Schwere der Stunde in uneigennütziger Sachlichkeit bereit gewesen sein, der Regierung die Arbeit zu er-

möglichen. Auf Grund freundschaftlicher Fühlungnahme mit der Bayrischen Volkspartei war sie gewiß, daß deren Haltung durchaus von gleichen Erwägungen bestimmt war. Daß man die im Zuge begriffenen Verhandlungen plötzlich abbrach, daß man nach so viel unnütz vertanen Wochen nicht mehr die Geduld aufbrachte, die ein- oder zweimal vierundzwanzig Stunden zu warten, innerhalb deren die Beantwortung der Fragen und damit die notwendige Klärung durchaus möglich gewesen wäre, ist tief bedauerlich und von andern zu verantworten, aber nicht von uns. Nachdem so ohne jede Mitverantwortung unserseits aus Gründen, die ich, Herr Reichskanzler, offengestanden nicht zu begreifen vermag, der von mir seit langem mit innerster Überzeugung vertretene Sammlungsgedanke der aufbauwilligen Kräfte wiederum gescheitert ist, kann ich nur der Hoffnung Ausdruck geben, daß der bevorstehende, durch den Abbruch der Verhandlungen regierungsseitig herbeigeführte Wahlkampf so geführt werde, daß der Wille zur Sammlung, in dem ich nach wie vor die einzige Rettungsmöglichkeit für Volk und Staat sehe, nicht zerstört wird. Angesichts der Tatsache, daß die amtliche Verlautbarung über die Auflösung des Reichstags sich auf die unrichtige Behauptung stützt, daß eine Mehrheitsbildung sich als unmöglich erwiesen habe, glaube ich mich verpflichtet, dem Herrn Reichspräsidenten eine Abschrift dieses Schreibens vorlegen zu lassen. Indem ich Sie, sehr verehrter Herr Reichskanzler, loyalerweise von dieser meiner Absicht in Kenntnis setze, bin ich mit dem Ausdruck vorzüglicher Hochschätzung Ihr ergebener

gez.: Kaas, Vorsitzender der Deutschen Zentrumspartei

[23] *Der umstrittene Reichstagsbrand*

a) DIE NATIONALSOZIALISTISCHE VERSION

(Aus einer Rundfunkrede Görings vom 1. 3. 1933)

...Seit Anfang Februar entfalten die kommunistischen Funktionäre an allen Orten regste Tätigkeit. Von der Polizei konnte festgestellt werden, daß diese neue Aktivität offen und eingestandenermaßen auf die Entfesselung eines Aufstandes hinzielte, der nach einem beschlagnahmten Organisationsplan des internationalen Kommunismus der Übergang zum vollkommenen Bürgerkrieg sein soll...

...Am 27. Februar geht dann als erstes großes Fanal der Deutsche Reichstag in Flammen auf. Glauben Sie mir, wenn nicht noch am selben Abend mit dieser eisernen Energie durchgegriffen worden wäre, wenn nicht gleichzeitig die gesamten Machtmittel des Staates eingesetzt worden wären, wenn man nicht in der gleichen Sekunde der kommunistischen Bewegung gezeigt hätte, daß dieser Staat nicht eine Minute mit sich spielen läßt, so wären wir heute in der Lage, noch über manchen anderen Brand und manche anderen Attentate sprechen zu können. Trotzdem bin ich der Meinung, daß die Gefahr keineswegs überwunden ist. Es ist nur ein erster Schreck durch die Führung der Kommunistischen Partei gegangen . . .

b) ERKLÄRUNG DES GENERALOBERSTEN HALDER VOR DEM NÜRNBERGER GERICHTSHOF ÜBER DIE SCHULDFRAGE BEIM REICHSTAGSBRAND

Anläßlich eines gemeinsamen Mittagsmahls am Geburtstag des Führers 1942 kam in der Umgebung des Führers das Gespräch auf das Reichstagsgebäude und seinen künstlerischen Wert. Ich habe mit eigenen Ohren gehört, wie Göring in das Gespräch hineinrief: »Der einzige, der den Reichstag wirklich kennt, bin ich; ich habe ihn ja angezündet.« Dabei schlug er sich mit der flachen Hand auf die Schenkel.

c) AUS DEM URTEIL DES REICHSGERICHTS VOM 23. 12. 1933

. . . Die Angeklagten Torgler, Dimitroff, Popoff und Taneff werden freigesprochen.
Der Angeklagte van der Lubbe wird wegen Hochverrats in Tateinheit mit aufrührerischer Brandstiftung und versuchter einfacher Brandstiftung zum Tode und dauernden Verlust der bürgerlichen Ehrenrechte verurteilt.
Die Kosten des Verfahrens fallen, soweit Verurteilung erfolgt ist, dem verurteilten Angeklagten, im übrigen der Reichskasse zur Last . . .
. . . Der Angeklagte hat mit anderen, vielleicht nur wenigen, zusammengearbeitet. Das Gutachten der drei Sachverständigen läßt nicht den geringsten Zweifel daran, daß er nicht allein tätig gewesen sein kann. Das Gutachten wiegt in seiner Bedeutung um so schwerer, als es seine tatsächliche Grundlage in ganz exakten Aussagen von Beamten der Polizei und der Feuerwehr sowie von Privatpersonen findet, die ihre Angaben fast alle auf sofort gemachte zeitliche Feststellungen stützen . . .
. . . Der Angeklagte van der Lubbe hat also den Reichstag im bewußten und gewollten Zusammenwirken mit anderen in Brand gesetzt . . .
. . . Unzweifelhaft war der Reichstagsbrand eine politische Tat. Die ungeheure Größe des Verbrechens, also des Mittels, weist auf

die Größe und Gewaltigkeit des Kampfobjekts hin. Das kann nur der Besitz der Macht gewesen sein. Wie Reichsminister Dr. Goebbels als Zeuge mit Recht ausführte, hat die NSDAP vor dem 5. März infolge ihrer starken Übermacht und der Schnelligkeit ihres Anwachsens den Wahlerfolg schon in der Tasche gehabt. Sie hatte es nicht nötig, durch ein Verbrechen ihre Wahlaussichten zu verbessern. Die gesinnungsmäßigen Hemmungen dieser Partei schließen derartige verbrecherische Handlungen, wie sie ihr von gesinnungslosen Hetzern zugeschrieben werden, von vornherein aus [!] ...

... Es sind hiernach also die Angeklagten Torgler, Dimitroff, Popoff und Taneff der Mitwirkung bei der Tat als nicht überführt anzusehen; dagegen steht fest, daß der Angeklagte van der Lubbe versucht hat, das Wohlfahrtsamt, ein Gebäude in fremdem Eigentum, anzuzünden, und das Rathaus, das Schloß und den Reichstag, Gebäude, die zur Wohnung und zeitweiligem Aufenthalt von Menschen dienen, in Brand gesetzt hat. Bei Inbrandsetzung des Reichstags hat er, wie erörtert, im bewußten Zusammenwirken mit unbekannten Mittätern gehandelt ...

... Danach war gegen den Angeklagten van der Lubbe auf Todesstrafe zu erkennen und ferner der Verlust der bürgerlichen Ehrenrechte auszusprechen. Die übrigen waren als der Tat nicht überführt freizusprechen ...

[24] *Verordnung des Reichspräsidenten zum Schutz von Volk und Staat, vom 28. Februar 1933*

Auf Grund des Artikels 48, Absatz 2 der Reichsverfassung wird zur Abwehr kommunistischer staatsgefährdender Gewaltakte folgendes verordnet:

§ 1. Die Artikel 114, 115, 117, 118, 123, 124 und 153 der Verfassung des Deutschen Reiches werden bis auf weiteres außer Kraft gesetzt. Es sind daher Beschränkungen der persönlichen Freiheit, des Rechtes der freien Meinungsäußerung, einschließlich der Pressefreiheit, des Vereins- und Versammlungsrechtes, Eingriffe in das Brief-, Post-, Telegraphen- und Fernsprechgeheimnis, Anordnungen von Haussuchungen und von Beschlagnahme sowie Beschränkungen des Eigentums auch außerhalb der sonst hierfür bestimmten gesetzlichen Grenzen zulässig.

§ 2. Werden in einem Lande die zur Wiederherstellung der öffentlichen Sicherheit und Ordnung nötigen Maßnahmen nicht getroffen, so kann die Reichsregierung insoweit die Befugnisse der obersten Landesbehörde vorübergehend wahrnehmen.

§ 3. Die Behörden der Länder und Gemeinden (Gemeindeverbände) haben den auf Grund des § 2 erlassenen Anordnungen der Reichsregierung im Rahmen ihrer Zuständigkeit Folge zu leisten.

§ 4. Wer den von den obersten Landesbehörden oder von den ihnen nachgeordneten Behörden zur Durchführung dieser Verordnung erlassenen Anordnungen oder den von der Reichsregierung gemäß § 2 erlassenen Anordnungen zuwiderhandelt oder wer zu solcher Zuwiderhandlung auffordert oder anreizt, wird, soweit nicht die Tat nach anderen Vorschriften mit einer schwereren Strafe bedroht ist, mit Gefängnis nicht unter 1 Monat oder mit Geldstrafe von 150 bis zu 15 000 Reichsmark bestraft.

Wer durch Zuwiderhandlung nach Absatz 1 eine gemeine Gefahr für Menschenleben herbeiführt, wird mit Zuchthaus, bei mildernden Umständen mit Gefängnis nicht unter 6 Monaten und, wenn die Zuwiderhandlung den Tod eines Menschen verursacht, mit dem Tode, bei mildernden Umständen mit Zuchthaus nicht unter 2 Jahren bestraft. Daneben kann auch auf Vermögenseinziehung erkannt werden.

Wer zu einer gemeingefährlichen Zuwiderhandlung (Absatz 2) auffordert oder anreizt, wird mit Zuchthaus, bei mildernden Umständen mit Gefängnis nicht unter 3 Monaten bestraft.

§ 5. Mit dem Tode sind die Verbrechen zu bestrafen, die das Strafgesetzbuch in den Paragraphen 81 (Hochverrat), 229 (Giftbeibringung), 307 (Brandstiftung), 311 (Explosion), 312 (Überschwemmung), 315, Absatz 2 (Beschädigung von Eisenbahnen), 324 (Gemeingefährliche Vergiftung) mit lebenslangem Zuchthaus bedroht.

Mit dem Tode oder, soweit nicht bisher eine schwerere Strafe angedroht ist, mit lebenslangem Zuchthaus oder mit Zuchthaus bis zu 15 Jahren wird bestraft:

1. wer es unternimmt, den Reichspräsidenten oder ein Mitglied oder einen Kommissar der Reichsregierung oder einer Landesregierung zu töten, oder wer zu einer solchen Tötung auffordert, sich erbietet, ein solches Erbieten annimmt oder eine solche Tötung mit einem anderen verabredet;
2. wer in den Fällen des § 115, Absatz 2 des Strafgesetzbuches (schwerer Aufruhr) oder des § 125, Absatz 2 des Strafgesetzbuches (schwerer Landfriedensbruch) die Tat mit Waffen oder in bewußtem und gewolltem Zusammenwirken mit einem Bewaffneten begeht;
3. wer eine Freiheitsberaubung (§ 239 des Strafgesetzbuches) in der Absicht begeht, sich des der Freiheit Beraubten als Geisel im politischen Kampfe zu bedienen.

§ 6. Diese Verordnung tritt mit dem Tage der Verkündung in Kraft ...

[25] *Aufruf Adolf Hitlers an die NSDAP vom 10. März 1933*

Parteigenossen, SA.- und SS.-Männer! Eine Umwälzung hat sich in Deutschland vollzogen. Sie ist das Ergebnis schwerster Kämpfe, zähester Ausdauer, aber auch höchster Disziplin. Gewissenlose Subjekte, hauptsächlich kommunistische Spitzel, versuchen, die Partei durch Einzelaktionen zu kompromittieren, die in keiner Beziehung zum großen Werk der nationalen Erhebung stehen, sondern höchstens die Leistungen unserer Bewegung belasten und herabsetzen können. Insbesondere wird versucht, durch Belästigen von Ausländern und Autos mit ausländischen Fahnen die Partei bzw. Deutschland in Konflikt mit dem Ausland zu bringen. SA.- und SS.-Männer, ihr müßt solche Kreaturen sofort selbst stellen und zur Verantwortung ziehen. Ihr müßt sie weiter unverzüglich der Polizei übergeben, ganz gleich, wer sie auch sein mögen.

Mit dem heutigen Tag hat in ganz Deutschland die nationale Regierung die vollziehende Gewalt in den Händen. Damit wird der weitere Vollzug der nationalen Erhebung ein von oben geleiteter planmäßiger sein. Nur dort, wo diesen Anordnungen Widerstand entgegengesetzt wird oder wo aus dem Hinterhalt, wie früher, Angriffe auf einzelne Männer oder marschierende Kolonnen erfolgen, ist dieser Widerstand sofort und gründlich zu brechen. Belästigungen einzelner Personen, Behinderungen oder Störungen des Geschäftslebens haben grundsätzlich zu unterbleiben. Ihr müßt, meine Kameraden, dafür sorgen, daß die nationale Revolution 1933 nicht in der Geschichte verglichen werden kann mit der Revolution der Rucksack-Spartakisten im Jahre 1918. Im übrigen laßt euch in keiner Sekunde von unserer Parole abbringen:

Sie heißt: Vernichtung des Marxismus.

Berlin, 10. März 1933. Adolf Hitler

[26] *Verordnung des Reichspräsidenten »zur Abwehr heimtückischer Angriffe gegen die Regierung der nationalen Erhebung«, vom 21. März 1933*

Auf Grund des Artikels 48, Abs. 2 der Reichsverfassung wird folgendes verordnet:

§ 1. (1) Wer eine Uniform eines Verbandes, der hinter der Regierung der nationalen Erhebung steht, in Besitz hat, ohne dazu als Mitglied des Verbandes oder sonstwie befugt zu sein, wird mit Gefängnis bis zu zwei Jahren bestraft.

(2) Wer die Uniform oder ein die Mitgliedschaft kennzeichnendes Abzeichen eines Verbandes der im Abs. 1 bezeichneten Art, ohne Mitglied des Verbandes zu sein, trägt, wird mit Gefängnis nicht unter einem Monat bestraft.

§ 2. (1) Wer eine strafbare Handlung gegen Personen oder Sachen begeht oder androht und dabei, ohne Mitglied des Verbandes zu sein, die Uniform oder ein die Mitgliedschaft kennzeichnendes Abzeichen eines Verbandes der im § 1, Abs. 1 bezeichneten Art trägt oder mit sich führt, wird mit Zuchthaus, bei mildernden Umständen mit Gefängnis nicht unter sechs Monaten bestraft.

(2) Ist die Tat in der Absicht begangen, einen Aufruhr oder in der Bevölkerung Angst oder Schrecken zu erregen, oder dem Deutschen Reich außenpolitische Schwierigkeiten zu bereiten, so ist die Strafe Zuchthaus nicht unter drei Jahren oder lebenslanges Zuchthaus. In besonders schweren Fällen kann auf Todesstrafe erkannt werden.

(3) Nach diesen Vorschriften kann ein Deutscher auch dann verfolgt werden, wenn er die Tat im Ausland begangen hat.

§ 3. (1) Wer vorsätzlich eine unwahre oder gröblich entstellte Behauptung tatsächlicher Art aufstellt oder verbreitet, die geeignet ist, das Wohl des Reiches oder eines Landes oder das Ansehen der Reichsregierung oder einer Landesregierung oder der hinter diesen Regierungen stehenden Parteien oder Verbände schwer zu schädigen, wird, soweit nicht in anderen Vorschriften eine schwerere Strafe angedroht ist, mit Gefängnis bis zu zwei Jahren und, wenn er die Behauptung öffentlich aufstellt oder verbreitet, mit Gefängnis nicht unter drei Monaten bestraft.

(2) Ist durch die Tat ein schwerer Schaden für das Reich oder ein Land entstanden, so kann auf Zuchthausstrafe erkannt werden.

(3) Wer die Tat grob fahrlässig begeht, wird mit Gefängnis bis zu drei Monaten oder mit Geldstrafe bestraft.

§ 4. Wer die Mitgliedschaft eines Verbandes erschlichen hat, gilt für die Anwendung dieser Verordnung als Nichtmitglied.

§ 5. Diese Verordnung tritt mit dem auf die Verkündung folgenden Tage in Kraft.

Berlin, den 21. März 1933.

Der Reichspräsident
von Hindenburg

Der Reichskanzler
Adolf Hitler

Der Reichsminister des Innern
Frick

Für den Reichsminister der Justiz
Der Stellvertreter des Reichskanzlers
von Papen

[27] *Gesetz zur Behebung der Not von Volk und Staat (Ermächtigungsgesetz), vom 24. März 1933*

a) WORTLAUT DES GESETZES

... Artikel 1. Reichsgesetze können außer in dem in der Reichsverfassung vorgesehenen Verfahren auch durch die Reichsregierung beschlossen werden. Dies gilt auch für die in den Artikeln 85, Absatz 2 und 87 der Reichsverfassung bezeichneten Gesetze.
Artikel 2. Die von der Reichsregierung beschlossenen Reichsgesetze können von der Reichsverfassung abweichen, soweit sie nicht die Einrichtung des Reichstags und des Reichsrats als solche zum Gegenstand haben. Die Rechte des Reichspräsidenten bleiben unberührt.
Artikel 3. Die von der Reichsregierung beschlossenen Reichsgesetze werden vom Reichskanzler ausgefertigt und im Reichsgesetzblatt verkündet. Sie treten, soweit sie nichts anderes bestimmen, mit dem auf die Verkündung folgenden Tage in Kraft. Die Artikel 68 bis 77 der Reichsverfassung finden auf die von der Reichsregierung beschlossenen Gesetze keine Anwendung.
Artikel 4. Verträge des Reiches mit fremden Staaten, die sich auf Gegenstände der Reichsgesetzgebung beziehen, bedürfen für die Dauer der Geltung dieser Gesetze nicht der Zustimmung der an der Gesetzgebung beteiligten Körperschaften. Die Reichsregierung erläßt die zur Durchführung dieser Verträge erforderlichen Vorschriften.
Artikel 5. Dieses Gesetz tritt mit dem Tage seiner Verkündung in Kraft. Es tritt mit dem 1. April 1937 außer Kraft, es tritt ferner außer Kraft, wenn die gegenwärtige Reichsregierung durch eine andere abgelöst wird ...

b) EIN KOMMENTAR VON PROF. CARL SCHMITT

... Was bedeutet dann aber das Reichsgesetz vom 24. März 1933, das doch in den Formen eines verfassungsändernden Gesetzes gemäß den Bestimmungen des Art. 76 der Weimarer Verfassung mit den erforderlichen Zweidrittelmehrheiten beschlossen worden ist? Dieses sog. Ermächtigungsgesetz ist vom Reichstag nur im Vollzug des durch die Reichstagswahl vom 5. März 1933 erkennbar gewordenen Volkswillens beschlossen worden. Die Wahl war in Wirklichkeit, rechtswissenschaftlich betrachtet, eine Volksabstimmung, ein Plebiszit, durch welches das deutsche Volk Adolf Hitler, den Führer der nationalsozialistischen Bewegung, als politischen Führer des deutschen Volkes anerkannt hat. Die Gemeindeabstimmungen vom 12. März haben denselben Volkswillen nochmals bekräftigt. Reichstag und Reichsrat handelten hier also nur als Vollzugsorgane des Volkswillens. Für die Denkgewohnheiten des bisherigen sog. positivistischen Juristen liegt es aber trotzdem nahe, in diesem Gesetz die Rechtsgrundlage des heutigen Staates zu finden. Der Ausdruck »Ermächtigungsgesetz« verstärkt noch die Neigung zu diesem Irrtum. Es ist daher notwendig, das Wort Ermächtigungsgesetz als eine juristisch ungenaue, ja unrichtige Bezeichnung zu erkennen, und es wäre zweckmäßig, das Wort ganz zu vermeiden, zumal es weder in der Überschrift (»Gesetz zur Behebung der Not von Volk und Reich«) noch im Wortlaut des Gesetzes vorkommt und nur von außen an das Gesetz herangetragen worden ist. In Wahrheit ist dieses »Ermächtigungsgesetz« ein *vorläufiges Verfassungsgesetz des neuen Deutschland.*

... Die deutsche Revolution war legal, d. h. gemäß der früheren Verfassung formell korrekt. Sie war es aus Disziplin und deutschem Sinn für Ordnung. Im übrigen bedeutet ihre Legalität nur eine von der früheren Weimarer Verfassung, also von einem *überwundenen* System her bestimmte Eigenschaft. Es wäre juristisch falsch und politisch ein Sabotageakt, aus dieser Art Legalität eine Weitergeltung überwundener Rechtsgedanken, Einrichtungen oder Normierungen und damit eine fortdauernde Unterwerfung unter den Buchstaben oder den Geist der Weimarer Verfassung abzuleiten. Das gute Recht der deutschen Revolution beruht nicht darauf, daß sich einige Dutzend Abgeordnete bereit fanden, durch ihre Zustimmung die fünfzehn Prozent Differenz von einfacher und Zweidrittelmehrheit auszugleichen, und das Recht des heutigen deutschen Staates hängt nicht an den Voraussetzungen, Vorbehalten oder gar den Mentalreservationen, unter denen jene Gruppe ihre Zustimmung gegeben hat. Es wäre politisch, moralisch und juristisch gleich sinnwidrig, von der Machtlosigkeit her Ermächtigungen zu erteilen und auf diese Weise einem machtlos gewordenen System wieder Macht zu erschleichen. Das Lebendige kann sich nicht am Toten und die Kraft braucht sich nicht an der Kraftlosigkeit zu legitimieren ...

[28] *Verbot der Sozialdemokratischen Partei Deutschlands, 22. 6. 1933*

Berlin, 22. Juni

Der Reichsminister des Innern hat am heutigen Donnerstag die Sozialdemokratische Partei Deutschlands verboten. In einer Anweisung an die Länderregierungen hat der Reichsminister des

Innern ersucht, zu veranlassen, daß das Verbot durchgeführt wird.

Die amtliche Begründung

Die Vorgänge der letzten Zeit haben den unumstößlichen Beweis dafür geliefert, daß die deutsche Sozialdemokratie vor hoch- und landesverräterischen Unternehmungen gegen Deutschland und seine rechtmäßige Regierung nicht zurückschreckt. Führende Persönlichkeiten der SPD., wie Wels, Breitscheid, Stampfer, Vogel, befinden sich seit Wochen in Prag, um von dort aus den Kampf gegen die nationale Regierung in Deutschland zu führen. Wels hat eine Erklärung veröffentlicht, daß sein Austritt aus dem Büro der zweiten Internationale nur fingiert gewesen sei. Er hat an den Vorsitzenden der Arbeitergruppe auf der Internationalen Arbeitskonferenz in Genf ein Telegramm gerichtet, in dem er in verleumderischer Weise die Arbeiterschaft der übrigen Länder gegen die nationale deutsche Regierung aufzuhetzen versucht. Die erweiterte Parteileitung der SPD. hat sich auf einer vor einigen Tagen in Berlin abgehaltenen Sitzung lediglich nach außen von diesen Leuten wie Wels, Breitscheid usw. distanziert, es aber bezeichnenderweise unterlassen, diese Personen wegen ihres landesverräterischen Verhaltens wirklich abzuschütteln und aus der Partei auszuschließen. Im Gegenteil ist in einer von der Polizei überraschten Geheimversammlung sozialdemokratischer Führer in Hamburg ebenfalls landesverräterisches Material gefunden worden. Dies alles zwingt zu dem Schluß, die Sozialdemokratische Partei Deutschlands als eine staats- und volksfeindliche Partei anzusehen, die keine andre Behandlung mehr beanspruchen kann, wie sie der Kommunistischen Partei gegenüber angewandt worden ist. Der Reichsminister des Innern hat daher die Landesregierungen ersucht, auf Grund der Verordnung des Reichspräsidenten zum Schutz von Volk und Staat vom 28. Februar 1933 die notwendigen Maßnahmen gegen die SPD. zu treffen. Insbesondere sollen sämtliche Mitglieder der SPD., die heute noch den Volksvertretungen und Gemeindevertretungen angehören, von der weitern Ausübung ihrer Mandate sofort ausgeschlossen werden. Den Ausgeschlossenen werden selbstverständlich die Diäten gesperrt. Der Sozialdemokratie kann auch nicht mehr die Möglichkeit gewährt werden, sich in irgendeiner Form propagandistisch zu betätigen. Versammlungen der Sozialdemokratischen Partei sowie ihrer Hilfs- und Ersatzorganisationen werden nicht mehr erlaubt werden. Ebenso dürfen sozialdemokratische Zeitungen und Zeitschriften nicht mehr herausgegeben werden. Das Vermögen der Sozialdemokratischen Partei und ihrer Hilfs- und Ersatzorganisationen wird, soweit es nicht bereits in Verbindung mit der Auflösung der freien Gewerkschaften sichergestellt worden ist, beschlagnahmt. Mit dem landesverräterischen Charakter der Sozialdemokratischen Partei ist die weitere Zugehörigkeit von Beamten, Angestellten und Arbeitern, die aus öffentlichen Mitteln Gehalt, Lohn oder Ruhegeld beziehen, zu dieser Partei selbstverständlich unvereinbar.

[29] *Robert Ley zur Zerschlagung der Gewerkschaften*

[2. Mai 1933]

... Das, was die Gewerkschaften aller Richtungen, die Roten und Schwarzen, die Christlichen und »Freien«, auch nicht annähernd zustande brachten, was selbst in den besten Jahren des Marxismus nur ein Schatten, ein elender erbärmlicher Abklatsch gegenüber dem gewaltig Großen des gestrigen Tages war, der Nationalsozialismus schafft es im ersten Anlauf.

Er stellt den Arbeiter und den Bauern, den Handwerker und den Angestellten, mit einem Wort, alle schaffenden Deutschen in den Mittelpunkt seines Denkens und Handelns und damit in den Mittelpunkt seines Staates, und den Raffenden und den Bonzen macht er unschädlich. Wer war nun der Kapitalistenknecht, wer war der Reaktionär, der dich unterdrücken und dich aller Rechte berauben wollte? Jene roten Verbrecher, die dich gutmütigen, ehrlichen und braven deutschen Arbeiter jahrzehntelang mißbrauchten, um dich und damit das ganze Volk entrechten und enterben zu können, oder wir, die unter unsagbaren Opfern und Leiden gegen diesen Wahn- und Aberwitz teuflischer Juden und Judengenossen ankämpften? Schon drei Monate nationalsozialistischer Regierung beweisen dir: Adolf Hitler ist dein Freund! Adolf Hitler ringt um deine Freiheit! Adolf Hitler gibt dir Brot!

Wir treten heute in den zweiten Abschnitt der nationalsozialistischen Revolution ein. Ihr werdet sagen, was wollt ihr denn noch, ihr habt doch die absolute Macht. Gewiß, wir haben die Macht, aber wir haben noch nicht das ganze Volk, dich, Arbeiter, haben wir noch nicht hundertprozentig, und gerade dich wollen wir, wir lassen dich nicht, bis du in aufrichtiger Erkenntnis restlos zu uns stehst. Du sollst auch von den letzten marxistischen Fesseln befreit werden, damit du den Weg zu deinem Volke findest.

Denn das wissen wir: Ohne den deutschen Arbeiter gibt es kein deutsches Volk! Und vor allem müssen wir verhüten, daß dir dein Feind, der Marxismus, und seine Trabanten noch einmal in den Rücken fallen können ...

[30] *Gesetz gegen die Neubildung von Parteien, vom 14. Juli 1933*

Die Reichsregierung hat das folgende Gesetz beschlossen, das hiermit verkündet wird:

§ 1. In Deutschland besteht als einzige politische Partei die Nationalsozialistische Deutsche Arbeiter-Partei.

§ 2. Wer es unternimmt, den organisatorischen Zusammenhalt einer anderen politischen Partei aufrechtzuerhalten oder eine neue politische Partei zu bilden, wird, sofern nicht die Tat nach anderen Vorschriften mit einer höheren Strafe bedroht ist, mit Zuchthaus bis zu drei Jahren oder mit Gefängnis von sechs Monaten bis zu drei Jahren bestraft.

Berlin, den 14. Juli 1933. Der Reichskanzler: Adolf Hitler
Der Reichsminister des Innern: Frick
Der Reichsminister der Justiz: Dr. Gürtner

[31] *Gesetz über Volksabstimmung, vom 14. Juli 1933*

... § 1. Die Reichsregierung kann das Volk befragen, ob es einer von der Reichsregierung beabsichtigten Maßnahme zustimmt oder nicht.

Bei der Maßnahme nach Abs. 1 kann es sich auch um ein Gesetz handeln.

§ 2. Bei der Volksabstimmung entscheidet die Mehrheit der abgegebenen gültigen Stimmen. Dies gilt auch dann, wenn die Abstimmung ein Gesetz betrifft, das verfassungsändernde Vorschriften enthält.

§ 3. Stimmt das Volk den Maßnahmen zu, so findet Artikel 3 des Gesetzes zur Behebung der Not von Volk und Reich vom 24. März 1933 (RGBl. I, S. 141) entsprechende Anwendung.

§ 4. Der Reichsminister des Innern ist ermächtigt, zur Durchführung dieses Gesetzes Rechtsverordnungen und allgemeine Verwaltungsvorschriften zu erlassen ...

[32] *Gesetz zur Sicherung der Einheit von Partei und Staat, vom 1. Dezember 1933*

a) WORTLAUT DES GESETZES

... § 1. Nach dem Sieg der nationalsozialistischen Revolution ist die Nationalsozialistische Deutsche Arbeiterpartei die Trägerin

des deutschen Staatsgedankens und mit dem Staate unlöslich verbunden.
Sie ist eine Körperschaft des öffentlichen Rechts.

§ 2. Zur Gewährleistung engster Zusammenarbeit der Dienststellen der Partei und der SA. mit den öffentlichen Behörden werden der Stellvertreter des Führers und der Chef des Stabes der SA. Mitglied der Reichsregierung.

§ 3. Den Mitgliedern der Nationalsozialistischen Deutschen Arbeiterpartei und der SA. (einschließlich der ihr unterstellten Gliederungen) als der führenden und bewegenden Kraft des nationalsozialistischen Staates obliegen erhöhte Pflichten gegenüber Führer, Volk und Staat.
Sie unterstehen wegen Verletzung dieser Pflichten einer besonderen Partei- und SA.-Gerichtsbarkeit.
Der Führer kann diese Bestimmungen auf die Mitglieder anderer Organisationen erstrecken.

§ 4. Als Pflichtverletzung gilt jede Handlung oder Unterlassung, die den Bestand, die Organisation, die Tätigkeit oder das Ansehen der Nationalsozialistischen Deutschen Arbeiterpartei angreift oder gefährdet, bei Mitgliedern der SA. (einschließlich der ihr unterstellten Gliederungen) insbesondere jeder Verstoß gegen Zucht und Ordnung.

§ 5. Außer den sonst üblichen Dienststrafen können auch Haft und Arrest verhängt werden.

§ 6. Die öffentlichen Behörden haben im Rahmen ihrer Zuständigkeit den mit der Ausübung der Partei- und SA.-Gerichtsbarkeit betrauten Dienststellen der Partei und der SA. Amts- und Rechtshilfe zu leisten.

§ 7. Das Gesetz, betreffend die Dienststrafgewalt über die Mitglieder der SA. und SS., vom 28. April 1933 (RGBl. I S. 230) tritt außer Kraft.

§ 8. Der Reichskanzler erläßt als Führer der Nationalsozialistischen Deutschen Arbeiterpartei und als Oberster SA.-Führer die zur Durchführung und Ergänzung dieses Gesetzes erforderlichen Vorschriften, insbesondere über Aufbau und Verfahren der Partei- und SA.-Gerichtsbarkeit. Er bestimmt den Zeitpunkt des Inkrafttretens der Vorschriften über diese Gerichtsbarkeit . . .

Der Reichskanzler: Adolf Hitler
Der Reichsminister des Innern: Frick

b) CARL SCHMITT: PARTEI UND SA SIND AUSSERHALB DER ORDENTLICHEN GERICHTSBARKEIT (1933)

... Die Nationalsozialistische Partei ist weder Staat im Sinne des alten Staates, noch ist sie nichtstaatlich-privat im Sinne der alten Gegenüberstellung von staatlicher und staatsfreier Sphäre. Daher können auch die Gesichtspunkte der Haftung, insbesondere die der Körperschaftshaftung für Amtsmißbrauch (Art. 131 der Weimarer Verfassung, § 839 BGB.) nicht auf die Partei oder die SA übertragen werden. Ebensowenig dürfen sich die Gerichte unter irgendeinem Vorwand in innere Fragen und Entscheidungen der Parteiorganisation einmischen und deren Führerprinzip von außen her durchbrechen. Die innere Organisation und Disziplin der Staat und Volk tragenden Partei ist ihre eigene Angelegenheit. Sie muß in strengster Selbstverantwortung ihre eigenen Maßstäbe aus sich selbst entwickeln. Die Parteistellen, denen diese Aufgabe obliegt, haben eine Funktion wahrzunehmen, an der nicht weniger als das Schicksal der Partei und damit auch das Schicksal der politischen Einheit des deutschen Volkes hängt. Diese gewaltige Aufgabe, in der sich auch die ganze *Gefahr* des Politischen anhäuft, kann keine andere Stelle, am wenigsten ein justizförmig prozedierendes bürgerliches Gericht, der Partei oder der SA abnehmen. Hier steht sie ganz auf sich selbst ...

[33] *Das Ende der Länderhoheit*

a) GESETZ ÜBER DEN NEUBAU DES REICHS, VOM 30. JANUAR 1934

Die Volksabstimmung und die Reichstagswahl vom 12. November 1933 haben bewiesen, daß das deutsche Volk über alle innenpolitischen Grenzen und Gegensätze hinweg zu einer unlöslichen, inneren Einheit verschmolzen ist.
Der Reichstag hat daher einstimmig das folgende Gesetz beschlossen, das mit einmütiger Zustimmung des Reichsrates hiermit verkündet wird, nachdem festgestellt ist, daß die Erfordernisse verfassungsändernder Gesetzgebung erfüllt sind:
Artikel 1. Die Volksvertretungen der Länder werden aufgehoben.
Artikel 2. (1) Die Hoheitsrechte der Länder gehen auf das Reich über.
(2) Die Landesregierungen unterstehen der Reichsregierung.
Artikel 3. Die Reichsstatthalter unterstehen der Dienstaufsicht des Reichsministers des Innern.
Artikel 4. Die Reichsregierung kann neues Verfassungsrecht setzen.

Artikel 5. Der Reichsminister des Innern erläßt die zur Durchführung des Gesetzes erforderlichen Rechtsverordnungen und Verwaltungsvorschriften.

Artikel 6. Dieses Gesetz tritt mit dem Tage der Verkündung in Kraft ...

b) GESETZ ÜBER DIE AUFHEBUNG DES REICHSRATS, VOM 14. FEBRUAR 1934

Die Reichsregierung hat das folgende Gesetz beschlossen, das hiermit verkündet wird:

§ 1. (1) Der Reichsrat wird aufgehoben.

(2) Die Vertretungen der Länder beim Reich fallen fort.

§ 2. (1) Die Mitwirkung des Reichsrats in Rechtsetzung und Verwaltung fällt fort.

(2) Soweit der Reichsrat selbständig tätig wurde, tritt an seine Stelle der zuständige Reichsminister oder die von diesem im Benehmen mit dem Reichsminister des Innern bestimmte Stelle.

(3) Die Mitwirkung von Bevollmächtigten zum Reichsrat in Körperschaften, Gerichten und Organen jeder Art fällt fort.

§ 3. Die zuständigen Reichsminister werden ermächtigt, im Einvernehmen mit dem Reichsminister des Innern ergänzende Bestimmungen zu treffen und bei der Bekanntmachung einer Neufassung gesetzlicher Vorschriften die aus diesem Gesetz sich ergebenden Änderungen zu berücksichtigen.

Berlin, den 14. Februar 1934.

Der Reichskanzler: Adolf Hitler
Der Reichsminister des Innern: Frick

[34] *Der 30. Juni 1934*

a) VERFÜGUNG ADOLF HITLERS ÜBER DIE ABSETZUNG UND AUSSTOSSUNG DES STABSCHEFS DER SA, RÖHM, VOM 30. 6. 1934

Ich habe mit dem heutigen Tage den Stabschef Röhm seiner Stellung enthoben und aus der Partei und SA ausgestoßen. Ich ernenne zum Chef des Stabes Obergruppenführer Lutze.

SA-Führer und SA-Männer, die seinen Befehlen nicht nachkommen od. zuwiderhandeln, werden aus SA und Partei entfernt bzw. verhaftet und abgeurteilt.

gez. Adolf Hitler,
Oberster Partei- und SA-Führer

b) ERKLÄRUNG DER REICHSPRESSESTELLE VOM 30. 6. 1934

... Seit vielen Monaten wurde von einzelnen Elementen versucht, zwischen SA. und Partei sowohl wie zwischen SA. und Staat Keile zu treiben und Gegensätze zu erzeugen. Der Verdacht, daß diese Versuche einer beschränkten, bestimmt eingestellten Clique zuzuschreiben sind, wurde mehr und mehr bestätigt. Stabschef Röhm, der vom Führer mit seltenem Vertrauen ausgestattet worden war, trat diesen Erscheinungen nicht nur nicht entgegen, sondern förderte sie unzweifelhaft. Seine bekannte unglückliche Veranlagung führte allmählich zu so unerträglichen Belastungen, daß der Führer der Bewegung und Oberste Führer der SA. selbst in schwerste Gewissenskonflikte getrieben wurde. Stabschef Röhm trat ohne Wissen des Führers mit General Schleicher in Beziehungen. Er bediente sich dabei neben einem anderen SA-Führer einer von Adolf Hitler schärfstens abgelehnten in Berlin bekannten obskuren Persönlichkeit. Da diese Verhandlungen endlich – natürlich ebenfalls ohne Wissen des Führers – zu einer auswärtigen Macht bzw. zu deren Vertretung sich hinerstreckten, war sowohl vom Standpunkt der Partei als auch vom Standpunkt des Staates ein Einschreiten nicht mehr zu umgehen ...

c) BERICHT DES STAATSSEKRETÄRS DR. MEISSNER ÜBER DIE VORGÄNGE DES 30. JUNI 1934

Der Plan Hitlers, unangemeldet und überraschend in Wiessee anzukommen, gelingt. Der Mann des Flugplatzes Hangelar, der von Röhm gewonnen war, Flüge des Führers und deren Ziel sofort zu melden, war plötzlich erkrankt und konnte die verabredete Nachricht nicht – wie verabredet – an den Adjutanten Röhms durchsagen. So trifft Hitler mit seiner Begleitung und Sicherheitseskorte in den frühen Morgenstunden des 30. Juni völlig überraschend in München ein, wo er einige der Mitverschwörer Röhms verhaften und erschießen läßt, fährt mit seinem Führerbegleitkommando nach Wiessee weiter und verhaftet dort unter persönlichen Beschimpfungen Röhm und die um ihn versammelten SA-Führer; sie werden in die Strafanstalt Stadelheim bei München überführt und dort ohne Verfahren erschossen. Röhm hatte es abgelehnt, von der ihm gegebenen Möglichkeit, Selbstmord zu begehen, Gebrauch zu machen, und ein gerichtliches Verfahren gefordert.
Göring läßt inzwischen in Berlin den dortigen SA-Gruppenführer, einen übel berüchtigten Homosexuellen, Karl Ernst, und sieben andere SA-Führer und eine große Anzahl der Beteiligung an

der Verschwörung Röhms Beschuldigter in der SS-Kaserne in Lichterfelde erschießen. Alle diese Hinrichtungen erfolgen ohne jedes Verhör, ohne irgendeine Nachprüfung der Beschuldigung und ohne jede Möglichkeit einer Verteidigung, ja selbst ohne nähere Feststellung der Personalien, so daß in einigen Fällen Personenverwechslungen vorkamen; Listen und unkontrollierte Denunziationen genügten sowohl in München wie in Berlin als Unterlage für diese Exekutionen.

Die Gerüchte über die blutigen Ereignisse des 30. Juni verbreiteten sich mit Windeseile im deutschen Volke, das zunächst durch die Nachricht über die endliche Beseitigung des verhaßten Röhm und des von ihm begünstigten Terrors seiner SA erleichtert aufatmete; als dann aber die Einzelheiten der Hitlerschen Gegenaktion, die blutigen Grausamkeiten und der Umfang der Hinrichtungen bekannt wurden, ging eine Welle der Empörung und des Schreckens durch Deutschland. Die Erregung stieg weiter an, als in den nächsten Tagen bekannt wurde, daß nicht nur Verschwörer oder an der Revolte selbst Beteiligte erschossen worden waren, sondern daß Hitler, Himmler, Göring und Heydrich die Gelegenheit benutzt hatten, um politische Gegner zu beseitigen, die nichts mit Röhm und seinen Plänen zu tun hatten und nur der nationalsozialistischen Partei und ihrer Führung im Wege standen. So waren in Berlin General von Schleicher und seine Frau, General von Bredow, Gregor Strasser, der Führer der Katholischen Aktion, Ministerialdirektor Klausener, der Referent von Papens, von Bose, u. a. erschossen worden. In Bayern waren der frühere Ministerpräsident von Kahr, Dr. Edgar Jung, ein Mitarbeiter von Papens und der Verfasser von dessen Marburger Rede, und zahlreiche andere Opfer des Mordens geworden. Von Papen wurde vorübergehend in seiner Wohnung in Schutzhaft genommen, und viele andere waren noch in Haft . . .

[35] *Aus der Marburger Rede von Papens*

[17. Juni 1934]

. . . Außerdem muß sich der Staatsmann noch über ein zweites Erfordernis klar werden, nämlich darüber, daß eine Zeitenwende zwar eine totale ist, also alle Lebensäußerungen und Lebensumstände erfaßt und verändert; daß aber vor diesem gewaltigen Hintergrund das politische Geschehen des Vordergrundes sich abspielt, auf welches allein der Begriff der Politik angewandt werden darf. Der Staatsmann und Politiker kann den Staat reformieren, aber nicht das Leben selbst. Die Aufgaben des Lebensreformators und des Politikers sind grundverschiedene. Aus dieser Erkenntnis heraus hat der Führer in seinem Werk »Mein Kampf« erklärt, die Aufgabe der Bewegung sei nicht die einer religiösen Reformation, sondern die einer politischen Reorganisation unseres Volkes. Die Zeitwende als totaler Begriff entzieht sich deshalb bis zu einem gewissen Grade der staatlichen Formung. Nicht alles Leben kann organisiert werden, weil man es sonst mechanisiert. Der Staat ist Organisation, das Leben Wachstum ...

Die Vorherrschaft einer einzigen Partei anstelle des mit Recht verschwundenen Mehrparteiensystems erscheint mir geschichtlich als ein Übergangszustand, der nur solange Berechtigung hat, als es die Sicherung des Umbruchs verlangt und bis die neue personelle Auslese in Funktion tritt. Denn die Logik der antiliberalen Entwicklung verlangt das Prinzip einer organischen politischen Willensbildung, die auf Freiwilligkeit *aller* Volksteile beruht. Nur organische Bindungen überwinden die Partei und schaffen jene freiheitliche Volksgemeinschaft, die am Ende dieser Revolution stehen muß ...

Ich bin der Überzeugung, daß die christliche Lehre schlechthin die religiöse Form alles abendländischen Denkens darstellt und daß mit dem Wiedererwachen der religiösen Kräfte eine neue Durchdringung auch des deutschen Volkes mit christlichem Gute stattfindet, dessen letzte Tiefe eine durch das 19. Jahrhundert gegangene Menschheit kaum mehr erahnt. Um diese Entscheidung, ob das neue Reich der Deutschen christlich sein wird oder sich im Sektierertum und halbreligiösen Materialismus verliert, wird gerungen werden. Sie wird einfach sein, wenn alle Versuche, sie von der Staatsgewalt her in der Richtung einer gewaltsamen Reformation zu beeinflussen, unterbleiben. Es ist zuzugeben, daß in diesem Widerstand christlicher Kreise gegen staatliche und parteiliche Eingriffe in die Kirche ein politisches Moment liegt. Aber nur deshalb, weil politische Eingriffe in den religiösen Bezirk die Betroffenen zwingen, aus religiösen Gründen den auf diesem Gebiete widernatürlichen Totalitätsanspruch abzulehnen. Auch als Katholik habe ich Verständnis dafür, daß eine auf Gewissensfreiheit aufgebaute religiöse Überzeugung es ablehnt, sich von der Politik her im Ureigensten kommandieren zu lassen. Man soll sich deshalb nicht darüber hinwegtäuschen, daß etwa aufgezwungene Glaubenskämpfe Kräfte auslösen würden, an denen auch Gewalt scheitern muß. Man sollte auch in jenen Kreisen, die eine neue, arteigene, religiöse Einigung erhoffen, sich einmal die Frage stellen, wie sie sich die Erfüllung der deutschen Aufgabe in Europa vorstellen, wenn wir uns freiwillig aus der Reihe der christlichen Völker ausschalten. Jedes Wirken in den europäischen Raum hinein erscheint mir unter solchen Voraussetzungen als unmöglich. Die Tatsache einer gemeinsamen europäischen Kultur und Zivilisation, für die wir selbst soviel beigesteuert haben, verpflichtet trotz aller völkischen Besonderheit der einzelnen Kulturleistung. Wir dürfen uns nicht geistig an den Grenzen abschließen und uns freiwillig in ein Ghetto begeben. Hier liegt die wirkliche Reaktion, das Sichverschließen gegenüber der geschichtlichen Notwendigkeit und der Sendung eines Volkes, das, wenn es ein wirklich großes Volk war, noch immer den Gedanken des Reiches pflegte . . .

[36] *Die Ermordung des Generals von Schleicher*

[Anlagen zum Bericht des Oberstaatsanwalts beim Landgericht Potsdam]

Es erscheint Fräulein Marie Güntel, geb. am 1. 5. 81 zu Krimitten, Ostpreußen.

Zur Sache.

Seit Mai 1929 bin ich als Köchin bei General von Schleicher tätig. Heute in der Mittagsstunde, es kann gegen 12½ Uhr gewesen sein. Ich sah durch das Fenster nach der Straße und erblickte dort zwei Herren. Ich fragte nach ihrem Begehren. Es wurde mir geantwortet »Sie müssen zu Herrn General von Schleicher«. Daraufhin setzte ich den Türöffner der Gartenpforte in Tätigkeit und die beiden Herren kamen zur Eingangstür der Villa, wo sie wieder klingelten und Einlaß begehrten. Ich öffnete die Haustür, worauf einer der beiden Herren fragte, ob General v. Schleicher zu Hause wäre? Ich erwiderte Ihnen, daß General v. Schleicher spazieren gegangen wäre. Nach einigem hin und her verlangte der eine der Herren in ganz energischem Tone zu Herrn General v. Schleicher vorgelassen zu werden. Der Herr zeigte mir eine viereckige Marke, die ich aber nicht beachtete, drängte vorgelassen zu werden. Als der Herr immermehr drängte und sagte, sagen sie jetzt die Wahrheit sie sind in Gefahr oder so ähnlich. Erwiderte ich: Dann werde ich einmal nachsehen! »Ich begab mich nun in das Arbeitszimmer des Herrn General, während der fremde Herr auf dem Fuße folgte. Im Arbeitszimmer angelangt stand der Herr dicht hinter mir und fragte den am Schreibtisch sitzenden Herrn von Schleicher, ob er der General von Schleicher sei. Herr General v. Schleicher saß am Schreibtisch im Sessel und arbeitete. Auf die an ihn gerichtete Frage und wandte seinen Körper etwas um, um den Herren zu sehen und sagte jawohl. In diesem Augenblick krachten auch schon die Schüsse. Was weiter geschehen ist, weiß ich nicht, denn aus Angst schrie ich und lief aus dem Zimmer. In meiner Bestürzung

war ich durch die Zimmer gelaufen um nach dem Garten zu gelangen. Im Wintergarten begegnete ich den Täter wieder. Ich kann aber nicht sagen, wo er geblieben ist. In dem Arbeitszimmer des General von Schleicher hat Frau von Schleicher am Radio gesessen. Als ich nachdem das Zimmer wieder aufsuchte fand ich Frau v. Schleicher so mit dem General erschossen auf dem Fußboden wieder.
Näher beschreiben kann ich den Täter nicht, weil ich zu aufgeregt war. Ich glaube kaum, daß ich ihn bei einer Gegenüberstellung wiedererkennen würde.

Potsdam, den 30. Juni 1934

Vorläufiges ärztliches Gutachten.

Der Tote liegt auf dem Rücken. Hemd und Unterhemd auf der Brust offen, ebenso der Kragen vorne offen. Krawatte ebenfalls gelöst. An der rechten Halsseite oberhalb des inneren Endes des rechten Schlüsselbeinknochens kleine Einschußwunde. An der linken oberen Brustseite 2 Schußwunden in einer Entfernung von etwa 5 bis 6 cm, die innere etwa 4 Quer-Finger breit unterhalb des linken Schlüsselbeinknochens, die 2. an der Grenze nach der linken Achselhöhle hin. Aus dem Munde des Toten fließt Blut. Eine 4. Schußverletzung findet sich an der rechten vorderen Achselhöhlenlinie. Eine 5. Schußwunde findet sich an der Rückseite des rechten Schultergelenks. Eine 6. Schußwunde am inneren Rande des rechten Schulterblattes. Eine 7. Schußwunde befindet sich an der Außenseite des rechten Oberarmes, etwa in der Mitte.
Den Schußverletzungen am Körper entsprechen die Durchschläge durch die Kleidungsstücke. Anzeichen für Schüsse aus allernächster Nähe sind nicht vorhanden.
Inwieweit die einzelnen Schußverletzungen des Ein- oder Ausschusses entsprechend, kann bei der Kleinheit des Kalibers nicht entschieden werden.
Nach dem vorläufigen ärztlichen Befund dürfte mit einer an Sicherheit grenzenden Wahrscheinlichkeit Unfall oder Selbstmord als ausgeschlossen erscheinen.
Entsprechende nähere Fragen können nur durch eine Obduktion geklärt werden.

gez. Dr. Starke, Neubabelsberg,
Böckmannstr. 76 (Telefon: Potsdam 7447)

[37] *Gesetz über Maßnahmen der Staatsnotwehr, vom 3. Juli 1934*

Die Reichsregierung hat das folgende Gesetz beschlossen, das hiermit verkündet wird:

Einziger Artikel.

Die zur Niederschlagung hoch- und landesverräterischer Angriffe am 30. Juni, 1. und 2. Juli 1934 vollzogenen Maßnahmen sind als Staatsnotwehr rechtens.

Berlin, den 3. Juli 1934.

Der Reichskanzler: Adolf Hitler
Der Reichsminister des Innern: Frick
Der Reichsminister der Justiz: Dr. Gürtner

[38] *Der Dank an die SS für den 30. Juni 1934*

... Im Hinblick auf die großen Verdienste der SS, besonders im Zusammenhang mit den Ereignissen des 30. Juni 1934, erhebe ich dieselbe zu einer selbständigen Organisation im Rahmen der NSDAP. Der Reichsführer SS untersteht daher, gleich dem Chef des Stabes, dem Obersten SA-Führer direkt. Der Chef des Stabes und der Reichsführer SS bekleiden beide den parteimäßigen Rang eines Reichsleiters ...

Adolf Hitler

[39] *Vollendung der unumschränkten Diktatur*

a) GESETZ ÜBER DAS STAATSOBERHAUPT DES DEUTSCHEN REICHS, VOM 1. AUGUST 1934

Die Reichsregierung hat das folgende Gesetz beschlossen, das hiermit verkündet wird:

§ 1. Das Amt des Reichspräsidenten wird mit dem des Reichskanzlers vereinigt. Infolgedessen gehen die bisherigen Befugnisse des Reichspräsidenten auf den Führer und Reichskanzler Adolf Hitler über. Er bestimmt seinen Stellvertreter.

§ 2. Dieses Gesetz tritt mit Wirkung von dem Zeitpunkt des Ablebens des Reichspräsidenten von Hindenburg in Kraft ...

b) DIE VEREIDIGUNG DER WEHRMACHT AUF ADOLF HITLER, 2. 8. 1934

»Ich schwöre bei Gott diesen heiligen Eid, daß ich dem Führer des Deutschen Reiches und Volkes Adolf Hitler, dem Oberbefehlshaber der Wehrmacht, unbedingten Gehorsam leisten und als tapferer Soldat bereit sein will, jederzeit für diesen Eid mein Leben einzusetzen.«

c) DANKSCHREIBEN HITLERS AN REICHSWEHRMINISTER V. BLOMBERG, 20. 8. 1934

Herr Generaloberst!

Heute nach der erfolgten Bestätigung des Gesetzes vom 2. August durch das deutsche Volk will ich Ihnen und durch Sie der Wehrmacht Dank sagen für den mir als ihrem Führer und Oberbefehlshaber geleisteten Treueid. So, wie die Offiziere und Soldaten der Wehrmacht sich dem neuen Staat in meiner Person verpflichteten, werde ich es jederzeit als meine höchste Pflicht ansehen, für den Bestand und die Unantastbarkeit der Wehrmacht einzutreten in Erfüllung des Testaments des verewigten Generalfeldmarschalls und getreu meinem eigenen Willen die Armee als einzigen Waffenträger in der Nation zu verankern.

gez. Adolf Hitler, Führer und Reichskanzler

III

DAS NATIONALSOZIALISTISCHE HERRSCHAFTS-SYSTEM

Die Vereinigung aller Macht in seiner Hand gab Hitler erst die volle Möglichkeit, Deutschland nach seinem Willen umzuformen. Er und seine Unterführer machten kein Hehl daraus, daß sie die Machtergreifung nur als Voraussetzung für die Verwirklichung des nationalsozialistischen Programms ansahen. Es ging ihnen nicht nur um die Schaffung einer neuen Staatsform, sondern einer neuen deutschen Lebensform, wie sie sich selbst auszudrücken beliebten. Alle Bereiche des deutschen Lebens sollten nach den Grundsätzen der alleinherrschenden Ideologie ausgerichtet bzw. neugeschaffen werden. Ein gewaltiges Programm, von dem Hitler selbst sagte, seine Realisierung sei tausendmal schwerer als die Erringung der politischen Macht [40]. Hauptträger dieser Aufgabe aber sollte die Partei sein. Was Hitler somit vorschwebte, war der totale Staat, eine Staats- und Gesellschaftsordnung, die den Gegenpol zur liberalen Demokratie darstellt. Während diese danach trachtet, die staatsfreie Sphäre des Individuums, des einzelnen Bürgers, möglichst weit zu halten, ist die Entwicklung zum totalen Staat dadurch gekennzeichnet, daß der individuelle Spielraum des einzelnen Staatsbürgers immer mehr eingeschränkt und schließlich ganz beseitigt wird [41].

Genau das geschah in Deutschland nach 1933. Der Bürger wurde nicht nur politisch entmündigt und entrechtet und damit zum Untertan gemacht. Der Kontrollapparat des Staates drang immer stärker auch in die gesellschaftlichen und kulturellen Lebensbereiche, so daß der Staatsbürger schließlich in seinem ganzen Dasein kontrolliert und dirigiert wurde. Das ganze soziale Leben wurde von der Partei überwacht. Wo immer ein paar Menschen sich zu gesellschaftlicher Tätigkeit zusammenfanden, mag sie auch noch so harmlos gewesen sein, da ruhte das wachsame Auge der Partei auf ihnen. Bis in die Freizeitgestaltung hinein kümmerten sich Staat und Partei um die arbeitenden Menschen. Die gesamte kulturelle, vor allem künstlerische und erzieherische Tätigkeit mußte sich auf die herrschende Weltanschauung ausrichten. Auch das wirtschaftliche Leben wurde mehr und mehr auf die Bedürfnisse des Staates hin organisiert, wenn auch die kapitalistische Wirtschaftsstruktur im wesentlichen erhalten blieb [42]. Die Bedürfnisse des neuen Staates aber standen immer eindeutiger im Zeichen einer umfassenden militärischen Aufrüstung, einer Vorbereitung zum Angriffskrieg [43].

Wenn man nach dem entscheidenden Organisationsmoment, nach dem Integrationsfaktor fragt, der den Neubau der Gesellschaft im Hitlerstaate bestimmen sollte, so stößt man auf das Element des Soldatischen. Die neue Volksgemeinschaft, die die Nationalsozialisten aus dem deutschen Volk schmieden wollten, fand ihr

Vorbild in nichts anderem als in der totalen Wehrgemeinschaft des ersten totalen Krieges von 1914 bis 1918. Die radikale Militarisierung des Lebens und seine Ausrichtung auf die Grundwerte des Soldatentums wird in allen Sektoren des Daseins deutlich. Hauptmerkmale der Gesellschaftsordnung und Hauptträger der politischen Willensbildung im totalen Staate sind die Massenorganisationen. Jeder Staatsbürger soll von einer oder gar mehreren dieser Massenorganisationen erfaßt werden. Sie ermöglichen es der Staatsführung, die Menschen in ihrer Arbeit und in ihrer Freizeit, in ihrer gesellschaftlichen und kulturellen Tätigkeit zentral zu lenken, propagandistisch zu beeinflussen und jederzeit unter Kontrolle zu halten.

Die weitaus größte dieser Organisationen war die »Deutsche Arbeitsfront«, die grundsätzlich alle »schaffenden Deutschen der Stirn und der Faust«, wie es im nationalsozialistischen Jargon hieß, erfassen sollte [44]. Sie war sozusagen die Dachorganisation für viele andere Massenverbände. Nach der nationalsozialistischen Theorie lag ihr die Idee zugrunde, die sozialen Gegensätze zwischen Arbeitgebern und Arbeitnehmern aufzuheben. Schon aus diesem Grunde hatte die »Deutsche Arbeitsfront« mit einer freien Gewerkschaft im demokratischen Sinne nichts zu tun. Dazu kam, daß sie ihrer Natur nach nichts anderes sein konnte als eine reine Befehlsorganisation des Staates. Ihr Chef wurde Robert Ley, ein Mann von besonders radikalen Ansichten, der zudem recht oft unter Alkoholeinfluß stand. Als Hauptzweck der »Arbeitsfront« bestimmte er, die Leistungsfähigkeit und Kampfbereitschaft des deutschen Volkes auf den höchstmöglichen Stand zu bringen und die »Betreuungsarbeit« in alle Lebensbereiche auszudehnen. An Stelle der zerschlagenen Bildungs- und Unterhaltungsinstitutionen der früheren Gewerkschaften trat die Freizeitorganisation »Kraft durch Freude«, die in äußerst geschickter Weise die Förderung von Unterhaltungs- und Bildungsmöglichkeiten am Abend, auf Reisen und im Urlaub mit weltanschaulicher Umerziehung und politischer Kontrolle verband.

Die deutsche Jugend wurde in der sogenannten »Hitler-Jugend« zusammengefaßt, wozu noch Reichsarbeitsdienst und Wehrdienst kamen, so daß die jungen Menschen im nationalsozialistischen Deutschland mehrere Jahre der unmittelbaren Kontrolle des Staates unterstanden [45]. Dadurch waren reiche Möglichkeiten geboten, etwaige »Erziehungsfehler« aus Familie und Schule im nationalsozialistischen Sinne zu korrigieren. Es ist deshalb kein Wunder, daß Hitler in der Jugend die glühendsten Anhänger und späterhin die fanatischsten Kämpfer fand [46]. Der moralische Mißbrauch und der physische Verschleiß, dem die jungen deutschen Menschen im Staate Hitlers ausgesetzt waren, ist denn auch ungeheuerlich gewesen und gehört zu den bösen Hinterlassenschaften des verhängnisvollen Regimes.

Auch im Bereiche des Geistes machten sich die Nationalsozialisten alsbald daran, ihr Programm in die Tat umzusetzen. Literatur und Kunst, Musik, Theater, Presse und Film, ja auch die Wissenschaften, sollten im Sinne der herrschenden Ideologie umgestaltet werden [47]. Presse und Rundfunk insbesondere wurden einer strengen Staatskontrolle unterstellt, und ein »Schriftleitergesetz« sollte die Handhabe bieten, politisch mißliebige Persönlichkeiten aus der publizistischen Arbeit auszuschalten [48]. Es wurde eine »Reichskulturkammer« geschaffen, der alle künstlerisch und schöpferisch tätigen Menschen angehören mußten [49]. Hitler selbst betätigte sich ausführlich als Kunstkritiker und Kulturphilosoph in zahlreichen Reden und Verordnungen. Seine Kunstanschauung erschöpfte sich zwar meistens in einem wüsten Geschimpfe gegen alle modernen Richtungen in Kunst und Musik, die als »Kulturbolschewismus« verunglimpft wurden. Selbstverständlich war auch hier der Rassegedanke die treibende Kraft. Juden durften nicht mehr künstlerisch tätig sein, ja das jüdische Element sollte aus der deutschen Kultur ausgetilgt werden. Die Bücher jüdischer Schriftsteller durften nicht mehr erscheinen, die Musik jüdischer Komponisten, darunter auch diejenige Felix Mendelssohn Bartholdys, durfte nicht mehr gespielt werden. Ausstellungen sogenannter »entarteter Kunst« wurden veranstaltet und lächerlich gemacht [50]. Bücher und Bilder wurden öffentlich verbrannt wie im finstersten Mittelalter. Zahlreiche Schriftsteller, Komponisten und Künstler verließen Deutschland freiwillig oder unfreiwillig, andere erhielten Schreib- und Malverbot, das von der Geheimpolizei auch wirklich kontrolliert wurde. Wieder andere wanderten ins Konzentrationslager oder in den Freitod. Deutschland, das während der Jahre der Weimarer Republik eine kulturelle Hochblüte erlebt hatte, verödete zur Einförmigkeit einer zwangsgeleiteten Kunst und Kultur.

Es waren keineswegs nur Juden, die der nationalsozialistischen Kulturpolitik zum Opfer fielen. Goebbels und seine Kulturpolizisten wollten nicht nur die Juden als solche aus dem deutschen Kulturleben ausschalten, sondern sie wollten dieses von der »geistigen Verjudung« säubern, wie sie sich ausdrückten. Als »Geistesjuden« bezeichneten sie auch Männer wie Paul Hindemith und Thomas Mann, um nur diese zwei Großen aus der deutschen Emigration zu nennen. Nicht anders erging es Malern wie Max Pechstein und Karl Schmidt-Rottluff [51]. Nicht nur aus dem politischen, sondern auch aus dem kulturellen Bewußtsein sollte eben die gesamte liberale und demokratische, humanistische und pazifistische Gedankenwelt ausgebrannt werden. Kämpferisch und nationalistisch, soldatisch und heroisch, in jedem Fall aber volkstümlich und volksnah sollte die neue Kunst sein. Ja der Rassentheoretiker Prof. Günther wies der Kunst die Aufgabe zu, im Dienste der Rassenselektion und der Geburtenpropaganda zu stehen.

Auch in das wissenschaftliche und akademische Leben griff der totale Staat tief ein. Die Hochschulen verloren ihre Autonomie, zusehends auch ihre geistige, und wurden immer stärker mit gesinnungstreuen Professoren durchsetzt. Viele berühmte Wissenschaftler verließen Deutschland, an ihrer Spitze Albert Einstein, dessen Relativitätstheorie als jüdische Spekulation abgelehnt wurde. Nobelpreisträger gaben sich dazu her, eine »deutsche Physik« zu schaffen – sicher ein Extremfall, aber doch ein deutlicher Fingerzeig, wohin die Reise ging, wenn der Rassegedanke zur Grundlage der wissenschaftlichen Forschung und Erkenntnis gemacht wurde [52]. Die Geschichtswissenschaft, als jene Wissenschaft, die am engsten mit der Politik zusammenhängt, wurde zum »Kriegsdienst« aufgerufen [53].

Vom Zerfall des Rechts und des Rechtsstaatsgedankens haben wir schon gesprochen. Auch hier fehlte der Versuch nicht, ein gereinigtes deutsches, d. h. arteigenes, völkisches, germanisches Recht zu schaffen – was nichts anderes bedeuten konnte als die Kodifizierung und Legalisierung der Willkür und des Unrechts. Der »Reichsrechtsführer« Dr. Frank verkündete als Leitsätze für die Richter, Grundlage für die Auslegung aller Rechtsquellen seien die nationalsozialistische Weltanschauung und insbesondere die Äußerungen des Führers [54]. Der berühmte deutsche Jurist Prof. Carl Schmitt unternahm es, Hitlers Vorgehen vom 30. Juni 1934 zu rechtfertigen, und sprach ihm die Fähigkeit zu, »kraft seines Führertums als oberster Gerichtsherr unmittelbar Recht zu schaffen« [55]. Die Willkür eines machtbesessenen und schließlich größenwahnsinnigen Diktators war damit zur letzten Grundlage der deutschen Rechtsprechung geworden. Zum schrecklichen Symbol der Willkürjustiz sollte der bereits 1934 geschaffene »Volksgerichtshof« werden, vor dem zehn Jahre später die Männer des 20. Juli abgeurteilt wurden [56].

Mit der Schaffung eines neuen Rechts, das diesen Namen allerdings gar nicht mehr verdient, ging die Entrechtung der jüdischen Bevölkerung Hand in Hand. Durch eine Reihe von Maßnahmen wurden die deutschen Juden schließlich aus der Volksgemeinschaft ausgeschlossen und zu rechtlosen Parias gemacht. Diese Gesetze bildeten nur die Vorstufe für die eigentliche Verfolgung und Vernichtung der deutschen und später der europäischen Juden; denn wer die Juden als Schmarotzer und Parasiten bezeichnete und mit Läusen und Wanzen verglich, mußte allerdings folgerichtig zu dem Entschluß kommen, sie auszurotten. Hier wurde die Vision des SS-Staates zur furchtbaren Wirklichkeit.

Mit Recht hat man den totalen Staat Hitlers auch als SS-Staat bezeichnet. Die Organisation der SS – von Schutz-Staffeln – sollte innerhalb der NSDAP zum eigentlichen Rückgrat der unumschränkten Herrschaft Hitlers werden. Sie spielte innerhalb der Millionenmassen der Parteianhänger die Rolle einer Elite, deren Wesen und Aufgabe ihr oberster Chef, Heinrich Himmler selbst, folgendermaßen umschrieb: »So sind wir angetreten und marschieren nach unabänderlichen Gesetzen als ein nationalsozialistischer, soldatischer Orden nordisch-bestimmter Männer und als eine geschworene Gemeinschaft ihrer Sippen den Weg in eine ferne Zukunft ...« [57]. Schon die nahe Zukunft indessen sollte nach dem Willen dieser Elite, die nichts anderes als den Willen Hitlers verkörperte, das Germanische Reich deutscher Nation bringen, d. h. die Beherrschung weiter Teile Europas durch eine deutsche Herrenschicht [58]. Im Innern Deutschlands fiel dieser Elite, deren hervorstechende Merkmale nach Eugen Kogon Romantik und Brutalität waren, die Aufgabe zu, die unbedingte Verwirklichung des totalen Staates zu gewährleisten. Zu diesem Zwecke mußte sie insbesondere jegliche Opposition gegen diesen Staat aufspüren und möglichst im Keime ersticken. Um diese Aufgabe lösen zu können, bemächtigte sich die SS in den Jahren 1934 bis 1936 sämtlicher Polizeibefugnisse und baute ein raffiniertes Spitzelsystem auf, mit welchem die für den totalen Staat typische und zugleich notwendige Atmosphäre des ständigen Terrors geschaffen werden konnte.

Um den anderen Machtfaktor im Staate, die Wehrmacht, als mögliche Gefahr für das Regime auszuschalten, baute die SS ein ebenso raffiniertes militärisches Kontrollsystem mit einer eigenen Verfügungstruppe auf, die jeden Putsch von Generälen im Keime ersticken konnte. Wie die Führer der SS schon bei der Ausschaltung der SA entscheidend beteiligt gewesen waren, so erwiesen sie sich vier Jahre später, 1938, wiederum als unentbehrliche Helfer Hitlers, indem sie diesem im richtigen Augenblick geheimes Informationsmaterial in die Hand spielten, mit welchem der Diktator gegen die zu wenig botmäßige Wehrmachtsführung vorgehen konnte. Was tat es, daß sich ein Teil dieses Belastungsmaterials sehr bald als gefälscht herausstellte, nämlich im Falle des Oberkommandierenden des Heeres, Generaloberst von Fritsch?! Mochten sich feinfühligere Seelen darüber moralisch entrüsten. Für Hitler und seine gerissenen Mitspieler in der Führung der SS war allein der politische Effekt entscheidend: die Unterstellung der Wehrmacht unter den direkten Befehl Hitlers im Februar 1938 [59]. Damit war eigentlich die letzte mögliche innere Gefahr für das Regime ausgeschaltet. Wie sehr übrigens der Staat Hitlers auf dem Ausnahmezustand beruhte, geht etwa auch daraus hervor, daß die SS-Truppen ausdrücklich, wenn natürlich auch völlig geheim, für den Einsatz auf dem »Kriegsschauplatz Innerdeutschland« vorgesehen waren [60].

Aber nicht nur auf allen wichtigen Kommandoposten der militarisierten Polizei befanden sich Männer der SS. Auch an den entscheidenden Stellen der erwähnten Massenorganisationen, wie der »Deutschen Arbeitsfront«, der »Hitler-Jugend«, der Studenten- und Dozentenschaft der Hochschulen usw. wirkten Angehörige oder mindestens Vertrauensleute der SS. Überall, wo es um die weltanschauliche Schulung des deutschen Volkes ging, saßen die Leute der SS: im Schulungsapparat der Partei und der »Deutschen Arbeitsfront«, auf den Ordensburgen, wo die zukünftige Elite herangebildet wurde, die neue Herrenschicht der Zukunft. In den Reihen der SS finden wir die fanatischsten Anhänger der Rassenideologie. Das Rasse- und Siedlungshauptamt der SS stellte sich kein geringeres Ziel, als die verschwommenen und wissenschaftlich völlig unhaltbaren Rasseideen Hitlers in die Tat umzusetzen und durch eine eigene Forschungsabteilung experimentell zu beweisen. Maßnahmen wurden ergriffen, um den reinen nordisch-germanischen Menschen zu züchten [61]. Wie eng die Rassenideologie mit dem deutschen Imperialismus verbunden ist, zeigt sich auch hier: denn mit den ausgelesenen und gezüchteten nordisch-germanischen Menschen sollte dann der noch zu erobernde neue Lebensraum besiedelt werden. Züchtung der reinen Rasse und ihre Verpflanzung in andere Länder ist aber nur möglich, wenn gleichzeitig der Entschluß gefaßt wird, jene Menschen zu beseitigen, die die Rasse angeblich verunreinigen, und jene Völker zu verjagen, die den in Aussicht genommenen Lebensraum besetzt halten [62].

So geht der Entschluß zur Menschenvernichtung und zum Völkermord mit logischer Konsequenz aus dem verfehlten Gedanken der Herrenrasse hervor. Wenn wir damit die traurigsten Kapitel in der Geschichte der nationalsozialistischen Herrschaft aufschlagen, so finden wir auch hier an allen verantwortlichen Stellen die unheimlichen Gestalten in der schwarzen Uniform [63]. Sie kommandieren die Konzentrationslager, wo die politischen Gegner eingesperrt, mißhandelt und zu Tode gefoltert werden, sie führen als SS-Ärzte die Vernichtung sogenannten lebensunwerten Lebens durch und machen am lebendigen Menschen medizinische Experimente, die zu qualvollem Tode führen, sie kommandieren Einsatzgruppen, die, dem siegreich nach Osten vorstürmenden deutschen Heere folgend, Angehörige sogenannter minderwertiger Rassen zu Hunderttausenden exekutieren, sie befehligen schließlich die Vernichtungslager, wo Millionen von solchen angeblich minderwertigen Menschen systematisch in eigens dazu konstruierten Vergasungsanstalten umgebracht werden. Die furchtbarsten Verbrechen der Weltgeschichte geschahen unter dem Runenzeichen der SS.

Wenn es sich bei diesen Verbrechen unvorstellbaren Ausmaßes auch um die letzte Stufe in der Entwicklung des SS-Staates handelt, so wäre es doch ein Fehler, darin eine Entartung der nationalsozialistischen Herrschaft zu sehen, wie das auch heute von vielen gutwilligen Deutschen, d. h. von solchen, die diese Verbrechen an sich keineswegs zu verkleinern suchen, getan wird. Von Entartung sprechen, das würde die Annahme voraussetzen, als ob der Nationalsozialismus auch eine positive, eine gute Entwicklung hätte nehmen können, als ob an sich gute Ideale und Zielsetzungen in ihr Gegenteil verdreht worden wären. Unmenschlichkeit und Maßlosigkeit, Brutalität und Rücksichtslosigkeit waren aber zutiefst mit dem Wesen dieser Weltanschauung verbunden und waren durchaus von Anfang an da. Die oft so genannten guten, positiven und konstruktiven Jahre der nationalsozialistischen Herrschaft unterscheiden sich nur scheinbar von jener letzten Stufe. Es gab von Anfang an eine Sonnenseite und eine Schattenseite im nationalsozialistischen Deutschland: dort gab es die Feste, Empfänge und Paraden, die olympischen Spiele und die Reisen von »Kraft durch Freude«, die großen Bauten, Autobahnen und sozialen Einrichtungen, die außenpolitischen Erfolge, die nationale Begeisterung und später die großartigen militärischen Siege; hinter dieser glänzenden Fassade eines national geeinten, arbeitsamen und disziplinierten Volkes mit einer genialen Führung, die von Erfolg zu Erfolg eilte und ein glanzvolles Reich aufrichtete, da gab es von Anfang an die Willkür der Polizei, die Mißhandlung der politischen Gegner, die Entrechtung und Verfolgung der Juden, den gehässigen und gemeinen Kampf gegen die Kirche, die Unterdrückung und Verfolgung aller freien Regungen des Geistes (insofern sie sich nicht dem Joche der offiziellen Staatsideologie beugten), es gab die Planung des Angriffskrieges zur Unterjochung anderer Völker, später deren Unterdrückung bis hin zu den geschilderten Vernichtungsaktionen.

Wie kam es, daß die Masse des deutschen Volkes sich der nationalsozialistischen Herrschaft beugte, ja sich im Reiche Hitlers bis weit in den Krieg hinein ausgesprochen wohl fühlte? Der hauptsächliche Grund für dieses Verhalten liegt sicher darin, daß der überwiegende Teil des deutschen Volkes nur jene glanzvolle

Fassade des neuen Reiches zu Gesicht bekam und von den geschilderten Errungenschaften auf der Sonnenseite in der einen oder anderen Weise profitierte. Ja, es ist kein Zweifel möglich, daß es Hitler gelang, die Zahl seiner gläubigen Anhänger von Jahr zu Jahr zu steigern, je größer die inneren und äußeren Erfolge seiner Herrschaft wurden. Nicht nur Terror und Propaganda, sondern auch handgreifliche innen- und außenpolitische Erfolge ließen die Zahl derer immer größer werden, die mit innerer Überzeugung und nicht nur unter äußerem Druck sich willig der Führung des Diktators unterwarfen. Insbesondere die Jugend, ganz im nationalsozialistischen Geiste erzogen, glaubte inbrünstig an die Ideale, die Hitler verkündete: Volksgemeinschaft ohne Klassengegensätze, nationale Größe und Ehre, Deutschland als Bollwerk gegen den Bolschewismus. Solchen großen Zielen gegenüber fiel der Verlust der bürgerlichen Freiheiten für die Mehrheit des deutschen Volkes kaum ins Gewicht, um so mehr als es eine lebendige demokratische Tradition kaum gab, ja die Weimarer Demokratie mit sozialem und politischem Chaos und mit nationaler Schwäche gleichgesetzt wurde. Mit einem Wort: man war bereit, auf innere Freiheit für äußere Macht und Größe zu verzichten. Die geschickte Taktik, durch welche Hitler die Zerstörung der Demokratie in Formen der Scheinlegalität vollzog, tat ein übriges, um dem Großteil der Bevölkerung den Verlust der Freiheit gar nicht voll zum Bewußtsein kommen zu lassen.

Als die politische Macht des neuen Regimes gesichert war, wäre ohnehin jeglicher Widerstand von unten her aussichtslos gewesen. Der totale Umbau des deutschen Lebens sollte, nach einem Wort Hitlers, im Zeichen der Evolution, nicht der Revolution erfolgen. Im Effekt kam es auf dasselbe hinaus: auf die totale Uniformierung im buchstäblichen wie im geistigen Sinne. Nur eine kleine Minderheit, eine wirkliche Elite im politischen, geistigen und moralischen Sinne, lehnte sich gegen diesen nationalsozialistischen Umbau auf und ging in die äußere oder auch in die innere Emigration, aber auch ins KZ oder in den Tod.

Nachdem Hitler das deutsche Volk auf diese Weise unterworfen und zu einem willenlosen Werkzeug gemacht hatte, wandte er sich nach außen, um auch die umliegenden Völker seinem Diktat gefügig zu machen. Der nationalsozialistische Imperialismus brach über Europa herein.

[40] *Hitler verkündet das totalitäre System*

[Aus einer Rede vom Sept. 1933]

... Am 30. Januar 1933 wurde die nationalsozialistische Partei mit der politischen Führung des Reiches betraut. Ende März war die nationalsozialistische Revolution äußerlich abgeschlossen. Abgeschlossen, insoweit es die restlose Übernahme der politischen Macht betrifft. Allein nur der, dem das Wesen dieses gewaltigen Ringens innerlich unverständlich blieb, kann glauben, daß damit der Kampf der Weltanschauungen seine Beendigung gefunden hat. Dies wäre dann der Fall, wenn die nationalsozialistische Bewegung nichts anderes wollte als die sonstigen landesüblichen Parteien. Diese pflegen allerdings am Tage der Übernahme der politischen Führung den Zenit ihres Wollens und damit auch ihrer Existenz erreicht zu haben. Weltanschauungen aber sehen in der Erreichung der politischen Macht nur die Voraussetzung für den Beginn der Erfüllung ihrer eigentlichen Mission. Schon im Worte »Weltanschauung« liegt die feierliche Proklamation des Entschlusses, allen Handlungen eine bestimmte Ausgangsauffassung und damit sichtbare Tendenz zugrunde zu legen. Eine solche Auffassung kann richtig oder falsch sein: sie ist der Ausgangspunkt für die Stellungnahme zu allen Erscheinungen und Vorgängen des Lebens und damit ein bindendes und verpflichtendes Gesetz für jedes Wirken ...

[41] *Der deutsche Führerstaat als totaler Staat*

a) NACH OTTO KOELLREUTTER

... Das Führerprinzip des deutschen Führerstaates baut demgegenüber auf völkischer Grundlage auf. Es wurzelt in der Staatsautorität des völkischen Staates, d. h. in einer Gemeinschaftsethik. Die Idee der Gemeinschaft, die Idee des »Wir« als Ganzheit eines Volkes bildet die politische Kraft des Führerstaates. Die seelische Verbindung des Volkes mit dem Staate bildet das Wesen der Staatsautorität, die auf der Vorstellung der Einheit von Volk und Staat beruht. Nur der völkische Staat hat diese natürliche Gemeinschaftsbasis, nur in ihm gibt es deshalb echte

Staatsautorität. Der Liberalismus, dem diese Ganzheits- und Einheitsvorstellung von Volk und Staat fehlte, hatte deshalb auch kein Verständnis für das Wesen der Autorität, der liberale Staat ist der Idee nach immer ein »autoritätsloser Freiheitsstaat«. Wenn Hitler als Grundsatz des Aufbaus des deutschen Führerstaates bezeichnet hat »Autorität jedes Führers nach unten und Verantwortlichkeit nach oben«, so hat er damit das Wesen der echten Führerschaft umschrieben. Denn wesentlich ist für den Führerstaat die Anerkennung des Grundsatzes der *offenen* Verantwortlichkeit der Führer. Nur sie kann politisch einheits- und gemeinschaftsbildend wirken, nur durch sie wird die bewußte politische Verbundenheit von Volk und Staat erreicht, die zum Wesen des echten autoritären Staates gehört. Der Führerstaat trägt immer antiliberale Züge; und er kann auch niemals geprägt und gestaltet werden durch den Typus des liberalen Menschen, sondern nur durch den Typus von Männern, die sich ihrer inneren Verbundenheit mit Volk und Staat stets bewußt sind.

... Totaler Staat kann deshalb auch immer nur ein von einer bestimmten Staatsidee getragener Staat sein. Der deutsche Führerstaat muß deshalb die nationalsozialistische Staatsidee als einheitliche Haltung dem ganzen Volke aufprägen. Darin besteht die eigentliche Aufgabe der »Partei« als Bewegung, die ja als solche mit den alten Parteien nichts mehr zu tun hat.

... Die »Partei« im nationalsozialistischen Staate hat eine einheitsbildende Aufgabe. Sie ist *die* politische »Bewegung«, der unter dem Führer die Verantwortung für den Aufbau, Bestand und die Sicherung der politischen Gestaltung des deutschen Volkes obliegt.

... Sie hat den Anspruch darauf, als politische Elite zu gelten, weil ihre Träger schon im liberalen Staate die neue politische Weltanschauung des Führers in ihrer Größe erkannt, mit ihm erkämpft und sie dem Volke aufgeprägt haben. In der Bewegung entstand so zuerst der neue Typus des »politischen« Menschen, der vor allem in der jungen Generation den deutschen Führerstaat tragen muß. Und so ist die Führung dieses deutschen Führerstaates, um die Worte der Nürnberger Proklamation Hitlers zu gebrauchen, »eine Führung, die nicht im Volk ein Objekt ihrer Betätigung erblickt, sondern die im Volke lebt, mit dem Volke fühlt und für das Volk kämpft« ...

b) NACH ERNST FORSTHOFF

... Der totale Staat muß ein Staat der totalen Verantwortung sein. Er stellt die totale Inpflichtnahme jedes einzelnen für die

Nation dar. Diese Inpflichtnahme hebt den privaten Charakter der Einzelexistenz auf. In allem und jedem, in seinem öffentlichen Handeln und Auftreten ebenso wie innerhalb der Familie und häuslichen Gemeinschaft verantwortet jeder einzelne das Schicksal der Nation. Nicht daß der Staat bis in die kleinsten Zellen des Volkslebens hinein Gesetze und Befehle ergehen läßt, ist wesentlich, sondern, daß er auch hier eine Verantwortung geltend machen kann, daß er den einzelnen zur Rechenschaft ziehen kann, der sein persönliches Geschick nicht dem der Nation völlig unterordnet. Dieser Anspruch des Staates, der ein totaler ist und an jeden Volksgenossen gestellt ist, macht das neue Wesen des Staates aus ...

[42] *»Völkische Wirtschaft«*

[Aus einer ideologischen Abhandlung]

Die Aufgaben der Wirtschaft

I. *Die Wirtschaft dient* dem *Staat und* damit dem *Volk.* Sie ist eine völkische Wirtschaft, also eine Wirtschaftsordnung, deren Aufgaben und Ziele *vom völkischen Geschehen bestimmt* werden.
   1. *Sie ist* einerseits *keine Staatswirtschaft,* d. h. keine Wirtschaft, die vom Staat als Ganzes verwaltet wird.
   2. *Sie ist* andrerseits *keine gesellschaftliche Interessenwirtschaft,* die in einer vom Staat völlig losgelösten Selbständigkeit nur den höchsten individuellen Nutzen erstrebt.
   3. *Sie ist* vielmehr *gleichzeitig gebunden und frei.*
      a) *Gebunden* ist die Wirtschaft, *weil sie völkischen Lebensgesetzen* vorbehaltlos *verpflichtet* ist.
      b) *Frei* ist die Wirtschaft, *weil* die *persönliche Schöpferkraft* und Leistung in ihr sich *voll entfalten* können ...

[43] *Aus Hitlers geheimer Denkschrift über den Vierjahresplan* [1936]

... Deutschland wird wie immer als Brennpunkt der abendländischen Welt gegenüber den bolschewistischen Angriffen anzusehen sein. Ich fasse dies nicht als eine erfreuliche Mission auf, sondern als eine leider durch unsere unglückliche Lage in Europa bedingte Erschwerung und Belastung unseres völkischen Lebens. Wir können uns aber diesem Schicksal nicht entziehen.

Unsere politische Lage ergibt sich aus folgendem:
Europa hat zur Zeit nur zwei dem Bolschewismus gegenüber als standfest anzusehende Staaten: Deutschland und Italien. Die anderen Länder sind entweder durch ihre demokratische Lebensform zersetzt, marxistisch infiziert und damit in absehbarer Zeit selbst dem Zusammenbruch verfallen oder von autoritären Regierungen beherrscht, deren einzige Stärke die militärischen Machtmittel sind, d. h. aber: sie sind infolge der Notwendigkeit, die Existenz ihrer Führung den eigenen Völkern gegenüber durch die Brachialmittel der Exekutive zu sichern, unfähig, diese Brachialgewalt zur Erhaltung der Staaten nach außen anzusetzen. Alle diese Länder wären unfähig, jemals einen aussichtsvollen Krieg gegen Sowjetrußland zu führen.
Wie denn überhaupt außer Deutschland und Italien nur noch Japan als eine der Weltgefahr gegenüber standhaltende Macht angesehen werden kann.
Es ist nicht der Zweck dieser Denkschrift, die Zeit zu prophezeien, in der die unhaltbare Lage in Europa zur offenen Krise werden wird. Ich möchte nur in diesen Zeilen meine Überzeugung niederlegen, daß diese Krise nicht ausbleiben kann und nicht ausbleiben wird und daß Deutschland die Pflicht besitzt, seine eigene Existenz dieser Katastrophe gegenüber mit allen Mitteln zu sichern und sich vor ihr zu schützen, und daß sich aus diesem Zwang eine Reihe von Folgerungen ergeben, die die wichtigsten Aufgaben betreffen, die unserem Volk jemals gestellt worden sind. *Denn ein Sieg des Bolschewismus über Deutschland würde nicht zu einem Versailler Vertrag führen, sondern zu einer endgültigen Vernichtung, ja Ausrottung des deutschen Volkes.*
Das Ausmaß einer solchen Katastrophe kann nicht abgesehen werden. Wie denn überhaupt der dichtbevölkerte Westen Europas (Deutschland inbegriffen) nach einem bolschewistischen Zusammenbruch wohl die grauenhafteste Völkerkatastrophe erleben würde, die seit dem Verlöschen der antiken Staaten die Menschheit heimgesucht hat. *Gegenüber der Notwendigkeit der Abwehr dieser Gefahr haben alle anderen Erwägungen als gänzlich belanglos in den Hintergrund zu treten!*
... Die militärische Auswertung soll durch die neue Armee erfolgen. *Das Ausmaß und das Tempo der militärischen Auswertung unserer Kräfte können nicht groß und nicht schnell genug gewählt werden!* Es ist ein Kapitalirrtum, zu glauben, daß über diese Punkte irgendein Verhandeln oder ein Abwägen stattfinden könnte mit anderen Lebensnotwendigkeiten. So sehr auch das gesamte Lebensbild eines Volkes ein ausgeglichenes sein soll, so sehr müssen doch in gewissen Zeiten einseitige Verschiebungen zuungunsten anderer, nicht so lebenswichtiger Aufgaben

vorgenommen werden. *Wenn es uns nicht gelingt, in kürzester Frist die deutsche Wehrmacht in der Ausbildung, in der Aufstellung der Formationen, in der Ausrüstung und vor allem auch in der geistigen Erziehung zur ersten Armee der Welt zu entwikkeln, wird Deutschland verloren sein!* Es gilt hier der Grundsatz, daß das, was in Monaten des Friedens versäumt wurde, in Jahrhunderten nicht mehr eingeholt werden kann.

Es haben sich daher dieser Aufgabe alle anderen Wünsche bedingungslos unterzuordnen.

... Wir sind übervölkert und können uns auf der eigenen Grundlage nicht ernähren.

... Die endgültige Lösung liegt in einer Erweiterung des Lebensraumes bzw. der Rohstoff- und Ernährungsbasis unseres Volkes. Es ist die Aufgabe der politischen Führung, diese Frage dereinst zu lösen.

... Die Erfüllung dieser Aufgaben in der Form eines Mehr-Jahres-Plans der Unabhängigmachung unserer nationalen Wirtschaft vom Ausland wird es aber auch erst ermöglichen, vom deutschen Volk auf wirtschaftlichem Gebiet und dem Gebiete der Ernährung Opfer zu verlangen, denn das Volk hat dann ein Recht, von seiner Führung, der es die blinde Anerkennung gibt, zu verlangen, daß sie auch auf diesem Gebiete durch unerhörte und entschlossene Leistungen die Probleme anfaßt und sie nicht bloß beredet, daß sie sie löst und nicht bloß registriert!

Es sind jetzt fast 4 kostbare Jahre vergangen. Es gibt keinen Zweifel, daß wir schon heute auf dem Gebiet der Brennstoff-, der Gummi- und zum Teil auch in der Eisenerzversorgung vom Ausland restlos unabhängig sein könnten. Genauso wie wir zur Zeit 7 oder 800 000 t Benzin produzieren, könnten wir 3 Millionen t produzieren. Genauso wie wir heute einige Tausend t Gummi fabrizieren, könnten wir schon jährlich 70 und 80 000 t erzeugen. Genauso wie wir von 2½ Millionen t Eisenerz-Erzeugung auf 7 Millionen t stiegen, könnten wir 20 oder 25 Millionen t deutsches Eisenerz verarbeiten und, wenn notwendig, auch 30. Man hat nun Zeit genug gehabt, in 4 Jahren festzustellen, was wir nicht können. Es ist jetzt notwendig, auszuführen das, was wir können.

Ich stelle damit folgende Aufgabe:

I. Die deutsche Armee muß in 4 Jahren einsatzfähig sein.

II. Die deutsche Wirtschaft muß in 4 Jahren kriegsfähig sein.

[44] *Verordnung Adolf Hitlers über die Deutsche Arbeitsfront, vom 24. Oktober 1934*

... Wesen und Ziel

§ 1. Die Deutsche Arbeitsfront ist die Organisation der schaffenden Deutschen der Stirn und der Faust.
In ihr sind insbesondere die Angehörigen der ehemaligen Gewerkschaften, der ehemaligen Angestelltenverbände und der ehemaligen Unternehmer-Vereinigungen als gleichberechtigte Mitglieder zusammengeschlossen.
Die Mitgliedschaft bei der Deutschen Arbeitsfront wird durch die Mitgliedschaft bei einer beruflichen, sozialpolitischen, wirtschaftlichen oder weltanschaulichen Organisation nicht ersetzt.
Der Reichskanzler kann bestimmen, daß gesetzlich anerkannte ständische Organisationen der Deutschen Arbeitsfront korporativ angehören.
§ 2. Das Ziel der Deutschen Arbeitsfront ist die Bildung einer wirklichen Volks- und Leistungsgemeinschaft aller Deutschen.
Sie hat dafür zu sorgen, daß jeder einzelne seinen Platz im wirtschaftlichen Leben der Nation in der geistigen und körperlichen Verfassung einnehmen kann, die ihn zur höchsten Leistung befähigt und damit den größten Nutzen für die Volksgemeinschaft gewährleistet.
§ 3. Die Deutsche Arbeitsfront ist eine Gliederung der NSDAP im Sinne des Gesetzes zur Sicherung der Einheit von Partei und Staat vom 1. Dezember 1933.

Führung und Organisation

§ 4. Die Führung der Deutschen Arbeitsfront hat die NSDAP.
Der Stabsleiter der PO führt die Deutsche Arbeitsfront. Er wird vom Führer und Reichskanzler ernannt. Er ernennt und enthebt die übrigen Führer der Deutschen Arbeitsfront.
Zu solchen sollen in erster Linie Mitglieder der in der NSDAP vorhandenen Gliederungen der NSBO und der NS-Hago, des weiteren Angehörige der SA und der SS ernannt werden...

[45] *Gesetz über die Hitlerjugend, vom 1. Dezember 1936*

Von der Jugend hängt die Zukunft des deutschen Volkes ab. Die gesamte deutsche Jugend muß deshalb auf ihre künftigen Pflichten vorbereitet werden. Die Reichsregierung hat daher das folgende Gesetz beschlossen, das hiermit verkündet wird:

§ 1. Die gesamte deutsche Jugend innerhalb des Reichsgebietes ist in der Hitlerjugend zusammengefaßt.

§ 2. Die gesamte deutsche Jugend ist außer in Elternhaus und Schule in der Hitlerjugend körperlich, geistig und sittlich im Geiste des Nationalsozialismus zum Dienst am Volk und zur Volksgemeinschaft zu erziehen.

§ 3. Die Aufgabe der Erziehung der gesamten deutschen Jugend in der Hitlerjugend wird dem Reichsjugendführer der NSDAP übertragen. Er ist damit »Jugendführer des Deutschen Reiches«. Er hat die Stellung einer Obersten Reichsbehörde mit dem Sitz in Berlin und ist dem Führer und Reichskanzler unmittelbar unterstellt.

§ 4. Die zur Durchführung und Ergänzung dieses Gesetzes erforderlichen Rechtsverordnungen und allgemeinen Verwaltungsvorschriften erläßt der Führer und Reichskanzler ...

[46] *Adolf Hitler über Jugenderziehung*

[Aus Hermann Rauschning: »Gespräche mit Hitler«]

... Meine Pädagogik ist hart. Das Schwache muß weggehämmert werden. In meinen Ordensburgen wird eine Jugend heranwachsen, vor der sich die Welt erschrecken wird. Eine gewalttätige, herrische, unerschrockene, grausame Jugend will ich. Jugend muß das alles sein. Schmerzen muß sie ertragen. Es darf nichts Schwaches und Zärtliches an ihr sein. Das freie, herrliche Raubtier muß erst wieder aus ihren Augen blitzen. Stark und schön will ich meine Jugend. Ich werde sie in allen Leibesübungen ausbilden lassen. Ich will eine athletische Jugend. Das ist das Erste und Wichtigste. So merze ich die Tausende von Jahren der menschlichen Domestikation aus. So habe ich das reine, edle Material der Natur vor mir. So kann ich das Neue schaffen.

Ich will keine intellektuelle Erziehung. Mit Wissen verderbe ich mir die Jugend. Am liebsten ließe ich sie nur das lernen, was sie ihrem Spieltriebe folgend sich freiwillig aneignen. Aber Beherrschung müssen sie lernen. Sie sollen mir in den schwierigsten Proben die Todesfurcht besiegen lernen. Das ist die Stufe der heroischen Jugend. Aus ihr wächst die Stufe des Freien, des Menschen, der Maß und Mitte der Welt ist, des schaffenden Menschen, des Gottmenschen. In meinen Ordensburgen wird der schöne, sich selbst gebietende Gottmensch als kultisches Bild stehen und die Jugend auf die kommende Stufe der männlichen Reife vorbereiten ...

[47] *Totale Revolution*

[Aus einer Rede von Goebbels vom Nov. 1933]

... Die Revolution, die wir gemacht haben, ist eine totale. Sie hat alle Gebiete des öffentlichen Lebens erfaßt und von Grund auf umgestaltet. Sie hat die Beziehungen der Menschen untereinander, die Beziehungen der Menschen zum Staat und zu den Fragen des Daseins vollkommen geändert und neu geformt. Es war in der Tat Durchbruch einer jungen Weltanschauung, die 14 Jahre lang in der Opposition um die Macht gekämpft hatte, um dann unter ihrer Zuhilfenahme dem deutschen Volk ein neues Staatsgefühl zu geben. Das, was sich seit dem 30. Januar dieses Jahres abgespielt hat, ist nur der sichtbare Ausdruck dieses revolutionären Prozesses. Hier aber hat die Revolution an sich begonnen. Sie ist damit nur zu Ende geführt worden.

... Das System, das wir niederwarfen, fand im Liberalismus seine treffendste Charakterisierung. Wenn der Liberalismus vom Individuum ausging und den Einzelmenschen in das Zentrum aller Dinge stellte, so haben wir Individuum durch Volk und Einzelmensch durch Gemeinschaft ersetzt. Freilich mußte dabei die Freiheit des Individuums insoweit eingegrenzt werden, als sie sich mit der Freiheit der Nation stieß oder im Widerspruch befand. Das ist keine Einengung des Freiheitsbegriffes an sich. Ihn für das Individuum überspitzen, heißt die Freiheit des Volkes aufs Spiel setzen oder doch ernsthaft gefährden. Die Grenzen des individuellen Freiheitsbegriffes liegen deshalb an den Grenzen des völkischen Freiheitsbegriffes.

Kein Einzelmensch, er mag hoch oder niedrig stehen, kann das Recht besitzen, von seiner Freiheit Gebrauch zu machen auf Kosten des nationalen Freiheitsbegriffes. Denn nur die Sicherheit des nationalen Freiheitsbegriffes verbürgt ihm auf die Dauer persönliche Freiheit. Je freier ein Volk ist, desto freier können sich seine Glieder bewegen. Je eingeengter aber seine nationale Daseinsgrundlage, um so illusorischer eine vermeintliche Freiheit, die seine Kinder genießen.

Das gilt auch für den schaffenden Künstler. Kunst ist kein absoluter Begriff; sie gewinnt erst Leben im Leben des Volkes. Das war vielleicht das schlimmste Vergehen der künstlerisch schaffenden Menschen der vergangenen Epoche, daß sie nicht mehr in organischer Beziehung zum Volke selbst standen und damit die Wurzel verloren, die ihnen täglich neue Nahrung zuführte. Der Künstler trennte sich vom Volke; er gab dabei die Quelle seiner Fruchtbarkeit auf. Von hier ab setzt die lebenbedrohende Krise der kulturschaffenden Menschen in Deutschland ein. Kultur ist höchster Ausdruck der schöpferischen Kräfte eines Volkes. Der

Künstler ist ihr begnadeter Sinngeber. Es wäre vermessen, zu glauben, daß seine göttliche Mission außerhalb des Volkes vollendet werden könnte. Sie wird für das Volk durchgeführt, und die Kraft, deren er sich dabei bedient, stammt aus dem Volk. Verliert der künstlerische Mensch einmal den festen Boden des Volkstums, auf dem er mit harten, markigen Knochen stehen muß, um den Stürmen des Lebens gewachsen zu sein, dann ist er damit den Anfeindungen der Zivilisation preisgegeben, denen er früher oder später erliegen wird ...

[48] *Gleichgeschaltete Presse*

a) SCHRIFTLEITERGESETZ, VOM 4. OKTOBER 1933

Die Reichsregierung hat das folgende Gesetz beschlossen, das hiermit verkündet wird:

Erster Abschnitt

Schriftleiterberuf

§ 1. Die im Hauptberuf oder auf Grund der Bestellung zum Hauptschriftleiter ausgeübte Mitwirkung an der Gestaltung des geistigen Inhalts der im Reichsgebiet herausgegebenen Zeitungen und politischen Zeitschriften durch Wort, Nachricht oder Bild ist eine in ihren beruflichen Pflichten und Rechten vom Staat durch dieses Gesetz geregelte öffentliche Aufgabe. Ihre Träger heißen Schriftleiter. Niemand darf sich Schriftleiter nennen, der nicht nach diesem Gesetz dazu befugt ist.

§ 2. Zeitungen und Zeitschriften sind Druckwerke, die in Zwischenräumen von höchstens drei Monaten in ständiger Folge erscheinen, ohne daß der Bezug an einen bestimmten Personenkreis gebunden ist.

Als Druckwerke gelten alle zur Verbreitung bestimmten Vervielfältigungen von Schriften oder bildlichen Darstellungen, die durch ein Massenvervielfältigungsverfahren hergestellt worden sind.

§ 3. Was in diesem Gesetz für Zeitungen vorgeschrieben ist, gilt auch für politische Zeitschriften.

Auf Zeitungen und Zeitschriften, die im amtlichen Auftrage herausgegeben werden, findet das Gesetz keine Anwendung.

Der Reichsminister für Volksaufklärung und Propaganda bestimmt, welche Zeitschriften als politische im Sinne dieses Gesetzes anzusehen sind. Betrifft die Zeitschrift ein bestimmtes Fachgebiet, so trifft er die Entscheidung im Einvernehmen mit der zuständigen obersten Reichs- und Landesbehörde.

§ 4. Mitwirkung an der Gestaltung des geistigen Inhalts deutscher Zeitungen liegt auch dann vor, wenn sie nicht im Betriebe einer Zeitung stattfindet, sondern bei einem Unternehmen, das zur Belieferung von Zeitungen mit geistigem Inhalt (Wort, Nachricht oder Bild) bestimmt ist.

Zweiter Abschnitt

Zulassung zum Schriftleiterberuf

§ 5. Schriftleiter kann nur sein, wer:
1. die deutsche Reichsangehörigkeit besitzt,
2. die bürgerlichen Ehrenrechte und die Fähigkeit zur Bekleidung öffentlicher Ämter nicht verloren hat,
3. arischer Abstammung ist und nicht mit einer Person nichtarischer Abstammung verheiratet ist,
4. das 21. Lebensjahr vollendet hat,
5. geschäftsfähig ist,
6. fachmännisch ausgebildet ist,
7. die Eigenschaften hat, die die Aufgabe der geistigen Einwirkung auf die Öffentlichkeit erfordert ...

§ 22. Die Gesamtheit der Schriftleiter wacht über die Erfüllung der Pflichten der einzelnen Berufsgenossen und sorgt für ihre Rechte und ihr Wohl.

§ 23. Die Schriftleiter sind im Reichsverband der Deutschen Presse gesetzlich zusammengefaßt. Ihm gehört jeder Schriftleiter kraft seiner Eintragung in die Berufsliste an. Der Reichsverband wird kraft dieses Gesetzes eine Körperschaft des öffentlichen Rechts. Er hat seinen Sitz in Berlin.

§ 24. Der Reichsminister für Volksaufklärung und Propaganda ernennt den Leiter des Reichsverbandes. Dieser gibt dem Reichsverband eine Satzung, die der Genehmigung des Ministers bedarf. Er bestellt einen Beirat ...

§ 36. Wer sich als Schriftleiter betätigt, obwohl er nicht in die Berufslisten eingetragen oder obwohl ihm die Berufsausübung vorläufig untersagt ist, wird mit Gefängnis bis zu einem Jahre oder mit Geldstrafe bestraft ...

b) PRESSEKONFERENZEN IM TOTALEN STAAT

[Im Kampf gegen die Tschechoslowakei]

... Pressekonferenz vom 15. September [1938]: »Die neuesten Zwischenfälle in der Tschechoslowakei, vor allem die militärischen Maßnahmen, sind vierspaltig aufzumachen und ganz scharf zu kommentieren unter dem Motto: Ein neuer 21. Mai? Der Chamberlain-Besuch steht erst an zweiter Stelle. – Ergänzend wird mitgeteilt: Der Chamberlain-Besuch ist eine Weltsensation und für den Führer die größte Genugtuung, die er in seiner politischen Laufbahn erlebt hat. Die Presse möge nicht überschwenglich werden, Chamberlain darf nicht als Friedensengel erscheinen, und es ist nicht so, als ob nun bereits alles geregelt wäre. Ohne die harte und intransigente Politik der letzten Monate wäre dieser Erfolg nicht erreicht worden. Der Enderfolg ist nicht gesichert, wenn wir diese Haltung zu früh aufgeben. Zum Ausdruck bringen, daß Chamberlains Entschluß weitherzig ist und dem Wunsch des Führers Rechnung trägt, von Mann zu Mann zu verhandeln. Vorschußlorbeeren nicht angebracht. – Man soll keine Zahlen von Toten nennen, da Nachprüfung unmöglich ist. Stimmung der Tschechen ist stark gesunken. Fotos zum Tagesthema dringend erwünscht, vor allem Elendsbilder aus dem Sudetenland, Flüchtlingsbilder, politische Karikaturen auf Benesch. Bei geographischen und volkstumspolitischen Karten Vorsicht wegen der Konsequenzen.«

... Pressekonferenz vom 19. September [1938]: »Das Londoner Kommuniqué soll nur klein wiedergegeben und nicht kommentiert werden. Es ist vollkommen überflüssig, daß zahlreiche Sonderkorrespondenten nach Godesberg (zur zweiten Zusammenkunft Hitler-Chamberlain) fahren. Daß Chamberlain einen Regenschirm trägt und daß das Hotel hundert Zimmer hat, kann auch der Lokalberichterstatter melden, sonst kommt außer einem Kommuniqué nichts heraus. Im Vordergrund stehen ausschließlich die Zustände im Sudetengebiet. Die Zeitungen, die bisher nur mit 7,5-Zentimeter-Geschützen geschossen haben, sollen sich erinnern, daß es auch 21-Zentimeter-Geschütze gibt. Die zahlreichen DNB-Meldungen über neue Greuel, Mordtaten, Mißhandlungen sollen in knapper und dramatischer Form ohne Beiwerk herausgebracht werden. Es geht darum, zu zeigen, was für eine barbarische Nation die Tschechen sind, und daß dieser Staat unmöglich ist. Die Außenpolitik interessiert weniger, sie gehört auf die dritte Seite. Wichtig auch das Thema: Moskau hilft Prag, wofür es mehrere Anzeichen gibt: Störung der sudetendeutschen Rundfunksendungen, Sowjetoffiziere in der tschechischen Armee, Moskauer Demonstration gegen England. Unter keinen Umständen dürfen Meldungen über Grenzzwischenfälle aus privaten Quellen genommen werden, sie sind vorher abzustimmen. Die deutsche Presse hat im übrigen glänzend gearbeitet, der Führer hat sich über die Presse außerordentlich gefreut.« –

[Im Kampf gegen Roosevelt]

Sonderpressekonferenz vom 15. April [1939], 21 Uhr: »Aufmachung der Roosevelt-Botschaft an den Führer und Mussolini mindestens zweispaltig auf der ersten Seite, Kommentar von äußerster Schärfe, aber ohne offiziellen Anschein, nur als Stellungnahme der Zeitung, da sich der Führer seine Antwort bis nach seinem Geburtstag vorbehalten hat. Stichworte: Roosevelt ein zweiter Wilson. Erst Hetzer, dann Friedensapostel. Er will die Welt beglücken, nachdem er eine beispiellose Kriegspsychose erzeugt hat. Dummes Ablenkungsmanöver, um seine und der Demokratien Einwirkung zu verwischen. Zwei Zeitungen werden auf allerhöchste Anweisung die Schlagzeile bringen: ›Plumper Ablenkungsschwindel‹. Bezeichnend ist, daß die Botschaft schon heute im Moskauer Rundfunk verbreitet und im ›Temps‹ kommentiert worden ist, ein Beweis für das politische Zusammenspiel.«

[Im Kampf gegen Polen]

... [Pressekonferenz vom] 8. Mai [1939]: »Die Beckrede ist Anlaß gewesen, die Berichterstattung über Zwischenfälle in Polen freizugeben. Nun sind aber sehr viel unbestätigte und falsche Meldungen erschienen. Eine solche Haltung der Presse entspricht nicht der jetzigen Lage. (!) Es darf nicht der Eindruck entstehen, als stünden wir schon kurz vor entscheidenden Ereignissen. Daher Anweisung: Meldungen über Zwischenfälle in Polen bis auf weiteres nur aus DNB, Veröffentlichung nur auf der zweiten Seite ohne sensationelle Aufmachung. Zeitungen des Ostens haben größere Freiheit auch für eigene Berichterstattung, aber auch sie sollen nur wirklich wesentliche Vorfälle melden.« ...
17. Juni: »Über volksdeutsche Flüchtlinge aus Polen sollen nicht nur keine Zahlen, es sollen auch keine Berichte aus Flüchtlingslagern gebracht werden, was aber nicht ausschließt, daß man sich Material für später zurücklegt.«
23. Juni: »... Hingegen sind die Zwischenfälle in Polen von manchen Zeitungen nicht genügend beachtet worden, in denen teilweise gar keine derartigen Meldungen mehr zu finden sind. Diese Bemerkung soll nun wiederum nicht das Stichwort dafür sein, nun diese Meldungen groß herauszuknallen. Es ist so, daß die Sache leicht am Kochen gehalten werden muß.« ...
26. Juli: »Die Meldungen über Zwischenfälle in Polen sind weiter gut herauszubringen, wir können es uns nicht leisten, daß sie länger im Hintergrund bleiben, aber nur zweite Seite und ohne sensationelle Aufmachung.« ...

8. August: »Polnische Größenwahnmeldungen dürfen ab sofort nur noch aus dem DNB genommen werden. Die polnischen Greuel gegenüber Volksdeutschen sind nach wie vor auf der zweiten Seite zu bringen, die Mittagspresse hat diese Meldungen zu groß aufgemacht.« ...

10. August: »... Es sind weitere ähnliche Meldungen zu erwarten. Verbürgte Greuelmeldungen, wie sie über DNB kommen, müssen von heute ab groß auf der ersten Seite erscheinen. Vor unverbürgten Greueln kleiner Blätter soll man sich hüten. Besonders geeignet die über DNB gemeldeten Schüsse auf 15–16jährige Kinder.« ...

18. August: »... Es gibt 700 Aussagen von Flüchtlingen aus Polen. Sie werden nach und nach durchgearbeitet, und es werden täglich Meldungen ausgegeben werden. Die Angaben sind hundertprozentig zuverlässig. Es wäre gut, wenn die Meldungen mit Bildern veröffentlicht werden könnten. Das sehr umfangreiche Material kann nur teilweise veröffentlicht werden, weil sonst Deutsche, die in Polen zurückblieben, gefährdet würden. Es kommen heute abend weitere Greuelmeldungen ...«

27. August: »Aufmachung weiterhin Polen. In der Stärke keinesfalls nachlassen, es gibt genügend Meldungen über Kriegsvorbereitungen, Panikstimmung, innere Unruhen, wirtschaftliche Wirren usw. Gerügt wurde die Schlagzeile der ›Deutschen Allgemeinen Zeitung‹: ›Polenaufmarsch gegen Danzig‹ trotz ausdrücklicher Warnung vor Festlegungen und Termingeschäften ...«

29. August: »Aufmachung bleiben die polnischen Terrormeldungen. Zwei Berliner Zeitungen sind davon abgewichen, der ›Völkische Beobachter‹ auf Grund besonderer Weisungen, die ›Deutsche Allgemeine Zeitung‹ ohne Erlaubnis, was als Fahnenflucht bezeichnet werden muß. Das Maß der Herausstellung der polnischen Terrormeldungen ist für das Ausland der Maßstab, an dem man die Festigkeit der deutschen Haltung mißt. Niemand ist befugt, aus dieser Linie auszubrechen. Es ist gleichgültig, was von diesen Meldungen geglaubt wird oder nicht, sie müssen die Aufmachung der Presse bestimmen, weil damit die Haltung der deutschen Politik kundgetan wird ...«

Sonderpressekonferenz vom 31. August, 19 Uhr: »Die Notwendigkeit, die erste Seite in besonderer Weise zu gestalten, ist im Augenblick noch nicht gegeben, aber es ist erforderlich, daß heute abend die Belegschaft so zusammengehalten wird, daß jederzeit eine außerordentliche Ausgabe gemacht werden kann. Es müssen ferner alle Vorkehrungen zur Ausgabe von Extrablättern getroffen werden, um so schnell wie möglich mit den entscheidenden Nachrichten auf der Straße zu sein.«

Pressekonferenz vom 1. September: »Keine Überschriften, in denen das Wort Krieg enthalten ist. Der Rede des Führers zufolge ›schlagen wir nur zurück‹« ...

[49] *Gleichgeschaltete Kultur*

a) REICHSKULTURKAMMERGESETZ, VOM 22. SEPTEMBER 1933

Die Reichsregierung hat folgendes Gesetz beschlossen, das hiermit verkündet wird:

§ 1. Der Reichsminister für Volksaufklärung und Propaganda wird beauftragt und ermächtigt, die Angehörigen der Tätigkeitszweige, die seinen Aufgabenkreis betreffen, in Körperschaften des öffentlichen Rechts zusammenzufassen.

§ 2. Gemäß § 1 werden errichtet:
1. eine Reichsschrifttumskammer,
2. eine Reichspressekammer,
3. eine Reichsrundfunkkammer,
4. eine Reichstheaterkammer,
5. eine Reichsmusikkammer,
6. eine Reichskammer der bildenden Künste.

§ 3. Bei Errichtung der im § 2 bezeichneten Kammern sind die Bestimmungen entsprechend anzuwenden, die für das Filmgewerbe durch das Gesetz über die Errichtung einer vorläufigen Filmkammer vom 14. Juli 1933 (RGBl. I, S. 483) und die dazu ergangenen Durchführungsbestimmungen bereits erlassen sind.

§ 4. Die Errichtung der Kammern hat sich innerhalb der Richtlinien zu halten, die für den berufsständischen Aufbau von der Reichsregierung beschlossen werden.

§ 5. Die im § 2 bezeichneten Körperschaften werden gemeinsam mit der vorläufigen Filmkammer, die den Namen Reichsfilmkammer erhält, zu einer Reichskulturkammer vereinigt. Die Reichskulturkammer steht unter der Aufsicht des Reichsministers für Volksaufklärung und Propaganda. Sie hat ihren Sitz in Berlin.

§ 6. Der Reichsminister für Volksaufklärung und Propaganda und der Reichswirtschaftsminister werden ermächtigt, durch gemeinsame Verordnung die Bestimmung der Gewerbeordnung in Einklang mit den Bestimmungen dieses Gesetzes zu bringen.

§ 7. Der Reichsminister für Volksaufklärung und Propaganda wird ermächtigt, zur Durchführung dieses Gesetzes Rechtsverordnungen und allgemeine Verwaltungsvorschriften, auch ergänzender Art, zu erlassen. Die Rechtsverordnungen und allgemeinen

Verwaltungsvorschriften, durch die finanzielle und gewerbliche Belange des Reiches berührt werden, bedürfen der Zustimmung des Reichsministers der Finanzen bzw. des Reichswirtschaftsministers ...

b) VOM SINN DER REICHSKULTURKAMMER

[Aus einer Rede von Goebbels]

... Das ist auch der Sinn der Reichskulturkammer, die wir dem Gesetz entsprechend heute feierlich eröffnen und konstituieren. Sie stellt den Zusammenschluß aller Schaffenden in einer geistigen Kultureinheit dar. Sie beseitigt die nur noch mechanisch wirkenden Organisationsüberbleibsel der vergangenen Zeit, die der freien Entwicklung unseres kulturellen und künstlerischen Lebens nur bloß im Wege standen. Die schaffenden Menschen sollen sich in Deutschland wieder als eine Einheit empfinden; es soll ihnen jenes Gefühl trostloser Leere genommen werden, das sie bisher von der Nation und ihren treibenden Kräften trennte. Nicht einengen wollen wir die künstlerisch-kulturelle Entwicklung, sondern fördern. Der Staat will seine schützende Hand darüber halten. Die deutschen Künstler sollen sich unter seinem Patronat geborgen fühlen und das beglückende Gefühl zurückgewinnen, daß sie im Staate ebenso unentbehrlich sind wie die, die die Werte seines materiellen Daseins schaffen. Arbeiter der Stirn und der Faust werden sich die Hände reichen zu einem Bund, der für alle Ewigkeit unauflösbar sein soll. Die Gemeinschaft aller Schaffenden wird Wirklichkeit, und jeder gilt an seinem Platz das, was er für die Nation und ihre Zukunft zu leisten entschlossen ist ...

[50] *Gesetz über Einziehung von Erzeugnissen entarteter Kunst*, vom 31. Mai 1938*

Die Reichsregierung hat das folgende Gesetz beschlossen, das hiermit verkündet wird:

§ 1. Die Erzeugnisse entarteter Kunst, die vor dem Inkrafttreten dieses Gesetzes in Museen oder der Öffentlichkeit zugänglichen Sammlungen sichergestellt und von einer vom Führer und Reichskanzler bestimmten Stelle als Erzeugnisse entarteter Kunst festgestellt sind, können ohne Entschädigung zugunsten des Reiches eingezogen werden, soweit sie bei der Sicherstellung im Eigentum von Reichsangehörigen oder inländischen juristischen Personen standen.

§ 2. (1) Die Einziehung ordnet der Führer und Reichskanzler an. Er trifft die Verfügung über die in das Eigentum des Reiches übergehenden Gegenstände. Er kann die im Satz 1 und 2 bestimmten Befugnisse auf andere Stellen übertragen.
(2) In besonderen Fällen können Maßnahmen zum Ausgleich von Härten getroffen werden.
§ 3. Der Reichsminister für Volksaufklärung und Propaganda erläßt im Einvernehmen mit den beteiligten Reichsministern die zur Durchführung dieses Gesetzes erforderlichen Rechts- und Verwaltungsvorschriften.

Berlin, den 31. Mai 1938.

Der Führer und Reichskanzler: Adolf Hitler

Der Reichsminister für Volksaufklärung und Propaganda:
Dr. Goebbels

* Betrifft nicht das Land Österreich.

[51] *Ein Kunstmaler erhält Malverbot*

DER PRÄSIDENT
DER REICHSKAMMER DER BILDENDEN KÜNSTE

Berlin W 35, den 3. April 1941
Blumeshof 4/6
Fernsprecher: Nr. ...
Postscheck-Konto:
Berlin Nr. ...

Aktenzeichen: IIB/ M 756/870

Herrn
Karl Friedrich Schmidt-Rottluff
Berlin W 30
Bamberger Straße 19

Einschreiben!

Anläßlich der mir seinerzeit vom Führer aufgetragenen Ausmerzung der Werke entarteter Kunst in den Museen mußten von Ihnen allein 608 Werke beschlagnahmt werden. Eine Anzahl dieser Werke war auf den Ausstellungen »Entartete Kunst« in München, Dortmund und Berlin ausgestellt.
Aus dieser Tatsache mußten Sie ersehen, daß Ihre Werke nicht der Förderung deutscher Kultur in Verantwortung gegenüber Volk und Reich entsprechen.
Obwohl Ihnen außerdem die richtungweisenden Reden des Führers anläßlich der Eröffnung der Großen Deutschen Kunstausstellungen in München bekannt sein mußten, geht aus Ihren nunmehr zur Einsichtnahme hergereichten Original-Werken der Letztzeit hervor, daß Sie auch heute noch dem kulturellen Gedankengut des nationalsozialistischen Staates fernstehen.

Ich vermag Ihnen auf Grund dieser Tatsachen nicht die für die Mitgliedschaft bei meiner Kammer erforderliche Zuverlässigkeit zuzuerkennen. Auf Grund des § 10 der Ersten Durchführungsverordnung zum Reichskulturkammergesetz vom 1. 11. 1933 (RGBl. I. S. 797) schließe ich Sie aus der Reichskammer der bildenden Künste aus und untersage Ihnen mit sofortiger Wirkung jede berufliche – auch nebenberufliche – Betätigung auf den Gebieten der bildenden Künste.
Das auf Ihren Namen lautende Mitgliedsbuch

M 756

meiner Kammer ist ungültig geworden; Sie wollen es umgehend an mich zurücksenden.

[Stempel] gez. Ziegler Beglaubigt:
gez. Unterschrift

[52] *Der Rassegedanke in der Wissenschaft*

a) »DEUTSCHE PHYSIK«

[Aus einer Schrift des Nobelpreisträgers Prof. Philipp Lenard]

»*Deutsche* Physik?« wird man fragen. – Ich hätte auch arische Physik oder Physik der nordisch gearteten Menschen sagen können, Physik der Wirklichkeits-Ergründer, der Wahrheit-Suchenden, Physik derjenigen, die Naturforschung begründet haben. – »Die Wissenschaft ist und bleibt international!« wird man mir einwenden wollen. Dem liegt aber ein Irrtum zugrunde. In Wirklichkeit ist die Wissenschaft, wie alles, was Menschen hervorbringen, rassisch, blutmäßig bedingt. Ein Anschein von Internationalität kann entstehen, wenn aus der Allgemeingültigkeit der Ergebnisse der Naturwissenschaft zu Unrecht auf allgemeinen Ursprung geschlossen wird oder wenn übersehen wird, daß die Völker verschiedener Länder, die Wissenschaft gleicher oder verwandter Art geliefert haben wie das deutsche Volk, dies nur deshalb und insofern konnten, weil sie ebenfalls vorwiegend nordischer Rassenmischung sind oder waren. Völker anderer Rassenmischung haben eine andere Art, Wissenschaft zu treiben ...

b) RASSEBEDINGTE NATURWISSENSCHAFT

[Aus einer Abhandlung von Nobelpreisträger Prof. Stark]

... Es ist das Schlagwort geprägt und besonders von jüdischer Seite verbreitet worden, die Wissenschaft sei international. Man meint mit ihm weniger die Wissenschaft selbst als vielmehr die wissenschaftlichen Forscher und fordert für diese eine Sonderstel-

lung in der Nation; sie sollen nicht unter nationalen Gesichtspunkten betrachtet werden, sondern sollen ohne Rücksicht auf ihre völkische Zugehörigkeit rein nur nach dem Erfolg ihrer wissenschaftlichen Tätigkeit bewertet werden. Nach dieser Auffassung dürften allerdings jüdische Wissenschaftler auch im nationalsozialistischen Staat nicht angetastet werden und könnten unbehindert weiter maßgebenden Einfluß ausüben. Demgegenüber muß von nationalsozialistischer Seite mit allem Nachdruck betont werden, daß im nationalsozialistischen Staat auch für den Wissenschaftler die Verpflichtung gegenüber der Nation über allen anderen Verpflichtungen steht; auch der wissenschaftliche Forscher hat sich als Glied und Diener der Nation zu fühlen; er ist nicht um seiner selbst oder um der Wissenschaft willen da, sondern hat mit seiner Arbeit in erster Linie der Nation zu dienen. Darum können im nationalsozialistischen Staate an den führenden wissenschaftlichen Stellen nicht volksfremde, sondern nur nationalbewußte deutsche Männer stehen.
Aber auch abgesehen von dieser grundsätzlichen nationalsozialistischen Forderung beruht das Schlagwort von der Internationalität der Wissenschaft auf einer Unwahrheit, insoweit mit ihm behauptet wird, daß die Art und der Erfolg der wissenschaftlichen Tätigkeit unabhängig von der nationalen Zugehörigkeit sei. Niemand wird ernstlich behaupten wollen, daß die Kunst international sei. Ähnlich steht es mit der Wissenschaft. Soweit die wissenschaftliche Tätigkeit nicht bloß Nachahmung, sondern Schöpfung ist, wird sie wie jede schöpferische Tätigkeit in ihrer Art und ihrem Erfolg bedingt durch die geistige und charakterliche Veranlagung der sie ausübenden Menschen, und da die einzelnen Angehörigen eines Volkes eine gemeinsame Veranlagung haben, so bekommt die schöpferische Tätigkeit der Wissenschaftler eines Volkes ebenso wie diejenige seiner Künstler und Dichter das Gepräge einer völkischen Eigenart. Nein, die Wissenschaft ist nicht international, sondern ebenfalls national wie die Kunst. Dies sei an dem Beispiel des Germanen und des Juden in der Naturwissenschaft gezeigt ...

c) VÖLKISCH-POLITISCHE ANTHROPOLOGIE ALS KERNSTÜCK DER WISSENSCHAFTEN

[Von Ernst Krieck]

... Mit der Erkenntnis der rassischen und geschichtlichen Voraussetzungen schöpferischer Leistung in der Wissenschaft ist aber einer der Wege eröffnet zu einem neuen Welt- und Menschenbild, das unserem Werden und unserer Aufgabe gemäß ist, durch das alle einzelnen Wissenschaften miteinander wieder zur Einheit und Gemeinsamkeit des Sinnes, untereinander aber zu einer fruchtbaren Wechselwirkung kommen. Eine völkisch-politische Anthropologie im Mittelpunkt eines vom Leben her geschaffenen und gedeuteten Weltbildes gibt zugleich den Sammelpunkt ab für die zerstreuten Einzelwissenschaften, damit aus dem Chaos wissenschaftlicher Einzelerkenntnisse ein neuer Kosmos, ein neues System der Wissenschaften entsteht.

Am Kernstück dieses Kosmos der Wissenschaften, an der völkisch-politischen Anthropologie, haben sämtliche Einzelwissenschaften gebend und empfangend Anteil. Jede Wissenschaft erbaut an ihr diejenige Seite, die ihrer besonderen Problemstellung und Methodik zugekehrt ist. An dieser Stelle reicht jeder Mann der Fachwissenschaft jedem Genossen aus den anderen Fachwissenschaften die Hand. Dort erfahren und erleben sie alle, daß ihnen eine gemeinsame Aufgabe und damit eine gemeinsame Verantwortung vor der Zukunft ihres Volkes zufällt. Diese Anthropologie tritt an die Stelle der bisherigen verbrauchten Philosophie in den gemeinsamen Sinnmittelpunkt. Denn es ist die bildende und bedeutende Aufgabe aller Wissenschaft, mitzuarbeiten an einem neuen Welt- und Menschenbild, zu dem die rassisch-politische Weltanschauung den Weg weist, schon dadurch den Weg weist, daß sie zu einer grundlegend neuen und allumfassenden Anschauung vom Leben hindrängt ...

[53] *Kriegsdienst der Geschichtswissenschaft*

[Von Walter Frank]

... Die Vertretung des kulturellen Willens unserer Bewegung und unseres Reiches gehört gerade heute zu den dringendsten Erfordernissen. Denn der *politische* Wille der nationalsozialistischen Revolution hat sich allgemein durchgesetzt, und jeder Widerstand gegen ihn ist sinnlos.

Auf dem kulturellen Gebiet aber, darüber müssen wir uns rückhaltlos klar sein, wird noch um die Führung gekämpft. Der Gegner, der auf dem Gebiet der *Politik* vernichtend geschlagen ist, hat seine Streitkräfte nun auf das Feld der kulturellen Entscheidungen geworfen.

Würden die feindlichen Streitkräfte, die sich auf das Feld der Kultur geworfen haben, hier einen Leerraum vorfinden — entstanden dadurch, daß der Nationalsozialismus seine Energie ausschließlich auf die politischen Fragen konzentrieren müßte —, *sie würden sich wieder ausruhen und sammeln können*, um von die-

sem Raum aus eines Tages zum neuen Flankenstoß gegen die politische Macht des Reiches anzusetzen.
Darum braucht die Bewegung und das Reich auf diesem Felde genauso *Truppen* wie auf dem militärischen und politischen Felde. Sie braucht Offiziere, die ihr Handwerk souverän beherrschen und Führer der Menschen sind, wie die Offiziere der Wehrmacht oder die Offiziere unserer politischen Soldaten. Und sie braucht Soldaten, die mit derselben Treue und Gläubigkeit und auch mit derselben Beherrschung ihrer Waffe zur Fahne stehen.
Es ist dabei klar, daß diese Front nicht aufgerichtet werden kann durch *äußere* Maßnahmen, durch amtliche Organisation und behördliche Protektion, sondern daß sie lebendig wachsen muß – daß ihre Führer an das *Gewissen* appellieren müssen – und dann, das haben wir erlebt und werden es weiter erleben, aus dem Gewissen heraus Fahnenfolge finden werden.
... So soll das »Reichsinstitut für Geschichte des neuen Deutschland« wie ein Magnet hinfahren über die Bezirke der jungen Wissenschaft. Und wir glauben, daß sich genug echter Stahl finden wird, um in jahre- und jahrzehntelanger Arbeit eine Gemeinschaft zu bauen, die etwas wie ein Großer Generalstab der deutschen Wissenschaft sein soll ...

[54] *Nationalsozialistisches Recht*

a) LEITSÄTZE DES »REICHSRECHTSFÜHRERS« FRANK

[Vom 14. Januar 1936]

1. Der Richter ist nicht als Hoheitsträger des Staates über den Staatsbürger gesetzt, sondern er steht als Glied in der lebendigen Gemeinschaft des deutschen Volkes. Es ist nicht seine Aufgabe, einer über der Volksgemeinschaft stehenden Rechtsordnung zur Anwendung zu verhelfen oder allgemeine Wertvorstellungen durchzusetzen, vielmehr hat er die konkrete völkische Gemeinschaftsordnung zu wahren, Schädlinge auszumerzen, gemeinschaftswidriges Verhalten zu ahnden und Streit unter Gemeinschaftsgliedern zu schlichten.
2. Grundlage der Auslegung aller Rechtsquellen ist die nationalsozialistische Weltanschauung, wie sie insbesondere in dem Parteiprogramm und den Äußerungen unseres Führers ihren Ausdruck findet.
3. Gegenüber Führerentscheidungen, die in die Form eines Gesetzes oder einer Verordnung gekleidet sind, steht dem Richter kein Prüfungsrecht zu. Auch an sonstige Entscheidungen des

Führers ist der Richter gebunden, sofern in ihnen der Wille, Recht zu setzen, unzweideutig zum Ausdruck kommt.

4. Gesetzliche Bestimmungen, die vor der nationalsozialistischen Revolution erlassen worden sind, dürfen nicht angewendet werden, wenn ihre Anwendung dem heutigen gesunden Volksempfinden ins Gesicht schlagen würde. Für die Fälle, in denen der Richter mit dieser Begründung eine gesetzliche Bestimmung nicht anwendet, ist die Möglichkeit geschaffen, höchstrichterliche Entscheidung herbeizuführen.

5. Zur Erfüllung seiner Aufgaben in der Volksgemeinschaft muß der Richter unabhängig sein. Er ist nicht an Weisungen gebunden. Unabhängigkeit und Würde des Richters machen geeignete Sicherungen gegen Beeinflussungsversuche und ungerechtfertigte Angriffe erforderlich.

b) CARL SCHMITT ÜBER ARTEIGENES RECHTSDENKEN

... Aus den sachlichen Notwendigkeiten rechtswissenschaftlicher Arbeit heraus wird der Gedanke der Artgleichheit unser ganzes öffentliches Recht durchsetzen und beherrschen. Er gilt für das Berufsbeamtentum, wie für die an der Rechtsschöpfung und -gestaltung wesentlich beteiligte Anwaltschaft, wie für alle Fälle, in denen Volksgenossen in der Verwaltung, Rechtspflege und Rechtslehre tätig werden. Er wird vor allem auch bei der Zusammensetzung der verschiedenen neuen »Führerräte« eine fruchtbare Zusammenarbeit gewährleisten.

Wir wissen nicht nur gefühlsmäßig, sondern auf Grund strengster wissenschaftlicher Einsicht, daß alles Recht das Recht eines bestimmten Volkes ist. Es ist eine erkenntnistheoretische Wahrheit, daß nur derjenige imstande ist, Tatsachen richtig zu sehen, Aussagen richtig zu hören, Worte richtig zu verstehen und Eindrücke von Menschen und Dingen richtig zu bewerten, der in einer seinsmäßigen, artbestimmten Weise an der rechtschöpferischen Gemeinschaft teilhat und existentiell ihr zugehört. Bis in die tiefsten, unbewußtesten Regungen des Gemütes, aber auch bis in die kleinste Gehirnfaser hinein steht der Mensch in der Wirklichkeit dieser Volks- und Rassenzugehörigkeit. Objektiv ist nicht jeder, der es sein möchte und der mit subjektiv gutem Gewissen glaubt, er habe sich genug angestrengt, um objektiv zu sein. Ein Artfremder mag sich noch so kritisch gebärden und noch so scharfsinnig bemühen, mag Bücher lesen und Bücher schreiben, er denkt und versteht anders, weil er *anders geartet* ist, und bleibt in jedem entscheidenden Gedankengang in den existentiellen Bedingungen seiner eigenen Art. Das ist die objektive Wirklichkeit der »Objektivität«.

... Wir suchen eine Bindung, die zuverlässiger, lebendiger und tiefer ist als die trügerische Bindung an die verdrehbaren Buchstaben von tausend Gesetzesparagraphen. Wo anders könnte sie liegen als in uns selbst und unserer eigenen Art? Auch hier, angesichts des untrennbaren Zusammenhanges von Gesetzesbindung, Beamtentum und richterlicher Unabhängigkeit, münden alle Fragen und Antworten in dem Erfordernis einer Artgleichheit, ohne die ein totaler Führerstaat nicht einen Tag bestehen kann.

c) EIN BEISPIEL FÜR VÖLKISCHE RECHTSPRECHUNG

RG. – § 1 VO. zum Schutz von Volk und Staat. Das Verbot der Sekte »Siebenten-Tags-Adventisten, Reformbewegung« ist rechtsgültig.

1. Gegen die Rechtsgültigkeit der VO. des Politischen Polizeikommandeurs der Länder, Preußische Geheime Staatspolizei, v. 29. April 1936, durch die die Sekte »Siebenten-Tags-Adventisten, Reformbewegung« für das gesamte Reichsgebiet aufgelöst und verboten worden ist, bestehen keine durchgreifenden rechtlichen Bedenken. Die genannte Auflösungsverordnung ist auf Grund des § 1 VO. des RPräs. zum Schutz von Volk und Staat v. 28. Febr. 1933 (RGBl. I, 83) ergangen. Diese VO. ist auf Grund des Art. 48 Abs. 2 RVerf. »zur Abwehr kommunistischer staatsgefährdender Gewaltakte« erlassen worden und hat bestimmt, daß verschiedene Artikel der RVerf., u. a. auch die Art. 123, 124, bis auf weiteres außer Kraft gesetzt werden und daß daher gewisse Beschränkungen, u. a. auch solche des Vereins- und Versammlungsrechts, auch außerhalb der sonst hierfür bestimmten Grenzen zulässig sind. Es trifft zu, daß die auf ihre Gültigkeit nachzuprüfende AuflösungsVO. vom 29. April 1936 nicht ausdrücklich erklärt, daß durch die Bestrebungen der aufgelösten Sekte die Gefahr kommunistischer staatsgefährdender Gewaltakte hervorgerufen werde. Aus ihrer Begründung ergibt sich aber, daß diese Gefahr offenbar als vorliegend angenommen worden ist; denn es heißt in den Gründen der AuflösungsVO. u. a., die Anhänger der Sekte verweigerten den Wehrdienst und seien international eingestellt. Hieraus sowie aus der weiteren Erklärung, das Verhalten der Sekte sei geeignet, Verwirrung unter der Bevölkerung zu erregen, und endlich aus der Bezugnahme auf § 1 VO. v. 28. Febr. 1933, die »zur Abwehr kommunistischer staatsgefährdender Gewaltakte« erlassen worden ist, muß aber

entnommen werden, daß der Politische Polizeikommandeur der Länder, also die damals zuständige polizeiliche Behörde in politischen Angelegenheiten, die Gefahr kommunistischer staatsgefährdender Gewaltakte auf Grund der Einstellung der Mitglieder der Sekte als vorliegend angesehen und »zur Wiederherstellung der öffentlichen Sicherheit und Ordnung« die Sekte aufgelöst und verboten hat. Diese Anordnung war zulässig und geboten, auch bevor die Verwirklichung der befürchteten Gefahr in allergrößte Nähe gerückt war; denn es ist Aufgabe der Polizei, solchen Gefahren rechtzeitig vorzubeugen und nicht so lange zu warten, bis sie sich verwirklicht haben. Auch solche vorbeugende Anordnung dient der Wiederherstellung der öffentlichen Sicherheit und Ordnung, wenn das Verhalten der Vereinigung, gegen die die Polizei vorgeht, geeignet ist, Verwirrung unter der Bevölkerung zu erregen und damit die Gefahr ihrer Verwirklichung näherzubringen (vgl. RGUrt. v. 23. Jan. 1934, 4 D 244/33 = JW. 1934, 767[18]; RGSt. 69, 341 = JW. 1935, 3377[7]; RGUrt. v. 3. März 1936, 4 D 58/36: JW. 1936, 2237[38] = DJ. 1936, 689). Dies hat der Politische Polizeikommandeur der Länder aber offensichtlich angenommen und in der Auflösungsverordnung auch in hinreichend deutlicher Weise zum Ausdruck gebracht.

Ob die öffentliche Sicherheit und Ordnung durch das Verhalten der Mitglieder der Sekte tatsächlich erheblich gestört oder gefährdet und die Auflösung der Sekte deshalb nötig war, unterliegt lediglich der pflichtgemäßen Prüfung der Polizeibehörde und darf von den ordentlichen Gerichten nicht nachgeprüft werden (vgl. RGUrt. v. 23. Jan. 1934, 4 D 244/33: JW. 1934, 767[18]; RGSt. 69, 341 = JW. 1935, 3377[7]; RGUrt. v. 3. März 1936, 4 D 58/36: JW. 1936, 2237[38] = DJ. 1936, 689). Der Senat sieht auf Grund der Ausführungen der RevBegr. keinen Anlaß, von dieser ständigen Rspr. des RG. abzuweichen.

Auch der Art. 137 RVerf. steht der Gültigkeit der AuflösungsVO. v. 29. April 1936 nicht entgegen. Selbst wenn die Sekte »Sieben-ten-Tags-Adventisten, Reformbewegung« eine Religionsgesellschaft i. S. des § 137 RVerf. und kein religiöser Verein i. S. des Art. 124 RVerf. gewesen ist, war ihre Auflösung doch zulässig, wenn ihre Bestrebungen mit der Ordnung des Staatswesens unvereinbar sind (vgl. RGSt. 69, 341; RGUrt. v. 4. Okt. 1935, 4 D 805/35: JW. 1935, 3379[8]; RGUrt. v. 3. März 1936, 4 D 58/36: JW. 1936, 2237[38]). Daß dieser Fall hier vorliegt, ergibt sich aber aus der Begründung der Auflösungsverordnung, wonach die Mitglieder der Sekte den Wehrdienst verweigern und international eingestellt sind. Die Vertretung solcher Ansichten ist mit der Ordnung des nationalsozialistischen Staates gänzlich unvereinbar ...

3. Die Annahme des LG., den der Solinger Gemeinde angehörenden Mitgliedern der verbotenen Sekte könne ein Verstoß gegen das Verbot nicht mit Sicherheit nachgewiesen werden, weil die Abhaltung von Andachten im Familienkreise, zu dem auch der Angekl. J. gezählt habe, der bei den Eheleuten B. regelmäßig seine Mahlzeiten eingenommen habe, für sich allein noch nicht gegen das Verbot der Sekte verstoße, kann die Freisprechung dieser Angekl. nicht rechtfertigen. Es ist allerdings selbstverständlich, daß die Abhaltung bloßer Andachten im Familienkreise trotz des Verbots der Sekte den Personen, die der Sekte angehört haben, nicht verboten war. Verboten und strafbar sind aber solche Andachten auch dann, wenn die Mitglieder einer Familie durch Abhaltung der Andachten im Familienkreise über den Zweck der bloßen Andacht hinaus zugleich den zwischen den bisherigen Mitgliedern der Sekte bestandenen Zusammenhalt im Rahmen ihrer Familie als einer Keimzelle für die künftige Wiedereröffnung der Sekte dem Verbot zuwider aufrechterhalten wollten. Im vorl. Falle kommt hinzu, daß es sich zum Teil nicht einmal mehr um Andachten im bloßen Familienkreise handelte, wenn zu ihnen außer den Familienangehörigen auch fremde Personen zugelassen wurden, wie im vorl. Falle der nicht zur Familie gehörige Angekl. J. Dieser wurde dadurch, daß er regelmäßig seine Mahlzeiten bei den Eheleuten B. einnahm, noch nicht zum Angehörigen der Familie B. Das LG. wird daher prüfen müssen, ob die bei der Familie B. abgehaltenen Andachten auch dazu bestimmt waren, den Zusammenhalt zwischen den früheren Mitgliedern der aufgelösten Sekte dem Verbote zuwider aufrechtzuerhalten, den Betrieb der aufgelösten und verbotenen Sekte also fortzusetzen.

[55] *Carl Schmitt: »Der Führer schützt das Recht«*

[Zum 30. Juni 1934]

. . . Der Führer schützt das Recht vor dem schlimmsten Mißbrauch, wenn er im Augenblick der Gefahr kraft seines Führertums als oberster Gerichtsherr unmittelbar Recht schafft . . . Der wahre Führer ist immer auch Richter. Aus dem Führertum fließt das Richtertum. Wer beides voneinander trennen oder gar entgegensetzen will, macht den Richter entweder zum Gegenführer oder zum Werkzeug eines Gegenführers und sucht den Staat mit Hilfe der Justiz aus den Angeln zu heben . . .

In Wahrheit war die Tat des Führers echte Gerichtsbarkeit. Sie untersteht nicht der Justiz, sondern war selbst höchste Justiz . . .

Das Richtertum des Führers entspringt derselben Rechtsquelle, der alles Recht jedes Volkes entspringt. In der höchsten Not bewährt sich das höchste Recht und erscheint der höchste Grad richterlich rächender Verwirklichung des Rechts. Alles Recht stammt aus dem Lebensrecht des Volkes ...

[56] *Die Errichtung des Volksgerichtshofes*

Gesetz zur Änderung von Vorschriften des Strafrechts und des Strafverfahrens, vom 24. April 1934

Die Reichsregierung hat das folgende Gesetz beschlossen, das hiermit verkündet wird:

... Artikel III. Volksgerichtshof.

§ 1. Zur Aburteilung von Hochverrats- und Landesverratssachen wird der Volksgerichtshof gebildet.
Der Volksgerichtshof entscheidet in der Hauptverhandlung in der Besetzung von fünf Mitgliedern, außerhalb der Hauptverhandlung in der Besetzung von drei Mitgliedern, einschließlich des Vorsitzenden. Der Vorsitzende und ein weiteres Mitglied müssen die Befähigung zum Richteramt haben. Es können mehrere Senate gebildet werden.
Anklagebehörde ist der Oberreichsanwalt.
§ 2. Die Mitglieder des Volksgerichtshofs und ihre Stellvertreter ernennt der Reichskanzler auf Vorschlag des Reichsministers der Justiz für die Dauer von fünf Jahren.
§ 3. Der Volksgerichtshof ist zuständig für die Untersuchung und Entscheidung in erster und letzter Instanz in den Fällen des Hochverrats nach §§ 80 bis 84, des Landesverrats nach §§ 89 bis 92, des Angriffs gegen den Reichspräsidenten nach § 94 Abs. 1 des Strafgesetzbuchs und der Verbrechen nach § 5 Abs. 2 Nr. 1 der Verordnung des Reichspräsidenten zum Schutze von Volk und Staat vom 28. Februar 1933 (Reichsgesetzbl. I S. 83). In diesen Sachen trifft der Volksgerichtshof auch die im § 73 Abs. 1 des Gerichtsverfassungsgesetzes bezeichneten Entscheidungen.
Der Volksgerichtshof ist auch dann zuständig, wenn ein zu seiner Zuständigkeit gehörendes Verbrechen oder Vergehen zugleich den Tatbestand einer anderen strafbaren Handlung erfüllt.
Steht mit einem Verbrechen oder Vergehen, das zur Zuständigkeit des Volksgerichtshofs gehört, eine andere strafbare Handlung in tatsächlichem Zusammenhang, so kann das Verfahren wegen der anderen strafbaren Handlung gegen Täter und Teil-

nehmer im Wege der Verbindung bei dem Volksgerichtshof anhängig gemacht werden.

§ 4. Der Oberreichsanwalt kann in Strafsachen wegen der in den §§ 82 und 83 des Strafgesetzbuchs bezeichneten Verbrechen der Vorbereitung zum Hochverrat und wegen der in den §§ 90b bis 90e des Strafgesetzbuchs bezeichneten landesverräterischen Vergehen die Strafverfolgung an die Staatsanwaltschaft bei dem Oberlandesgericht abgeben. Der Oberreichsanwalt kann die Abgabe bis zur Eröffnung der Untersuchung zurücknehmen.

Der Volksgerichtshof kann in den im Abs. 1 bezeichneten Sachen die Verhandlung und Entscheidung dem Oberlandesgericht überweisen, wenn der Oberreichsanwalt es bei der Einreichung der Anklageschrift beantragt.

§ 120 des Gerichtsverfassungsgesetzes findet entsprechende Anwendung.

§ 5. Auf das Verfahren finden, soweit nicht etwas anderes bestimmt ist, die Vorschriften des Gerichtsverfassungsgesetzes und der Strafprozeßordnung über das Verfahren vor dem Reichsgericht in erster Instanz Anwendung.

Gegen die Entscheidungen des Volksgerichtshofs ist kein Rechtsmittel zulässig ...

[57] *Der Werdegang des SS-Mannes*

[Aus Gunter d'Alquen: »Die SS«]

... Nach Feststehen der SS-Geeignetheit und SS-Tauglichkeit wird der Hitlerjunge mit dem 18. Lebensjahr SS-Bewerber. Zum Reichsparteitag des gleichen Jahres wird er dann als SS-Anwärter unter Aushändigung des SS-Ausweises in die Schutzstaffel übernommen und nach kurzer Bewährungszeit am 9. November auf den Führer vereidigt. Als SS-Anwärter macht er in seinem ersten Dienstjahr in der Schutzstaffel sein Wehrsportabzeichen und das bronzene Reichssportabzeichen. Sodann kommt er entweder mit 19 oder 19½ Jahren – je nachdem wie seine Altersklasse eingezogen wird – zum Arbeitsdienst und anschließend zur Wehrmacht. Nach weiteren zwei Jahren kehrt er aus der Wehrmacht zurück, sofern er nicht in dieser als Unteroffizieranwärter oder Kapitulant bleiben will. Der zur SS Zurückgekehrte ist dort zunächst noch SS-Anwärter. Er wird in der Folgezeit bis zu seiner bevorstehenden endgültigen Aufnahme noch einmal weltanschaulich besonders geschult, indem er eingehend über die Grundgesetze der SS, insonderheit über den Heiratsbefehl und die Ehrengesetze der SS belehrt und unterrichtet wird. Der SS-Anwärter wird dann am nächsten 9. November, der auf seine Rückkehr von der Wehrmacht folgt, bei Erfüllung der sonstigen Voraussetzungen als SS-Mann anerkannt und damit endgültig in die Schutzstaffel aufgenommen. Gleichzeitig erhält er an diesem 9. November das Recht zum Tragen des SS-Dolches und gelobt bei dieser Gelegenheit, daß er und seine Sippe sich allezeit an die Grundgesetze der SS halten. Er bekommt von diesem Tage an das Recht und die Pflicht, wie es in der Schutzstaffel Gesetz ist, nach den Ehrengeboten des Schwarzen Korps seine Ehre zu verteidigen. Als SS-Mann bleibt er dann in der aktiven Allgemeinen SS bis zum 35. Lebensjahre. Auf Antrag wird er danach in der SS-Reserve und bei Überschreiten des 45. Lebensjahres in der SS-Stammabteilung geführt ...

[58] *Die SS als kommende nationalsozialistische Aristokratie*

[Aus Eugen Kogon: »Der SS-Staat«]

... Was wir Ausbildner des Führernachwuchses wollen, ist ein modernes Staatswesen nach dem Muster der hellenischen Stadtstaaten. Diesen aristokratisch gelenkten Demokratien mit ihrer breiten ökonomischen Helotenbasis sind die großen Kulturleistungen der Antike zu danken. 5–10 vom Hundert der Bevölkerung, ihre beste Auslese, sollen herrschen, der Rest hat zu arbeiten und zu gehorchen. Nur so sind jene Höchstwerte erzielbar, die wir von uns selbst und dem deutschen Volke verlangen müssen ...
Die Auslese der neuen Führerschicht vollzieht die SS, – positiv durch die Nationalpolitischen Erziehungsanstalten (Napola) als Vorstufe, durch die Ordensburgen als die wahren Hochschulen der kommenden nationalsozialistischen Aristokratie sowie durch ein anschließendes staatspolitisches Praktikum; negativ durch die Ausmerzung aller rassenbiologisch minderwertigen Elemente und die radikale Beseitigung jeder unverbesserlichen politischen Gegnerschaft, die sich grundsätzlich weigert, die weltanschauliche Basis des nationalsozialistischen Staates und seine wesentlichen Einrichtungen anzuerkennen ...
Innerhalb von spätestens zehn Jahren wird es uns auf diese Weise möglich sein, Europa das Gesetz Adolf Hitlers zu diktieren, um den sonst unvermeidlichen Verfall des Kontinents zum Stillstand zu bringen und die wahre Völkergemeinschaft, mit Deutschland als führender Ordnungsmacht an der Spitze, aufzubauen ...

[59] *Erlaß Hitlers über die Führung der Wehrmacht, vom 4. Februar 1938*

Die Befehlsgewalt über die gesamte Wehrmacht übe ich von jetzt an unmittelbar persönlich aus.
Das bisherige Wehrmachtamt im Reichskriegsministerium tritt mit seinen Aufgaben als »Oberkommando der Wehrmacht« und als mein militärischer Stab unmittelbar unter meinen Befehl.
An der Spitze des Stabes des Oberkommandos der Wehrmacht steht der bisherige Chef des Wehrmachtsamts als »Chef des Oberkommandos der Wehrmacht«. Er ist im Range den Reichsministern gleichgestellt.
Das Oberkommando der Wehrmacht nimmt zugleich die Geschäfte des Reichskriegsministeriums wahr, der Chef des Oberkommandos der Wehrmacht übt in meinem Auftrage die bisher dem Reichskriegsminister zustehenden Befugnisse aus.
Dem Oberkommando der Wehrmacht obliegt im Frieden nach meinen Weisungen die einheitliche Vorbereitung der Reichsverteidigung auf allen Gebieten . . .

[60] *Wesen und Aufgaben der bewaffneten SS*

a) DIE WAFFEN-SS ALS TEIL DER SS

. . . Die Waffen-SS ist in die Standarten der SS-Verfügungstruppe und die SS-Totenkopfstandarten mit den entsprechenden Sondereinheiten gegliedert, die im Frieden den Höheren SS- und Polizeiführern ihres Bereichs unmittelbar unterstehen; im Kriege werden sie nach besonderen Bestimmungen teilweise in die Wehrmacht eingegliedert.
Der Aufbau der Einheiten der Waffen-SS entspricht dem der entsprechenden Einheiten der Wehrmacht.
Die Waffen-SS besteht aus nach den Grundsätzen der SS ausgewählten Männern, die sich in der SS-Verfügungstruppe zu einer Dienstzeit von 4 Jahren, in den SS-Totenkopfstandarten zu einer solchen von 12 Jahren verpflichten. Die Führer und Unterführer sind hinsichtlich ihrer Besoldung, Versorgung usw. den entsprechenden Angehörigen der Wehrmacht gleichgestellt.
Der Dienst in der SS-Verfügungstruppe wird als Erfüllung der gesetzlichen Wehrpflicht anerkannt . . .

b) ZU HITLERS AUSSCHLIESSLICHER VERFÜGUNG

Geheime Kommandosache | 3 Ausfertigungen
1. Ausfertigung

Der Führer und Reichskanzler | *Berlin, den 17. August 1938*

Durch Ernennung des Reichsführers-SS und Chef der Deutschen Polizei im Reichsministerium des Innern am 17. 6. 1936 (Reichsgesetzbl. I S. 487) habe ich die Grundlage zur Vereinheitlichung und Neugliederung der Deutschen Polizei geschaffen.
Damit sind auch die dem Reichsführer-SS und Chef der Deutschen Polizei bereits vorher unterstehenden Schutzstaffeln der NSDAP in eine enge Verbindung zu den Aufgaben der Deutschen Polizei getreten.
Zur Regelung dieser Aufgaben sowie zur Abgrenzung der gemeinsamen Aufgaben der SS und der Wehrmacht ordne ich zusammenfassend und grundlegend an: ...
1. Die SS in ihrer Gesamtheit, als eine politische Organisation der NSDAP, bedarf für die ihr obliegenden politischen Aufgaben keiner militärischen Gliederung und Ausbildung. Sie ist unbewaffnet.
2. Für besondere innerpolitische Aufgaben des Reichsführers-SS und Chef der Deutschen Polizei, die ihm zu stellen ich mir von Fall zu Fall vorbehalte, oder für die mobile Verwendung im Rahmen des Kriegsheeres (SS-Verfügungstruppe) sind von den Anordnungen der Ziffer 1. folgende bereits bestehende bzw. für den Mob.Fall aufzustellende SS-Einheiten ausgenommen:
Die SS-Verfügungstruppe,
die SS-Junkerschulen,
die SS-Totenkopfverbände,
die Verstärkung der SS-Totenkopfverbände (Polizeiverstärkung).
Sie unterstehen im Frieden dem Reichsführer-SS und Chef der Deutschen Polizei, der ... *allein* die Verantwortung für ihre Organisation, Ausbildung, Bewaffnung und volle Einsatzfähigkeit hinsichtlich der ihm von mir zu stellenden innerpolitischen Aufgaben trägt ...
Die SS-Verfügungstruppe ist weder ein Teil der Wehrmacht noch der Polizei. Sie ist eine stehende bewaffnete Truppe, zu meiner ausschließlichen Verfügung ...
Die gesetzliche aktive Dienstpflicht (§ 8 des Wehrgesetzes) gilt durch den Dienst von gleicher Dauer in der SS-Verfügungstruppe als erfüllt.
Die SS-Verfügungstruppe erhält ihre Geldmittel durch das Reichsinnenministerium. Ihr Haushaltplan bedarf der Mitprüfung durch das Oberkommando der Wehrmacht ...

Die Verwendung der SS-Verfügungstruppe im Mob.Fall ist eine doppelte:

1. Durch den Oberbefehlshaber des Heeres im Rahmen des Kriegsheeres. Sie untersteht dann ausschließlich den militärischen Gesetzen und Bestimmungen, bleibt aber politisch eine Gliederung der NSDAP.
2. Im Bedarfsfalle im Innern nach meinen Weisungen. Sie untersteht dann dem Reichsführer-SS und Chef der Deutschen Polizei ...

Die SS-Totenkopfverbände sind weder ein Teil der Wehrmacht noch der Polizei. Sie sind eine stehende bewaffnete Truppe der SS zur Lösung von Sonderaufgaben polizeilicher Natur, die zu stellen ich mir von Fall zu Fall vorbehalte.

Als solche und als Gliederung der NSDAP sind sie weltanschaulich und politisch nach den von mir für die NSDAP und die Schutzstaffeln gegebenen Richtlinien auszuwählen, zu erziehen und durch Einstellung von *SS-tauglichen* Freiwilligen, die ihrer Wehrpflicht grundsätzlich in der Wehrmacht genügt haben, zu ergänzen. Besondere Ausnahmefälle unterliegen der Zustimmung der Wehrmacht. Sie unterstehen dem Reichsführer-SS und Chef der Deutschen Polizei, der mir für ihre Organisation, Ausbildung, Bewaffnung und volle Einsatzfähigkeit verantwortlich ist ...

c) DIE STAATSPOLIZEI DES ZUKÜNFTIGEN GROSSDEUTSCHEN REICHES

Geheim!

Betr.: Waffen-SS

Der Führer äußerte am 6. 8. 1940 gelegentlich des Befehls zur Gliederung der Leibstandarte Adolf Hitler die in folgendem zusammengefaßten Grundsätze zur Notwendigkeit der Waffen-SS.

Das Großdeutsche Reich in seiner endgültigen Gestalt wird mit seinen Grenzen nicht ausschließlich Volkskörper umspannen, die von vornherein dem Reich wohlwollend gegenüberstehen.

Über den Kern des Reiches hinaus ist es daher notwendig, eine Staatstruppen-Polizei zu unterhalten, die in jeder Situation befähigt ist, die Autorität des Reiches im Innern zu vertreten und durchzusetzen.

Diese Aufgabe kann nur eine Staatspolizei erfüllen, die in ihren Reihen Männer besten deutschen Blutes hat und sich ohne jeden Vorbehalt mit der das Großdeutsche Reich tragenden Weltanschauung identifiziert. Ein so zusammengesetzter Verband allein wird auch in kritischen Zeiten zersetzenden Einflüssen widerstehen. Ein solcher Verband wird im Stolz auf seine Sauber-

keit niemals mit dem Proletariat und der die tragende Idee unterhöhlenden Unterwelt fraternisieren.
In unserem zukünftigen Großdeutschen Reich wird aber auch eine Polizeitruppe nur dann den anderen Volksgenossen gegenüber die notwendige Autorität besitzen, wenn sie soldatisch ausgerichtet ist.
Unser Volk ist durch die ruhmvollen Ereignisse kriegerischer Art und die Erziehung durch die nationalsozialistische Partei derart soldatisch eingestellt, daß eine »strumpfstrickende Polizei« (1848) oder eine »verbeamtete Polizei« (1918) sich nicht mehr durchsetzen kann. Daher ist es notwendig, daß sich diese »Staatspolizei« in geschlossenen Verbänden an der Front ebenso bewährt und ebenso Blutopfer bringt wie jeder Verband der Wehrmacht.
In den Reihen des Heeres nach Bewährung im Felde in die Heimat zurückgekehrt, werden die Verbände der Waffen-SS die Autorität besitzen, ihre Aufgaben als »Staatspolizei« durchzuführen.
Diese Verwendung der Waffen-SS im Innern liegt ebenso im Interesse der Wehrmacht selbst. Es darf niemals mehr in der Zukunft geduldet werden, daß die deutsche Wehrmacht der allgemeinen Dienstpflicht bei kritischen Lagen im Innern gegen eigene Volksgenossen mit der Waffe angesetzt wird. Ein solcher Schritt ist der Anfang vom Ende. Ein Staat, der zu diesen Mitteln greifen muß, ist nicht mehr in der Lage, seine Wehrmacht gegen den äußeren Feind anzusetzen, und gibt sich damit selbst auf. Unsere Geschichte hat dafür traurige Beispiele. Die Wehrmacht ist für alle Zukunft einzig und allein zum Einsatz gegen die äußeren Feinde des Reiches bestimmt.
Um sicherzustellen, daß die Qualität der Menschen in den Verbänden der Waffen-SS stets hochwertig bleibt, muß die Aufstellung der Verbände begrenzt bleiben.
Der Führer sieht diese Begrenzung darin, daß die Verbände der Waffen-SS im allgemeinen die Stärke von 5–10 % der Friedensstärke des Heeres nicht überschreiten ...

[61] *Die SS als Orden guten Blutes*

[Aus einer Rede Himmlers]

... Das Gesamtziel ist für mich seit den 11 Jahren, seit ich Reichsführer-SS bin, immer unverrückbar dasselbe gewesen: einen Orden guten Blutes zu schaffen, der Deutschland dienen kann. Der unverrückbar und ohne sich zu schonen sich einsetzen kann, weil sonst die größten Verluste an der Vitalität dieses Ordens, an der Vitalität dieser Menschen, scheitern werden, weil sie immer wieder ersetzt werden. Einen Orden zu schaffen, der diesen Gedanken des nordischen Blutes so verbreitet, daß wir alles nordische Blut in der Welt an uns heranziehen, unseren Gegnern das Blut wegnehmen, es uns einfügen, damit niemals mehr, jetzt in der ganzen großen Politik gesehen, in großen Mengen und in nennenswertem Umfange nordisches Blut, germanisches Blut, gegen uns kämpft. Wir müssen es an uns nehmen und – die anderen dürfen keines haben ...

[62] *Aus einer Rede des Reichsführers-SS*

a) HEINRICH HIMMLER ÜBER SS-MORAL

... Ein Grundsatz muß für den SS-Mann absolut gelten: ehrlich, anständig, treu und kameradschaftlich haben wir zu Angehörigen unseres eigenen Blutes zu sein und zu sonst niemandem. Wie es den Russen geht, wie es den Tschechen geht, ist mir total gleichgültig. Das, was in den Völkern an gutem Blut unserer Art vorhanden ist, werden wir uns holen, indem wir ihnen, wenn notwendig, die Kinder rauben und sie bei uns großziehen. Ob die anderen Völker in Wohlstand leben oder ob sie verrecken vor Hunger, das interessiert mich nur soweit, als wir sie als Sklaven für unsere Kultur brauchen, anders interessiert mich das nicht. Ob bei dem Bau eines Panzergrabens 10 000 russische Weiber an Entkräftung umfallen oder nicht, interessiert mich nur insoweit, als der Panzergraben für Deutschland fertig wird. Wir werden niemals roh und herzlos sein, wo es nicht sein muß; das ist klar. Wir Deutschen, die wir als einzige auf der Welt eine anständige Einstellung zum Tier haben, werden ja auch zu diesen Menschentieren eine anständige Einstellung einnehmen, aber es ist ein Verbrechen gegen unser eigenes Blut, uns um sie Sorge zu machen und ihnen Ideale zu bringen, damit unsere Söhne und Enkel es noch schwerer haben mit ihnen. Wenn mir einer kommt und sagt: ›Ich kann mit den Kindern oder den Frauen den Panzergraben nicht bauen. Das ist unmenschlich, denn dann sterben die daran‹, – dann muß ich sagen: ›Du bist ein Mörder an deinem eigenen Blut, denn wenn der Panzergraben nicht gebaut wird, dann sterben deutsche Soldaten, und das sind Söhne deutscher Mütter. Das ist unser Blut.‹ Das ist das, was ich dieser SS einimpfen möchte und – wie ich glaube – eingeimpft habe, als eines der heiligsten Gesetze der Zukunft: Unsere Sorge, unsere Pflicht, ist unser Volk und unser Blut; dafür haben wir zu sorgen und zu denken, zu arbeiten und zu kämpfen, und für nichts anderes. Alles andere kann uns gleichgültig sein ...

b) DIE AUSROTTUNG DES JÜDISCHEN VOLKES — EIN RUHMESBLATT UNSERER GESCHICHTE

... Ich meine jetzt die Judenevakuierung, die Ausrottung des jüdischen Volkes. Es gehört zu den Dingen, die man leicht ausspricht. — ›Das jüdische Volk wird ausgerottet‹, sagt ein jeder Parteigenosse, ›ganz klar, steht in unserem Programm, Ausschaltung der Juden, Ausrottung, machen wir.‹ Und dann kommen sie alle an, die braven 80 Millionen Deutschen, und jeder hat seinen anständigen Juden. Es ist ja klar, die anderen sind Schweine, aber dieser eine ist ein prima Jude. Von allen, die so reden, hat keiner zugesehen, keiner hat es durchgestanden. Von euch werden die meisten wissen, was es heißt, wenn 100 Leichen beisammen liegen, wenn 500 da liegen oder wenn 1000 da liegen. Dies durchgehalten zu haben und dabei — abgesehen von Ausnahmen menschlicher Schwächen — anständig geblieben zu sein, das hat uns hart gemacht. Dies ist ein niemals geschriebenes und niemals zu schreibendes Ruhmesblatt unserer Geschichte ...

[63] *Aus dem Arbeitsgebiet der SS*

a) MENSCHENVERSUCHE MIT ANIMALISCHER WÄRME

REICHSFÜHRER SS
Nr. 1397/42

Feldkommandostelle, 24. Oktober 1942

Geheime Reichssache
3 Ausfertigungen
2. Ausfertigung

Dr. Sigmund Rascher
München
Trogerstr. 56

Lieber Rascher!

Ich bestätige den Empfang Ihrer Briefe vom 9. 10. und Ihrer beiden Schreiben vom 16. 10. 1942.
Ihren Bericht über Abkühlungsversuche am Menschen habe ich mit großem Interesse gelesen. SS-Obersturmbannführer Sievers soll Ihnen die Möglichkeit, bei Instituten, die uns nahestehen, die Auswertung zu ermöglichen, verschaffen.
Leute, die heute noch diese Menschenversuche ablehnen, lieber dafür aber tapfere deutsche Soldaten an den Folgen dieser Unterkühlung sterben lassen, sehe ich auch als Hoch- und Landesverräter an, und ich werde mich nicht scheuen, die Namen dieser Herren an den in Frage kommenden Stellen zu nennen. Ich ermächtige Sie, von dieser meiner Ansicht die betreffenden Stellen zu verständigen.

Zu einem mündlichen Vortrag werde ich Sie im November bitten, da ich vorher leider, trotz des großen Interesses, nicht dazu komme.

SS-Obergruppenführer Wolff wird mit Generalfeldmarschall Milch noch einmal Fühlung aufnehmen. Sie sind ermächtigt, von den Nichtärzten nur Generalfeldmarschall Milch und selbstverständlich dem Reichsmarschall, falls dieser dazu Zeit hat, Bericht zu erstatten.

Für die Erwärmung für in Seenot Befindliche, die in Booten oder auf kleinen Schiffen aufgenommen werden, bei denen keine Möglichkeit besteht, die unterkühlten Menschen in ein heißes Bad zu tun, halte ich Decken, in denen in das Futter Wärmepakete oder etwas Ähnliches eingenäht ist, für am besten. Ich nehme an, daß Sie die Wärmepakete, die wir auch in der SS haben und die die Russen sehr viel verwandten, kennen. Sie bestehen aus einer Masse, die nach einem Zusatz von Wasser 70 bis 80 Grad Wärme entwickelt und diese stundenlang anhält.

Sehr neugierig bin ich auf die Versuche mit animalischer Wärme. Persönlich nehme ich an, daß diese Versuche vielleicht den besten und nachhaltigsten Erfolg bringen werden. Es kann natürlich sein, daß ich mich täusche.

Halten Sie mich weiter über die Forschungen auf dem laufenden. Im November werden wir uns ja sehen.

Heil Hitler!
Ihr gez. H. Himmler

[An] SS-Obergruppenführer Wolff

durchschriftlich mit der Bitte um Kenntnisnahme übersandt. Den Bericht füge ich mit der Bitte um Kenntnisnahme und Rückgabe bei, da der Reichsführer-SS in München die Unterlagen wieder vorgelegt bekommen will.

I. A. gez. Brandt
SS-Obersturmbannführer

b) DIE WAFFEN-SS IN DEN KONZENTRATIONSLAGERN

Eidesstattliche Aussage des Harbaum, August, geboren am 23. 3. 1913 zu Gütersloh

1. Ich war Leiter der Hauptabteilung A/V 4 des WVHA, erst als Hauptsturmführer und dann als Sturmbannführer der Waffen-SS. Meine Abteilung befaßte sich mit Versetzungen, Beförderungen etc. der Waffen-SS-Mannschaften und Unterführer (Sturmscharführer) –, die in Konzentrationslagern Dienst taten.

2. Ich trat meinen Dienst an im März 1942 und verblieb auf dieser Stelle bis Mitte April 1945.
3. Im März 1942 waren ungefähr 15 000 Mann Waffen-SS in den Konzentrationslagern als Wachmannschaften und Lagerstab verwandt.
4. Im April 1945 versahen ungefähr 30 000 bis 35 000 Mann der Waffen-SS Dienst in den Konzentrationslagern. Diese Zahl schließt Personal ein, das von den Landesschützen und der Luftwaffe in die Waffen-SS seit 1944 versetzt worden ist.
5. Mit Rücksicht auf Versetzungen zur Front und anderweitige Versetzungen möchte ich annehmen, daß ungefähr 10 000 Mann Waffen-SS ersetzt worden sind und dementsprechend in der Zeit vom März 1942 bis April 1945 ungefähr 45 000 Mann Waffen-SS zur einen oder anderen Zeit in den Konzentrationslagern gedient haben.

A. Harbaum

In Sachsenhausen

Eidesstattliche Aussage des Kaindl, Anton,
geboren am 14. 7. 1902 in München

1. Ich war Kommandant des Konzentrationslagers Sachsenhausen vom 22. August 1942 bis Ende April/Anfang Mai 1945.
2. Zu Beginn meines Dienstantritts bestand die Wachmannschaft und der Kommandanturstab aus Waffen-SS, alles in allem 1980 Mann.
3. Die Zahl stieg auf 3000 Mann Wachpersonal und 210 Mann Kommandanturstab zu Beginn des Jahres 1945 und behielt diese Stärke bis zum Ende des Krieges.
4. Während meiner Dienstzeit sind ungefähr 1500 Mann versetzt und durch anderes Personal ersetzt worden, so daß seit meinem Dienstantritt bis zum Ende des Krieges ungefähr 4700 Mann Waffen-SS zur einen oder anderen Zeit in Sachsenhausen Dienst getan haben.
5. Es bestand keinerlei Unterschied hinsichtlich der Verwendung der Mannschaften. Die Wachmannschaft bildete den Stamm, aus dem der Stab ergänzt und ersetzt wurde, andererseits wurden aber auch Mannschaften vom Stab zur Wachmannschaft versetzt.

Anton Kaindl

c) DIE SONDERAUFGABEN DER WAFFEN-SS

... Mit der Anordnung A 7/40 hat die Partei-Kanzlei die Unterstützung der Schutzstaffel bei der Ergänzung der Waffen-SS aus den Reihen der Bewegung angeordnet. Wie der Partei-Kanzlei

berichtet ist, besteht über die Gründe einer Verstärkung der Waffen-SS vielfach Unklarheit.
Zur Unterrichtung teile ich deshalb mit, daß ein Teil der Waffen-SS in den besetzten Ostgebieten verbleiben muß bzw. neu dort eingesetzt werden soll, selbstverständlich im Austausch mit im Westen eingesetzten Formationen. Die aus Nationalsozialisten bestehenden Einheiten der Waffen-SS sind infolge ihrer intensiven nationalsozialistischen Schulung über Fragen der Rasse und des Volkstums für die besonderen, in den besetzten Ostgebieten zu lösenden Aufgaben geeigneter als andere bewaffnete Verbände. Darüber hinaus erfordern die der Waffen-SS gestellten militärischen Aufgaben im Westen eine fortlaufende Ergänzung der vorhandenen SS-Verbände . . .

IV

NATIONALSOZIALISMUS UND CHRISTENTUM

Die Erkenntnis, daß Nationalsozialismus und Christentum unvereinbar sind, dürfte heute wohl allgemein verbreitet sein. Damals, vor und nach 1933, konnte in Deutschland diese Einsicht nur haben, wer auf der einen Seite eine klare Vorstellung vom Wesen der nationalsozialistischen Weltanschauung hatte und auf der anderen Seite um den wahren christlichen Glauben wußte. Es ist kein Wunder, daß in der allgemeinen geistigen Verwirrung jener Zeit nur relativ wenige Menschen diese Dinge klar zu sehen vermochten. Hitler und seine Propaganda taten zudem alles, um die Verwirrung noch zu steigern, und die nach Millionen zählenden gläubigen Christen Deutschlands über die wahren Ziele und Absichten der herrschenden Partei zu täuschen.

In »Mein Kampf« hatte Hitler die konfessionelle Neutralität seiner Bewegung betont. Einerseits hatte er vor einer konfessionellen Spaltung des deutschen Volkes gewarnt, die nur dem internationalen Judentum zugute kommen würde, andererseits aber beide Religionsbekenntnisse als gleich wertvolle Stützen für den Bestand des deutschen Volkes bezeichnet. Konfessionell gebundene politische Parteien lehnte Hitler ab, womit er offensichtlich vor allem die große katholische Partei des Zentrums treffen wollte. Hitler verkündete schärfste Trennung von Staat und Kirche. Diese hätte sich nur mit dem Leben im Jenseits zu befassen und sich keinesfalls darum zu kümmern, was mit den Menschen im Diesseits vor sich ginge. Das sollte ausschließlich Angelegenheit des Staates sein. Schon vorher war im Parteiprogramm der NSDAP die Freiheit aller Religionsbekenntnisse verkündet worden, allerdings mit der bezeichnenden Einschränkung, »soweit sie nicht den Bestand des Staates gefährden oder gegen das Sittlichkeits- oder Moralgefühl der germanischen Rasse verstoßen«. Rasse stand also schon hier gegen Religion. »Die Partei als solche vertritt den Standpunkt des positiven Christentums ...«, hieß es dann weiter. Positives Christentum – das war ein verfängliches Schlagwort, welches jede denkbare Interpretation erlaubte [64].

Nach der Machtergreifung gab sich Hitler, wiederum aus leicht erkennbaren taktischen Gründen, besonders christlich: »Die nationalsozialistische Regierung sieht in den beiden christlichen Konfessionen die wichtigsten Faktoren der Erhaltung unseres Volkstums«, sie sind »die unerschütterlichen Fundamente des sittlichen und moralischen Lebens unseres Volkes« – so und ähnlich ließ sich der neue Kanzler vernehmen. Seine überlieferten privaten Äußerungen aus jener Zeit tönen indessen wesentlich anders als die offiziellen Verlautbarungen. Rauschning gegenüber sprach der deutsche Diktator davon, daß die Konfessionen keine Zukunft mehr hätten. Er werde das Christentum in Deutschland mit Stumpf und Stiel, mit allen seinen Fasern und Wurzeln ausrotten; denn für das deutsche Volk sei es entscheidend, »ob es den jüdischen Christenglauben und seine weiche Mitleidsmoral habe oder einen starken heldenhaften Glauben an Gott in der Natur, an Gott im eigenen Volke, an Gott im eigenen Schicksal, im eigenen Blute...«. Und er fuhr fort: »Eine deutsche Kirche, ein deutsches Christentum ist Krampf. Man ist entweder Christ oder Deutscher. Beides kann man nicht sein.« (Vgl. Rauschning, Gespräche mit Hitler.)

Mit nicht zu überbietender Schärfe hat Hitler selbst die Unvereinbarkeit seines politischen Glaubensbekenntnisses mit dem Christentum postuliert, wenn auch wohlweislich nur in vertrautem Kreise. Man kann Hitler die Konsequenz nicht absprechen; denn wer seine Ideologie als politischen *Glauben*, als *Glaubens*bekenntnis mit dogmatischer Ausschließlichkeit verkündet, der kann eben kein anderes Bekenntnis daneben dulden. Es ging also im letzten Grunde im Verhältnis von Nationalsozialismus und Christentum nicht um ein Sowohl-als auch, sondern um ein Entweder-oder. Der Nationalsozialismus wollte die Religion ersetzen, sie überflüssig machen. An Stelle des religiösen Glaubens sollte ein politischer Glaube treten. Der Nationalsozialismus wurde zur Ersatzreligion oder vielleicht besser: zum Religionsersatz.

Auch die nach der Machtergreifung ins Kraut schießenden völkisch-religiösen Bestrebungen, die Christentum und Nationalsozialismus, Hitler und Christus in einem deutschen, arteigenen, völkischen Christentum vereinen wollten, lehnte der Diktator also ab. Eine »SA Christi« schien ihm – allerdings mit Recht – widersinnig. Er hielt Altes und Neues Testament für denselben jüdischen Schwindel, wie er ebenfalls Rauschning gegenüber bekannte.

Zwei Ziele faßt Hitler unter dem Schlagwort der »Entkonfessionalisierung des öffentlichen Lebens« [65] zunächst ins Auge: die Ausschaltung des politischen Katholizismus durch eine Übereinkunft mit dem Vatikan und die Errichtung einer deutschen evangelischen Reichskirche, also die Zusammenfassung der über zwei Dutzend evangelischen Landeskirchen in einer straffen zentralistischen Organisation.

Das erste Ziel erreichte Hitler überraschend schnell durch Abschluß eines Konkordates am 20. 7. 1933. Der katholischen Kirche ging es dabei um die vertragliche Sicherung ihrer Rechte im neuen Staat. Hitler aber verband mit diesem Vertragsabschluß rein politische Zwecke, wie aus einem Protokoll einer Sitzung der Reichsregierung deutlich hervorgeht. Drei Vorteile brachte das Konkordat nach Hitlers Auffassung dem nationalsozialistischen Regime: 1. die Widerlegung der Behauptung, der Nationalsozialismus sei unchristlich und kirchenfeindlich; 2. die rückhaltlose Anerkennung des neuen Regimes durch den Vatikan und 3. die Vernichtung des christlichen Gewerkschaftswesens und der Zentrums-Partei als politische Faktoren. Hitler sah in diesem Vertragsabschluß einen wichtigen Schritt zur Konsolidierung seines Regimes nach innen und außen. Von den übernommenen Pflichten gegenüber der katholischen Kirche war in Hitlers Umgebung kaum die Rede [66]. Er gedachte auch diesen Vertrag nur solange zu halten, wie er ihm nützlich sein würde. Rein äußerlich gesehen jedoch schien damit das Verhältnis zwischen nationalsozialistischem Staat und katholischer Kirche auf eine solide Vertragsgrundlage gestellt.

Um so rascher kam es zum offenen Konflikt mit der evangelischen Kirche. Die Ausgangslage war für Hitler in diesem Kampf insofern günstig, als die evangelische Kirche selbst sich in schwerem innerem Zerwürfnis befand. Es gab die sogenannten »Deutschen Christen«, die eine hitlerhörige Kirche, eben eine »SA Christi«, aufbauen wollten [67]. Diesem Versuch gegenüber sammelte sich Widerstand zunächst im »Pfarrer-Notbund«, den Pastor Martin Niemöller in Dahlem leitete. Es war die Keimzelle der »Bekennenden Kirche«, die allen politischen und ideologischen Versuchungen gegenüber das evangelische Bekenntnis rein erhalten wollte [68]. Zwischen dem parteifeindlichen und dem parteifreundlichen Flügel der evangelischen Kirche gab es eine breite Schicht von Geistlichen, die eine klare Stellungnahme im Kampf zwischen Kirche und Staat zu vermeiden suchten. In der Tat stand es ja in völligem Widerspruch zu den Traditionen des Luthertums, der staatlichen Obrigkeit widerstehen zu müssen. Es war ein weiter Weg vom herkömmlichen Untertanengehorsam des frommen Lutheraners bis zum Widerstand gegen das nationalsozialistische Regime. So versuchte die Mehrheit einen völligen Bruch mit dem neuen Staat zu vermeiden. Doch mit den Jahren mußten immer mehr Gläubige, Theologen wie Laien, einsehen, daß die scharfe Trennung von Kirche und Staat, von Politik und Religion, angesichts des Totalitätsanspruches des Nationalsozialismus eine Illusion, ja eine gefährliche Fiktion war. Die Opposition konnte sich nicht auf rein kirchliche und religiöse Fragen beschränken, wenn es um den *ganzen* Menschen, auch um seine Seele, ging. Aber diese Erkenntnis war schwierig angesichts des parteiamtlichen Lippenbekenntnisses zum Christentum. Das Regime verfolgte eine ganz besonders perfide Taktik, indem es die Existenz eines kirchlichen Kampfes überhaupt leugnete [69]. Es gäbe nur Maßnahmen des Staates gegen Übergriffe der Kirche auf politisches Gebiet. Der Kirche wurde also die Schuld am Überschreiten einer Grenze zugeschoben, die es in Wirklichkeit gar nicht gab oder die zum mindesten sehr verschieden gezogen werden konnte. Wo endete der politische Bereich und wo begann der religiöse Bereich unter einer Herrschaft, die den ganzen Menschen forderte, bedingungslos, ohne Einschränkung und Vorbehalt [70]?

Den ideologischen Angriffen gegenüber ergab sich die Notwendigkeit, das evangelische Bekenntnis reinzuhalten. Um es aber reinhalten zu können, mußte man genau wissen, was das evangelische Bekenntnis ausmachte. Die ganzen Jahre nach 1933 sind erfüllt von innerkirchlichen Auseinandersetzungen um das wahre evangelische Bekenntnis. Die katholische Kirche mit ihrem festgefügten Dogma befand sich in dieser Hinsicht in einer unvergleichlich günstigeren Lage. War z. B. der von der hitlerhörigen neuen Kirchenleitung verkündete Arierparagraph, d. h. die Entfernung von Geistlichen jüdischer und halbjüdischer Abstammung, vereinbar mit dem evangelischen Bekenntnis? Und wie stand es mit der Forderung des neuen Kirchen-Regimes, daß die Geistlichen einen Eid auf Hitlers Person zu leisten hätten, gleich den Soldaten der Wehrmacht und den Beamten des Reiches? Und wie stand es schließlich mit der Forderung, die neue evangelische Kirchenverfassung nach dem Führerprinzip aufzubauen? All das waren Streitpunkte von entscheidender Bedeutung für die geistige Selbstbehauptung und organisatorische Unabhängigkeit der evangelischen Kirche [71].

Eine Reihe von staatlichen Zwangsmaßnahmen verfolgten den Zweck, die evangelische Kirche unter Kontrolle zu bringen und gefügig zu machen: staatliche Kommissare wurden in die einzelnen Landeskirchen geschickt, Neuwahlen für die kirchlichen Behörden unter politischem Druck erzwungen, die Finanzen unter Staatskontrolle gestellt, Landeskirchenausschüsse und ein Reichskirchenausschuß eingesetzt [72]. Diese staatliche Einmischungspolitik wurde gekrönt durch die Bildung eines Reichsministeriums für kirchliche Angelegenheiten im Jahre 1935, welches bald weitgehende gesetzgeberische Vollmachten erhielt [73]. Ein seither hart umkämpfter sogenannter Reichsbischof war von Hitler schon 1933 eingesetzt worden. Auf kaltem Wege war damit praktisch eine evangelische Staatskirche geschaffen. Die Bekennende Kirche verkündete demgegenüber das kirchliche Notrecht und schuf sozusagen eine kirchliche Gegenregierung [74].

So hatte die Kirche gleichzeitig auf dem geistigen Gebiet gegen das nationalsozialistische Neuheidentum und auf dem politischen Sektor gegen die Amtsanmaßungen und Gleichschaltungsversuche des Staates zu kämpfen. Schon die Reichssynode der Bekennenden Kirche in Barmen vom Mai 1934 hatte gegen den Totalitätsanspruch des neuen Regimes Stellung genommen [75]. Eine Kanzelabkündigung, die am 5. März 1935 in Dahlem beschlossen wurde, wandte sich ausdrücklich gegen die »völkisch-rassische Weltanschauung« mit ihrer Vergötterung eines ewigen Deutschlands [76]. Die Verlesung dieser Sätze führte zur Verhaftung von 700 Pfarrern. Aber der Kampf ging weiter. Eine für Hitler bestimmte Denkschrift vom Mai 1936 protestierte gegen die Verfolgung des Christentums, aber auch gegen die Zerstörung des Rechtsstaates durch Konzentrationslager und Gestapo, gegen die Knebelung der Presse und der Meinungsfreiheit. Der kirchliche Widerstand griff immer mehr um sich und vermochte mit der Zeit große Massen zu mobilisieren, so daß Hitler den Plan einer evangelischen Reichskirche im Februar 1937 praktisch aufgeben mußte. Auf diesem Wege war er jedenfalls nicht zu verwirklichen [77].

Das Jahr 1937 stellt den Höhepunkt des Kirchenkampfes dar: Kollektenverbot für die Bekennende Kirche, Schließung freier theologischer Hochschulen, weitere Verhaftung von Pfarrern und Kirchenjuristen wegen angeblichen Ungehorsams gegen die Staatsgesetze [78]. Am 1. Juli 1937 wird Pastor Niemöller verhaftet. Er sollte bis Kriegsende trotz wiederholter kirchlicher Fürbitte nicht mehr auf die Kanzel zurückkehren. Mit dem Instinkt des Machtmenschen hatte Hitler in Niemöller seinen Hauptfeind erkannt und ließ ihn nicht mehr aus dem KZ [79]. Nach der Ausschaltung Niemöllers wurde der württembergische Landesbischof Wurm immer mehr zum Wortführer der zum Widerstand entschlossenen evangelischen Kirche.

Das Jahr 1937 sah auch den Kampf zwischen dem Hitler-Staat und der katholischen Kirche mit großer Heftigkeit ausbrechen. Nicht als ob es an Konfliktstoff vorher gefehlt hätte. Der ergab sich schon daraus, daß Hitler und die Partei sich durch das Konkordat keineswegs davon abhalten ließen, die Rechte der katholischen Kirche laufend zu verletzen [80]. Das katholische Schul- und Ordenswesen wurde eingeschränkt und behindert, die katholische Jugend und Arbeiterbewegung schikaniert und 1936 schließlich verboten [81], die Caritas wurde von der öffentlichen Wohlfahrt praktisch ausgeschlossen, die katholische Presse wurde durch zahlreiche Maßnahmen, schließlich auch durch Verbote, behindert [82], Bücher theologischen Inhaltes wurden verboten und damit auch hier der wissenschaftliche Kampf gegen das nationalsozialistische Neuheidentum, in dessen Zentrum Rosenbergs Mythos stand, erschwert [83]. Trotz dieser zahllosen politischen Übergriffe versuchte die katholische Kirche einen offenen Kampf lange zu vermeiden. Nicht als ob sie alle diese Provokationen widerspruchslos hingenommen hätte. In Dutzenden von Noten gelangte der Heilige Stuhl an die Hitler-Regierung. Auch hier spielte die Ablehnung der Machtansprüche des totalen Staates die Hauptrolle [84].

Zum offenen Ausbruch kam der Kampf durch die Veröffentlichung des päpstlichen Rundschreibens »Mit brennender Sorge« am 4. März 1937. Darin setzte sich Papst Pius XI. mit der Lage der katholischen Kirche in Deutschland auseinander, wies dem Regime zahllose Vertragsverletzungen nach und unterwarf seine Ideologie einer unerbittlichen Kritik im Licht des christlichen Glaubens. Vergötterung von Rasse, Volk und Staat wurde als unchristlich abgelehnt, ebenso alle germanisch-völkischen und deutsch-christlichen Glaubensvorstellungen. In aller Form protestierte der Vatikan gegen die Behinderungen der katholischen Kirche auf allen Gebieten.

Es war eine offene Kampfansage an das unchristliche deutsche Regime. Dieses versuchte die Verbreitung des Rundschreibens zu unterbinden [85] und antwortete mit einem haßerfüllten Verleumdungsfeldzug gegen die katholische Kirche, von dem vor allem die Klostergeistlichkeit betroffen wurde [86]. In einer langen Reihe von Schauprozessen wurden Hunderte von katholischen Ordensbrüdern und Geistlichen wegen angeblicher Sittlichkeits- und Devisenvergehen abgeurteilt. Die Propaganda sprach die niedrigsten Instinkte einer sensationslüsternen Masse an, um die katholische Geistlichkeit zu verunglimpfen und das Ansehen der katholischen Kirche zu schädigen. Goebbels sprach vom »moralischen Sumpf« der katholischen Kirche. Hunderte von katholischen Geistlichen wanderten in Konzentrationslager, Klöster und Klosterschulen wurden in großer Zahl geschlossen, ebenso eine Reihe von Theologischen Hochschulen und Fakultäten.

Der Kirchenkampf ging in diesen heftigen Formen weiter, bis der von Hitler entfesselte Krieg ihm wenigstens äußerlich ein Ende machte. Der deutsche Diktator hatte jetzt kein Interesse mehr an dieser Auseinandersetzung und trachtete danach, alles zu vermeiden, was geeignet war, die geschlossene Kampfgemeinschaft des deutschen Volkes zu gefährden. Nach siegreicher Beendigung des Krieges gegen die äußeren Feinde gedachte Hitler dann mit den inneren Feinden endgültig abzurechnen, und da standen die christlichen Kirchen an der Spitze. Im stillen ging der Kampf jedoch weiter. Die einschränkenden Maßnahmen konnten jetzt sehr bequem mit Kriegsnotwendigkeiten begründet werden [87]. In der Reichskanzlei wurden Pläne vorbereitet, um den Kampf nach Kriegsende verschärft weiterzuführen. Im Schatten Hitlers wuchs jetzt die Figur Martin Bormanns empor, der wohl der schärfste Antichrist unter den Führern des Regimes gewesen ist [88]. Die Kirchen hatten auch während des Krieges genügend Anlaß, dem Regime entgegenzutreten; denn die Herrschaft Hitlers entpuppte sich ja erst jetzt in ihrer ganzen Brutalität und Unmenschlichkeit. Die furchtbaren Verbrechen der Massentötung sogenannten lebensunwerten Lebens – als Euthanasie-Programm getarnt – und der Massenexekutionen in den besetzten Gebieten, bis hin zum eigentlichen Völkermord an den Juden Europas – all dies blieb den führenden Persönlichkeiten der beiden christlichen Kirchen nicht verborgen [89]. Ganz folgerichtig steigerte sich der kirchliche Widerstand so zum politischen Widerstand. Der Kampf um kirchliche und religiöse Rechte wurde mit innerer Notwendigkeit zum Kampf um Menschenrechte schlechthin [90]. So finden wir denn auch Geistliche beider Konfessionen an führender Stelle in der Widerstandsbewegung gegen Hitler, die schließlich auch vor dem Letzten nicht mehr zurückscheuten: vor dem Tyrannenmord.

Wenn die christlichen Kirchen die ungeheuerlichen Verbrechen des Nationalsozialismus auch nicht verhindern konnten, sondern nur in einzelnen Fällen Not, Leid und Ungerechtigkeit zu lindern vermochten, so gelang es Hitler andererseits auch nicht, diesen breiten Widerstand aus kirchlichen Kreisen zu brechen. Nur die Kirchen hatten in der Hitlerzeit so etwas wie eine Volksbewegung gegen den Nationalsozialismus zustande gebracht, da sie allein ja noch über nichtgleichgeschaltete Organisationen verfügten, um große Menschenmassen zu erfassen. So groß die Opfer unter der Pfarrer- und Priesterschaft auch waren, an die katholischen und evangelischen Bischöfe wagte sich Hitler nicht heran, so groß war ihr Anhang und ihr Ansehen im Volke. Die Bedrohung der beiden christlichen Kirchen durch den gemeinsamen Feind ließ die konfessionellen Gegensätze stärker zurücktreten und führte zu einer Zusammenarbeit, die sich auch für die Zeit nach dem Untergang des Hitlerregimes fruchtbar auswirken sollte.

DOKUMENTE ZUM 4. KAPITEL

[64] *Zweimal »positives Christentum«*

a) IM LICHTE DER KIRCHLICHEN KRITIK

In der Zeitschrift »Wille und Macht« vom 15. April 1935 heißt es in einem Aufsatz unter der Überschrift »Positives Christentum« u. a.:
»Der Nationalsozialismus bejaht aber das Christentum – gleich, ob es als Kirche oder als Glaube, im politischen oder im religiösen Bezirke in Erscheinung tritt – nicht schlechthin; er bejaht es nur, wenn es positiv ist, wenn es die Grenzen in sich und gegenüber der politischen Macht so wahrt, wie es aufgezeigt worden ist.«
Wie diese Abgrenzung des Christentums gegenüber der »politischen Macht« zu verstehen sei, ergibt sich aus einer Darlegung desselben Aufsatzes:
»Was ist politisch? Politisch ist alles, was in den irdischen Formen der *Organisation*, des Wortes und Bildes, der Schrift und der Gebärde in Erscheinung tritt und *für die Gemeinschaft des Volkes auch nur die geringste Bedeutung hat.*
Und was ist religiös? Religiös ist alles, was in irdisch nicht faßbaren Formen als Glaube an Überirdisches, als Gefühl der Unendlichkeit, als Sehnsucht nach Dingen jenseits der den Menschen sichtbaren Welt fühlbar wird.«
Nach einer solchen Auffassung wäre jede in die Erscheinung tretende Äußerung des Glaubens, Wallfahrt und Kundgebung, Predigt und Unterricht, ja die Einrichtung der Kirche als solcher »Politik«. Nach einer solchen Auffassung wäre einer Zurückweisung der Religion unter dem Vorwande, daß sie sich politisch betätigt habe, Tür und Tor geöffnet. Es ist sehr bedauerlich, daß solche Ausführungen in dem Pflicht-Führerorgan der Hitler-Jugend zu finden sind.
Im Gegensatz zu der Äußerung der erwähnten Zeitschrift bestimmt das Reichskonkordat in Artikel 1: »Das Deutsche Reich gewährleistet die Freiheit des Bekenntnisses und der öffentlichen Ausübung der katholischen Religion.«

b) IM DIKTAT DER VOLKSSCHULE

»Jesus und Hitler«

Wie Jesus die Menschen von der Sünde und Hölle befreite, so rettete Hitler das deutsche Volk vor dem Verderben. Jesus und Hitler wurden verfolgt, aber während Jesus gekreuzigt wurde, wurde Hitler zum Kanzler erhoben. Während die Jünger Jesu ihren Meister verleugneten und ihn im Stiche ließen, fielen die 16 Kameraden für ihren Führer. Die Apostel vollendeten das Werk ihres Herrn. Wir hoffen, daß Hitler sein Werk selbst zu Ende führen darf. Jesus baute für den Himmel, Hitler für die deutsche Erde.

[65] *Aus einer Rede von Reichsinnenminister Wilhelm Frick (1935)*

... *Wir Nationalsozialisten fordern die Entkonfessionalisierung des gesamten öffentlichen Lebens.* Was hat es für einen Sinn, daß es noch katholische Beamtenvereine gibt? Wir wollen keine katholischen und keine protestantischen Beamten, wir wollen deutsche Beamte. Was soll eine katholische Tagespresse? Wir brauchen keine katholische und keine protestantische, sondern eine deutsche Tagespresse. Auch die katholischen berufsständischen Vereine, Gesellenvereine und die katholischen Jugendverbände passen nicht mehr in unsere heutige Zeit. Diese Organisationen betätigen sich vielfach auf Gebieten, die der nationalsozialistische Staat zur Erfüllung seiner Aufgaben für sich allein in Anspruch nehmen muß. Alle diese Dinge sind geeignet, die deutsche Volksgemeinschaft zu stören. Diese deutsche Volksgemeinschaft aber, die Adolf Hitler nach fünfzehnjährigem Kampf um die Seele des Deutschen geschaffen hat, lassen wir von niemandem mehr zerstören ...

[66] *Dokumente zum Reichskonkordat*

a) VIZEKANZLER VON PAPEN BERICHTET AUS ROM

DEUTSCHE BOTSCHAFT
BEIM HEILIGEN STUHL
VIZEKANZLER VON PAPEN

Rom, den 2. Juli 1933

Geheim

Sehr verehrter Herr Kanzler,

... *Artikel 32* endlich bringt die Lösung, die Sie, Herr Kanzler, gewünscht haben, indem der Heilige Stuhl Bestimmungen erläßt,

welche für alle Mitglieder und Ordensleute die Mitgliedschaft und die Tätigkeit in politischen Parteien ausschließt. Dazu ist im Schlußprotokoll lediglich ausgeführt, daß gleichwertige Bestimmungen für die anderen Konfessionen zu treffen sind.
Artikel 31 und 32 folgen somit auch textlich dem italienischen Konkordat.
Schließlich haben wir im Zusatzprotokoll eine dahingehende Bestimmung aufgenommen, in der Richtlinien vereinbart werden über die Behandlung von Geistlichen im Falle, daß Deutschland die allgemeine Wehrpflicht wieder einführt. Dieser Zusatz ist mir weniger wertvoll wegen der sachlichen Regelung als wegen der Tatsache, daß hier der Heilige Stuhl bereits mit uns eine vertragliche Abmachung für den Fall der allgemeinen Wehrpflicht trifft. Ich hoffe, daß Ihnen diese Abmachung deshalb Freude bereitet. Sie muß selbstverständlich geheim behandelt werden.
Ich darf Ihnen nicht verschweigen, Herr Kanzler, daß die Nachrichten, die hier am Vatikan vorliegen über die zahlreichen Verhaftungen und Mißhandlungen von Geistlichen, die Beschlagnahme von Diözesanvermögen etc. eine Stimmung geschaffen hatten, die den Abschluß dieses Konkordats sehr schwierig gestalteten. Auf Grund Ihrer gestrigen telefonischen Weisung habe ich indessen dem Herrn Kardinalstaatssekretär mitgeteilt, daß Sie, Herr Kanzler, bereit wären, nach Abschluß des Konkordates für eine durchgreifende und volle Befriedigung zwischen dem katholischen Volksteil und der Reichsregierung oder den Länderregierungen zu sorgen, und daß Sie bereit sein würden, unter vergangene politische Entwicklungen einen endgültigen Strich zu machen. Ich selbst bin der Überzeugung, daß der Abschluß dieses Konkordats außenpolitisch als ein großer Erfolg für die Regierung der nationalen Erhebung gewertet werden muß, gerade weil eine Reihe fremder Mächte ihren ganzen Einfluß beim Vatikan aufgeboten haben, um ihn von einem Vertragsabschluß mit dem neuen Deutschland abzuhalten. Ich glaube aber auch, daß der Vertragsabschluß eine Ära der inneren Befriedung einleiten wird, die dem großen Werk der inneren nationalen Einigung in hohem Maße dienen wird.
Zum Schluß bitte ich Sie, mich im Laufe des Montag abend autorisieren zu wollen, den Vertrag am Dienstag zu paraphieren, damit ich alsdann die Rückreise antreten kann.

Mit angelegentlichen Empfehlungen
Ihr getreuer gez. Papen

b) Aus dem Protokoll über eine Sitzung der Reichsregierung

[Vom 14. Juli 1933]

... 20. (Punkt 17 der Tagesordnung).

17. *Reichskonkordat.*

... Der *Stellvertreter des Reichskanzlers* wies auf die besonders bemerkenswerten Stellen des Konkordats hin, wonach die Kirche sich bereit erklärt, alle Vereine, mit Ausnahme der rein religiös-sittlichen und charitativen Vereine, dem Staat (Reich) anzuvertrauen. Die Entpolitisierung der Geistlichkeit und die Einführung eines Treueids für die Bischöfe und eines Gebets für den Staat, die Einführung einer selbständigen Militärseelsorge mit einem exemten Armeebischof, die Bezugnahme auf eine etwaige allgemeine Wehrpflicht und die Behandlung des deutschen Minderheitenrechts wären besonders bemerkenswerte Bestimmungen des Reichskonkordats.

... Der *Reichskanzler* lehnte eine Debatte über Einzelheiten des Reichskonkordats ab. Er vertrat die Auffassung, daß man hierbei nur den großen Erfolg sehen dürfte. Im Reichskonkordat wäre Deutschland eine Chance gegeben und eine Vertrauenssphäre geschaffen, die bei dem vordringlichen Kampf gegen das internationale Judentum besonders bedeutungsvoll wäre. Etwaige Mängel des Konkordats könnten später, bei besserer außenpolitischer Lage verbessert werden.

Der Reichskanzler sah im Abschluß des Reichskonkordats 3 große Vorteile:

1. daß der Vatikan überhaupt verhandelt habe, obwohl besonders in Österreich damit operiert würde, daß der Nationalsozialismus unchristlich und kirchenfeindlich wäre,
2. daß der Vatikan zur Herstellung eines guten Verhältnisses zu diesem einen nationalen deutschen Staat bewogen werden konnte. Er, der Reichskanzler, hätte es noch vor kurzer Zeit nicht für möglich gehalten, daß die Kirche bereit sein würde, die Bischöfe auf diesen Staat zu verpflichten. Daß das nunmehr geschehen wäre, wäre zweifellos eine rückhaltlose Anerkennung des derzeitigen Regiments;
3. daß mit dem Konkordat sich die Kirche aus dem Vereins- und Parteileben herauszöge, z. B. auch die christlichen Gewerkschaften fallen ließe. Auch das hätte er, der Reichskanzler, noch vor einigen Monaten nicht für möglich gehalten. Auch die Auflösung des Zentrums wäre erst mit Abschluß des Konkordats als endgültig zu bezeichnen, nachdem nunmehr der Vatikan die dauernde Entfernung der Priester aus der Parteipolitik angeordnet hätte.

Daß das von ihm, dem Reichskanzler, stets erstrebte Ziel einer Vereinbarung mit der Kurie so viel schneller erreicht wurde, als er noch am 30. Januar gedacht habe, das sei ein so unbeschreiblicher Erfolg, daß demgegenüber alle kritischen Bedenken zurücktreten müßten ...

[67] *Das »Bekenntnis« der »Deutschen Christen«*

a) RICHTLINIEN DER KIRCHENBEWEGUNG DEUTSCHE CHRISTEN (NATIONALKIRCHLICHE BEWEGUNG) IN THÜRINGEN [Vom 11. Dezember 1933]

1. Wir Deutschen Christen glauben an unseren Heiland Jesus Christus, an die Macht seines Kreuzes und seiner Auferstehung. Jesu Leben und Sterben lehrt uns, daß der Weg des Kampfes zugleich der Weg der Liebe und der Weg zum Leben ist.
Wir sind durch Gottes Schöpfung hineingestellt in die Blut- und Schicksalsgemeinschaft des deutschen Volkes und sind als Träger dieses Schicksals verantwortlich für seine Zukunft.
Deutschland ist unsere Aufgabe, Christus ist unsere Kraft!
2. Quelle und Bestätigung unseres Glaubens sind die Gottesoffenbarung in der Bibel und die Glaubenszeugnisse der Väter.
Das Neue Testament ist uns die heilige Urkunde vom Heiland, unserem Herrn, und seines Vaters Reich.
Das Alte Testament ist uns Beispiel göttlicher Volkserziehung. Für unseren Glauben ist es von Wert, soweit es uns das Verständnis für unseres Heilandes Leben, Kreuz und Auferstehung erschließt.
3. Wie jedem Volk, so hat auch unserem Volk der ewige Gott ein arteigenes Gesetz eingeschaffen. Es gewann Gestalt in dem Führer Adolf Hitler und in dem von ihm geformten nationalsozialistischen Staat.
Dieses Gesetz spricht zu uns in der aus Blut und Boden erwachsenen Geschichte unseres Volkes. Die Treue zu diesem Gesetz fordert von uns den Kampf für Ehre und Freiheit.
4. Der Weg zur Erfüllung des deutschen Gesetzes ist die gläubige deutsche Gemeinde. In ihr regiert Christus, der Herr, als Gnade und Vergebung. In ihr brennt das Feuer heiliger Opferbereitschaft. In ihr allein begegnet der Heiland dem deutschen Volke und schenkt ihm die Kraft des Glaubens. Aus dieser Gemeinde Deutscher Christen soll im nationalsozialistischen Staat Adolf Hitlers die das ganze Volk umfassende »Deutsche Christliche Nationalkirche« erwachsen.

Ein Volk! – Ein Gott! – Ein Reich! – Eine Kirche!

b) ENTSCHLIESSUNG DER »GLAUBENSBEWEGUNG DEUTSCHE CHRISTEN«

[Vom 13. November 1933]

1. Wir sind als nationalsozialistische Kämpfer gewohnt, das Ringen um die Gestaltung einer großen Idee nicht mit einem faulen Frieden abzubrechen. Der kirchenpolitische Kampf kann für uns erst dann beendet sein, wenn das an vielen Orten zwischen Geistlichen und Gemeinden bestehende Mißtrauen überall beseitigt worden ist, das durch offenen und heimlichen Widerstand der uns in der Mehrzahl noch feindlich oder verständnislos gegenüberstehenden Pfarrer entstanden ist. Ein dauernder Frieden kann hier nur geschaffen werden durch Versetzung oder Amtsenthebung aller der Pfarrer, die entweder nicht willens oder nicht fähig sind, bei der religiösen Erneuerung unseres Volkes und der Vollendung der deutschen Reformation aus dem Geist des Nationalsozialismus führend mitzuwirken.

2. Wir lassen uns keine Führer aufzwingen, die wir innerlich ablehnen müssen, weil wir weder zu ihrem Nationalsozialismus noch zu ihrem deutschen Glauben das rechte Vertrauen haben. Auf kirchlichem Gebiet können wir das Führerprinzip überhaupt nur hinsichtlich der äußeren Ordnung anerkennen.

3. Wir erwarten von unserer Landeskirche, daß sie den Arierparagraphen — entsprechend dem von der Generalsynode beschlossenen Kirchengesetz — schleunigst und ohne Abschwächung durchführt, daß sie darüber hinaus alle fremdblütigen evangelischen Christen in besondere Gemeinden ihrer Art zusammenfaßt und für die Begründung einer judenchristlichen Kirche sorgt.

4. Wir erwarten, daß unsere Landeskirche als eine deutsche Volkskirche sich frei macht von allem Undeutschen in Gottesdienst und Bekenntnis, insbesondere vom Alten Testament und seiner jüdischen Lohnmoral.

5. Wir fordern, daß eine deutsche Volkskirche Ernst macht mit der Verkündung der von aller orientalischen Entstellung gereinigten schlichten Frohbotschaft und einer heldischen Jesusgestalt als Grundlage eines artgemäßen Christentums, in dem an die Stelle der zerbrechenden Knechtsseele der stolze Mensch tritt, der sich als Gotteskind dem Göttlichen in sich und in seinem Volke verpflichtet fühlt.

6. Wir bekennen, daß der einzige wirkliche Gottesdienst für uns der Dienst an unseren Volksgenossen ist, und fühlen uns als Kampfgemeinschaft vor unserem Gott verpflichtet, mitzubauen an einer wehrhaften und wahrhaften völkischen Kirche, in der wir die Vollendung der deutschen Reformation Martin Luthers erblicken und die allein dem Totalitätsanspruch des nationalsozialistischen Staates gerecht wird.

[68] *Aufgaben des Pfarrernotbundes, formuliert von einem Gründungsmitglied (1933)*

... Es handelt sich in der Kirche nicht nur um richtige oder falsche Theologie, sondern auch und vor allen Dingen um richtiges oder falsches Handeln, um Wahrheit oder Lüge, um Liebe oder Gewalt, um Entschlüsse aus Glauben oder aus Berechnung, um die Methoden des Geistes oder des politischen Zwanges, kurz um den Gehorsam, die Nachfolge ... Unsere Aufgabe ist jetzt, die Theologie im Zusammenhang unserer ganzen menschlichen – bei uns Pfarrern speziell unserer ganzen pfarramtlichen Existenz zu sehen und den Zusammenführungen zu folgen, die Gott durch unsere realen Erlebnisse bewirkt hat und weiter bewirken wird. Wir werden zu einer das ganze Leben erfassenden und umfassenden Bruderschaft hingeführt. Unser *defensiver* kirchenpolitischer Kampf muß dahin gehen, daß das Berufsbeamtengesetz einschließlich des Arierparagraphen, das die Generalsynode beschlossen hat, nicht zur Ausführung kommt, daß sich mit dem Bischofsamt nicht ein unevangelischer »Führer«begriff bei uns einschleicht, daß das Bild Luthers unter uns nicht entstellt wird, daß die Nebenregierung einer Gruppe in der Kirche und ihrer Gaue und Untergruppen in den Gemeinden aufhört, daß der Zwang aus dem kirchlichen Leben verschwindet. *Aggressiv* müssen wir bei den Forderungen bleiben: Entpolitisierung des Pfarrerstandes, Entparlamentarisierung der Kirche, Laienmitarbeit nur unter der Voraussetzung der Eignung nach den Maßstäben des Evangeliums, Rüstzeiten und Schulungsarbeit, die – lediglich vom Wort Gottes bestimmt – zu der in ihm allein begründeten brüderlichen Gemeinschaft führen ...

[69] *Die religiöse Toleranz des Nationalsozialismus*

a) IN DER PROPAGANDA DES »SCHWARZEN KORPS« (1938)

... Unumstößliche Wahrheit ist, daß sich das religiöse Leben heute in Deutschland unter dem Schutz des nationalsozialistischen Staates freier und ungestörter entfaltet, daß gegen jede Form von Gottlosigkeit oder Gotteslästerung mit allen Mitteln nationalsozialistischer Erziehung und gesetzlicher Strafverhängung vorgegangen wird, daß die Kirchen ihren religiösen Veranstaltungen so gesichert, ungestört und sorglos nachgehen können wie selten im Laufe der Geschichte und wie kaum in einem anderen Lande dieser Erde ...

... Man mag alle Formen herkömmlicher religiös-kirchlicher Veranstaltungen aufzählen. Eine Unterdrückung oder Vernichtung durch den nationalsozialistischen Staat wird man nicht an einem einzigen Beispiel nachweisen können ...
... Nur böser Wille ist imstande, die vollendete Loyalität und Toleranz des nationalsozialistischen Staates in Kirchen- und Religionsverfolgung zu verdrehen ...
... Niemals bisher wurde religiöse Betätigung der Kirche im nationalsozialistischen Deutschland durch irgendeine staatliche oder parteiliche Maßnahme verhindert, wenn sie sich im religiösen Rahmen hielt und ohne politischen Charakter war. Jeder Deutsche hat freie Möglichkeit zu religiöser Betätigung ...

b) IM GEHEIMBEFEHL AN DIE HITLER-JUGEND

DEUTSCHES JUNGVOLK
IN DER HITLERJUGEND

Geheim! Geheim!

Verteilt an: Jungbannstab
Beauftragte des Jungbannführers
Stammführer

Zur Kenntnis an:
Gebiet 22
Kreisleitungen

Allgemeine Anweisung!

(folgt I.–III.)

Befehl I/36
Für die Beauftragten:

Betrifft Bubenrudel. Wie ich bereits in der Führertagung vom 4. und 5. Juli ausgeführt habe, soll zukünftig das Bubenrudel weiter ausgebaut werden, um den Abwehrkampf gegen die Zersetzungsarbeit der katholischen Aktion besser führen zu können. Da hierbei äußerst vorsichtig zu Werke gegangen werden muß, darf in der Auswahl der Führer keine Vorsichtsmaßnahme außer acht gelassen werden. Nur solche Führer, die vom SD überprüft wurden und außerdem, soweit es sich um Lehrer handelt, vom NSLB als geeignet beurteilt wurden, können für diese Arbeit verwendet werden.
Die Arbeit, die ihnen zufällt, ergibt sich aus der Aufgabe:
1. Unmerkliches Überwachen des Religionsunterrichtes bzw. der sog. Bibelstunden unter Feststellung der jeweiligen täglichen Tendenz.
2. Gründung sog. Erzählerkreise zur Erfassung derjenigen Altersstufen (7–9jährige), die durch die Gegenarbeit weltanschaulich

am meisten gefährdet sind. (Freiwillig – Je besser d. Erzähler, desto größer sein Zuhörerkreis.)
3. Entgegenwirken einer *Minderwertigkeitstendenz* in der Bibelstunde am Vormittag durch Erzählen von Anekdoten, Sagen, Kurzgeschichten aus der Bewegung und der deutschen Geschichte nachmittags, die in der gleichen Weise heroische Weltanschauung vertreten.
4. Damit verbunden: Spiele, Bastelarbeit, Singen von Klotzliedern usw.
5. Auftreten als Autoritätspersonen gegenüber den Eltern als Ausgleich des Einflusses unseres Gegners. – Deshalb einwandfreie Lebensführung und absolutes Vorbild für die Kleinen im Hinblick auf die schwere Verantwortung. Zwang darf in keiner Weise angewendet werden.
Die Beauftragten sehen sich um geeignete Leute um, holen über dieselben bei obenbezeichneten Stellen vertrauliche Beurteilung ein. Behörden und sonstige Stellen sind unter gar keinen Umständen mit dieser Sache vertraut zu machen.
Bei dieser Gelegenheit möchte ich anführen, daß alle Beobachtungen, auch die kleinsten über die Arbeit der katholischen Aktion an mich persönlich unter Umgehung des Dienstweges von allen Führern zu melden sind. Von mir aus werden sie dann allen in Frage kommenden Stellen zusammengestellt zugeleitet.
Nur belegte Ereignisse sind brauchbar . . .
Dieses Rundschreiben ist absolut vertraulich zu behandeln.

gez. Otto Würschinger
Der Führer d. Jungbannes 306

[70] *Die Trennung von Politik und Religion*

a) IN DER THEORIE DES REICHSKIRCHENMINISTERS

DER REICHSMINISTER
FÜR DIE KIRCHLICHEN
ANGELEGENHEITEN

[An den Bischof von Berlin
Dr. Konrad Graf von Preysing]

II 7396/38 *Berlin, den 26. Januar 1939*

Von Ihrer Denkschrift zu der im Zentralverlag der NSDAP erschienenen Broschüre »Die große Lüge des politischen Katholizismus« habe ich Kenntnis genommen.
Auf Einzelheiten einzugehen, möchte ich mir ersparen. Ich sehe mich aber veranlaßt, einmal darauf hinzuweisen, daß Weltanschauung und Religion, weil sie auf ganz verschiedenen Ebenen

liegen, grundsätzlich auseinanderzuhalten sind. Der Nationalsozialismus beansprucht im deutschen Raum für sich das alleinige Recht der Gestaltung der Weltanschauung, überläßt aber das Gebiet der Religion und Metaphysik den religiösen Gemeinschaften. Leider muß festgestellt werden, daß die heutigen Kirchen und besonders die Wortführer der römisch-katholischen Kirche den Unterschied von Weltanschauung und Religion weder kennen noch kennen wollen, immer wieder das Gebiet der Religion verlassen, Weltanschauung und Religion vermischen und so notwendig politisch werden.
Hiermit erklären sich die Spannungen zu Partei und Staat, die erst aufhören werden, wenn die Kirche aus diesen Notwendigkeiten die Folgerungen zieht.

gez. Kerrl

b) IN DER PRAXIS DES PASTORS HESSE

Mein jüngster Sohn, Pastor Helmut Hesse, und ich wurden am 8. Juni 1943 verhaftet. Am Sonntag Exaudi morgens hatte ich das Bombardement auf Barmen als ein Gericht Gottes bezeichnet, und nachmittags waren wir in einer Bekenntnisversammlung für die Bekehrung der Juden zu dem Herrn Christus eingetreten. Helmut hatte die entscheidenden Sätze aus dem Zeugnis zu den Judenverfolgungen verlesen, das zu Ostern 1943 von bayerischen Ältesten an Landesbischof D. Meiser überreicht werden sollte. Ein Verhör fand zunächst nicht statt. Wir wurden in Einzelzellen abgeführt; dabei sagte der leitende Beamte des Polizeipräsidiums: »Euch Schweine müßte man an die Wand stellen!« So saßen wir allein, vier Stockwerke voneinander getrennt, ohne jede Beschäftigung und ohne jedes Buch, auch ohne unsere Bibel ...
Am 18. April 1944 wurde ich wider Erwarten frei; meine Frau hatte es bei Himmler erwirkt. Am Karfreitag wurde mir eine Erklärung vorgelegt, ich sollte unterschreiben, daß ich mich in Zukunft aller politischen Betätigung enthalten wolle. Ich betonte, ich hätte es auch bisher nicht getan, sondern nur meinen Dienst am Wort ausgeübt und unterschrieb. Am 18. April folgte dann die zweite Erklärung: sie sei nur eine andere Form der ersten. Danach solle ich mich einer abfälligen Kritik des Nationalsozialismus enthalten; es wurde mir aber die Ausübung meines evangelischen Predigerberufes ausdrücklich gewährleistet. Nur wegen dieses Predigtdienstes war ich aber verhaftet, nicht etwa wegen einer Kritik des Nazitums. Ich hatte seit Jahren den Rat eines Freundes befolgt, weder eine politische noch eine unpolitische Predigt zu halten, sondern eine biblische, die allerdings politische Wirkung haben müßte. Und eben solche politische Wirkung meiner bibli-

schen Predigt war mein Weg ins Gefängnis und Lager gewesen. Bei Wiederaufnahme meines Predigtdienstes mußte ich sofort wieder mit einer gleichen Wirkung rechnen. Tatsächlich bin ich Sommer 1944 nur wie durch ein Wunder daran vorbeigekommen, daß ein bereits in Berlin gegen mich ausgestellter neuer Haftbefehl mich nach Dachau zurückbrachte. Meine Erklärung der Gestapo gegenüber hatte das Einverständnis der Dachauer Brüder. Mit ihnen fühle ich mich bis auf den heutigen Tag in jener geistlichen Gemeinschaft verbunden, die uns als Gemeinde unter dem Kreuz Jesu Christi geschenkt worden ist . . .

[71] *Der Diensteid der Geistlichen*

a) DIE UMSTRITTENE FORMEL

»Ich, NN, schwöre einen Eid zu Gott dem Allwissenden und Heiligen, daß ich als ein berufener Diener im Amt der Verkündigung sowohl in meinem gegenwärtigen wie in jedem anderen geistlichen Amte, so wie es einem Diener des Evangeliums in der Deutschen Evangelischen Kirche geziemt, dem Führer des Deutschen Volkes und Staates Adolf Hitler treu und gehorsam sein und für das deutsche Volk mit jedem Opfer und jedem Dienst, der einem deutschen evangelischen Manne gebührt, mich einsetzen werde; weiter, daß ich die mir anvertrauten Pflichten des geistlichen Amts gemäß den Ordnungen der Deutschen Evangelischen Kirche und den in diesen Ordnungen an mich ergehenden Weisungen gewissenhaft wahrnehmen werde; endlich, daß ich als rechter Verkündiger und Seelsorger allezeit der Gemeinde, in die ich gestellt werde, mit allen meinen Kräften in Treue und Liebe dienen werde. So wahr mir Gott helfe!«

b) AUS EINEM THEOLOGISCHEN GUTACHTEN

. . . Weil nun aber zu besorgen ist, daß viele Brüder namentlich im Blick auf die politische Verknüpfung des Eides geängstet nach einer Deutung des Eides suchen, bei der sie den Eid leisten und doch ihr Gewissen einigermaßen »salvieren« könnten, so wissen wir uns verpflichtet, eine klare Begründung seiner Unannehmbarkeit zu geben. Dieser Eid ist unannehmbar; von einer unrechtmäßigen Synode beschlossen, unterwirft er uns einem häretischen Kirchenregiment. Wer ihn aus Menschenfurcht dennoch leistet, bricht sich das Gewissensrückgrat und wird den Tag noch verwünschen, an dem er einen Schritt tat, bei dem er nicht ein im Gehorsam gegen Gottes Wort getrostes und freudiges, sondern ein zutiefst unruhiges und gebrochenes Gewissen haben mußte. Ein »einigermaßen salviertes« Gewissen ist schon ein verletztes Gewissen. Es ist gewiß bitter, etwa von neuem wehrlos der politischen Diffamierung in einer bewußt falschen Ausdeutung unserer Ablehnung des Eides ausgeliefert zu sein; aber viel bitterer ist es, sich gebeugt zu haben, wo es galt, in Gehorsam gegen das Wort der Schrift aufrecht zu stehen, um dann zuletzt womöglich mit dem Vorwurf des Meineides bedacht zu werden, wenn es wieder gilt, Gott mehr zu gehorchen als den Menschen ... Gott gebe uns die Erkenntnis und den Mut, daß wir hier einmütig und getrost und gewiß *nein* sagen ...

[72] *Verordnung zur Neuregelung der Verwaltung der Deutschen Evangelischen Kirche, vom 19. April 1934*

Der in der Botschaft vom 12. April 1934 angekündigte Arbeitsplan der Deutschen Evangelischen Kirche macht eine Neuordnung in der Verwaltung erforderlich.

Hierzu verordne ich auf Grund des Kirchengesetzes vom 2. März 1934 betreffend die Aufhebung des Kirchengesetzes vom 3. Oktober 1933 (Gesetzblatt der Deutschen Evangelischen Kirche S. 13) § 2, was folgt:

§ 1. An der Spitze der Verwaltung der Deutschen Evangelischen Kirche steht der Reichsbischof.

Die Befugnisse der theologischen Mitglieder des Geistlichen Ministeriums gemäß Art. 6 Abs. 3 und Art. 7 Abs. 3 der Verfassung der Deutschen Evangelischen Kirche bleiben unberührt.

§ 2. Der Rechtswalter der Deutschen Evangelischen Kirche ist als rechtskundiges Mitglied des Geistlichen Ministeriums der Vertreter des Reichsbischofs in kirchenpolitischen Angelegenheiten.

Als allgemeinen Gehilfen und Vertreter in theologischen Angelegenheiten beruft der Reichsbischof einen Bischof. Er führt die Amtsbezeichnung Vikar der Deutschen Evangelischen Kirche.

§ 3. Die Verwaltungsstellen der Deutschen Evangelischen Kirche sind:

1. Das Sekretariat des Reichsbischofs,
2. Das Kirchliche Außenamt,
3. Die Deutsche Evangelische Kirchenkanzlei.

§ 4. Der Rechtswalter der Deutschen Evangelischen Kirche leitet die Deutsche Evangelische Kirchenkanzlei.

Der Vikar der Deutschen Evangelischen Kirche leitet das Sekretariat des Reichsbischofs.
Das Kirchliche Außenamt wird im Auftrage des Reichsbischofs von einem Bischof unter Berücksichtigung des Grundsatzes in § 2 verwaltet.
§ 5. Entgegenstehende Bestimmungen werden aufgehoben.
§ 6. Die Verordnung tritt mit dem heutigen Tage in Kraft.

Berlin, den 19. April 1934 Der Reichsbischof
Ludwig Müller Jäger

[73] *Gesetz zur Sicherung der Deutschen Evangelischen Kirche, vom 24. September 1935*

Nach dem Willen des evangelischen Kirchenvolkes ist der Zusammenschluß der Landeskirchen zu einer Deutschen Evangelischen Kirche vollzogen und in einer Verfassung verbrieft.
Mit tiefster Besorgnis hat die Reichsregierung jedoch beobachten müssen, wie später durch den Kampf kirchlicher Gruppen untereinander und gegeneinander allgemach ein Zustand hereingebrochen ist, der die Einigkeit des Kirchenvolkes zerreißt, die Glaubens- und Gewissensfreiheit des einzelnen beeinträchtigt, die Volksgemeinschaft schädigt und den Bestand der Evangelischen Kirche selbst schwersten Gefahren aussetzt.
Von dem Willen durchdrungen, einer in sich geordneten Kirche möglichst bald die Regelung ihrer Angelegenheiten selbst überlassen zu können, hat die Reichsregierung ihrer Pflicht als Treuhänder gemäß und in der Erkenntnis, daß diese Aufgabe keiner der kämpfenden Gruppen überlassen werden kann,
zur Sicherung des Bestandes der Deutschen Evangelischen Kirche und zur Herbeiführung einer Ordnung, die der Kirche ermöglicht, in voller Freiheit und Ruhe ihre Glaubens- und Bekenntnisfragen selbst zu regeln,
das nachfolgende Gesetz beschlossen, das hiermit verkündet wird:

Einziger Paragraph

Der Reichsminister für die kirchlichen Angelegenheiten wird zur Wiederherstellung geordneter Zustände in der Deutschen Evangelischen Kirche und in den Evangelischen Landeskirchen ermächtigt, Verordnungen mit rechtsverbindlicher Kraft zu erlassen. Die Verordnungen werden im Reichsgesetzblatt verkündet.
München, den 24. September 1935.

Der Führer und Reichskanzler: Adolf Hitler
Der Reichsminister für die kirchlichen Angelegenheiten: Kerrl

[74] Botschaft der Bekenntnissynode der Deutschen Evangelischen Kirche

[19./20. Oktober 1934 in Berlin-Dahlem]

Mit Polizeigewalt hat die Reichskirchenregierung nach der Kurhessischen auch die Württembergische und die Bayrische Kirchenleitung beseitigt. Damit hat die schon längst in der Evangelischen Kirche bestehende und seit dem Sommer 1933 offenbar gewordene Zerrüttung einen Höhepunkt erreicht, angesichts dessen wir uns zu folgender Erklärung gezwungen sehen:

I

1. Der erste und grundlegende Artikel der Verfassung der Deutschen Evangelischen Kirche vom 11. 7. 1933 lautet:
»Die unantastbare Grundlage der Deutschen Evangelischen Kirche ist das Evangelium von Jesus Christus, wie es uns in der Heiligen Schrift bezeugt und in den Bekenntnissen der Reformation neu ans Licht getreten ist. Hierdurch werden die Vollmachten, deren die Kirche für ihre Sendung bedarf, bestimmt und begrenzt.«
Dieser Artikel ist durch die Lehren, Gesetze und Maßnahmen der Reichskirchenregierung tatsächlich beseitigt. Damit ist die christliche Grundlage der Deutschen Evangelischen Kirche aufgehoben.
2. Die unter Parole: »Ein Staat – ein Volk – eine Kirche« vom Reichsbischof erstrebte Nationalkirche bedeutet, daß das Evangelium für die Deutsche Evangelische Kirche außer Kraft gesetzt und die Botschaft der Kirche an die Mächte dieser Welt ausgeliefert wird.
3. Die angemaßte Alleinherrschaft des Reichsbischofs und seines Rechtswalters hat ein in der Evangelischen Kirche unmögliches Papsttum aufgerichtet.
4. Getrieben von dem Geist einer falschen, unbiblischen Offenbarung hat das Kirchenregiment den Gehorsam gegen Schrift und Bekenntnis als Disziplinwidrigkeit bestraft.
5. Die schriftwidrige Einführung des weltlichen Führerprinzips in die Kirche und die darauf begründete Forderung eines bedingungslosen Gehorsams hat die Amtsträger der Kirche an das Kirchenregiment statt an Christus gebunden.
6. Die Ausschaltung der Synoden hat die Gemeinden im Widerspruch zur biblischen und reformatorischen Lehre vom Priestertum aller Gläubigen mundtot gemacht und entrechtet.

II

1. Alle unsere von Schrift und Bekenntnis her erhobenen Proteste, Warnungen und Mahnungen sind umsonst geblieben. Im Gegen-

teil, die Reichskirchenregierung hat unter Berufung auf den Führer und unter Heranziehung und Mitwirkung politischer Gewalten rücksichtslos ihr kirchenzerstörendes Werk fortgesetzt.
2. Durch die Vergewaltigung der süddeutschen Kirchen ist uns die letzte Möglichkeit einer an den bisherigen Zustand anknüpfenden Erneuerung der kirchlichen Ordnung genommen worden.
3. Damit tritt das kirchliche *Notrecht* ein, zu dessen Verkündigung wir heute gezwungen sind.

III

1. Wir stellen fest: Die Verfassung der Deutschen Evangelischen Kirche ist zerschlagen. Ihre rechtmäßigen Organe bestehen nicht mehr. Die Männer, die sich der Kirchenleitung im Reich und in den Ländern bemächtigten, haben sich durch ihr Handeln von der christlichen Kirche geschieden.
2. Auf Grund des kirchlichen Notrechts der an Schrift und Bekenntnis gebundenen Kirchen, Gemeinden und Träger des geistlichen Amtes schafft die Bekenntnissynode der Deutschen Evangelischen Kirche neue Organe der Leitung. Sie beruft zur Leitung und Vertretung der Deutschen Evangelischen Kirche als eines Bundes bekenntnisbestimmter Kirchen den Bruderrat der Deutschen Evangelischen Kirche und aus seiner Mitte den Rat der Deutschen Evangelischen Kirche zur Führung der Geschäfte. Beide Organe sind den Bekenntnissen entsprechend zusammengesetzt und gegliedert.
3. Wir fordern die christlichen Gemeinden, ihre Pfarrer und Ältesten auf, von der bisherigen Reichskirchenregierung und ihren Behörden keine Weisungen entgegenzunehmen und sich von der Zusammenarbeit mit denen zurückzuziehen, die diesem Kirchenregiment weiterhin gehorsam sein wollen. Wir fordern sie auf, sich an die Anordnungen der Bekenntnissynode der Deutschen Evangelischen Kirche und der von ihr anerkannten Organe zu halten.

IV

Wir übergeben diese unsere Erklärung der Reichsregierung, bitten sie, von der damit vollzogenen Entscheidung Kenntnis zu nehmen, und fordern von ihr die Anerkennung, daß in Sachen der Kirche, ihrer Lehre und Ordnung die Kirche unbeschadet des staatlichen Aufsichtsrechtes allein zu urteilen und zu entscheiden berufen ist.

[75] *6 biblische Sätze über das wahre Evangelium (1934)*

... Wir bekennen uns angesichts der die Kirche verwüstenden und damit auch die Einheit der Deutschen Evangelischen Kirche sprengenden Irrtümer der »Deutschen Christen« und der gegenwärtigen Reichskirchenregierung zu folgenden evangelischen Wahrheiten:

1. »Ich bin der Weg und die Wahrheit und das Leben; niemand kommt zum Vater denn durch mich« (Joh. 14,6).

»Wahrlich, wahrlich ich sage euch: Wer nicht zur Tür hineingeht in den Schafstall, sondern steigt anderswo hinein, der ist ein Dieb und ein Mörder. Ich bin die Tür; so jemand durch mich eingeht, der wird selig werden« (Joh. 10,1.9).

Jesus Christus, wie er uns in der Heiligen Schrift bezeugt wird, ist das eine Wort Gottes, das wir zu hören, dem wir im Leben und im Sterben zu vertrauen und zu gehorchen haben. Wir verwerfen die falsche Lehre, als könne und müsse die Kirche als Quelle ihrer Verkündigung außer und neben diesem einen Worte Gottes auch noch andere Ereignisse und Mächte, Gestalten und Wahrheiten als Gottes Offenbarung anerkennen.

2. »Jesus Christus ist uns gemacht von Gott zur Weisheit und zur Gerechtigkeit und zur Heiligung und zur Erlösung« (1. Kor. 1,30).

Wie Jesus Christus Gottes Zuspruch der Vergebung aller unserer Sünden ist, so und mit gleichem Ernst ist er auch Gottes kräftiger Anspruch auf unser ganzes Leben; durch ihn widerfährt uns frohe Befreiung aus den gottlosen Bindungen dieser Welt zu freiem dankbaren Dienst an seinen Geschöpfen.

Wir verwerfen die falsche Lehre, als gebe es Bereiche unseres Lebens, in denen wir nicht Jesus Christus, sondern anderen Herren zu eigen wären, Bereiche, in denen wir nicht der Rechtfertigung und Heiligung durch ihn bedürften.

3. »Lasset uns aber rechtschaffen sein in der Liebe und wachsen in allen Stücken an dem, der das Haupt ist, Christus, von welchem aus der ganze Leib zusammengefügt ist« (Eph. 4,15–16).

Die christliche Kirche ist die Gemeinde von Brüdern, in der Jesus Christus in Wort und Sakrament durch den Heiligen Geist als der Herr gegenwärtig handelt. Sie hat mit ihrem Glauben wie mit ihrem Gehorsam, mit ihrer Botschaft wie mit ihrer Ordnung mitten in der Welt der Sünde als die Kirche der begnadigten Sünder zu bezeugen, daß sie allein sein Eigentum ist, allein von seinem Trost und von seiner Weisung in Erwartung seiner Erscheinung lebt und leben möchte.

Wir verwerfen die falsche Lehre, als dürfe die Kirche die Gestalt ihrer Botschaft und ihrer Ordnung ihrem Belieben oder dem

Wechsel der jeweils herrschenden weltanschaulichen und politischen Überzeugung überlassen.

4. »Ihr wisset, daß die weltlichen Fürsten herrschen, und die Oberherren haben Gewalt. So soll es nicht sein unter euch; sondern so jemand will unter euch gewaltig sein, der sei euer Diener« (Matth. 20,25–26).

Die verschiedenen Ämter in der Kirche begründen keine Herrschaft der einen über die anderen, sondern die Ausübung des der ganzen Gemeinde anvertrauten und befohlenen Dienstes.

Wir verwerfen die falsche Lehre, als könne und dürfe sich die Kirche abseits von diesem Dienst besondere, mit Herrschaftsbefugnissen ausgestattete Führer geben oder geben lassen.

5. »Fürchtet Gott, ehret den König!« (1. Petr. 2,17).

Die Schrift sagt uns, daß der Staat nach göttlicher Anordnung die Aufgabe hat, in der noch nicht erlösten Welt, in der auch die Kirche steht, nach dem Maß menschlicher Einsicht und menschlichen Vermögens unter Androhung und Ausübung von Gewalt für Recht und Frieden zu sorgen.

Die Kirche erkennt in Dank und Ehrfurcht gegen Gott die Wohltat dieser seiner Anordnungen an. Sie erinnert an Gottes Reich, an Gottes Gebot und Gerechtigkeit und damit an die Verantwortung der Regierenden und Regierten. Sie vertraut und gehorcht der Kraft des Wortes, durch das Gott alle Dinge trägt.

Wir verwerfen die falsche Lehre, als solle und könne der Staat über seinen besonderen Auftrag hinaus die einzige und totale Ordnung menschlichen Lebens werden und also auch die Bestimmung der Kirche erfüllen.

Wir verwerfen die falsche Lehre, als solle und könne sich die Kirche über ihren besonderen Auftrag hinaus staatliche Art, staatliche Aufgaben und staatliche Würde aneignen und damit selbst zu einem Organ des Staates werden.

6. »Siehe, ich bin bei euch alle Tage bis an der Welt Ende« (Matth. 28,20). »Gottes Wort ist nicht gebunden« (2. Tim. 2,9).

Der Auftrag der Kirche, in welchem ihre Freiheit gründet, besteht darin, an Christi Statt und also im Dienst seines eigenen Wortes und Werkes durch Predigt und Sakrament die Botschaft von der freien Gnade Gottes auszurichten an alles Volk.

Wir verwerfen die falsche Lehre, als könne die Kirche in menschlicher Selbstherrlichkeit das Wort und Werk des Herrn in den Dienst irgendwelcher eigenmächtig gewählter Wünsche, Zwecke und Pläne stellen.

Die Bekenntnissynode der Deutschen Evangelischen Kirche erklärt, daß sie in der Anerkennung dieser Wahrheiten und in der Verwerfung dieser Irrtümer die unumgängliche theologische Grundlage der Deutschen Evangelischen Kirche als eines Bundes der Bekenntniskirchen sieht. Sie fordert alle, die sich ihrer Erklärung anschließen können, auf, bei ihren kirchenpolitischen Entscheidungen dieser theologischen Erkenntnisse eingedenk zu sein. Sie bittet alle, die es angeht, in die Einheit des Glaubens, der Liebe und der Hoffnung zurückzukehren.

Verbum Dei manet in aeternum.

[76] *Wort der Bekenntnissynode der Evangelischen Kirche der altpreußischen Union an die Gemeinden*

[4./5. März 1935 in Berlin-Dahlem]

Wir sehen unser Volk von einer tödlichen Gefahr bedroht. Die Gefahr besteht in einer neuen Religion. Die Kirche hat auf Befehl ihres Herrn darüber zu wachen, daß in unserm Volk Christus die Ehre gegeben wird, die dem Richter der Welt gebührt. Die Kirche weiß, daß sie von Gott zur Rechenschaft gezogen wird, wenn das deutsche Volk ungewarnt sich von Christus abwendet.

I. Das erste Gebot lautet: »Ich bin der Herr Dein Gott. Du sollst nicht andere Götter haben neben mir.« Wir gehorchen diesem Gebot allein im Glauben an Jesus Christus, den für uns gekreuzigten und auferstandenen Herrn. Die neue Religion ist Auflehnung gegen das erste Gebot.

1. In ihr wird die rassisch-völkische Weltanschauung zum Mythos. In ihr werden Blut und Rasse, Volkstum, Ehre und Freiheit zum Abgott.
2. Der in dieser neuen Religion geforderte Glaube an das »ewige Deutschland« setzt sich an die Stelle des Glaubens an das ewige Reich unseres Herrn und Heilandes Jesus Christus.
3. Dieser Wahnglaube macht sich seinen Gott nach des Menschen Bild und Wesen. In ihm ehrt, rechtfertigt und erlöst der Mensch sich selbst. Solche Abgötterei hat mit positivem Christentum nichts zu tun. Sie ist Antichristentum.

II. Angesichts der Versuchung und Gefahr dieser Religion haben wir, gehorsam unserem kirchlichen Auftrag, vor Staat und Volk zu bezeugen:

1. Der Staat hat seine Hoheit und Gewalt durch das Gebot und die gnädige Anordnung Gottes, der allein alle menschliche Autorität begründet und begrenzt. Wer Blut, Rasse und Volkstum an Stelle Gottes zum Schöpfer und Herrn der staatlichen Autorität macht, untergräbt den Staat.
2. Das irdische Recht verkennt seinen himmlischen Richter und Hüter, und der Staat selbst verliert seine Vollmacht, wenn er sich mit der Würde eines ewigen Reiches bekleiden läßt und

seine Autorität zu der obersten und letzten auf allen Gebieten des Lebens macht.

3. Gehorsam und dankbar erkennt die Kirche die durch Gottes Wort begründete und begrenzte Autorität des Staates an. Darum darf sie sich nicht dem die Gewissen bindenden Totalitätsanspruch beugen, den die neue Religion dem Staate zuschreibt. Gebunden an Gottes Wort ist sie verpflichtet, vor Staat und Volk die Alleinherrschaft Jesu Christi zu bezeugen, der allein Macht hat, die Gewissen zu binden und zu lösen: Ihm ist gegeben alle Gewalt im Himmel und auf Erden.

III. Die Kirche hat nach dem Befehl ihres Herrn allem Volk das Evangelium von der Gnade und Herrlichkeit Jesu Christi zu predigen.

1. Darum darf sie sich nicht aus der Öffentlichkeit der Welt in einen Winkel privater Frömmigkeit abdrängen lassen, wo sie in Selbstgenügsamkeit ihrem Auftrag ungehorsam würde.
2. In all ihrem Reden und Tun hat sie Gott allein die Ehre zu geben. Darum muß sie der Verweltlichung ihrer Sitte wehren, der Entheiligung ihres Sonntags, der Entchristlichung ihrer Feste widerstehen.
3. Der Auftrag Jesu Christi verpflichtet die Kirche in der Verantwortung für das gegenwärtige und zukünftige Geschlecht, für eine schriftgemäße Unterweisung und Erziehung der Jugend Sorge zu tragen. Sie muß ihre auf den Namen des dreieinigen Gottes getauften Glieder vor einem Weltanschauungs- und Religionsunterricht bewahren, der unter Verstümmelung und Beiseiteschiebung der Heiligen Schrift Alten und Neuen Testamentes zum Glauben an den neuen Mythos erzieht.
4. Die Kirche betet, daß Gottes Name bei uns geheiligt werde, daß sein Reich zu uns komme und daß sein guter, gnädiger Wille auch bei uns in Volk und Staat geschehe. Im Glauben an die Vergebung der Sünden erfleht sie über Volk und Obrigkeit den Segen des Gottes und Vaters Jesu Christi, der sich erbarmt über die, so ihn fürchten. Darum muß die Kirche darüber wachen, daß die ihr durch Gottes Wort befohlene Fürbitte und Danksagung für alle Obrigkeit in der Wahrheit geschehe und nicht zu einer religiösen Verklärung und Weihung irdischer Mächte und Ereignisse werde. Jeder Eid wird vor Gottes Angesicht geleistet und stellt die in ihm übernommene Verpflichtung unter die Verantwortung vor Gott. Der Eid findet seine Grenze darin, daß allein Gottes Wort uns unbedingt bindet.

An Gottes Wort gebunden, ruft die Kirche ihre Glieder auf zu willigem Gehorsam, Einsatz und Opfer für Staat und Volk. Sie warnt davor, sich einer Abgötterei zu überantworten, durch die wir uns Gottes Zorn und Gericht zuziehen. »Wir sollen Gott über alle Dinge fürchten, lieben und vertrauen.«

[77] *Erlaß des Führers und Reichskanzlers über die Einberufung einer verfassunggebenden Generalsynode der Deutschen Evangelischen Kirche, vom 15. Februar 1937*

Nachdem es dem Reichskirchenausschuß nicht gelungen ist, eine Einigung der kirchlichen Gruppen der Deutschen Evangelischen Kirche herbeizuführen, soll nunmehr die Kirche in voller Freiheit nach eigener Bestimmung des Kirchenvolkes sich selbst die neue Verfassung und damit eine neue Ordnung geben. Ich ermächtige daher den Reichsminister für die kirchlichen Angelegenheiten, zu diesem Zwecke die Wahl einer Generalsynode vorzubereiten und die dazu erforderlichen Maßnahmen zu treffen.
Berchtesgaden, den 15. Februar 1937

Der Führer und Reichskanzler: Adolf Hitler

[78] *Bericht über eine Verhaftungsaktion (1937)*

... Am Mittwoch, dem 23. Juni, fand in der Kirche am Friedrich-Werderschen Markt zu Berlin eine *Reichsbruderratssitzung* statt, die ein kirchengeschichtliches Ereignis einzigartiger und trauriger Art geworden ist. Die Sitzung begann unter dem Vorsitz von Präses Koch gegen 1/2 11 Uhr, sie fand statt im Chorraum der von Schinkel erbauten Kirche. Alle Türen waren verschlossen. Nachdem etwa 1 1/2 Stunden lang von den verschiedenen Seiten die bedrängte Lage der Kirche geschildert worden war – die bayrischen und hannoverschen Vertreter fehlten, es stellte sich heraus, daß der Nachrichtendienst der BK schon derart gestört war, daß sehr viele aus den nichtpreußischen Kirchen nicht entfernt im Bilde waren – und man über ein gemeinsames Wort angesichts der kommenden Wahl und der durch sie zweifellos bewirkten völligen Zerschlagung der DEK gesprochen hatte, nahm die Sitzung eine überraschende Wendung. Aus dem Halbdunkel der Kirche tauchte eine Abteilung von Männern auf; sie schritt auf den Chorraum zu, ihr Führer stellte sich als ein Beamter der Geheimen Staatspolizei vor und forderte alle Anwesenden auf, sich zu legitimieren. Die Gruppe bestand aus elf oder zwölf Leuten. Nachdem alle Personalien festgestellt waren, zogen sich die Stapobeamten etwas

zurück, verglichen die Namen und schritten nun zur Verhaftung von acht unserer Brüder, unter ihnen: Pfarrer Müller-Dahlem, der Vorsitzende der VL; Pfr. Dr. Böhm, Mitglied der VL; Pfr. Dr. Beckmann, Düsseldorf; Pfr. Dr. von Rabenau-Schöneberg; Assessor Perels-Stettin. Nach der Verhaftung erhoben sich die Glieder des Bruderrates und stimmten an: Dein Wort ist unseres Herzens Trutz und Deiner Kirche wahrer Schutz. Bevor die Verhafteten abgeführt wurden, ging Präses Koch zu ihnen und sprach zu ihnen unter dem Altar die Worte des Segens: Es segne und behüte euch der Allmächtige und barmherzige Gott, Vater, Sohn und Heiliger Geist. Dann wurden unsere acht Brüder in das Polizeigefängnis am Alexanderplatz gebracht.
Während der Verhaftung hatte sich die Abteilung Stapo daran gemacht, sämtliches Gepäck und alle Mappen der Anwesenden einer gründlichen Durchsicht zu unterziehen. Das wurde auch von einer zurückbleibenden Gruppe fortgesetzt, eine ganze Reihe von Schriftstücken, Akten etc. wurde beschlagnahmt und mitgenommen. Gegen 1 Uhr war die Aktion beendet. Der Rest des Reichsbruderrates konnte weitertagen. Jedoch wurde die Sitzung bald unterbrochen. Nach der Mittagspause tagte man bis zum Abend an einem andern Ort weiter . . .

[79] *Kanzelabkündigung zum Ausgang des Prozesses gegen Martin Niemöller (1938)*

Mit tiefer Bewegung und in gespannter Erwartung hat die evangelische Christenheit in Deutschland den Ausgang des Prozesses erwartet, in dem ein Sondergericht ein Urteil fällen sollte über die schweren Anklagen, die gegen Pfarrer Martin Niemöller erhoben waren. Das Gericht hat ihn zu 7 Monaten Festungshaft und 2000,– RM Geldstrafe verurteilt und weiter dahin erkannt, daß die 7 Monate Festungshaft und 500,– RM von der Geldstrafe durch die Untersuchungshaft verbüßt sind.
Nach dem Gesetzbuch darf auf Festungshaft nur dann erkannt werden, »wenn die Tat sich nicht gegen das Wohl des Volkes gerichtet und der Täter ausschließlich aus ehrenhaften Beweggründen gehandelt hat«. Durch das Urteil ist also festgestellt, daß Pfarrer Niemöller nicht gegen das Wohl des Volkes verstoßen und ausschließlich aus ehrenhaften Beweggründen gehandelt hat . . .
Martin Niemöller ist *nicht* in Freiheit gesetzt. Er ist in ein Konzentrationslager überführt – für unbestimmte Zeit. Damit ist ihm der Makel eines Volksschädlings angehängt. Diese Maßnahme

ist mit dem Urteil des Gerichtes nicht vereinbar. Es steht geschrieben: »Recht muß doch Recht bleiben« und: »Gerechtigkeit erhöht ein Volk, aber die Sünde ist der Leute Verderben.« ...

[80] *Wie ein Pg. das Reichskonkordat versteht*

Einspruch des Kölner Generalvikariats beim Oberpräsidenten der Rheinprovinz in Koblenz gegen die Tätigkeit des Pg. Friedrichs, des Leiters der Landesführerschule in Königswinter.

21. 2. 1935

Seit Monaten gehen uns bittere Klagen zu über die Tätigkeit des Leiters der Landesführerschule in Königswinter, Herrn Friedrichs, der namentlich während der nationalsozialistischen Schulungskurse für Erzieher in Kettwig, aber auch bei anderer Gelegenheit, in unverantwortlicher Weise über Christentum und Kirche, geistliche Personen und religiöse Einrichtungen sich ausgelassen hat. Katholische und, wie uns versichert wird, auch evangelische Teilnehmer an den in Kettwig gehaltenen Vorträgen sind entsetzt und erbittert über das, was Herr Friedrichs ihnen zu bieten wagte. Freilich soll den Anwesenden vorsorglich verboten worden sein, sich irgendwie Aufzeichnungen während der Vorträge zu machen. Manche Darlegungen haben sich aber den Hörern unvergeßlich eingeprägt und dieselben tiefstens erschüttert.

Glaubenswahrheiten, die den Katholiken und auch andersgläubigen Christen heilig sind, werden von Herrn Friedrichs verspottet und als menschliche Erfindungen bezeichnet; Gebräuche der Liturgie und des Gebetslebens wurden verhöhnt und in das Lächerliche gezogen; verehrungswürdige kirchliche Personen wurden beschimpft und verspottet. Ein zweistündiger Vortrag des Herrn Friedrichs über die Aufgaben des Lehrers im neuen Staat soll eine einzige nicht mehr zu überbietende Schmähung von Christentum und Kirche gewesen sein. Den Tiefstand dieses Vortrages kennzeichnen folgende Worte, zu denen Herr Friedrichs sich hinreißen ließ: »Lehrer, die den Kindern noch etwas über die Erbsünde sagen, müßte man erschießen; die hat man am 30. Juni vergessen.«

Wenn wir nun auch in erster Linie gegen die verwirrende, niederreißende und beleidigende Art des Herrn Friedrichs während der Kettwiger Vorträge, zu denen auch katholische Lehrer und Erzieher einberufen waren, schärfstens Einspruch erheben müssen, so kann uns doch auch nicht gleichgültig sein das Auftreten des Herrn Friedrichs in der Universität Köln. Auch hier erging er sich in Schmähungen und Kränkungen der katholischen Kirche, ob-

schon bürgerlicher Anstand, Rücksicht auf die Einigkeit des Volkes, der oft erklärte Wille des Führers und Reichskanzlers und nicht zuletzt das Reichskonkordat, das die guten Beziehungen zwischen dem Hl. Stuhl und dem Deutschen Volk dem Redner starke Hemmungen hätten bieten müssen.
Ergebenst bitten wir den Herrn Oberpräsidenten, unsere Beschwerde zu prüfen und für die erforderliche Abhilfe geneigtest Sorge zu tragen.
Den Herren Regierungspräsidenten von Köln und Düsseldorf, in deren Bezirken Herr Friedrichs zu Beschwerden Anlaß gab, haben wir dieses Schreiben in Abschrift übermittelt ...

[81] *Verbot der katholischen Jugend*

[Verfügung der Münchener Polizeidirektion vom 23. April 1934]

Die Polizeidirektion München teilt mit:
Zur Aufrechterhaltung der öffentlichen Ruhe, Ordnung und Sicherheit erläßt die Polizeidirektion folgende ortspolizeiliche Vorschrift:
§ 1. Das Tragen von einheitlicher Kleidung, von uniformähnlichen Bekleidungsstücken sowie von Abzeichen, durch welche die Zugehörigkeit zu einer katholischen Jugend- oder Jungmänner-Organisation zum Ausdruck gebracht wird, ist *verboten.*
§ 2. Zuwiderhandlungen gegen die Vorschriften werden mit *Haft* bis zu sechs Wochen oder mit Geldstrafe bis zu 150 Mark bestraft.
§ 3. Die vorstehenden Vorschriften treten mit der Verkündigung in Kraft ...

[82] *Die »Brandverordnung« im Kampf gegen die Kirche*

a) VERBOT RELIGIÖSER ZEITUNGSBEILAGEN

[Verfügung des Innenministers von Oldenburg vom Juni 1934]

... Auf Grund der Verordnung des Reichspräsidenten zum Schutze von Volk und Staat vom 28. Februar 1933 wird für den Landesteil Oldenburg angeordnet:
§ 1. Tageszeitungen, die im Landesteil Oldenburg gedruckt und verlegt werden, dürfen keine religiösen Beilagen haben.
§ 2. Zuwiderhandlungen von Druckern oder Verlegern gegen § 1 unterliegen den im § 4 der Verordnung zum Schutze von Volk und Staat angedrohten Strafen ...

b) VERBOT DES VERTRIEBS VON RELIGIÖSEN DRUCKSCHRIFTEN

[POLIZEIPRÄSIDIUM]
Dienststelle 512

München, 29. Februar 1936

An den Bernreuther-Verlag und Kunsthandlung
in München, Goethestr. 64

Betreff: Vertrieb religiöser Druckschriften, Bilder und Bildwerke.
Auf Grund des § 1 der VO des Reichspräsidenten zum Schutze von Volk und Staat vom 28. Februar 1933 (RGBl. 1933 I, S. 83) ist der Vertrieb *religiöser* Druckschriften, Bilder und Bildwerke (z. B. Figuren, Kreuze usw.) von Haus zu Haus oder durch Aufsuchen von Bestellungen mit sofortiger Wirksamkeit verboten. Zuwiderhandlungen werden nach § 4 a. a. O. mit Gefängnis nicht unter einem Monat und mit Geldstrafen von RM 150,– bis zu RM 15 000,– bestraft.

I. A. Mayr

[83] *Der Streit um Rosenbergs »Mythus des 20. Jahrhunderts«*

a) DER PROTEST DES PAPSTES (1936)

... Die Darlegungen der Note zu der Frage Rosenberg usw. weichen den Erörterungen des Hauptproblems sichtlich aus, nämlich dem der *amtlichen und halbamtlichen Durchdringung des gesamten Schulungswesens* mit dem kirchenfeindlichen und antichristlichen Geist, der in den Schriften dieses einflußreichen Amtsträgers der den Staat tragenden Partei kämpferisch vertreten ist. Nicht die Abwehr der Bischöfe, sondern der allseits eingesetzte amtliche und halbamtliche Druck, der die genannten Schriften zur Grundlage staatlicher Schulungs- und Erziehungsveranstaltungen machte und macht, hat sie zu der Verbreitung kommen lassen, die sie gefunden haben. Diese vom Hl. Stuhl bereits früher dargelegte und bewiesene Tatsache dauert unvermindert fort mit all den unerträglichen Auswirkungen, die sie für den inneren Frieden, die Gewissen der Gläubigen, die Erziehung der jungen Generation haben. Aus dieser Quelle träufelt *Tag für Tag das Gift der Verhetzung und Verächtlichmachung der Kirche,* ihrer Geschichte und Einrichtungen, ihrer Diener und Leiter bis zur höchsten Spitze, dem Papsttum und seinem jetzigen Träger ...

b) DER PROTEST DES LANDPFARRERS

VOM KATHOLISCHEN PFARRAMT PERASDORF *Perasdorf, 15. April 1935*

Herr Reichskanzler und Reichspräsident!
Betreff: Beeinträchtigung der religiösen Rechte.

Was *das positive Christentum ist,* das kann nicht der *Staat* bestimmen. Hier spricht allein die *Kirche.*

Noch weniger ist es die Sache irgendwelcher *einzelner Persönlichkeiten,* den Inhalt des Gottesglaubens nach eigenem Gutdünken maßgebend zu bestimmen. Das Vergnügen ihrer privaten Meinung soll ihnen unbenommen bleiben. Wenn aber ein Rosenberg, ein Baldur von Schirach und noch mancher andere ihrer Art mit auffallender Angelegentlichkeit ihren Glauben an Gott öffentlich beteuern, so muß ein solches Bekenntnis dem Angehörigen irgendeiner positiven, d. h. kirchlichen Form des Christentums notwendigerweise äußerst gleichgültig sein.

Der Katholik kann sich oft des unwillkürlichen Eindruckes nicht erwehren, daß der tonangebende Zeitgeist nicht eben so besonders viel dagegen einzuwenden hätte, wenn vom deutschen Volke eine Geistesrichtung Besitz ergreifen würde, welche der gläubige Christ *modernes Heidentum* nennen müßte, wenn sie auch gleich nur schaler, *hohler Rationalismus* ist.

Rosenbergs »Mythus«, diese *neue* Sammlung *alter* rationalistischer Irrtümer, ist eine religiöse Kriegserklärung. Kaum einmal wird eine *politische* Rede gehalten, welche nicht durch *Angriffe auf die Konfessionen* entstellt wäre. Manche derartige Leistung ist geradezu unerhört. Es wäre nicht gut, wenn sich die Gegensätze so lange zuspitzen würden, bis die Lage unerträglich würde.

Wenn wir amtliche Vertreter des positiven Christentums ferner noch ernst genommen werden wollen, werden wir in absehbarer Zeit jeden öffentlichen Angriff auf die Religion ebenso öffentlich und bestimmt abweisen müssen.

Schließlich täte uns positiven Christen – Katholiken wie Protestanten – wieder eine strengere Kirchenzucht not. Man hat sie ja schon gehabt. Auch in nicht mehr konfessionellen Schulen müßten die *Kirchen auf diese Weise ihre natürlichen Rechte wahren.*

Als zufällige Probe blinder Gehässigkeit liegt ein Flugblatt bei, welches jüngst im katholischen Straubing verbreitet worden ist. Empörend waren allerlei Vorgänge bei der katholischen Caritassammlung in München. Wenn sich die Polizei nachträglich in starken Worten gefiel, so hat sie sich damit vor der breitesten Öffentlichkeit bloß selbst ins Unrecht gesetzt.

gez. Witt, Pfarrer

[84] *Über den Totalitätsanspruch des Staates*

[Aus einer Note des Heiligen Stuhles an die Reichsregierung im Jahre 1934]

... Wie Seine Heiligkeit Papst Pius XI. in Seinem Schreiben vom 26. April 1931 darlegt, ist hinsichtlich des Begriffes der »Totalität« des Staates eine wesentliche Unterscheidung zwischen richtig und falsch verstandener Totalität vonnöten, wenn nicht verhängnisvolle Begriffsverwirrungen eintreten sollen. Wird die Totalität so verstanden, daß in all dem, was gemäß dem eigentlichen Daseinszweck des Staates der staatlichen Zuständigkeit angehört, die Gesamtheit aller Staatsbürger ohne Ausnahme dem Staat und der ihn lenkenden rechtmäßigen Regierung untertan sei (*subjektive Totalität* = Totalität des staatsunterworfenen *Personenkreises*), so ist das zweifellos zu bejahen. Gleiches läßt sich jedoch keineswegs sagen, wenn man darunter eine sogenannte *objektive Totalität* (Totalität der *Sachgebiete*) verstehen will und behauptet, die Gesamtheit der Staatsbürger unterstehe auch in der Gesamtheit dessen, was ihr *persönliches, familienmäßiges, geistiges und übernatürliches Leben* beinhalte, dem Staate oder – was noch falscher wäre – dem Staate gar allein oder vornehmlich. Unter Beschränkung auf das, was im vorliegenden Zusammenhang in vorderster Linie steht, kann mit dem genannten Papstbrief nur ausdrücklich darauf hingewiesen werden, daß »eine *Totalität des Regimes und des Staates*, die auch das *übernatürliche Lebensgebiet* umfassen wollte, schon in der *Vorstellung* eine offenbare *Sinnlosigkeit* (assurdità) sein würde und – in die *Tat* übersetzt – eine wirkliche *Ungeheuerlichkeit* (mostruosità)«. Der *erzieherische Totalitätsanspruch des Staates* ist demnach nicht nur in thesi falsch, sondern auch in praxi auf die Dauer *selbstmörderisch.* Die Geister, die er auf den Wegen einer konfessionsfreien und konfessionsfeindlichen Staatserziehung heranzieht, werden in ihrer religiösen Entbundenheit seine Feinde von morgen sein. *Es gibt keine wahre Volks- und Staatswohlfahrt ohne Religion.* Nur zuchtvolle Kraft ist wahren Aufbaus fähig. Zuchtentwöhnte physische Kraft wird in Zerstörung enden. Zucht ist undenkbar ohne Norm. *Menschliche Norm ist undenkbar ohne Verankerung im Göttlichen ...*

[85] *Das Reich interveniert gegen das päpstliche Rundschreiben*

a) DER REICHS- UND PREUSSISCHE MINISTER FÜR DIE KIRCHLICHEN ANGELEGENHEITEN AN DIE BISCHÖFE DER DEUTSCHEN DIÖZESEN

Schnellbrief
m G II 1502 *Berlin, den 23. März 1937*

Das päpstliche Rundschreiben an Erzbischöfe und Bischöfe Deutschlands vom 14. März darstellt schwere Verletzung der im Reichskonkordat festgestellten Vereinbarungen. Es steht im krassen Widerspruch mit Geist Konkordats und seinen ausdrücklichen Bestimmungen.

Rundschreiben enthält schwere Angriffe auf Wohl und Interesse deutschen Staatswesens. Es versucht, Autorität Reichsregierung herabzusetzen, Wohl deutschen Staatswesens nach außen zu schädigen und vor allen Dingen durch den unmittelbaren Appell des Vertragspartners der Reichsregierung an die katholischen Staatsbürger den inneren Frieden der Volksgemeinschaft zu gefährden. Für derartiges feindseliges Verhalten bietet Reichskonkordat keine Freistatt. Es wird weder durch seinen Geist noch durch die ausdrücklichen Bestimmungen gedeckt.

Daher werden den Bischöfen und sonstigen Ordinarien unter Berufung auf Artikel 16 Reichskonkordates Druck, Vervielfältigung und Vertreibung Rundschreibens in jeder Form verboten.

In Vertretung:
H. MUHS

b) DIE GESTAPO GREIFT EIN

GEHEIME STAATSPOLIZEI
STAATSPOLIZEILEITSTELLE MÜNCHEN *München, 27. März 1937*

Betreff: Päpstliches Rundschreiben über die Lage der Katholischen Kirche im Deutschen Reich.

Papst Pius XI. hat an die Erzbischöfe Deutschlands ein Rundschreiben über die Lage der katholischen Kirche im Deutschen Reiche erlassen, das bereits am 21. März 1937 von den Kanzeln der Kirche verlesen wurde und in der Zwischenzeit auch im Druck erschienen ist.

Da das Rundschreiben *hochverräterische Angriffe* gegen den nationalsozialistischen Staat enthält, wird folgendes angeordnet:

1. *Sämtliche außerhalb der Kirchen und Pfarrhöfe greifbaren Exemplare* des Rundschreibens sind zu *beschlagnahmen*. Auch die

im Besitz von Privatpersonen vorgefundenen Einzelstücke sind einzuziehen.
Druckschriften, die sich in Händen von Geistlichen befinden, werden von dieser Maßnahme nicht berührt.
2. *Sämtliche Personen, die sich mit der Verteilung der Schriften außerhalb der Kirchen und Pfarrhäuser befassen,* sind, soweit es sich nicht um Geistliche handelt, *sofort festzunehmen* und umgehend dem Gericht zur strafrechtlichen Aburteilung zu überstellen. Ihre Entfernung aus der Partei, ihren Gliederungen und angeschlossenen Verbänden, wie DAF, ferner Handwerkskammer und dergleichen, ist sofort zu veranlassen.
3. *Kirchenblätter und kirchliche Amtsblätter,* die das Rundschreiben abgedruckt haben, *sind zu beschlagnahmen und auf die Dauer von drei Monaten zu verbieten.*
4. *Druckereien und Verlage,* in denen das Rundschreiben hergestellt bzw. verlegt wurde, sind *sofort zu schließen.* Die verantwortlichen Personen (Verleger, Drucker, Schriftleiter) sind unverzüglich hierher zu melden, damit von hier aus weitere Maßnahmen gegen sie ergriffen werden können.

I. V. gez. Dr. Stepp

c) DER ERZBISCHOF ÜBERNIMMT DIE VERANTWORTUNG . . .

DER ERZBISCHOF
VON MÜNCHEN UND FREISING

an Herrn Dr. Valentin Mayer
Druckerei Höfling-München

Geehrter Herr Doktor!

Für die strafrechtlichen Verhandlungen über das päpstliche Rundschreiben vom 14. März 1937 (Lage der katholischen Kirche im Deutschen Reich) erkläre ich, daß der Auftrag zur Drucklegung und zur Verlesung des Rundschreibens in den Kirchen meiner Erzdiözese von mir gegeben wurde und das Begleitschreiben an die Seelsorgstellen, das über die Verlesung nähere Anweisungen erteilte, mit meinem vollen Namen gezeichnet ist. *Damit habe ich die moralische Verantwortung übernommen,* wenn das Rundschreiben wirklich strafrechtliche Nachspiele haben sollte. In dem Maße, in dem ich diese Verantwortung übernehme, *will ich den Drucker entlasten,* der in gutem Glauben einen Druckauftrag ausführen konnte, weil er keine polizeiliche Zensurstelle bildet, und der von der Minute ab, in der ihm das Verbot der Geheimen Staatspolizei bekannt wurde, kein einziges Stück mehr druckte. Ebenso *will ich die braven Arbeiter entlasten,* die sich in keiner

Weise bewußt waren, etwas Unrechtes zu tun und deshalb nach gesundem Rechtsempfinden nicht gestraft werden können. Ich ermächtige Sie, sehr geehrter Herr Doktor, von dieser Erklärung jeden Ihnen gut scheinenden Gebrauch zu machen.

München, 3. April 1937 gez. Kardinal Faulhaber
Erzbischof von München

d) ... ABER DEM DRUCKER HILFT ES NICHTS!

B. Nr. 65995/37 – II 1 K – Br. [14. Juni 1937]

Betrifft: Einziehung volks- und staatsfeindlichen Vermögens; hier Buchdruckerei und Verlag Valentin *Höfling* in München, Lämmerstraße 1 (Inhaber: Dr. Valentin Mayer).

Beschluß

Auf Grund des § 1 Abs. 1 des Gesetzes über die Einziehung *kommunistischen Vermögens* vom 26. Mai 1933 (RGBl. X, S. 293) in Verbindung mit dem Gesetz vom 14. Juli 1933 (RGBl. I, S. 479) über die Einziehung *volks- und staatsfeindlichen Vermögens* und der Min.Bekm. vom 19. Sept. 1933 Nr. 3862 a 133 (St.Anzeiger Nr. 218), wird hiermit *das gesamte Vermögen* der Firma

Buchdruckerei und Verlag Valentin Höfling

in München, Lämmerstraße 1, – Inhaber Dr. Valentin Mayer in München, Potsdamer Straße 5 – unter Bestätigung der Beschlagnahmung am 11. Juni 1937 auf Grund § 1 der VO des Herrn Reichspräsidenten zum Schutze von Volk und Staat vom 28. Februar 1933 (RGBl. I, S. 83) zugunsten des Landes Bayern eingezogen. gez. Christmann

e) AUSSCHLUSS AUS DER REICHSPRESSEKAMMER!

DER PRÄSIDENT DER
REICHSPRESSEKAMMER

Berlin W 35, am 27. Aug. 1937
Viktoriastraße 11
Fernsprecher: 22 01 88

Geschäftszeichen: A 2 5092
Dr. Mö/Hn./XII

Einschreiben!
mit Rückschein!

Herrn Dr. Valentin Mayer
München
Potsdamer Str. 5

Betr. Verlag Valentin Höfling, München, Lämmerstraße 1.

Unter Bezugnahme auf den Erlaß des Herrn Reichsministers des Innern vom 25. Mai 1937 schließe ich Sie hiermit auf Grund des

§ 10 der I. Verordnung zur Durchführung des Reichskulturkammergesetzes vom 1. November 1933 (RGBl. I/1933 S. 797 ff.) *wegen mangelnder Zuverlässigkeit und Eignung* mit sofortiger Wirkung aus der Reichspressekammer aus und untersage Ihnen jede weitere pressemäßige Betätigung.

[Siegel] Im Auftrage: gez. Dr. Richter

[86] *Der Kampf gegen die Klöster*

a) AUS EINER GEHEIMANWEISUNG DES SD (1938)

... *Die Orden* sind der militante Arm der katholischen Kirche. Sie müssen daher von ihren Einflußgebieten *zurückgedrängt, eingeengt und schließlich vernichtet werden* ...
Für umfassendere Maßnahmen auf dem Gebiete des Ordenswesens muß der Boden erst *propagandistisch* noch mehr vorbereitet werden ...

b) SS-VETERANEN ALS KLOSTERVERWALTER GESUCHT!

INSPEKTEUR DER SICHERHEITSPOLIZEI
UND DES SD IN WIESBADEN

Wiesbaden, den 9. April 1940
Gustav-Freytag-Straße 9

Geheim

An das
Hauptfürsorge- und Ver.Amt – SS
Berlin W 15
Kurfürstendamm 217

Betreff: Personal für den Verein für Volkspflege e. V.
Vorgang: ohne

Der Deutsche Reichsverein für Volkspflege und Siedlerhilfe e. V. in Berlin, dem einzelne Gauvereine unterstellt sind, ist mit Einverständnis des Reichsführers SS gegründet worden. *Er hat die Aufgabe, Kirchengrundbesitz wie Klöster, konfessionelle Anstalten usw. den Kirchen zu entziehen und der Partei und ihren Gliederungen zur Verfügung zu stellen.* Durch enge Zusammenarbeit des SD mit der Geheimen Staatspolizei und dem Regierungspräsidenten in Wiesbaden, als der staatlichen Aufsichtsbehörde über kirchliche Stiftungen, ist es bisher gelungen, allein im Regierungsbezirk Wiesbaden Klöster im Werte von rund 30 000 000 RM der katholischen Kirche zu entziehen und sie der deutschen Volksgemeinschaft nutzbar zu machen. Ein Zugriff auf weitere Klöster usw. wird zum Teil dadurch erschwert, daß keine geeigneten SS-Angehörigen zur Verfügung stehen, die *als Verwalter* bei den einzelnen Klöstern eingesetzt werden können. In meiner Eigenschaft als Vorsitzender des Gaues Hessen-Nassau – SS-Gruppenführer Heydrich ist mit der Übernahme dieses Amtes durch mich einverstanden – wende ich mich deshalb mit folgender Bitte an Sie:

Ich bitte zu prüfen, ob nicht ältere *SS-Angehörige* oder vielleicht auch solche zur Verfügung stehen, die infolge einer Verwundung für den Dienst der Waffen nicht mehr in Frage kommen. Diese SS-Angehörigen könnten in öffentlichen Anstalten des Regierungsbezirkes ausgebildet und damit in die Lage versetzt werden, Klöster mit ihrem wertvollen Grundbesitz zu verwalten, schriftlich und mündlich mit den verschiedenen Dienststellen zu verkehren, Anordnungen über den Betrieb der Landwirtschaft zu geben und sich gegenüber den anfänglich noch in den Klöstern befindlichen Klosterinsassen durchzusetzen. Für eine solche Ausbildung wird etwa eine Zeit von zwei Monaten notwendig sein. Nach erfolgter Ausbildung könnten sie dann nach Bedarf als Verwalter bei solchen kirchlichen Anstalten eingesetzt werden, *die zusammen mit der Geheimen Staatspolizei an zuständigen staatlichen Stellen auf meine Weisung hin den Kirchen entzogen werden.*

Wesentlich ist, daß die in Frage kommenden SS-Angehörigen *nicht ohne jede kirchliche Bildung sind,* da sie wenigstens am Anfang ihrer Tätigkeit mit kirchlichen Stellen und insbesondere Klosterinsassen zu tun haben. Um sie in die Mentalität der Kirche einzuführen, wird beabsichtigt, die SS-Angehörigen nach Abschluß der fachlichen Ausbildung zu einem mehrtägigen Lehrgang zusammenzuziehen, um sie auf diese Weise auf ihre künftige Arbeit auszurichten.

gez. Unterschrift
SS-Standartenführer

c) WIE EIN KLOSTER BESCHLAGNAHMT WIRD

Bericht
über die Beschlagnahme des Dominikanerkonventes in Retz, Kreis Hollabrunn, Niederdonau

Donnerstag, den 12. September 1940, nachmittags, erschien unter Anführung des Herrn Kreisleiters Schuster aus Hollabrunn eine Kommission aus fünf Personen (darunter der Bürgermeister der Stadt Retz, *Fenk,* und der Ortsgruppenführer der NSDAP,

Diwisch) und verlangte die Besichtigung der *freien* Räumlichkeiten des Klostergebäudes. Nach eingehender Besichtigung des *ganzen* Klosters verabschiedeten sich die Herren, ohne einen Grund dieser Besichtigung angegeben zu haben.
Freitag vormittag zwischen 10 und halb 11 Uhr kam Herr Gendarmerie-Inspektor Thalhammer ins Kloster mit dem Bescheid, es sei vom Landrat Hollabrunn der Befehl gekommen, das *ganze* Kloster müsse *bis abends 6 Uhr* des gleichen Tages geräumt sein; um diese Zeit würden die Schlüssel übernommen; die Insassen mögen schauen, wo sie unterkommen könnten; die Privatsachen könnten sie mitnehmen. Durch diesen Befehl wurden 10 Personen, darunter ein 82jähriger und ein Schwerkranker mit galoppierender Schwindsucht einfach auf die Straße gesetzt. Zwei Ordensbrüder befinden sich im Wehrmachtsdienst; auch ihre Zimmer mußten geräumt werden ...

[87] *Gemeinsamer Hirtenbrief der am Grabe des hl. Bonifatius versammelten Oberhirten der Diözesen Deutschlands: Die Bedrückung der Kirche in Deutschland*

26. 6. 1941

Geliebte Diözesanen!

Wenn wir Bischöfe Deutschlands uns heute mit einem gemeinsamen Hirtenwort an alle unsere Diözesanen wenden, dann sind wir uns dabei bewußt, eine ernste Pflicht zu erfüllen, die uns durch unsere heilige Sendung auferlegt ist, aber auch einem dringenden Verlangen und einer allgemeinen Erwartung der Gläubigen zu entsprechen. Vom Standpunkt unseres hl. Glaubens wollen wir Stellung nehmen zu manchen Zeitfragen, um euch die gewünschte Aufklärung zu geben und euch in der Glaubenstreue und im Gottvertrauen zu stärken.
... Aber wir verstehen es nicht und sind mit großem Schmerz darüber erfüllt, daß manche Maßnahmen getroffen wurden, die tief in das kirchliche Leben eingreifen, ohne daß sie durch Kriegsnotwendigkeit begründet sind. Wir erinnern nur an die Einschränkungen auf dem Gebiete der religiösen Erziehung, des religiösen Schrifttums, der außerordentlichen Seelsorge in Exerzitien und Einkehrtagen, der Seelsorge in den öffentlichen Krankenanstalten, des Gottesdienstes und der kirchlichen Feiertage. Wir denken mit Trauer daran, daß in den letzten Monaten so manche Klöster und kirchliche Anstalten geschlossen und nichtkirchlichen Zwecken zugeführt wurden. Wir haben inniges Mitleid mit den Ordensleuten, die aus ihrer klösterlichen Heimat verwiesen wur-

den. Das katholische Volk dankt ihnen für alles, was sie in Seelsorge, Erziehung und Caritas in der Öffentlichkeit oder durch Gebet und Sühne in der Stille der beschaulichen Klöster gewirkt haben, und wird sie, die treuen Söhne und Töchter des Vaterlandes und der Kirche, nicht im Stich lassen.

... Unserer Kirche, der Lehrerin der Wahrheit, der Hüterin der christlichen Sitte, wollen wir gehorsam folgen, auch wenn die Beobachtung der Gebote, die sie in Gottes Namen verkündet, von uns Opfer verlangt. Gewiß gibt es nach der katholischen Sittenlehre auch Gebote, die nicht verpflichten, wenn ihre Erfüllung mit allzu großen Schwierigkeiten verbunden wäre. Es gibt aber auch heilige Gewissenspflichten, von denen uns niemand befreien kann, und die wir erfüllen müssen, koste es uns selbst das Leben: Nie, unter keinen Umständen darf der Mensch Gott lästern, nie darf er seinen Mitmenschen hassen, *nie darf er außerhalb des Krieges und der gerechten Notwehr einen Unschuldigen töten,* nie darf er ehebrechen, nie lügen. Nie darf er seinen Glauben verleugnen oder sich durch Drohung oder Versprechung verleiten lassen, aus der Kirche auszutreten. Wir erinnern die Katholiken, die meinen, aus irdisch-menschlichen Rücksichten aus der Kirche austreten zu können, an die eindringlichen Worte des Papstes Pius XI.: »Hier ist der Punkt erreicht, wo es um Letztes und Höchstes, um Rettung oder Untergang geht, und wo infolgedessen den Gläubigen der Weg heldenmütigen Starkmutes der einzige Weg des Heiles ist. Wenn der Versucher an ihn herantritt, mit dem Judasansinnen des Kirchenaustrittes, dann kann er ihm nur – auch um den Preis schwerer irdischer Opfer – das Heilandswort entgegenhalten: ›Weiche von mir, Satan, denn es steht geschrieben: Den Herrn deinen Gott sollst du anbeten und ihm allein dienen.‹ Zu der Kirche aber wird er sprechen: ›Du meine Mutter, von den Tagen meiner Kindheit an, mein Trost im Leben, meine Fürbitterin im Sterben – mir soll die Zunge am Gaumen kleben, wenn ich – irdischen Lockungen oder Drohungen weichend – an meinem Taufgelübde zum Verräter würde.‹ Solchen aber, die vermeinen, sie könnten mit äußerlichem Kirchenaustritt das innere Treuverhältnis zur Kirche verbinden, möge des Heilandes Wort ernste Mahnung sein: ›Wer mich vor den Menschen verleugnet, den werde auch ich vor meinem Vater verleugnen, der im Himmel ist‹ (Luk. 12,9)« ...

[88] Nationalsozialismus und Christentum

a) IN EINEM STRENG VERTRAULICHEN RUNDSCHREIBEN MARTIN BORMANNS (1942)

Nationalsozialistische und christliche Auffassungen sind unvereinbar. Die christlichen Kirchen bauen auf der Unwissenheit der Menschen auf und sind bemüht, die Unwissenheit möglichst weiter Teile der Bevölkerung zu erhalten, denn nur so können die christlichen Kirchen ihre Macht bewahren. Demgegenüber beruht der Nationalsozialismus auf wissenschaftlichen Fundamenten. Das Christentum hat unveränderliche Grundsätze, die vor fast zweitausend Jahren gesetzt und immer mehr zu wirklichkeitsfremden Dogmen erstarrt sind. Der Nationalsozialismus dagegen muß, wenn er seine Aufgabe auch weiterhin erfüllen soll, stets nach den neuesten Erkenntnissen der wissenschaftlichen Forschungen ausgerichtet werden...

... Aus der Unvereinbarkeit nationalsozialistischer und christlicher Auffassungen folgt, daß eine Stärkung bestehender und jede Förderung entstehender christlicher Konfessionen von uns abzulehnen ist. Ein Unterschied zwischen den verschiedenen christlichen Konfessionen ist hier nicht zu machen. Aus diesem Grunde ist daher auch der Gedanke einer Errichtung einer evangelischen Reichskirche unter Zusammenschluß der verschiedenen Evangelischen Kirchen endgültig aufgegeben worden, weil die Evangelische Kirche uns genauso feindlich gegenübersteht wie die Katholische Kirche. Jede Stärkung der Evangelischen Kirche würde sich lediglich gegen uns auswirken...

... Zum ersten Male in der deutschen Geschichte hat der Führer bewußt und vollständig die Volksführung selbst in der Hand. Mit der Partei, ihren Gliederungen und angeschlossenen Verbänden hat der Führer sich und damit der deutschen Reichsführung ein Instrument geschaffen, das ihn von der Kirche unabhängig macht. Alle Einflüsse, die die durch den Führer mit Hilfe der NSDAP ausgeübte Volksführung beeinträchtigen oder gar schädigen könnten, müssen ausgeschaltet werden. Immer mehr muß das Volk den Kirchen und ihren Organen, den Pfarrern, entwunden werden. Selbstverständlich werden und müssen die Kirchen, von ihrem Standpunkt betrachtet, sich gegen diese Machteinbuße wehren. Niemals aber darf den Kirchen wieder ein Einfluß auf die Volksführung eingeräumt werden. Dieser muß restlos und endgültig gebrochen werden.

Nur die Reichsführung und in ihrem Auftrage die Partei, ihre Gliederungen und angeschlossenen Verbände haben ein Recht zur Volksführung. Ebenso wie die schädlichen Einflüsse der Astro-

logen, Wahrsager und sonstigen Schwindler ausgeschaltet und durch den Staat unterdrückt werden, muß auch die Einflußmöglichkeit der Kirche restlos beseitigt werden. Erst wenn dieses geschehen ist, hat die Staatsführung den vollen Einfluß auf die einzelnen Volksgenossen. Erst dann sind Volk und Reich für alle Zukunft in ihrem Bestande gesichert.
Wir würden die Fehler, die in den vergangenen Jahrhunderten dem Reich zum Verhängnis wurden, wiederholen, wenn wir nach dem Erkennen der weltanschaulichen Gegnerschaft der christlichen Konfessionen jetzt noch irgendwie zur Stärkung einer der verschiedenen Kirchen beitragen würden. Das Interesse des Reichs liegt nicht in der Überwindung, sondern in der Erhaltung und Verstärkung des kirchlichen Partikularismus.

M. Bormann, Reichsleiter

b) IN EINEM URTEIL DES VOLKSGERICHTS (1942)

Urteil

Im Namen des Deutschen Volkes
In der Strafsache gegen

1. den Theologiestudenten Josef *Keilen* aus Trier, geboren am 2. November 1916 in Dahl, Bezirk Wiltz (Luxemburg), ehemals Luxemburger,
2. den Pfarrer Josef *Reuland* aus Greimerath, Kreis Saarburg (Rheinprovinz), geboren am 26. April 1892 in Kreuzweiler, Kreis Saarburg,
3. den Theologiestudenten Josef *Hansen* aus Trier, geboren am 24. Dezember 1918 in Müllendorf, Bezirk Esch-Alzig (Luxemburg), ehemals Luxemburger,

sämtlich in dieser Sache in gerichtlicher Untersuchungshaft, wegen Vorbereitung zum Hochverrat u. a.
hat der Volksgerichtshof, 1. Senat, auf Grund der Hauptverhandlung vom 23. November 1942, an welcher teilgenommen haben

als Richter:

Präsident des Volksgerichtshofs Dr. Freisler, Vorsitzer,
Landgerichtsdirektor Stier,
SA-Brigadeführer Liebel,
SA-Gruppenführer Aumüller,
Oberbereichsleiter Bodinus,

als Vertreter des Oberreichsanwalts:

Erster Staatsanwalt Dr. Drullmann,

als Urkundsbeamter der Geschäftsstelle:

Justizobersekretär Peltz,
für Recht erkannt:

Die Angeklagten Reuland und Keilen haben unwahre hetzerische Behauptungen über Religionsfeindschaft des Nationalsozialismus verbreitet, dadurch Zwietracht im kämpfenden deutschen Volk gesät und so den Feind des Reiches begünstigt.
Weil ihre Tat dem Reich keinen großen Nachteil zufügen konnte, werden sie jeder lediglich mit sieben Jahren Zuchthaus bestraft.
Die bürgerlichen Ehrenrechte haben sie für sieben Jahre verwirkt.
Die Untersuchungs- und Polizeihaft wird ihnen ganz auf die Strafe angerechnet.
Dem Angeklagten Hansen ist nicht nachgewiesen, daß er solche Behauptungen böslich weitergegeben hat. Er wird deshalb freigesprochen.
Die Angeklagten Reuland und Keilen tragen die Kosten des Verfahrens, die nicht durch die Untersuchung gegen Hansen entstanden sind ...

c) TITEL-AUSWAHL ANTICHRISTLICHER SCHRIFTEN

Flucht aus dem Nonnenkloster.
Ich klage an! Jugend zerbricht unterm Kreuz.
1600 Jahre Klosterprozesse.
Die Ohrenbeichte.
Ein Blick in die Morallehre der römischen Kirche.
Der Materialismus des Christentums.
Christliche Grausamkeit an deutschen Frauen.
Rom mordet, mordet Seelen, Menschen, Völker.
Seelenmißbrauch in Klöstern.
Das Jesuitenbuch – Weltgeschichte eines falschen Priestertums.
Der Jesuitismus eine Staatsgefahr.
Heil Deutschland! Hinaus mit den Jesuiten.
Katechismus der Jesuitenmoral.
Das Geheimnis der Jesuitenmacht und ihr Ende.
Ein Priester ruft: Los von Rom und Christi.
Der Trug von Sinai.
Himmel, Hölle und Devisen.
Der Leidensweg der deutschen Frau.
Weib unterm Kreuz. Die Stellung der Frau im Christentum.
Völkerentartung unter dem Kreuz.
Verrat um Gottes Lohn?
Klerikale Unterwelt.
Induziertes Irrsein durch Okkultlehren.
Millionenfache Verhinderung gesunden deutschen Nachwuchses im christlichen Staat.
Rassenschändung.

Geplanter Ketzermord i. J. 1866.
Wirkt El Schaddai, der Judengott, noch?
Ein Römling plaudert aus der Schule.
Die katholische Kirche als Gefahr für den Staat.
Die Moral der Jesuiten eine Gefahr für Recht und Sitte.
Rom gegen Reich.
Auf steht das Reich gegen Rom.
Rom-Spiegel.
Rom wie es ist – nicht wie es scheint.
Teufelswerk.
Vatikan und Kreml.
Der Kollektivstaat – das Ziel Rom-Judas.
Die Niederlage des Papstes vor dem Drachenthron.
Die Sünden Roms.
Das Schwert der Kirche.
Judengeständnis, Völkerzerstörung durch Christentum.
Zwei Jahre hinter Klostermauern.
Frommer Schein und Wirklichkeit.
Jesuitenstreiche. – Jesuiten als Erbschleicher. – Jesuiten als Mörder. – Jesuiten als Erzieher.
Die Notwendigkeit der Ausweisung der Jesuiten aus Deutschland.
Die Rache Jehovas in Rußland.
Du sollst den Ochsen . . .!
Erlösung von Jesu Christo.
Die Päpstin Johanna.

[89] *Bischof Graf von Galen erstattet Anzeige wegen Mord (1941)*

. . . Deutsche Männer und Frauen! Noch hat Gesetzeskraft der § 211 des Reichsstrafgesetzbuches, der bestimmt: *»Wer vorsätzlich einen Menschen tötet, wird, wenn er die Tötung mit Überlegung ausgeführt hat, wegen Mordes mit dem Tode bestraft.«* Wohl um diejenigen, die jene armen, kranken Menschen, Angehörige unserer Familien, vorsätzlich töten, vor dieser gesetzlichen Bestrafung zu bewahren, werden die zur Tötung bestimmten Kranken aus der Heimat abtransportiert in eine entfernte Anstalt. Als Todesursache wird dann irgendeine Krankheit angegeben. Da die Leiche sogleich verbrannt wird, können die Angehörigen und auch die Kriminalpolizei es hinterher nicht mehr feststellen, ob die Krankheit wirklich vorgelegen hat und welche Todesursache vorlag.
Es ist mir aber versichert worden, *daß man im Reichsministerium des Innern und auf der Dienststelle des Reichsärzteführers Dr.*

Conti gar kein Hehl daraus mache, daß tatsächlich schon eine große Zahl von Geisteskranken in Deutschland vorsätzlich getötet worden ist und in Zukunft getötet werden soll. Das Reichsstrafgesetzbuch bestimmt aber in § 139: *»Wer von dem Vorhaben eines Verbrechens wider das Leben ... glaubhafte Kenntnis erhält und es unterläßt, der Behörde oder den Bedrohten hievon zur rechten Zeit Anzeige zu machen, wird ... bestraft«* ...
Als ich von dem Vorhaben erfuhr, Kranke aus Mariental abzutransportieren, um sie zu töten, habe ich am 28. Juli bei der Staatsanwaltschaft, beim Landgericht in Münster und bei dem Polizeipräsidenten in Münster *Anzeige erstattet* durch eingeschriebenen Brief mit folgendem Wortlaut: »Nach mir zugegangenen Nachrichten soll im Laufe dieser Woche (man spricht vom 31. Juli) eine große Anzahl Pfleglinge der Provinzialheilanstalt bei Mariental in Münster als sog. ›unproduktive Volksgenossen‹ nach der Heilanstalt Eichberg überführt werden, um dann alsbald, wie es nach solchen Transporten aus anderen Heilanstalten nach allgemeiner Überzeugung geschehen ist, vorsätzlich getötet zu werden.
Da ein derartiges Vorgehen nicht nur den göttlichen und natürlichen Sittengesetzen widerstreitet, sondern auch als Mord nach § 211 des Reichsstrafgesetzbuches mit dem Tode zu bestrafen ist, erstatte ich gemäß § 139 des RStrGB. pflichtgemäß Anzeige und bitte, die bedrohten Volksgenossen unverzüglich durch Vorgehen gegen die den Abtransport und die Ermordung beabsichtigenden Stellen zu schützen und mir von dem Veranlaßten Nachricht zu geben.«
Nachricht über ein Einschreiten der Staatsanwaltschaft und der Polizei ist mir nicht zugegangen ...

[90] *Kirchliche Proteste gegen Willkür und Verfolgung*

a) BISCHOF D. WURM APPELLIERT AN HITLER (1943)

... Im Namen Gottes und um des deutschen Volkes willen, sprechen wir die dringende Bitte aus, die verantwortliche Führung des Reiches wolle der Verfolgung und Vernichtung wehren, der viele Männer und Frauen im deutschen Machtbereich ohne gerichtliches Urteil unterworfen werden. Nachdem die dem deutschen Zugriff unterliegenden Nichtarier in größtem Umfang beseitigt worden sind, muß auf Grund von Einzelvorgängen befürchtet werden, daß nunmehr auch die bisher noch verschont gebliebenen sogenannten privilegierten Nichtarier erneut in Gefahr sind, in gleicher Weise behandelt zu werden. Insbesondere erheben wir eindringlichen Widerspruch gegen solche Maßnahmen, die die eheliche Gemeinschaft in rechtlich unantastbaren Familien und die aus diesen Ehen hervorgegangenen Kinder bedrohen. Diese Absichten stehen, ebenso wie die gegen die anderen Nichtarier ergriffenen Vernichtungsmaßnahmen, im schärfsten Widerspruch zu dem Gebot Gottes und verletzen das Fundament alles abendländischen Denkens und Lebens: Das gottgegebene Urrecht menschlichen Daseins und menschlicher Würde überhaupt.

In der Berufung auf dieses göttliche Urrecht des Menschen schlechthin erheben wir feierlich die Stimme auch gegen zahlreiche Maßnahmen in den besetzten Gebieten. Vorgänge, die in der Heimat bekannt geworden sind und viel besprochen werden, belasten das Gewissen und die Kraft unzähliger Männer und Frauen im deutschen Volk auf das schwerste; sie leiden unter manchen Maßnahmen mehr als unter den Opfern, die sie jeden Tag bringen. Die deutsche evangelische Christenheit muß das dringende Verlangen stellen, daß den der Macht des Reiches unterworfenen Nationen und Konfessionen die volle Freiheit der Religionsausübung und eine den Grundsätzen des Rechts und der Gerechtigkeit entsprechende Behandlung ohne Ansehen der Nation oder der Konfession gewährleistet werde. Die evangelische Christenheit weiß sich dabei in christlicher Solidarität mit all denen, die durch unverständliche Anordnungen selbst im tiefsten Elend noch daran gehindert werden, in der Gemeinschaft ihres Glaubens Trost zu suchen. Wir verkennen nicht die harten Notwendigkeiten des Krieges. Wir sind aber der Überzeugung, daß Willkürmaßnahmen gegen Leben, Eigentum und Glaubensfreiheit, die von Parteiinstanzen und staatlichen Stellen unter Berufung auf solche Notwendigkeiten durchgeführt worden sind, unendlich mehr geschadet haben als etwaiger Mißbrauch von Gerechtigkeit und Milde.

Die deutsche Christenheit hat bis heute den Angriffen auf den christlichen Glauben und die Freiheit seiner Betätigung widerstanden. Sie beklagt aber auf das tiefste die vielfache Unterdrükkung der Glaubens- und Gewissensfreiheit, die fortgehende Zurückdrängung des elterlichen und christlichen Einflusses in der Jugenderziehung, die Festhaltung von durchaus ehrenhaften Persönlichkeiten in Konzentrationslagern, die Erschütterung der Rechtspflege und die sich daraus entwickelnde allgemeine Rechtsunsicherheit überhaupt.

Indem wir dies im Namen unzähliger evangelischer Christen aussprechen, begehren wir nichts für uns selbst. Die deutsche evangelische Christenheit trägt alle Opfer mit. Sie will keine Sonderrechte und keine Bevorzugung. Sie strebt nicht nach Macht und begehrt keine Gewalt. Aber nichts und niemand in der Welt soll uns hindern, Christen zu sein und als Christen einzutreten für das, was recht ist vor Gott. Darum bitten wir in ganzem Ernst, daß die Führung des Reiches diesem Begehren Gehör schenken möge eingedenk ihrer hohen Verantwortung für Leben und Zukunft des deutschen Volkes.

gez. D. Wurm

b) PROTEST DES ERZBISCHOFS VON KÖLN (1944)

...Wir benutzen die Gelegenheit, um im Sinne des Heiligen Vaters zu fordern, daß

1. die Freiheit keinem Staatsbürger entzogen werde, ohne daß er die Möglichkeit der Verteidigung habe und einem ordentlichen oder außerordentlichen Gericht zugeführt werde,
2. niemand seiner Güter oder gar seines Lebens beraubt werde, der unschuldig ist, etwa deshalb, weil er einer fremden Rasse angehört. Das kann nur als ein himmelschreiendes Unrecht bezeichnet werden,
3. die Rechte der christlichen Familie gewahrt bleiben. Die Ehen zwischen Volksangehörigen und Fremdstämmigen, wenn sie mit kirchlicher Gutheißung geschlossen sind und zumal wenn beide Teile getaufte katholische Christen sind, sind unauflöslich, und es ist ein Verbrechen gegen Gottes Recht über die Ehe, durch irgendwelche Machenschaften solche Ehen auseinanderzutreiben...

V

DER NATIONALSOZIALISTISCHE IMPERIALISMUS

Bereits bei der Darstellung der nationalsozialistischen Ideologie haben wir gesehen, wie stark diese mit einem imperialistischen Programm innerlich verbunden ist. Eroberung neuen Lebensraumes, so erfuhren wir bereits, sei die Hauptaufgabe einer zukünftigen deutschen Außenpolitik. In den letzten Kapiteln seines Buches »Mein Kampf« hat sich Hitler ganz ausführlich mit dieser Frage beschäftigt [91]. Er macht kein Hehl daraus, daß eine solche Erweiterung des Lebensraumes nur durch einen blutigen Kampf möglich sein werde [92]. Dies stimmt nun wiederum ganz überein mit seiner darwinistischen Philosophie, wonach der Stärkere sich immer behauptet und auch das Recht hat sich durchzusetzen. Hitler denkt also gar nicht daran, die Lebensrechte anderer Völker ebenso zu achten, wie er das Lebensrecht des eigenen Volkes betont. »Die völkische Bewegung«, so schreibt er, »hat nicht der Anwalt anderer Völker, sondern der Vorkämpfer des eigenen Volkes zu sein.« Wie schon der Begriff der Rasse, so verschwimmt auch das Schlagwort vom Lebensraum völlig im Ungewissen. Nirgends wird klar ausgesprochen, welches die Grenzen des zu erobernden Lebensraumes sein sollten, genauso wenig wie Hitler und die anderen Ideologen sich des näheren darüber aussprachen, wer nun zur Herrenrasse gehören sollte und wer nicht. Diese Unbestimmtheit und Grenzenlosigkeit des imperialistischen Programms Hitlers machte zweifellos gerade seine Zugkraft aus, besonders auf alle jene Geister, die in leidenschaftlichem Drang die Hakenkreuzfahne in irgendwelche Fernen tragen wollten. Auf der anderen Seite ist diese Grenzenlosigkeit aber auch notwendig zum Verhängnis geworden. Immerhin boten diese Unbestimmtheiten Hitler nach seinem Regierungsantritt auch die Möglichkeit, der Umwelt über seine eigentlichen Absichten Sand in die Augen zu streuen.

Über einige Punkte seines außenpolitischen Programms hatte Hitler indessen in seiner Bekenntnisschrift doch recht deutliche Auskunft gegeben. Hauptfeinde eines nationalsozialistischen Deutschlands würden nach Hitler die Sowjetunion und Frankreich sein, jene, weil die geplanten Eroberungen ja besonders auf ihre Kosten gehen sollten und sie den Herd der bolschewistischen Gefahr darstellte, dieses, weil es der »chauvinistische Erbfeind«, »der unerbittliche Todfeind des deutschen Volkes« ist — beide Ausdrücke finden sich in Hitlers »Mein Kampf« [93]. So verbindet Hitler Antibolschewismus und Revancheidee in propagandistisch und psychologisch geschickter Weise mit seinem Kriegs- und Eroberungsprogramm. Obschon Hitler glaubt, diese Ziele, d. h. die Zerschlagung zweier Großmächte, mit der erneuerten Kraft des deutschen Volkes erreichen zu können, sieht er sich doch auch nach geeigneten Verbündeten um. Als solche erscheinen ihm in »Mein

Kampf« in erster Linie England und Italien [94]. Andere nationalsozialistische Ideologen, vor allem etwa Rosenberg, haben die Spekulationen Hitlers weiter gesponnen und von einer Aufteilung der ganzen Erde unter die Völker der arischen Rasse geträumt. Es lohnt nicht, diese Phantasien weiterzuverfolgen.

Als der Verkünder eines solchen außenpolitischen Programms am 30. Januar 1933 mit der Regierungsgewalt in Deutschland betraut wurde und in der Folge sehr rasch eine unumschränkte Diktatur errichtete, mußten sich eine Reihe von Völkern und Staaten durch das neue Regime bedroht fühlen: neben Frankreich und der Sowjetunion vor allem auch jene Staaten, die durch die Friedensschlüsse deutsche Minderheiten erhalten hatten, also vor allem Polen, aber auch Litauen und Belgien, dann Österreich, welches von den Nationalsozialisten als »deutschblütiger« Staat für das gemeinsame Reich aller Deutschen gefordert wurde, ferner alle jene Staaten, die sogenannte volksdeutsche Gruppen in ihren Grenzen hatten, wie die Tschechoslowakei, aber auch Rumänien und Jugoslawien [95]. Die Zusammenfassung aller Deutschen in einem Reich wird von Hitler in seinem »Kampf«-Buch bereits in den ersten Sätzen gefordert [96].

Daß sich alle diese Staaten und Völker bedroht fühlen mußten, das wußte Hitler natürlich auch. Und so tat er denn nach seinem Regierungsantritt alles Erdenkliche, um alle solchen Befürchtungen zu zerstreuen: seine Reden und Regierungserklärungen wie der Tenor der ganzen bald einmal gleichgeschalteten Presse waren darauf abgestimmt, den unbedingten Friedenswillen des nationalsozialistischen Deutschlands immer wieder zu betonen [97]. Jegliches Ausdehnungsbestreben auf Kosten anderer Völker, also jeglicher Imperialismus, wurde abgelehnt; Gleichberechtigung, gegenseitige Achtung und Nichteinmischung sollten die Beziehungen zwischen den Völkern bestimmen. Das waren völlig andere Töne, als man sie in den Schriften und Reden der Nationalsozialisten vor 1933 zu lesen und hören gewohnt war. Was Hitler jetzt noch forderte, war eigentlich nichts anderes, als was die vielgeschmähten Regierungen der Weimarer Republik auch gefordert hatten: Gleichberechtigung und Revision des durch den Versailler Frieden geschaffenen Zustandes, wobei jetzt auch Hitler jegliche Gewaltanwendung ablehnte. Die außenpolitischen Ziele der Hitlerregierung sollten durch friedliche Mittel erreicht werden. Die deutsche Völkerrechtslehre unterbaute Hitlers grundsätzliche »Friedenspolitik«.

Der völlige Widerspruch zwischen dem außenpolitischen Programm vor und nach 1933 ist offensichtlich. Weniger offensichtlich, aber deswegen nicht weniger naheliegend, mußte der Verdacht sein, daß es sich hier um eine taktische Schwenkung han-

delte, die bewußt und mit schlauer Berechnung von höchster Stelle gewollt und befohlen wurde. Es bleibt eine der erstaunlichsten Tatsachen, daß dieser Verdacht von Millionen von Menschen innerhalb und außerhalb Deutschlands nicht gehegt wurde und daß die umliegenden Völker und ihre Regierungen sich im Laufe der Jahre von Hitlers geschickter Propaganda einlullen ließen bis zu einem Zeitpunkt, wo es zu spät war und das Ziel dieser Verschleierungstaktik erreicht war: nämlich die militärische Erstarkung Deutschlands zur Inangriffnahme der eigentlichen und nie aufgegebenen Ziele des Nationalsozialismus.
Man begegnet noch heute immer wieder der Behauptung, es habe nach 1933 zunächst einen vernünftigen und staatsmännisch verantwortlichen Hitler gegeben, der, wenn zum Teil auch mit verwerflichen Methoden, doch friedliche Revisionspolitik betrieben habe; erst später, etwa nach dem Münchner Abkommen, sei Hitler unvernünftig und kriegerisch geworden und habe allmählich jedes Augenmaß verloren. Wer so urteilt, beweist damit nur, daß er noch nachträglich ein Opfer der nationalsozialistischen Propaganda ist. Wer mit politischer Vernunft zu urteilen vermag, der sieht sofort ein, daß Hitler gar keine andere Möglichkeit hatte, als sein imperialistisches Programm zunächst einmal zu verleugnen. Angesichts der militärischen Schwäche des Reiches mußte er alles unternehmen, um einen Präventivkrieg der sich bedroht fühlenden Mächte zu verhindern. In der Tat hat der Präventivkriegsgedanke, etwa beim polnischen Staatschef Marschall Pilsudski, zeitweise eine Rolle gespielt. Die Friedensjahre der nationalsozialistischen Außenpolitik sind somit nur als Jahre der Vorbereitung auf den stets ins Auge gefaßten Krieg zu verstehen: militärische Wiederaufrüstung und Kriegsvorbereitung im Innern unter Abschirmung durch Friedenspropaganda und Antibolschewismus nach außen [98]. Politik der Gleichberechtigung und der territorialen Revision mit völkerrechtlichen und moralischen Argumenten bedeutet zugleich Schaffung günstiger machtpolitischer und strategischer Ausgangspositionen für den stets beabsichtigten Eroberungskrieg im großen Maßstab. Von der Notwendigkeit, neuen Lebensraum zu erobern, sprach Hitler bereits drei Tage nach seiner Machtübernahme vor hohen Offizieren der Reichswehr [99]. Es ergibt sich also eine lückenlose Linie von Bekenntnissen Hitlers zu seinem Eroberungsprogramm, die er in den Jahren nach 1933 offen auszusprechen allerdings eben nicht für zweckmäßig hielt. Wiederherstellung der Grenzen von 1914 war niemals sein Ziel, sondern nur das Mittel, um die betroffenen Staaten zu schwächen und zu demoralisieren und damit zugleich günstige Voraussetzungen für den eigentlichen Eroberungskrieg zu schaffen [100]. Die Frage, ob Hitler nicht mehr ein antimar-

xistischer Europäer gewesen sei denn ein großdeutscher Imperialist, übersieht geflissentlich, was für eine Rolle Europa in der nationalsozialistischen Konzeption allein hätte spielen können, nämlich die eines von einer deutschen Herrenrasse befohlenen Kontinents.

Die anderen Regierungen und Völker über seine eigentlichen Absichten hinwegzutäuschen, gelang Hitler so vortrefflich, daß dem phänomenalen machtpolitischen Aufstieg Deutschlands nach 1933 kaum Hindernisse in den Weg gelegt wurden. Selbstverständlich ging dabei auch nicht alles nach den Berechnungen Hitlers, und seine Außenpolitik führte Deutschland auch in den sogenannten Friedensjahren hart am Rande eines Krieges vorbei. Daß er das deutsche Staatsschiff auf seinem abenteuerlichen Kurs um alle Klippen herumzusteuern vermochte, bis zu dem Zeitpunkt, wo er sich dann stark genug fühlte, um den Krieg wagen zu können, das ist weniger der damals viel gerühmten Intuition des Politikers Hitler zuzuschreiben, sondern der ungewöhnlichen Gunst der weltpolitischen Verhältnisse: der Uneinigkeit der anderen Mächte, dem schwächlichen Pazifismus der westlichen Demokratien, dem Mißtrauen zwischen England und der Sowjetunion, dem Abseitsstehen der Vereinigten Staaten von Amerika, dem Aufbruch Italiens zu eigenen imperialistischen Abenteuern und der allgemeinen Auflösung des Systems von Versailles und Genf, dem ja keineswegs Hitler, sondern die Japaner den ersten schweren Schlag versetzt hatten.

Im Zeichen der Forderung auf Gleichberechtigung also standen die ersten Jahre der Außenpolitik Deutschlands nach 1933. Dabei ging es Hitler vor allem um die militärische Gleichberechtigung, um die Rückgewinnung der »Wehrhoheit«. Die militärischen Klauseln des Versailler Vertrages, noch nicht die territorialen, sollten in dieser ersten Phase revidiert werden. Das war, wie gesagt, bereits das Bemühen der Regierungen vor Hitler gewesen, und sie hatten dabei nicht unbeträchtliche Erfolge erzielt. So war z. B. die militärische Gleichberechtigung schon 1932 praktisch zugestanden. Es zeigte sich aber bald, daß Hitler einen grundsätzlich anderen Weg gehen wollte: nicht im Völkerbund, durch den Völkerbund, sondern gegen den Völkerbund wollte er dieses Ziel erreichen [101]. So trat Deutschland – erste aufsehenerregende Tat der neuen Regierung – aus Völkerbund und Abrüstungskonferenz aus. Das war im Oktober 1933 [102]. Ungefähr zur selben Zeit begann die geheime Wiederaufrüstung in großem Maßstab, über die allerdings die Geheimdienste der anderen Mächte sehr bald ziemlich genau Bescheid wußten.

Gleichzeitig aber strebte Hitler einen Ausgleich mit Polen an, mit jenem Staat also, der sich durch das Wiedererstarken Deutschlands wie kein anderer bedroht fühlen mußte. Das Freundschaftsabkommen mit Polen vom Januar 1934 war vielleicht der geschickteste Schachzug der Hitlerschen Diplomatie [103]. Er gab scheinbar ein glänzendes Beispiel seines Willens auf gute und friedliche Nachbarschaft. In Tat und Wahrheit schuf er sich den potentiell gefährlichsten Gegner vom Halse und schlug zugleich eine empfindliche Bresche in das französische Bündnissystem in Osteuropa. Für seine späteren Unternehmungen nach Südosten hin sollte sich die polnische Flankendeckung reichlich bezahlt machen. Als er die polnische Freundschaft dann nicht mehr brauchte, wandelte sich diese Scheinfreundschaft sehr rasch in eine unversöhnliche Gegnerschaft, an der sich der Krieg, ganz folgerichtig, auch entzünden sollte.

Die französische Diplomatie versuchte zunächst, das dynamische deutsche Reich in ein System der kollektiven Sicherheit hineinzuzwingen [104]. Hitler ließ sich aber nicht festlegen und verfolgte seine Politik der einseitigen Vertragskündigungen und der Schaffung vollendeter Tatsachen weiter. Im März 1935 führte er in Deutschland die allgemeine Wehrpflicht wieder ein, und ein Jahr später besetzte er das entmilitarisierte Rheinland [105]. Europa befand sich am Rande eines Krieges. Aber schließlich wagte Frankreich nicht, aus eigener Kraft zu handeln. England wollte keinen Krieg in Westeuropa, da die Spannungen mit Italien wegen der Eroberung Abessiniens seine ganze Aufmerksamkeit im Mittelmeer erforderten. Unter geschickter Ausnutzung der weltpolitischen Lage, sozusagen im Windschatten des weltpolitischen Sturms, war es Hitler gelungen, die militärischen Bestimmungen des Versailler Vertrages zu beseitigen. Deutsche Truppen standen wieder an den Grenzen Frankreichs und Belgiens. Deutschland hatte seine strategische Handlungsfreiheit zurückgewonnen. Das Einfallstor im Westen war abgeriegelt, und infolgedessen der militärische Ausfall nach Osten und Südosten wieder möglich.

Gleichzeitig begann sich auch die außenpolitische Lage Deutschlands zu bessern: die Isolierung, in die Deutschland durch die Politik der Vertragsbrüche geraten war, wich einer rasch wachsenden deutsch-italienischen Zusammenarbeit, da Italien sich wegen seines Überfalles auf Abessinien mit dem Völkerbund und den Westmächten verfeindete. Es entstand die Achse Rom-Berlin [106]. Der im Sommer 1936 ausbrechende spanische Bürgerkrieg intensivierte die Zusammenarbeit der beiden ideologisch verwandten Regimes. Offen unterstützten sie unter der Parole des Antibolschewismus General Franco und schlossen sich mit Japan im sogenannten Antikominternpakt zusammen [107]. Allerdings war dieser Vertrag kein Bündnis, sondern mehr ein Instrument der ideologischen Kriegführung und politischen Propaganda. Immerhin zeichnete sich damit das »weltpolitische Dreieck Berlin-Rom-Tokio«, wie Ribbentrop diese Kombination nannte, bereits am Horizonte ab [108]. Der Hauptfeind dieser drei Mächte war, zunächst noch, die Sowjetunion, da man, allerdings mit Recht, feststellte, zwischen der Politik der kommunistischen Internationale und der Politik des Kreml könne kein Unterschied gemacht werden [109].

Bereits im Jahre 1937 legte Hitler seine Außenpolitik aber auch auf eine antibritische Linie fest. Er war überzeugt, daß das gewünschte Bündnis mit England unter seinen Bedingungen nicht zu haben war: nämlich Anerkennung und Respektierung des britischen Weltreiches deutscherseits gegen Anerkennung der deutschen Hegemonie in Europa, d. h. vor allem der »freien Hand im Osten« britischerseits. In einer denkwürdigen Ansprache an die höchsten Offiziere der Wehrmacht enthüllte Hitler am 5. November 1937 seine wahren Ziele, wie wir sie aus »Mein Kampf« bereits kennen [110]. Er fühlte sich stark genug, nun zu einer aggressiven und expansiven Außenpolitik überzugehen. Die Inangriffnahme des imperialistischen Programms war in unmittelbare Nähe gerückt. Dabei setzte Hitler die Gegnerschaft Frankreichs und Englands als feste Größen ein. Die fast gleichzeitig einsetzende britische Befriedungspolitik unter Neville Chamberlain, die den europäischen Diktatoren weit entgegenkommen wollte, änderte an dieser grundsätzlichen Festlegung nichts, so gern Hitler die Früchte dieser britischen Politik auch einheimste. Selbst friedliche Einmischung war eben doch Einmischung sog. »raumfremder« Mächte.

Als erste Opfer hatte Hitler in dieser Ansprache Österreich und die Tschechoslowakei genannt. Als moralische Rechtfertigung für die Zerschlagung der beiden Staaten sollte das Selbstbestimmungsrecht dienen: die »Heimführung« der Österreicher und der Sudetendeutschen in das gemeinsame Reich aller Deutschen. Dabei ist wichtig festzustellen, daß die nationale Idee in Hitlers Denken keinen selbständigen Wert darstellte. Die Einverleibung Österreichs und der Tschechoslowakei betrachtete er unter rein machtpolitischen und strategischen Gesichtspunkten, als Ausgangsbasen für weitere Unternehmungen nach Osten und Südosten hin. Die nationale Argumentation war für die Propaganda, für die Weltöffentlichkeit bestimmt. Sie sollte sein Vorgehen rechtfertigen, weiter nichts [111].

Im Februar 1938 war es so weit. Der österreichische Staat war durch äußeren Druck, vom deutschen Reiche her, und durch inneren Druck, seitens der österreichischen Parteigänger Hitlers, so weit zermürbt und in die Enge getrieben, daß der Bundeskanzler Schuschnigg nur noch in einer Volksabstimmung einen Ausweg

sah. Da Hitler das Ergebnis einer solchen Abstimmung offenbar fürchtete, beschloß er, sofort zu handeln [112]. In einer überstürzten Aktion marschierten seine Truppen am 12. März 1938 in Österreich ein. Sie wurden nicht mit Schüssen, sondern mit Blumen empfangen. Die anderen Mächte waren völlig überrascht. Es blieb ihnen nichts anderes übrig, als die Entstehung des »Großdeutschen Reiches« zur Kenntnis zu nehmen [113].
Der leicht errungene Erfolg spornte Hitler an, alsbald das zweite Ziel anzugehen: die Zerschlagung des tschechoslowakischen Staates. Die sudetendeutsche Minderheit erhielt den Auftrag, den Volkstumskampf zu verschärfen und von der tschechischen Regierung immer mehr zu fordern, als sie konzedieren könne [114]. Sozusagen planmäßig spitzte sich die Situation im Laufe des Sommers 1938 zu. Die Sudetendeutschen schrien: »Wir wollen heim ins Reich«, und Hitler forderte schließlich die Abtrennung der sudetendeutschen Gebiete. Er ließ auch deutlich durchblicken, daß er notfalls Krieg führen würde, um dieses Ziel zu erreichen, und er gab die notwendigen militärischen Geheimbefehle [115]. Chamberlain versuchte zu vermitteln, sah sich aber von Hitler selbst hinters Licht geführt. Ende September schien der Krieg unvermeidlich. Da schaltete sich Mussolini ein, und es kam zur Vierer-Konferenz von München. Hitler erhielt seine Forderungen im wesentlichen zugestanden [116]. Die Tschechoslowakei war als Machtfaktor ausgeschaltet. Die Westmächte waren einmal mehr vor Hitlers massiven Drohungen zurückgewichen. Der deutsche Diktator hatte zwar versprochen, damit sei Deutschland territorial saturiert [117]. Ein haltbarer Friede schien vielen erreicht zu sein. Der Mann aber, auf den alles ankam, Adolf Hitler, mußte weiter; er brauchte den Krieg, wenn er seine nie aufgegebenen Ziele erreichen wollte.

DOKUMENTE ZUM 5. KAPITEL

[91] *Der Lebensraum des deutschen Volkes liegt im Osten*

[Aus »Mein Kampf«]

... Die Außenpolitik des völkischen Staates hat die Existenz der durch den Staat zusammengefaßten Rasse auf diesem Planeten sicherzustellen, indem sie zwischen der Zahl und dem Wachstum des Volkes einerseits und der Größe und Güte des Grund und Bodens andererseits ein gesundes, lebensfähiges, natürliches Verhältnis schafft.

Als gesundes Verhältnis darf dabei immer nur jener Zustand angesehen werden, der die Ernährung eines Volkes auf eigenem Grund und Boden sichert. Jeder andere Zustand, mag er auch Jahrhunderte, ja selbst Jahrtausende andauern, ist nichtsdestoweniger ein ungesunder und wird früher oder später zu einer Schädigung, wenn nicht zur Vernichtung des betreffenden Volkes führen.

Nur ein genügend großer Raum auf dieser Erde sichert einem Volke die Freiheit des Daseins.

Dabei kann man die notwendige Größe des Siedlungsgebietes nicht ausschließlich von den Erfordernissen der Gegenwart aus beurteilen, ja, nicht einmal von der Größe des Bodenertrages, umgerechnet auf die Zahl des Volkes. Denn wie ich schon im ersten Band unter »Deutsche Bündnispolitik vor dem Kriege« ausführte, kommt der Grundfläche eines Staates außer ihrer Bedeutung als direkter Nährquelle eines Volkes auch noch eine andere, die militär-politische, zu ...

... Damit ziehen wir Nationalsozialisten bewußt einen Strich unter die außenpolitische Richtung unserer Vorkriegszeit. Wir setzen dort an, wo man vor sechs Jahrhunderten endete. Wir stoppen den ewigen Germanenzug nach dem Süden und Westen Europas und weisen den Blick nach dem Land im Osten. Wir schließen endlich ab die Kolonial- und Handelspolitik der Vorkriegszeit und gehen über zur Bodenpolitik der Zukunft.

Wenn wir aber heute in Europa von neuem Grund und Boden reden, können wir in erster Linie nur an Rußland und die ihm untertanen Randstaaten denken ...

[92] *Geschliffenes Schwert und blutiger Kampf*

[Aus »Mein Kampf«]

...Heute werde ich nur von der nüchternen Erkenntnis geleitet, daß man verlorene Gebiete nicht durch die Zungenfertigkeit geschliffener parlamentarischer Mäuler zurückgewinnt, sondern durch ein geschliffenes Schwert zu erobern hat, also durch einen blutigen Kampf...

[93] *Frankreich — der unerbittliche Todfeind des deutschen Volkes*

[Aus »Mein Kampf«]

...Welche Staaten besitzen zur Zeit kein Lebensinteresse daran, daß durch eine vollständige Ausschaltung eines deutschen Mittel-Europas die französische Wirtschafts- und Militärmacht zur unbedingten, herrschenden Hegemonie-Stellung gelangt? Ja, welche Staaten werden auf Grund ihrer eigenen Daseinsbedingungen und ihrer bisherigen traditionellen politischen Leitung in einer solchen Entwicklung eine Bedrohung der eigenen Zukunft erblicken?

Denn darüber muß man sich endlich vollständig klar werden: Der unerbittliche Todfeind des deutschen Volkes ist und bleibt Frankreich. Ganz gleich, wer in Frankreich regierte oder regieren wird, ob Bourbonen oder Jakobiner, Napoleoniden oder bürgerliche Demokraten, klerikale Republikaner oder rote Bolschewisten: das Schlußziel ihrer außenpolitischen Tätigkeit wird immer der Versuch einer Besitzergreifung der Rheingrenze sein und einer Sicherung dieses Stromes für Frankreich durch ein aufgelöstes und zertrümmertes Deutschland.

England wünscht kein Deutschland als Weltmacht, Frankreich aber keine Macht, die Deutschland heißt: ein denn doch sehr wesentlicher Unterschied. Heute aber kämpfen wir nicht für eine Weltmachtstellung, sondern haben zu ringen um den Bestand unseres Vaterlandes, um die Einheit unserer Nation und um das tägliche Brot für unsere Kinder. Wenn wir von diesem Gesichtspunkte aus Ausschau halten wollen nach europäischen Bundesgenossen, so bleiben nur zwei Staaten übrig: England und Italien...

...Nicht West- und nicht Ostorientierung darf das künftige Ziel unserer Außenpolitik sein, sondern Ostpolitik im Sinne der Erwerbung der notwendigen Scholle für unser deutsches Volk. Da man dazu Kraft benötigt, der Todfeind unseres Volkes aber,

Frankreich, uns unerbittlich würgt und die Kraft raubt, haben wir jedes Opfer auf uns zu nehmen, das in seinen Folgen geeignet ist, zu einer Vernichtung der französischen Hegemoniebestrebung in Europa beizutragen. Jede Macht ist heute unser natürlicher Verbündeter, die gleich uns Frankreichs Herrschsucht auf dem Kontinent als unerträglich empfindet. Kein Gang zu einer solchen Macht darf uns zu schwer sein, und kein Verzicht als unaussprechbar erscheinen, wenn das Endergebnis nur die Möglichkeit einer Niederwerfung unseres grimmigsten Hassers bietet ...

[94] *Die auserlesenen Verbündeten: England und Italien*

[Aus »Mein Kampf«]

... Was Frankreich, angespornt durch eigene Rachsucht, planmäßig geführt durch den Juden, heute in Europa betreibt, ist eine Sünde wider den Bestand der weißen Menschheit und wird auf dieses Volk dereinst alle Rachegeister eines Geschlechts hetzen, das in der Rassenschande die Erbsünde der Menschheit erkannt hat.

Für Deutschland jedoch bedeutet die französische Gefahr die Verpflichtung, unter Zurückstellung aller Gefühlsmomente, dem die Hand zu reichen, der, ebenso bedroht wie wir, Frankreichs Herrschgelüste nicht erdulden und ertragen will.

In Europa wird es für Deutschland in absehbarer Zukunft nur zwei Verbündete geben können: England und Italien ...

[95] *»Wir verzichten auf keinen Deutschen«*

[Aus einer Erläuterung des NSDAP-Programms]

... 1. *Aufrichtung eines geschlossenen Nationalstaates, der alle deutschen Stämme umfaßt.*

Alle, die deutschen Blutes sind, ob sie heute unter dänischer, polnischer, tschechischer, italienischer oder französischer Oberhoheit leben, sollen in einem Deutschen Reich vereinigt sein. – Wir fordern nicht mehr und nicht weniger, als was zugunsten unserer Feinde verlangt wurde – das *Selbstbestimmungsrecht der Deutschen* auf ihre Angehörigkeit zum Mutterland – zur deutschen Heimat.

Wir verzichten auf keinen Deutschen in Sudetendeutschland, in Elsaß-Lothringen, in Polen, in der Völkerbundskolonie Österreich und in den Nachfolgestaaten des alten Österreich. Aber diese

Forderung enthält sich und entbehrt trotzdem jeder imperialistischen Tendenz, es ist die schlichte und natürliche Forderung, die jedes kraftvolle Volkstum als Selbstverständlichkeit aufstellt und anerkennt ...

[96] *Gleiches Blut gehört in ein gemeinsames Reich*

[Aus »Mein Kampf«]

Als glückliche Bestimmung gilt es mir heute, daß das Schicksal mir zum Geburtsort gerade Braunau am Inn zuwies. Liegt doch dieses Städtchen an der Grenze jener zwei deutschen Staaten, deren Wiedervereinigung mindestens uns Jüngeren als eine mit allen Mitteln durchzuführende Lebensaufgabe erscheint!

Deutschösterreich muß wieder zurück zum großen deutschen Mutterlande, und zwar nicht aus Gründen irgendwelcher wirtschaftlichen Erwägungen heraus. Nein, nein: Auch wenn diese Vereinigung, wirtschaftlich gedacht, gleichgültig, ja selbst wenn sie schädlich wäre, sie müßte dennoch stattfinden. *Gleiches Blut gehört in ein gemeinsames Reich.* Das deutsche Volk besitzt solange kein moralisches Recht zu kolonialpolitischer Tätigkeit, solange es nicht einmal seine eigenen Söhne in einen gemeinsamen Staat zu fassen vermag. Erst wenn des Reiches Grenze auch den letzten Deutschen umschließt, ohne mehr die Sicherheit seiner Ernährung bieten zu können, ersteht aus der Not des eigenen Volkes das moralische Recht zur Erwerbung fremden Grund und Bodens ...

[97] *Adolf Hitler als Pazifist*

[Aus der Reichstagsrede vom 21. Mai 1935]

... Das Blut, das auf dem europäischen Kontinent seit dreihundert Jahren vergossen wurde, steht außer jedem Verhältnis zu dem volklichen Resultat der Ereignisse. Frankreich ist am Ende Frankreich geblieben, Deutschland Deutschland, Polen Polen, Italien Italien usw. Was dynastischer Egoismus, politische Leidenschaft und patriotische Verblendung an scheinbaren tiefgreifenden staatspolitischen Veränderungen unter Strömen von Blut erreicht haben, hat in nationaler Beziehung stets nur die Oberfläche der Völker geritzt, ihre grundsätzliche Markierung aber wesentlich kaum mehr verschoben. Hätten diese Staaten nur einen Bruchteil ihrer Opfer für klügere Zwecke angesetzt, so wäre der Erfolg sicher größer und dauerhafter gewesen.

Wenn ich als Nationalsozialist in allem Freimut diese Auffassung vertrete, dann bewegt mich dabei noch folgende Erkenntnis: Jeder Krieg verzehrt zunächst die Auslese der Besten. Da es in Europa aber einen leeren Raum nicht mehr gibt, wird jeder Sieg – ohne an der grundsätzlichen europäischen Not etwas zu ändern – höchstens eine *ziffernmäßige* Vermehrung der Einwohner eines Staates mit sich bringen können. Wenn aber den Völkern daran soviel liegt, dann können sie dies, statt mit Tränen, auf eine einfachere und vor allem natürlichere Weise erreichen. Eine gesunde Sozialpolitik kann bei einer Steigerung der Geburtenfreudigkeit einer Nation in wenigen Jahren mehr Kinder des eigenen Volkes schenken, als durch einen Krieg an fremden Menschen erobert und damit unterworfen werden könnten.

Nein! Das nationalsozialistische Deutschland will den Frieden aus tiefinnersten weltanschaulichen Überzeugungen. Es will ihn weiter aus der einfachen primitiven Erkenntnis, daß kein Krieg geeignet sein würde, das Wesen unserer allgemeinen europäischen Not zu beheben, wohl aber diese zu vermehren. Das heutige Deutschland lebt in einer gewaltigen Arbeit der Wiedergutmachung seiner inneren Schäden. Keines unserer Projekte sachlicher Natur wird vor zehn bis zwanzig Jahren vollendet sein. Keine der gestellten Aufgaben ideeller Art kann vor fünfzig oder vielleicht auch hundert Jahren ihre Erfüllung finden. Ich habe einst die nationalsozialistische Revolution durch die Schaffung der Bewegung begonnen und seitdem als Aktion geführt. Ich weiß, wir alle werden nur den allerersten Beginn dieser großen umwälzenden Entwicklung erleben. Was könnte ich anders wünschen als Ruhe und Frieden? Wenn man aber sagt, daß dies nur der Wunsch der Führung sei, so muß ich darauf folgende Antwort geben: Wenn nur die Führer und Regierenden den Frieden wollen, die Völker selbst haben sich noch nie den Krieg gewünscht!

Deutschland braucht den Frieden und es will den Frieden! ...

[98] *Adolf Hitler gibt Auskunft über seine Taktik*

[Aus »Mein Kampf«]

... Weiter ist zu bedenken, daß die Frage der Wiedergewinnung verlorener Gebietsteile eines Volkes und Staates immer in erster Linie die Frage der Wiedergewinnung der politischen Macht und Unabhängigkeit des Mutterlandes ist, daß mithin in einem solchen Falle die Interessen verlorener Gebiete rücksichtslos zurückgestellt werden müssen gegenüber dem einzigen Interesse der Wiedergewinnung der Freiheit des Hauptgebietes. Denn die Befreiung unterdrückter, abgetrennter Splitter eines Volkstums oder von Provinzen eines Reiches findet nicht statt auf Grund eines Wunsches der Unterdrückten oder eines Protestes der Zurückgebliebenen, sondern durch die Machtmittel der mehr oder weniger souverän gebliebenen Reste des ehemaligen gemeinsamen Vaterlandes.

Mithin ist die Voraussetzung für die Gewinnung verlorener Gebiete die intensive Förderung und Stärkung des übriggebliebenen Reststaates sowie der im Herzen schlummernde unerschütterliche Entschluß, die dadurch sich bildende neue Kraft in gegebener Stunde dem Dienste der Befreiung und Einigung des gesamten Volkstums zu weihen: Also Zurückstellung der Interessen der abgetrennten Gebiete gegenüber dem einzigen Interesse, dem verbliebenen Rest jenes Maß an politischer Macht und Kraft zu erringen, das die Voraussetzung für eine Korrektur des Willens feindlicher Sieger ist. Denn unterdrückte Länder werden nicht durch flammende Proteste in den Schoß eines gemeinsamen Reiches zurückgeführt, sondern durch ein schlagkräftiges Schwert.

Dieses Schwert zu schmieden, ist die Aufgabe der innerpolitischen Leitung eines Volkes; die Schmiedearbeit zu sichern und Waffengenossen zu suchen, die Aufgabe der außenpolitischen ...

[99] *Die erste Ansprache vor den Generälen*

1933 Februar 3, Berlin. Ausführungen des Reichskanzlers Hitler vor den Befehlshabern des Heeres und der Marine anläßlich eines Besuches bei Gen. d. Inf. Frhr. von Hammerstein-Equord in dessen Wohnung.

Ziel der Gesamtpolitik allein: Wiedergewinnung der pol. Macht. Hierauf muß gesamte Staatsführung eingestellt werden (alle Ressorts!).

1. Im Innern. Völlige Umkehrung der gegenwärt. innenpol. Zustände in D. Keine Duldung der Betätigung irgendeiner Gesinnung, die dem Ziel entgegensteht (Pazifismus!). Wer sich nicht bekehren läßt, muß gebeugt werden. Ausrottung des Marxismus mit Stumpf und Stiel. Einstellung der Jugend u. des ganzen Volkes auf den Gedanken, daß nur d. Kampf uns retten kann u. diesem Gedanken gegenüber alles zurückzutreten hat. (Verwirklicht in d. Millionen d. Nazi-Beweg. Sie wird wachsen.) Ertüchtigung der Jugend u. Stärkung des Wehrwillens mit allen Mitteln. Todesstrafe für Landes- u. Volksverrat. Straffste autoritäre Staatsführung. Beseitigung des Krebsschadens der Demokratie!

2. Nach außen. Kampf gegen Versailles. Gleichberechtigung in Genf; aber zwecklos, wenn Volk nicht auf Wehrwillen eingestellt. Sorge für Bundesgenossen.
3. Wirtschaft! Der Bauer muß gerettet werden! Siedlungspolitik! Künft. Steigerung d. Ausfuhr zwecklos. Aufnahmefähigkeit d. Welt ist begrenzt u. Produktion ist überall übersteigert. Im Siedeln liegt einzige Mögl., Arbeitslosenheer z. T. wieder einzuspannen. Aber braucht Zeit u. radikale Änderung nicht zu erwarten, da Lebensraum für d(eutsches) Volk zu klein.
4. Aufbau der Wehrmacht wichtigste Voraussetzung für Erreichung des Ziels: Wiedererringung der pol. Macht. Allg. Wehrpflicht muß wieder kommen. Zuvor aber muß Staatsführung dafür sorgen, daß die Wehrpflichtigen vor Eintritt nicht schon durch Pazif., Marxismus, Bolschewismus vergiftet werden oder nach Dienstzeit diesem Gifte verfallen.

Wie soll pol. Macht, wenn sie gewonnen ist, gebraucht werden? Jetzt noch nicht zu sagen. Vielleicht Erkämpfung neuer Export-Mögl., vielleicht – und wohl besser – Eroberung neuen Lebensraumes im Osten u. dessen rücksichtslose Germanisierung. Sicher, daß erst mit pol. Macht u. Kampf jetzige wirtsch. Zustände geändert werden können. Alles, was jetzt geschehen kann – Siedlung – Aushilfsmittel.

Wehrmacht ist wichtigste u. sozialistischste Einrichtung d. Staates. Sie soll unpol. u. überparteilich bleiben. Der Kampf im Innern nicht ihre Sache, sondern der Nazi-Organisationen. Anders wie in Italien keine Verquickung v. Heer u. SA beabsichtigt. – Gefährlichste Zeit ist die des Aufbaus der Wehrmacht. Da wird sich zeigen, ob Fr(ankreich) Staatsmänner hat; wenn ja, wird es uns Zeit nicht lassen, sondern über uns herfallen (vermutlich mit Ost-Trabanten).

[100] *Wiederherstellung der Grenzen von 1914 ist »politischer Unsinn«*

[Aus »Mein Kampf«]

. . . Ich will noch kurz Stellung nehmen zur Frage, inwiefern die Forderung nach Grund und Boden sittlich und moralisch berechtigt erscheint. Es ist dies notwendig, da leider selbst in den völkischen Kreisen alle möglichen salbungsvollen Schwätzer auftreten, die sich bemühen, dem deutschen Volk als Ziel seines außenpolitischen Handelns die Wiedergutmachung des Unrechts von 1918 vorzuzeichnen, darüber hinaus jedoch die ganze Welt der völkischen Brüderlichkeit und Sympathie zu versichern für nötig halten.

Vorwegnehmen möchte ich dabei folgendes: *Die Forderung nach Wiederherstellung der Grenzen des Jahres 1914 ist ein politischer Unsinn von Ausmaßen und Folgen, die ihn als Verbrechen erscheinen lassen. Ganz abgesehen davon, daß die Grenzen des Reiches im Jahre 1914 alles andere eher als logische waren. Denn sie waren in Wirklichkeit weder vollständig in bezug auf die Zusammenfassung der Menschen deutscher Nationalität noch vernünftig in Hinsicht auf ihre militärgeographische Zweckmäßigkeit. Sie waren nicht das Ergebnis eines überlegten politischen Handelns, sondern Augenblicksgrenzen eines in keinerlei Weise abgeschlossenen politischen Ringens, ja zum Teil Folgen eines Zufallspieles.*

[101] *Lösung Deutschlands aus den internationalen Bindungen*

23. 11. [1939], 12 Uhr: Besprechung beim Führer, zu der alle Oberbefehlshaber befohlen sind. Der Führer trägt folgendes vor: ... Als ich 1933 zur Macht kam, lag eine Periode des schwersten Kampfes hinter mir. Alles, was vorher da war, hatte abgewirtschaftet. Ich mußte alles neu reorganisieren, angefangen vom Volkskörper bis zur Wehrmacht. Erst innere Reorganisation, Beseitigung der Erscheinungen des Zerfalls und des defaitistischen Geistes, Erziehung zum Heroismus. Im Zuge der inneren Reorganisation nahm ich mir die zweite Aufgabe vor: Lösung Deutschlands aus den internationalen Bindungen. Zwei besondere Merkmale sind hierbei hervorzuheben: Austritt aus dem Völkerbund und Absage an die Abrüstungs-Konferenz. Es war ein schwerer Entschluß. Die Zahl der Propheten, die erklärten, er werde zur Besetzung des Rheinlandes führen, war sehr groß, die Zahl der Gläubigen war sehr gering. Ich führte meine Absicht durch, gedeckt durch die Nation, die geschlossen hinter mir stand. Danach Befehl zur Aufrüstung ...

[102] *Hitler rechnet mit Sanktionsmaßnahmen der Völkerbundsmächte*

Anlage zu »Der Reichsverteidigungsminister«
Nr. 7/33 g. Kdos. Rw.Min.

Berlin, den 25. 10. 1933

Weisung für die Wehrmacht im Falle von Sanktionen

1. Die weitere Entwicklung der durch Deutschlands Austrittserklärung aus dem Völkerbund und sein Verlassen der Abrüstungskonferenz geschaffenen außenpolitischen Lage kann dazu führen, daß Sanktionsmaßnahmen gegen Deutschland zur Anwendung gelangen.
Welche Staaten zu Sanktionen schreiten werden, steht dahin. Sofern nicht der Völkerbundsrat eine gemeinsame Aktion beschließt, dürfte in erster Linie Frankreich in Frage kommen. Aber auch Polen, Belgien und die Tschechoslowakei können von Frankreich zu Sanktionsmaßnahmen veranlaßt werden.

2. Die Sanktionsmaßnahmen der Gegner können verschiedener Art sein. Die Wehrmacht wird sofort von solchen Maßnahmen unmittelbar berührt, die eine Verletzung des deutschen Hoheitsgebietes darstellen, also insbesondere, wenn Streitkräfte der Gegner in deutsches Landgebiet eindringen, dieses überfliegen oder beschießen. Das gleiche gilt zur See für die 3-Meilen-Zone, ferner bei feindlichen Maßnahmen gegen deutsche Seestreitkräfte, beim Aufbringen oder Versenken deutscher Handelsschiffe, bei Blockade deutscher Küsten sowie bei Angriffen auf deutsche Küstenbefestigungen oder Küstenplätze.
In erster Linie muß mit einer Besetzung deutschen Landgebietes gerechnet werden.

3. Die Reichsregierung ist gewillt, jedem feindlichen Vorgehen der unter Ziff. 2 bezeichneten Art ohne Rücksicht auf militärische Erfolgsaussicht örtlich bewaffneten Widerstand entgegenzusetzen (Einschränkungen siehe Ziff. 5 a) bis c)).
Dieser Widerstand wird nur geleistet vom Heer, der Marine und der Luftwaffe sowie den ausdrücklich als Bestandteil der Wehrmacht erklärten und dieser unterstellten sonstigen Kräften, die den Bedingungen des Artikel 1 der Anlage zu dem Abkommen betr. die Gesetze und Gebräuche des Landkrieges vom 18. 10. 1907 entsprechen müssen ...

v. Blomberg

[103] *Der Nichtangriffspakt zwischen Deutschland und Polen vom 26. Januar 1934*

Die Deutsche Regierung und die Polnische Regierung halten den Zeitpunkt für gekommen, um durch eine unmittelbare Verständigung von Staat zu Staat eine neue Phase in den politischen Beziehungen zwischen Deutschland und Polen einzuleiten. Sie haben sich deshalb entschlossen, durch die gegenwärtige Erklärung die Grundlage für die künftige Gestaltung dieser Beziehungen festzulegen.

Beide Regierungen gehen von der Tatsache aus, daß die Aufrechterhaltung und Sicherung eines dauernden Friedens zwischen ihren Ländern eine wesentliche Voraussetzung für den allgemeinen Frieden in Europa ist. Sie sind deshalb entschlossen, ihre gegenseitigen Beziehungen auf die im Pakt von Paris vom 27. August 1928 enthaltenen Grundsätze zu stützen, und wollen, insoweit das Verhältnis zwischen Deutschland und Polen in Betracht kommt, die Anwendung dieser Grundsätze genauer bestimmen. Dabei stellt jede der beiden Regierungen fest, daß die von ihr bisher schon nach anderer Seite hin übernommenen internationalen Verpflichtungen die friedliche Entwicklung ihrer gegenseitigen Beziehungen nicht hindern, der jetzigen Erklärung nicht widersprechen und durch diese Erklärung nicht berührt werden. Sie stellen ferner fest, daß diese Erklärung sich nicht auf solche Fragen erstreckt, die nach internationalem Recht ausschließlich als innere Angelegenheiten eines der beiden Staaten anzusehen sind.

Beide Regierungen erklären ihre Absicht, sich in den ihre gegenseitigen Beziehungen betreffenden Fragen, welcher Art sie auch sein mögen, unmittelbar zu verständigen. Sollten etwa Streitfragen zwischen ihnen entstehen, und sollte sich deren Bereinigung durch unmittelbare Verhandlungen nicht erreichen lassen, so werden sie in jedem besonderen Falle auf Grund gegenseitigen Einvernehmens eine Lösung durch andere friedliche Mittel suchen, unbeschadet der Möglichkeit, nötigenfalls diejenigen Verfahrensarten zur Anwendung zu bringen, die in den zwischen ihnen in Kraft befindlichen anderweitigen Abkommen für solchen Fall vorgesehen sind. Unter keinen Umständen werden sie jedoch zum Zweck der Austragung solcher Streitfragen zur Anwendung von Gewalt schreiten.

Die durch diese Grundsätze geschaffene Friedensgarantie wird den beiden Regierungen die große Aufgabe erleichtern, für Probleme politischer, wirtschaftlicher und kultureller Art Lösungen zu finden, die auf einem gerechten und billigen Ausgleich der beiderseitigen Interessen beruhen.

Beide Regierungen sind der Überzeugung, daß sich auf diese Weise die Beziehungen zwischen ihren Ländern fruchtbar entwickeln und zur Begründung eines gutnachbarlichen Verhältnisses führen werden, das nicht nur ihren beiden Ländern, sondern auch den übrigen Völkern Europas zum Segen gereicht.

Die gegenwärtige Erklärung soll ratifiziert und die Ratifikationsurkunden sollen sobald als möglich in Warschau ausgetauscht werden. Die Erklärung gilt für einen Zeitraum von zehn Jahren, gerechnet vom Tage des Austauschs der Ratifikationsurkunden an. Falls sie nicht von einer der beiden Regierungen sechs Monate vor Ablauf dieses Zeitraumes gekündigt wird, bleibt sie auch weiterhin in Kraft, kann jedoch alsdann von jeder Regierung jederzeit mit einer Frist von sechs Monaten gekündigt werden.

Ausgefertigt in doppelter Urschrift in deutscher und polnischer Sprache.

Berlin, den 26. Januar 1934.

Für die Deutsche Regierung: C. Freiherr von Neurath

Für die Polnische Regierung: Józef Lipski

[104] *Kommuniqué der deutschen Reichsregierung vom 14. April 1935 über Deutschlands Haltung zum britisch-französischen Ostpaktplan*

I. In den Berliner Besprechungen hat der Führer und Reichskanzler der britischen Delegation mitgeteilt, daß die Deutsche Regierung zu ihrem Bedauern nicht in der Lage sei, zum Ostpakt in der vorgeschlagenen Form ihren Beitritt zu erklären. Die Deutsche Reichsregierung sei demgegenüber aber bereit, einem solchen kollektiven Sicherheitspakte ihre Zustimmung zu geben dann, wenn er

1. sich aufbaue auf gegenseitigen und allgemeinen Nichtangriffsverpflichtungen und Schiedsgerichtsverfahren,

2. im Falle einer Friedensstörung ein konsultatives Verfahren vorsehe,

3. sei die Deutsche Reichsregierung bereit – unter Betonung der Schwierigkeiten der einwandfreien Feststellung eines Angreifers –, sich allgemeinen Maßnahmen der Nichtunterstützung eines solchen anzuschließen.

Zu diesem Angebot steht die Deutsche Reichsregierung auch heute.

II. Der Führer und Reichskanzler hat in dieser Besprechung weiter mitgeteilt, daß die Deutsche Regierung nicht in der Lage sei, einem Paktvorschlag zuzustimmen, der, sei es für alle oder für einzelne, mehr oder weniger automatische militärische Beistandsverpflichtungen enthalte. Diese sähe darin nicht ein Element der Friedenserhaltung, sondern eher noch ein Element der Friedensbedrohung. Die Deutsche Reichsregierung bekennt sich auch heute zu dieser Auffassung und zu der sich daraus ergebenden Haltung.

III. Die Deutsche Reichsregierung hat sofort nach Übernahme der Macht ihren Wunsch ausgedrückt, mit den umliegenden Staaten Nichtangriffspakte abzuschließen. Sie machte diesen Vorschlag, ohne eingehende Kenntnis bestehender zwei- oder mehrseitiger militärischer Abmachungen einzelner Staaten zu besitzen, und ohne jede Bezugnahme auf sie. Da sie selbst keine aggressiven Absichten hegt, fühlt sie sich von wirklichen Defensivabkommen auch nicht betroffen. Auch zu dieser Auffassung bekennt sich die Deutsche Reichsregierung auch heute noch. So wenig sie daher in der Lage ist, einem Pakt beizutreten, der solche militärischen Verpflichtungen als ein wesentliches Element seines Inhaltes und damit seiner Existenz enthält, so wenig können solche außerhalb dieses Paktes liegenden Vereinbarungen die Deutsche Reichsregierung behindern, ihrerseits Nichtangriffspakte auf der oben fixierten Basis abzuschließen.

Dies ist der Sinn der Antwort der Deutschen Reichsregierung auf die Frage des Königlich Britischen Botschafters, ob Deutschland bereit sei, einen Ostpakt auf der von ihm selbst angedeuteten Grundlage abzuschließen, auch für den Fall, daß andere Staaten unter sich noch besondere Abmachungen getroffen hatten oder treffen würden.

Die Deutsche Reichsregierung will aber an dieser Stelle die folgenden Bemerkungen nicht unterdrücken:

Die von den verschiedenen Regierungen als nötig erachtete Ergänzung von Nichtangriffs- und Gewaltausschließungspakten durch militärische Beistandsverpflichtungen beruht auf einem Widerspruch in sich. Entweder man glaubt an freiwillig übernommene Verpflichtungen, oder man glaubt an sie nicht. Glaubt man an sie, dann ist die Notwendigkeit solcher militärischen Abmachungen nicht einzusehen. Zweifelt man aber an der aufrichtigen Einhaltung einer übernommenen Nichtangriffsverpflichtung, dann ist dieser Zweifel genau so berechtigt gegenüber der sinngemäßen Einhaltung der ergänzenden militärischen Verpflichtungen solcher Friedenspakte. Wenn es möglich ist, daß aus Nichtangriffspakten Kriege entstehen, ist es ebenso möglich, daß aus defensiven Beistandspakten offensive Angriffshandlungen kommen. Nur scheint der Deutschen Reichsregierung der Weg vom Gewalt-Ablehnungs- und -Ausscheidungs-Pakt zum gewalttätigen

Friedensbruch ein weiterer zu sein als der Weg von militärischen Verpflichtungen defensiver Natur zu einer militärischen Haltung offensiver Art. Die Deutsche Reichsregierung sieht nach wie vor in dieser Entwicklung militärischer Bündnisse in Europa kein Element einer kollektiven friedlichen Entwicklung oder gar einer Garantie des Friedens. Sie ist daher auch nicht in der Lage, Pakte zu unterzeichnen, in denen solche Verpflichtungen ein integrierender Bestandteil sind, gleichgültig, ob für alle oder für einzelne Teilnehmer.
Der vorstehende Standpunkt ist dem Britischen Staatssekretär des Äußeren durch Vermittlung der hiesigen Botschaft amtlich mitgeteilt worden.

[105] *Gesetz für den Aufbau der Wehrmacht, vom 16. März 1935*

Die Reichsregierung hat folgendes Gesetz beschlossen, das hiermit verkündet wird:
§ 1. Der Dienst in der Wehrmacht erfolgt auf der Grundlage der allgemeinen Wehrpflicht.
§ 2. Das deutsche Friedensheer einschließlich der überführten Truppen-Polizeien gliedert sich in 12 Korps-Kommandos und 36 Divisionen.
§ 3. Die ergänzenden Gesetze über die Regelung der allgemeinen Wehrpflicht sind durch den Reichswehrminister dem Reichsministerium alsbald vorzulegen . . .

[106] *Amtliches Kommuniqué über den Besuch des italienischen Außenministers, Grafen Ciano, in Berlin, 20.–25. 10. 1936*

Im Verlauf des Besuches des italienischen Außenministers Graf Ciano in Deutschland sind in seiner Unterhaltung mit dem Führer und Reichskanzler sowie in verschiedenen Unterhaltungen zwischen ihm und den leitenden deutschen Persönlichkeiten die schwebenden politischen, wirtschaftlichen und sozialen Fragen von größerer Bedeutung erörtert worden, namentlich diejenigen, welche beide Länder unmittelbar betreffen.
Die Unterhaltungen haben in einer Atmosphäre freundschaftlicher Herzlichkeit stattgefunden. Zur beiderseitigen Genugtuung ist die Übereinstimmung der Auffassungen und die Absicht der bei-

den Regierungen festgestellt worden, ihre gemeinsame Tätigkeit auf die Förderung des allgemeinen Friedens und Wiederaufbaus zu richten. Die beiden Regierungen haben beschlossen, zur Durchführung dieser Bestrebungen in Fühlung zu bleiben.

[107] *Der Antikominternpakt*

a) VERTRAG ZWISCHEN DER DEUTSCHEN REICHSREGIERUNG UND DER KAISERLICH JAPANISCHEN REGIERUNG ÜBER DIE GEMEINSAME ABWEHR GEGEN DIE KOMMUNISTISCHE INTERNATIONALE VOM 25. NOV. 1936

Die Regierung des Deutschen Reiches
und
Die Kaiserlich Japanische Regierung

In der Erkenntnis, daß das Ziel der Kommunistischen Internationale, Komintern genannt, die Zersetzung und Vergewaltigung der bestehenden Staaten mit allen zu Gebote stehenden Mitteln ist,

In der Überzeugung, daß die Duldung einer Einmischung der Kommunistischen Internationale in die inneren Verhältnisse der Nationen nicht nur deren inneren Frieden und soziales Wohlleben gefährdet, sondern auch den Weltfrieden überhaupt bedroht,

Sind in dem Wunsche, gemeinsam zur Abwehr gegen die kommunistische Zersetzung zusammenzuarbeiten, in folgendem übereingekommen:

Artikel I. Die Hohen Vertragschließenden Staaten kommen überein, sich gegenseitig über die Tätigkeit der Kommunistischen Internationale zu unterrichten, über die notwendigen Abwehrmaßnahmen zu beraten und diese in enger Zusammenarbeit durchzuführen.

Artikel II. Die Hohen Vertragschließenden Staaten werden dritte Staaten, deren innerer Friede durch die Zersetzungsarbeit der Kommunistischen Internationale bedroht wird, gemeinsam einladen, Abwehrmaßnahmen im Geiste dieses Abkommens zu ergreifen oder an diesem Abkommen teilzunehmen.

Artikel III. Für dieses Abkommen gelten sowohl der deutsche wie auch der japanische Text als Urschrift. Es tritt am Tage der Unterzeichnung in Kraft und gilt für die Dauer von fünf Jahren. Die Hohen Vertragschließenden Staaten werden sich rechtzeitig vor Ablauf dieser Frist über weitere Gestaltung ihrer Zusammenarbeit verständigen.

Zu Urkund dessen haben die Unterzeichneten, von ihren betreffenden Regierungen gut und richtig bevollmächtigt, dieses Abkommen unterzeichnet und mit ihren Siegeln versehen.

So geschehen in zweifacher Ausfertigung zu Berlin, den 25ten November 1936, d. h. den 25ten November des 11ten Jahres der Showa-Periode.

Joachim von Ribbentrop
Außerordentlicher und Bevollmächtigter Botschafter
des Deutschen Reiches

Vicomte Kintomo Mushakoji
Kaiserlich Japanischer Außerordentlicher und
Bevollmächtigter Botschafter

Das Zusatzprotokoll

Anläßlich der heutigen Unterzeichnung des Abkommens gegen die Kommunistische Internationale sind die unterzeichneten Bevollmächtigten in folgendem übereingekommen:

a) Die zuständigen Behörden der beiden Hohen Vertragschließenden Staaten werden in bezug auf den Nachrichtenaustausch über die Tätigkeit der Kommunistischen Internationale sowie auf die Aufklärungs- und Abwehrmaßnahmen gegen die Kommunistische Internationale in enger Weise zusammenarbeiten.

b) Die zuständigen Behörden der beiden Hohen Vertragschließenden Staaten werden im Rahmen der bestehenden Gesetze strenge Maßnahmen gegen diejenigen ergreifen, die sich im Inland oder Ausland direkt oder indirekt im Dienste der Kommunistischen Internationale betätigen oder deren Zersetzungsarbeit Vorschub leisten.

c) Um die in a) festgelegte Zusammenarbeit der zuständigen Behörden der beiden Hohen Vertragschließenden Staaten zu erleichtern, wird eine ständige Kommission errichtet werden. In dieser Kommission werden die weiteren zur Bekämpfung der Zersetzungsarbeit der Kommunistischen Internationale notwendigen Abwehrmaßnahmen erwogen und beraten.

Berlin, den 25ten November 1936, d. h. den 25ten November des 11ten Jahres der Showa-Periode.

Joachim von Ribbentrop
Außerordentlicher und Bevollmächtigter Botschafter
des Deutschen Reiches

Vicomte Kintomo Mushakoji
Kaiserlich Japanischer Außerordentlicher und
Bevollmächtigter Botschafter

b) PROTOKOLL ÜBER DEN BEITRITT ITALIENS ZUM DEUTSCH-JAPANISCHEN ANTIKOMINTERN-ABKOMMEN VOM 6. NOVEMBER 1937

Die Regierung des Deutschen Reiches,
Die Italienische Regierung und
Die Kaiserlich Japanische Regierung,
In der Erwägung, daß die Kommunistische Internationale ständig die zivilisierte Welt im Westen und im Osten weiter gefährdet, ihren Frieden und ihre Ordnung stört und vernichtet,
Überzeugt, daß nur eine enge Zusammenarbeit aller an der Aufrechterhaltung des Friedens und der Ordnung interessierten Staaten diese Gefahr vermindern und beseitigen kann,
In der Erwägung, daß Italien, das seit Beginn der Faschistischen Regierung diese Gefahr mit unbeugsamer Entschlossenheit bekämpfte und die Kommunistische Internationale in seinem Gebiet ausmerzte, entschieden hat, sich Seite an Seite mit Deutschland und Japan, die ihrerseits von dem gleichen Abwehrwillen gegen die Kommunistische Internationale beseelt sind, gegen den gemeinsamen Feind zu stellen,
Sind, in Übereinstimmung mit Artikel II des Abkommens gegen die Kommunistische Internationale, das am 25. November 1936 zu Berlin zwischen Deutschland und Japan abgeschlossen wurde, wie folgt übereingekommen:
Artikel I. Italien tritt dem als Anlage im Wortlaut beigefügten Abkommen gegen die Kommunistische Internationale nebst Zusatzprotokoll, das am 25. November 1936 zwischen Deutschland und Japan abgeschlossen worden ist, bei.
Artikel II. Die drei das vorliegende Protokoll unterzeichnenden Mächte kommen überein, daß Italien als ursprünglicher Unterzeichner des im vorhergehenden Artikel erwähnten Abkommens nebst Zusatzprotokoll gilt, wobei die Unterzeichnung des vorliegenden Protokolls gleichbedeutend ist mit der Unterzeichnung des Originaltextes des genannten Abkommens nebst Zusatzprotokoll.
Artikel III. Das vorliegende Protokoll gilt als integrierender Teil des obenerwähnten Abkommens nebst Zusatzprotokoll.
Artikel IV. Das vorliegende Protokoll ist in deutscher, italienischer und japanischer Sprache abgefaßt, wobei jeder Text als Urschrift gilt. Es tritt am Tage der Unterzeichnung in Kraft.
Zu Urkund dessen haben die Unterzeichneten, von ihren betreffenden Regierungen gut und richtig bevollmächtigt, dieses Protokoll unterzeichnet und mit ihren Siegeln versehen.
So geschehen in dreifacher Ausfertigung zu Rom, den 6ten November 1937 – im XVIten Jahre der Faschistischen Ära, d. h. den 6ten November des 12ten Jahres der Shôwa-Periode.

Joachim von Ribbentrop   Ciano   M. Hotta

[108] *Ribbentrops außenpolitisches Programm*

Ganz vertraulich! Nur persönlich!

Notiz für den Führer. Berlin, den 2. Januar 1938

... 5. Daher von uns zu ziehende Konsequenz:
1) nach außen weiter Verständigung mit England unter Wahrung Interessen unserer Freunde.
2) Herstellung in aller Stille, aber mit ganzer Zähigkeit einer Bündniskonstellation gegen England –, d. h. praktisch Festigung unserer Freundschaft mit Italien und Japan – ferner Hinzugewinnung aller Staaten, deren Interessen direkt oder indirekt mit unseren konform gehen – enge und vertrauliche Zusammenarbeit der Diplomaten der drei Großmächte zu diesem Zweck.
Nur auf diese Weise können wir England begegnen, sei es eines Tages noch zum Ausgleich oder zum Konflikt. England wird harter und scharfer Gegner in diesem diplomatischen Spiel sein.
6. Die besondere Frage, ob im Falle eines Konfliktes Deutschlands in Mitteleuropa Frankreich und damit England eingreifen würden, hängt von den Umständen und dem Zeitpunkt ab, an dem ein solcher Konflikt ausbricht und beendet ist, und von militärischen Erwägungen, die hier nicht zu übersehen sind. Ich möchte dem Führer hierüber einige Gesichtspunkte mündlich vortragen.
Dies ist nach eingehender Prüfung aller Umstände meine Auffassung von der Lage. Ich habe seit Jahren für eine Freundschaft mit England gearbeitet und wäre über nichts froher, als wenn sie herzustellen wäre. Als ich den Führer bat, mich nach London zu schicken, war ich skeptisch, ob es gehen würde, aber im Hinblick auf Eduard VIII. schien ein letzter Versuch geboten. Heute glaube ich nicht mehr an die Verständigung. England will kein übermächtiges Deutschland in seiner Nähe, das eine ständige Bedrohung seiner Inseln wäre. Dafür wird es kämpfen. Dem Nationalsozialismus aber traut man Gewaltiges zu. Schon Baldwin hat dies erkannt, und Eduard VIII. mußte abdanken, weil man nicht sicher war, ob er bei seiner Einstellung eine Deutschland feindliche Politik mitmachen würde. Chamberlain hat nun Vansittart, unseren bedeutsamsten und zähesten Gegner, an eine Stelle berufen, in der er in das diplomatische Spiel gegen Deutschland führend eingreifen kann. Jeder Tag, an dem in Zukunft – ganz gleich, welche taktischen Zwischenspiele der Verständigung mit uns versucht werden sollten – unsere politischen Erwägungen nicht grundsätzlich von dem Gedanken an England als unseren gefährlichsten Gegner bestimmt würden, wäre ein Gewinn für unsere Feinde.

gez. R.

[109] *Geheimes Zusatzabkommen zum Abkommen gegen die Kommunistische Internationale vom 25. November 1936*

Die Regierung des Deutschen Reiches und die Kaiserlich-Japanische Regierung

In der Erkenntnis, daß die Regierung der Union der Sozialistischen Sowjet-Republiken an der Verwirklichung des Zieles der Kommunistischen Internationale arbeitet und für diesen Zweck ihre Armee einsetzen will,

In der Überzeugung, daß diese Tatsache nicht nur den Bestand der Hohen Vertragschließenden Staaten, sondern den Weltfrieden überhaupt in ernstester Weise bedroht,

Sind zur Wahrung der gemeinsamen Interessen in folgendem übereingekommen:

Artikel I. Sollte einer der Hohen Vertragschließenden Staaten Gegenstand eines nicht provozierten Angriffs oder einer nicht provozierten Angriffsdrohung durch die Union der Sozialistischen Sowjet-Republiken werden, so verpflichtet sich der andere Hohe Vertragschließende Staat, keinerlei Maßnahmen zu treffen, die in ihrer Wirkung die Lage der Union der Sozialistischen Sowjet-Republiken zu entlasten geeignet sein würden.

Sollte der in Absatz 1 bezeichnete Fall eintreten, so werden sich die Hohen Vertragschließenden Staaten sofort darüber beraten, welche Maßnahmen sie zur Wahrung der gemeinsamen Interessen ergreifen werden.

Artikel II. Die Hohen Vertragschließenden Staaten werden während der Dauer dieses Abkommens ohne gegenseitige Zustimmung mit der Union der Sozialistischen Sowjet-Republiken keinerlei politische Verträge schließen, die mit dem Geiste dieses Abkommens nicht übereinstimmen.

Artikel III. Für dieses Abkommen gelten sowohl der deutsche wie auch der japanische Text als Urschrift. Es tritt gleichzeitig mit dem am heutigen Tage unterzeichneten Abkommen gegen die Kommunistische Internationale in Kraft und hat die gleiche Geltungsdauer.

Zu Urkund dessen haben die Unterzeichneten, von ihren betreffenden Regierungen gut und richtig bevollmächtigt, dieses Abkommen unterzeichnet und mit ihren Siegeln versehen.

So geschehen in zweifacher Ausfertigung
zu BERLIN, den 25ten November 1936,
d. h. den 25ten November des 11ten Jahres der Showa-Periode.

Joachim von Ribbentrop — Außerordentlicher und Bevollmächtigter Botschafter des Deutschen Reiches

Vicomte Kintomo Mushakoji — Kaiserlich-Japanischer Außerordentlicher und Bevollmächtigter Botschafter

[110] *Aus der »Hoßbach-Niederschrift«*

Berlin, den 10. Nov. 1937

NIEDERSCHRIFT

über die Besprechung in der Reichskanzlei
am 5. 11. 1937 von 16.15 – 20.30 Uhr

Anwesend: Der Führer und Reichskanzler
Der Reichskriegsminister, Generalfeldmarschall v. Blomberg
Der Oberbefehlshaber des Heeres, Generaloberst Frh. v. Fritsch
Der Oberbefehlshaber der Kriegsmarine, Generaladmiral Dr. h. c. Raeder
Der Oberbefehlshaber der Luftwaffe, Generaloberst Göring
Der Reichsminister des auswärtigen Amtes, Freiherr v. Neurath
Oberst Hoßbach

Der Führer stellt einleitend fest, daß der Gegenstand der heutigen Besprechung von derartiger Bedeutung sei, daß dessen Erörterung in anderen Staaten wohl vor das Forum des Regierungskabinetts gehörte, er – der Führer – sähe aber gerade im Hinblick auf die Bedeutung der Materie davon ab, diese im Kreise des Reichskabinetts zum Gegenstand der Besprechung zu machen. Seine nachfolgenden Ausführungen seien das Ergebnis eingehender Überlegungen und der Erfahrungen seiner 4½jähr. Regierungszeit; er wolle den anwesenden Herren seine grundlegenden Gedanken über die Entwicklungsmöglichkeiten und -notwendigkeiten unserer außenpolitischen Lage auseinandersetzen, wobei er im Interesse einer auf weite Sicht eingestellten deutschen Politik seine Ausführungen als seine testamentarische Hinterlassenschaft für den Fall seines Ablebens anzusehen bitte.
Der Führer führte sodann aus:
Das Ziel der deutschen Politik sei die Sicherung und die Erhaltung der Volksmasse und deren Vermehrung. Somit handele es sich um das Problem des Raumes.
Die deutsche Volksmasse verfüge über 85 Millionen Menschen, die nach der Anzahl der Menschen und der Geschlossenheit des Siedlungsraumes in Europa einen in sich so fest geschlossenen Rassekern darstellte, wie er in keinem anderen Land wieder anzutreffen sei, wie er andererseits das Anrecht auf größeren Lebensraum mehr als bei anderen Völkern in sich schlösse. Wenn

kein dem deutschen Rassekern entsprechendes politisches Ergebnis auf dem Gebiet des Raumes vorläge, so sei das eine Folge mehrhundertjähriger historischer Entwicklung und bei Fortdauer dieses politischen Zustandes die größte Gefahr für die Erhaltung des deutschen Volkstums auf seiner jetzigen Höhe. Ein Aufhalten des Rückganges des Deutschtums in Österreich und in der Tschechoslowakei sei ebenso wenig möglich, als die Erhaltung des augenblicklichen Standes in Deutschland selbst. Statt Wachstum setzt Sterilisation ein, in deren Folge Spannungen sozialer Art nach einer Reihe von Jahren einsetzen müßten, weil politische und weltanschauliche Ideen nur solange von Bestand seien, als sie die Grundlage zur Verwirklichung der realen Lebensansprüche eines Volkes abzugeben vermöchten. Die deutsche Zukunft sei daher ausschließlich durch die Lösung der Raumnot bedingt, eine solche Lösung könne naturgemäß nur für eine absehbare etwa 1–3 Generationen umfassende Zeit gesucht werden.

... Die einzige, uns vielleicht traumhaft erscheinende Abhilfe läge in der Gewinnung eines größeren Lebensraumes, ein Streben, das zu allen Zeiten die Ursache der Staatenbildung und Völkerbewegung gewesen sei. Daß dieses Streben in Genf und bei den gesättigten Staaten keinem Interesse begegne, sei erklärlich. Wenn die Sicherheit unserer Ernährungslage im Vordergrund stünde, so könne der hierfür nötige Raum nur in Europa gesucht werden, nicht aber ausgehend von liberalistisch-kapitalistischen Auffassungen in der Ausbeutung von Kolonien. Es handelt sich nicht um die Gewinnung von Menschen, sondern von landwirtschaftlich nutzbarem Raum. Auch die Rohstoffgebiete seien zweckmäßiger im unmittelbaren Anschluß an das Reich in Europa und nicht in Übersee zu suchen, wobei die Lösung sich für ein bis zwei Generationen auswirken müsse. Was darüber hinaus in späteren Zeiten notwendig werden solle, müsse nachfolgenden Geschlechtern überlassen werden. Die Entwicklung großer Weltgebilde gehe nun einmal langsam vor sich, das deutsche Volk mit seinem starken Rassekern finde hierfür die günstigsten Voraussetzungen inmitten des europäischen Kontinents. Daß jede Raumerweiterung nur durch Brechen von Widerstand und unter Risiko vor sich gehen könne, habe die Geschichte aller Zeiten – Römisches Weltreich, Englisches Empire – bewiesen. Auch Rückschläge seien unvermeidbar. Weder früher noch heute habe es herrenlosen Raum gegeben, der Angreifer stoße stets auf den Besitzer.

Für Deutschland laute die Frage, wo größter Gewinn unter geringstem Einsatz zu erreichen sei ...

Zur Lösung der deutschen Frage könne es nur den Weg der Gewalt geben, dieser niemals risikolos sein. Die Kämpfe Friedrich d. Gr. um Schlesien und die Kriege Bismarcks gegen Österreich

und Frankreich seien von unerhörtem Risiko gewesen und die Schnelligkeit des preußischen Handelns 1870 habe Österreich vom Eintritt in den Krieg ferngehalten. Stelle man an die Spitze der nachfolgenden Ausführungen den Entschluß zur Anwendung von Gewalt unter Risiko, dann bleibe noch die Beantwortung der Fragen »wann« und »wie«. Hierbei seien drei Fälle zu entscheiden:
Fall 1: Zeitpunkt 1943–1945.
Nach dieser Zeit sei nur noch eine Veränderung zu unseren Ungunsten zu erwarten. Die Aufrüstung der Armee, Kriegsmarine, Luftwaffe sowie die Bildung des Offizierkorps seien annähernd beendet. Die materielle Ausstattung und Bewaffnung seien modern, bei weiterem Zuwarten läge die Gefahr ihrer Veralterung vor. Besonders der Geheimhaltungsschutz der »Sonderwaffen« ließe sich nicht immer aufrechterhalten. Die Gewinnung von Reserven beschränke sich auf die laufenden Rekrutenjahrgänge, ein Zusatz aus älteren unausgebildeten Jahrgängen sei nicht mehr verfügbar. Im Verhältnis zu der bis dahin durchgeführten Aufrüstung der Umwelt nähmen wir an relativer Stärke ab. Wenn wir bis 1943/45 nicht handelten, könne infolge des Fehlens von Reserven jedes Jahr die Ernährungskrise bringen, zu deren Behebung ausreichende Devisen nicht verfügbar seien. Hierin sei ein »Schwächungsmoment des Regimes« zu erblicken. Zudem erwarte die Welt unseren Schlag und treffe ihre Gegenmaßnahmen von Jahr zu Jahr mehr. Während die Umwelt sich abriegele, seien wir zur Offensive gezwungen.
Wie die Lage in den Jahren 1943/45 tatsächlich sein würde, wisse heute niemand. Sicher sei nur, daß wir nicht länger warten können. Auf der einen Seite die große Wehrmacht mit der Notwendigkeit der Sicherstellung ihrer Unterhaltung, das Älterwerden der Bewegung und ihrer Führer, auf der anderen Seite die Aussicht auf Senkung des Lebensstandardes und auf Geburteneinschränkung ließen keine andere Wahl als zu handeln. Sollte der Führer noch am Leben sein, so sei es sein unabänderlicher Entschluß, spätestens 1943/45 die deutsche Raumfrage zu lösen. Die Notwendigkeit zum Handeln vor 1943/45 käme im Fall 2 und 3 in Betracht.
Fall 2:
Wenn die sozialen Spannungen in Frankreich sich zu einer derartigen innenpolitischen Krise auswachsen sollten, daß durch letztere die französische Armee absorbiert und für eine Kriegsverwendung gegen Deutschland ausgeschaltet würde, sei der Zeitpunkt zum Handeln gegen die Tschechei gekommen.
Fall 3:
Wenn Frankreich durch einen Krieg mit einem anderen Staat so gefesselt ist, daß es gegen Deutschland nicht »vorgehen« kann.

Zur Verbesserung unserer militär-politischen Lage müsse in jedem Fall einer kriegerischen Verwicklung unser 1. Ziel sein, die Tschechei und gleichzeitig Österreich niederzuwerfen, um die Flankenbedrohung eines etwaigen Vorgehens nach Westen auszuschalten ...
In gewissere Nähe sähe der Führer den Fall 3 gerückt, der sich aus den derzeitigen Spannungen im Mittelmeer entwickeln könne, und den er eintretendenfalls zu jedem Zeitpunkt, auch bereits im Jahre 1938, auszunutzen entschlossen sei ...
Der Zeitpunkt unserer Angriffe auf die Tschechei und Österreich müsse abhängig von dem Verlauf des italienisch-englisch-französischen Krieges gemacht werden und läge nicht etwa gleichzeitig mit der Eröffnung der kriegerischen Handlungen dieser drei Staaten. Der Führer denke auch nicht an militärische Abmachungen mit Italien, sondern wolle in eigener Selbständigkeit und unter Ausnutzung dieser sich nur einmal bietenden günstigen Gelegenheit den Feldzug gegen die Tschechei beginnen und durchführen, wobei der Überfall auf die Tschechei »blitzartig schnell« erfolgen müsse ...
Für die Richtigkeit: gez. Hoßbach
Oberst d. G.

[111] *Hitler denkt in strategischen Begriffen*

23. 11. [1939], 12 Uhr: Besprechung beim Führer, zu der alle Oberbefehlshaber befohlen sind. Der Führer trägt folgendes vor:
... Ein Jahr später kam Österreich, auch dieser Schritt wurde für sehr bedenklich angesehen. Er brachte eine wesentliche Stärkung des Reichs. Der nächste Schritt war Böhmen, Mähren und Polen. Aber dieser Schritt war nicht in einem Zuge zu tun. Zunächst mußte im Westen der Westwall fertiggestellt werden. Es war nicht möglich, das Ziel in einem Anhieb zu erreichen. Vom ersten Augenblick an war mir klar, daß ich mich nicht mit dem sudetendeutschen Gebiet begnügen könnte. Es war nur eine Teillösung. Der Entschluß zum Einmarsch in Böhmen war gefaßt. Dann kam die Errichtung des Protektorats, und damit war die Grundlage für die Eroberung Polens gelegt, aber ich war mir zu dem Zeitpunkt noch nicht im klaren, ob ich erst gegen den Osten und dann gegen den Westen oder umgekehrt vorgehen sollte. Moltke hat seinerzeit oft die gleichen Überlegungen angestellt. Zwangsläufig kam es erst zum Kampf gegen Polen. Man wird mir vorwerfen: Kampf und wieder Kampf. Ich sehe im Kampf das Schicksal aller Wesen. Niemand kann dem Kampf entgehen, falls er nicht unterliegen

will. Die steigende Volkszahl erforderte größeren Lebensraum. Mein Ziel war, ein vernünftiges Verhältnis zwischen Volkszahl und Volksraum herbeizuführen. Hier muß der Kampf einsetzen. Um die Lösung dieser Aufgabe kommt kein Volk herum oder es muß verzichten und allmählich untergehen. Das lehrt die Geschichte...

[112] *Die militärische Weisung für den Einmarsch in Österreich vom 11. März 1938 (»Unternehmen Otto«)*

...1. Ich beabsichtige, wenn andere Mittel nicht zum Ziele führen, mit bewaffneten Kräften in Österreich einzurücken und dort verfassungsmäßige Zustände herzustellen und weitere Gewalttaten gegen die deutschgesinnte Bevölkerung zu unterbinden.

2. Den Befehl über das gesamte Unternehmen führe ich. Nach meinen Weisungen führen:

der Oberbefehlshaber des Heeres die Operationen zu Lande mit der achten Armee in der mir vorgeschlagenen Zusammensetzung und Stärke und den aus der Anlage ersichtlichen Zuteilungen der Luftwaffe, der SS und der Polizei.

Der Oberbefehlshaber der Luftwaffe die Unternehmungen in der Luft mit den mir vorgeschlagenen Kräften.

3. Aufgaben:

a) Heer: Der Einmarsch nach Österreich hat in der mir vorgetragenen Art zu erfolgen. Das Ziel für das Heer ist zunächst die Besetzung von Oberösterreich, Salzburg, Niederösterreich, Tirol, die schnelle Besitznahme von Wien und die Sicherung der österreichisch-tschechischen Grenze.

b) Luftwaffe: Die Luftwaffe hat zu demonstrieren und Propagandamaterial abzuwerfen, österreichische Flughäfen für eventuell nachzuziehende Verbände zu besetzen, das Heer in dem erforderlichen Umfange zu unterstützen und außerdem Kampfverbände zu besonderen Aufträgen bereitzuhalten.

4. Die für das Unternehmen bestimmten Kräfte des Heeres und der Luftwaffe müssen ab 12. 3. 38 spätestens 12 Uhr einmarsch- bzw. einsatzbereit sein. Die Genehmigung zum Überfliegen und Überschreiten der Grenze und die Festsetzung des Zeitpunktes hierfür behalte ich mir vor.

5. Das Verhalten der Truppe muß dem Gesichtspunkt Rechnung tragen, daß wir keinen Krieg gegen ein Brudervolk führen wollen. Es liegt in unserem Interesse, daß das ganze Unternehmen ohne Anwendung von Gewalt in Form eines von der Bevölkerung begrüßten friedlichen Einmarsches vor sich geht. Daher ist jede Pro-

vokation zu vermeiden. Sollte es aber zum Widerstand kommen, so ist er mit größter Rücksichtslosigkeit durch Waffengewalt zu brechen. Übergehende österreichische Verbände treten sofort unter deutschen Befehl.

6. An den deutschen Grenzen zu den übrigen Staaten sind einstweilen keinerlei Sicherheitsmaßnahmen zu treffen.

Adolf Hitler

[113] *Gesetz über die Wiedervereinigung Österreichs mit dem Deutschen Reich, vom 13. März 1938*

Die Reichsregierung hat das folgende Gesetz beschlossen, das hiermit verkündet wird:

Artikel I

Das von der österreichischen Bundesregierung beschlossene Bundesverfassungsgesetz über die Wiedervereinigung Österreichs mit dem Deutschen Reich vom 13. März 1938 wird hiermit Deutsches Reichsgesetz; es hat folgenden Wortlaut:

»Auf Grund des Artikels III Abs. 2 des Bundesverfassungsgesetzes über außerordentliche Maßnahmen im Bereich der Verfassung, BGBl. I Nr. 255, 1934, hat die Bundesregierung beschlossen:

Artikel I: Österreich ist ein Land des Deutschen Reiches.

Artikel II: Sonntag, den 10. April 1938, findet eine freie und geheime Volksabstimmung der über 20 Jahre alten deutschen Männer und Frauen Österreichs über die Wiedervereinigung mit dem Deutschen Reich statt.

Artikel III: Bei der Volksabstimmung entscheidet die Mehrheit der abgegebenen Stimmen.

Artikel IV: Die zur Durchführung und Ergänzung des Artikels II dieses Bundesverfassungsgesetzes erforderlichen Vorschriften werden durch Verordnung getroffen.

Artikel V: Dieses Bundesverfassungsgesetz tritt am Tage seiner Kundmachung in Kraft.

Mit der Vollziehung dieses Bundesverfassungsgesetzes ist die Bundesregierung betraut.

Wien, den 13. März 1938.«

Artikel II

Das derzeit in Österreich geltende Recht bleibt bis auf weiteres in Kraft. Die Einführung des Reichsrechts in Österreich erfolgt durch den Führer und Reichskanzler oder den von ihm hierzu ermächtigten Reichsminister.

Artikel III

Der Reichsminister des Innern wird ermächtigt, im Einvernehmen mit den beteiligten Reichsministern die zur Durchführung und Ergänzung dieses Gesetzes erforderlichen Rechts- und Verwaltungsvorschriften zu erlassen.

Artikel IV

Das Gesetz tritt am Tage seiner Verkündung in Kraft.
Linz, den 13. März 1938 . . .

[114] *Das tschechoslowakische Problem wird aufgerollt*

a) ÜBERPRÜFUNG DER SUDETENDEUTSCHEN POLITIK

KONRAD HENLEIN

Hof i. B., den 17. März 1938

Hochverehrter Herr Reichsaußenminister!

In unserer tiefen Freude über die glückliche Wendung in Österreich haben wir das Bedürfnis, allen jenen, die am Gelingen des neuen großen Werkes des Führers Anteil haben, unseren Dank zum Ausdruck zu bringen. Nehmen Sie, hochverehrter Herr Minister, demnach auch den aufrichtigen Dank des Sudetendeutschtums hiermit entgegen.

Den Dank an den Führer werden wir durch verdoppelten Einsatz im Dienste der großdeutschen Politik abstatten.

Die neue Lage erfordert eine Überprüfung der sudetendeutschen Politik. Zu diesem Zwecke erlaube ich mir, Sie um die Gelegenheit einer recht baldigen persönlichen Aussprache zu bitten.

Mit Rücksicht auf diese notwendige Klärung habe ich den für den 26. und 27. März 1938 angesetzten gesamtstaatlichen Parteitag um 4 Wochen verschoben.

Ich wäre zu Dank verbunden, wenn zu der angesuchten Aussprache der Herr Gesandte Dr. Eisenlohr und zwei meiner engsten Mitarbeiter beigezogen würden.

Heil Hitler!
In Treue Ihr
Konrad Henlein

An den
Herrn Reichsaußenminister von Ribbentrop,
Berlin

b) DAS REICH STELLT SICH HINTER DIE SUDETENDEUTSCHEN

Geheime Reichssache! Pol I 789 g (IV).
Geheim

Niederschrift
über die Besprechung am 29. März 1938, 12 Uhr mittags,
im Auswärtigen Amt
über sudetendeutsche Fragen.

An der Besprechung nahmen die in der anliegenden Liste aufgeführten Herren teil.

Der Herr Reichsminister betonte eingangs die Notwendigkeit einer strengen Geheimhaltung der anberaumten Besprechung und führte sodann unter Hinweis auf die Richtlinien, die gestern nachmittag der Führer Konrad Henlein persönlich erteilt hat, aus, daß es vor allem zwei Fragen wären, die für die Führung der Politik der Sudetendeutschen Partei von Wichtigkeit wären:

1. Das Sudetendeutschtum müsse wissen, daß hinter ihm ein 75-Millionen-Volk stände, das eine weitere Unterdrückung der Sudetendeutschen durch die Tschechoslowakische Regierung nicht dulden würde.
2. Es sei Sache der Sudetendeutschen Partei, gegenüber der Tschechoslowakischen Regierung diejenigen Forderungen aufzustellen, deren Erfüllung sie zur Erlangung der von ihr gewünschten Freiheiten für notwendig erachte.

Der Herr Reichsminister führte hierzu aus, daß es nicht Aufgabe der Reichsregierung sein könne, Konrad Henlein, der der ausdrücklich anerkannte und vom Führer erneut bestätigte Führer des Sudetendeutschtums sei, im einzelnen Anregung zu geben, welche Forderungen gegenüber der Tschechoslowakischen Regierung zu stellen seien. Es käme darauf an, ein Maximalprogramm aufzustellen, das als letztes Ziel den Sudetendeutschen die volle Freiheit gewähre. Gefährlich erschiene es, sich frühzeitig mit Zusagen der Tschechoslowakischen Regierung abzufinden, die einerseits gegenüber dem Ausland den Anschein erwecken könnten, als ob eine Lösung gefunden sei, und andererseits die Sudetendeutschen selbst nur teilweise befriedigen würden. Vorsicht sei vor allem auch deshalb am Platze, weil man nach der bisherigen Erfahrung den Zusicherungen Beneschs und Hodzas kein Vertrauen schenken könnte. Das Ziel der von der Sudetendeutschen Partei mit der Tschechoslowakischen Regierung zu führenden Verhandlungen wäre letzten Endes das, durch den Umfang und die schrittweise Präzisierung der zu stellenden Forderungen den Eintritt in die Regierung zu vermeiden. Bei den Verhandlungen müsse klar herausgestellt werden, daß allein die Sudetendeutsche Partei Ver-

handlungspartner der Tschechoslowakischen Regierung wäre, nicht die Reichsregierung. Die Reichsregierung ihrerseits müsse es ablehnen, gegenüber der Prager Regierung oder gegenüber London und Paris als Vertreter oder Schrittmacher der sudetendeutschen Forderungen in Erscheinung zu treten. Eine selbstverständliche Voraussetzung sei es, daß das Sudetendeutschtum bei den vorstehenden Auseinandersetzungen mit der Tschechoslowakischen Regierung fest in der Hand Konrad Henleins liege, Ruhe und Disziplin bewahre und Unvorsichtigkeiten vermeide. Hierzu habe Konrad Henlein bereits zufriedenstellende Zusicherungen gegeben. Im Anschluß an diese allgemeinen Ausführungen des Herrn Reichsministers wurden die in der Anlage beigefügten Forderungen der Sudetendeutschen Partei an die Tschechoslowakische Regierung durchgesprochen und grundsätzlich genehmigt. Für die weitere Zusammenarbeit wurde Konrad Henlein auf einen möglichst engen Kontakt mit dem Herrn Reichsminister und mit dem Leiter der Volksdeutschen Mittelstelle sowie dem Deutschen Gesandten in Prag als dem dortigen Vertreter des Herrn Reichsaußenministers verwiesen. Die Aufgabe des Deutschen Gesandten in Prag würde darin bestehen, nicht offiziell, sondern in mehr privat gehaltenen Gesprächen mit den tschechoslowakischen Staatsmännern die Forderungen der Sudetendeutschen Partei als vernünftig zu unterstützen, ohne auf den Umfang der Forderungen der Partei unmittelbaren Einfluß zu nehmen.
Anschließend wurde die Frage der Zweckmäßigkeit eines Zusammengehens der Sudetendeutschen Partei mit den übrigen Minderheiten in der Tschechoslowakei, insbesondere den Slowaken, erörtert. Der Herr Reichsminister entschied dahin, daß man der Partei die Freiheit lassen müsse, mit den anderen Minderheitengruppen, deren paralleles Vorgehen zweckmäßig erscheinen könnte, lose Fühlung zu halten.

Berlin, den 29. März 1938 R.

Anwesenheitsliste zu der Besprechung über sudetendeutsche Fragen am Dienstag, den 29. März 1938, 12 Uhr mittags.

Anwesend:

Herr Reichsminister v. Ribbentrop,
Herr Staatssekretär v. Mackensen,
Herr Ministerialdirektor v. Weizsäcker,
Herr Gesandte Eisenlohr, Prag, Auswärtiges Amt
Herr Gesandte Stieme,
Herr Vortr. Legationsrat v. Twardowski,
Herr Legationsrat Altenburg,
Herr Legationsrat Kordt

SS Obergruppenführer Lorenz, Herr Prof. Haushofer	Volksdeutsche Mittelstelle
Herren Konrad Henlein, Karl Hermann Frank, Dr. Kuenzel, Dr. Kreissl	S. D. P.

[115] *Die militärischen Weisungen*

a) »FALL GRÜN«: ANGRIFF AUF DIE TSCHECHOSLOWAKEI

Berlin, den 22. 4. 38

Chefsache
Grundlagen zur Studie »Grün«
Zusammenfassung der Besprechung Führer/Gen. Keitel am 21. 4.

A. Politisch

1. Strategischer Überfall aus heiterem Himmel ohne jeden Anlaß oder Rechtfertigungsmöglichkeit wird abgelehnt. Da Folge: feindliche Weltmeinung, die zu bedenklicher Lage führen kann.
Solche Maßnahmen nur zur Beseitigung des letzten Gegners auf dem Festlande berechtigt.
2. Handeln nach einer Zeit diplomatischer Auseinandersetzungen, die sich allmählich zuspitzen und zum Kriege führen.
3. Blitzartiges Handeln auf Grund eines Zwischenfalls (z. B. Ermordung des dtsch. Gesandten im Anschluß an eine deutschfdl. Demonstration).

B. Militärische Folgerungen

1. Zu den politischen Möglichkeiten 2. und 3. sind die Vorbereitungen zu treffen. Fall 2. ist der unerwünschte, da »Grün« Sicherheitsmaßnahmen getroffen haben wird.
2. Der Zeitverlust durch die Eisenbahntransporte für die Masse der Divisionen – der unabänderlich und möglichst zu verkürzen ist – darf nicht im Augenblick des Handelns vom blitzschnellen Zupacken absehen lassen.
3. Sofort sind »Teilvorstöße« zum Bresdeschlagen durch die Befestigungslinie an zahlreichen Stellen und in operativ günstiger Richtung zu unternehmen.
Die Vorstöße sind bis ins einzelne vorzubereiten (Kenntnis der Wege, der Angriffsobjekte, Zusammensetzung der Kolonnen je nach bevorstehenden Aufgaben).

Angriff Heer und Luft zum gleichen Zeitpunkt.
Die Luftwaffe hat die einzelnen Kolonnen zu unterstützen. (Z. B. Sturzbomber: Abriegeln der Werke an den Einbruchstellen. Erschwerung des Heranführens von Reserven, Zerschlagen der Nachrichtenverbindungen, dadurch Isolierung der Besatzungen.)
4. Politisch sind die ersten 4 Tage militärischen Handelns die entscheidenden. Bleiben durchschlagende, militärische Erfolge aus, so tritt mit Sicherheit eine europäische Krise ein. Vollendete Tatsachen müssen von Aussichtslosigkeit milit. Eingreifens überzeugen, Verbündete auf den Plan rufen (Teilung der Beute!), Grün demoralisieren.
Daher: Überbrücken des Zeitraumes zwischen 1. Einbruch und Einsatz der anzutransportierenden Kräfte durch entschlossenen, rücksichtslosen Vorstoß einer motorisierten Armee (z. B. über Pi an Pr vorbei).
5. Wenn möglich Trennung der Transportbewegung »Rot« von »Grün«. Gleichzeitiger Aufmarsch Rot kann Rot zu unerwünschten Maßnahmen veranlassen. Andererseits muß Fall »Rot« jederzeit anlaufen können.

C. Propaganda

1. Flugblätter für das Verhalten der Deutschen im Grünland.
2. Flugblätter mit Drohungen zur Einschüchterung der Grünen.
Durch Offizier geschrieben! Schm.

b) DER UNABÄNDERLICHE ENTSCHLUSS

DER OBERSTE BEFEHLSHABER DER WEHRMACHT
OKW Nr. 42/38 g. Kdos Chefsache L I *Berlin, den 30. Mai 1938*

Geheime Kommandosache
Chef Sache
Nur durch Offizier
Abschrift von der
4. Ausfertigung
3 Abschriften
Durch Offizier geschrieben 1. Abschrift

Auf Anordnung des Obersten Befehlshabers der Wehrmacht ist der Teil 2, Abschnitt II der Weisung für die einheitliche Kriegsvorbereitung der Wehrmacht vom 24. 6. 37 (Ob. d. W. Nr. 55/37 g. Kdos Chefsache L Ia) (Zweifrontenkrieg mit Schwerpunkt Südost-Aufmarsch »Grün«) durch die beiliegende neue Fassung zu ersetzen. Ihre Ausführung muß spätestens ab 1. 10. 38 sichergestellt sein.

Mit der Änderung der übrigen Teile der Weisung ist im Laufe der nächsten Wochen zu rechnen.

I. A.
Der Chef des Oberkommandos der Wehrmacht
gez. Keitel

1 Anlage
An den Herrn Ob. d. H. 1. Ausf.
An den Herrn Ob. d. M. 2. Ausf.
An den Herrn Ob. d. L. 3. Ausf.
OKW Abt. L 4. u. 5. Ausf.

Für die Richtigkeit der Abschrift:
Zeitzler
Oberstleutnant d. Genstb.

Geheime Kommandosache

Anlage zu D. Oberste Befehlshaber der Wehrmacht
OKW Nr. 42/38 g. Kds Chefsache L Ia
v. 30. 5. 38
Von Offizier geschrieben

Abschrift von der
4. Ausfertigung
3 Abschriften
1. Abschrift

Chefsache
Nur durch Offizier

II. Zweifrontenkrieg mit Schwerpunkt Südost
(Aufmarsch »Grün«)

1. Politische Voraussetzungen.

Es ist mein unabänderlicher Entschluß, die Tschechoslowakei in absehbarer Zeit durch eine militärische Aktion zu zerschlagen. Den politisch und militärisch geeigneten Zeitpunkt abzuwarten oder herbeizuführen ist Sache der politischen Führung.
Eine unabwendbare Entwicklung der Zustände innerhalb der Tschechoslowakei oder sonstige politische Ereignisse in Europa, die eine überraschend günstige, vielleicht nie wiederkehrende Gelegenheit schaffen, können mich zu frühzeitigem Handeln veranlassen.
Die richtige Wahl und entschlossene Ausnützung eines günstigen Augenblicks ist die sicherste Gewähr für den Erfolg. Dementsprechend sind die Vorbereitungen unverzüglich zu treffen ...

gez. Adolf Hitler
Für die Richtigkeit der Abschrift:
Zeitzler
Oberstleutnant des Genstb.

[116] *Abkommen zwischen Deutschland, dem Vereinigten Königreich von Großbritannien, Frankreich und Italien, getroffen in München am 29. [30.] September 1938*

Deutschland, das Vereinigte Königreich, Frankreich und Italien sind unter Berücksichtigung des Abkommens, das hinsichtlich der Abtretung des sudetendeutschen Gebiets bereits grundsätzlich erzielt wurde, über folgende Bedingungen und Modalitäten dieser Abtretung und über die danach zu ergreifenden Maßnahmen übereingekommen und erklären sich durch dieses Abkommen einzeln verantwortlich für die zur Sicherung seiner Erfüllung notwendigen Schritte.

1. Die Räumung beginnt am 1. Oktober.
2. Das Vereinigte Königreich, Frankreich und Italien vereinbaren, daß die Räumung des Gebiets bis zum 10. Oktober vollzogen wird, und zwar ohne Zerstörung irgendwelcher bestehender Einrichtungen, und daß die Tschechoslowakische Regierung die Verantwortung dafür trägt, daß die Räumung ohne Beschädigung der bezeichneten Einrichtungen durchgeführt wird.
3. Die Modalitäten der Räumung werden im einzelnen durch einen internationalen Ausschuß festgelegt, der sich aus Vertretern Deutschlands, des Vereinigten Königreichs, Frankreichs, Italiens und der Tschechoslowakei zusammensetzt.
4. Die etappenweise Besetzung des vorwiegend deutschen Gebiets durch deutsche Truppen beginnt am 1. Oktober. Die vier auf der anliegenden Karte bezeichneten Gebietsabschnitte werden in folgender Reihenfolge durch deutsche Truppen besetzt:
Der mit I bezeichnete Gebietsabschnitt am 1. und 2. Oktober,
der mit II bezeichnete Gebietsabschnitt am 2. und 3. Oktober,
der mit III bezeichnete Gebietsabschnitt am 3., 4. und 5. Oktober,
der mit IV bezeichnete Gebietsabschnitt am 6. und 7. Oktober.
Das restliche Gebiet vorwiegend deutschen Charakters wird unverzüglich von dem obenerwähnten internationalen Ausschuß festgestellt und bis zum 10. Oktober durch deutsche Truppen besetzt werden.
5. Der im Paragraph 3 erwähnte internationale Ausschuß wird die Gebiete bestimmen, in denen eine Volksabstimmung stattfinden soll. Diese Gebiete werden bis zum Abschluß der Volksabstimmung durch internationale Formationen besetzt werden. Der gleiche Ausschuß wird die Modalitäten festlegen, unter denen die Volksabstimmung durchgeführt werden soll, wobei die Modalitäten der Saar-Abstimmung als Grundlage zu betrachten sind. Der Ausschuß wird ebenfalls den Tag festsetzen, an dem die Volksabstimmung stattfindet; dieser Tag darf jedoch nicht später als Ende November liegen.

6. Die endgültige Festlegung der Grenzen wird durch den internationalen Ausschuß vorgenommen werden. Dieser Ausschuß ist berechtigt, den vier Mächten Deutschland, dem Vereinigten Königreich, Frankreich und Italien in bestimmten Ausnahmefällen geringfügige Abweichungen von der streng ethnographischen Bestimmung der ohne Volksabstimmung zu übertragenden Zonen zu empfehlen.
7. Es wird ein Optionsrecht für den Übertritt in die abgetretenen Gebiete und für den Austritt aus ihnen vorgesehen. Die Option muß innerhalb von 6 Monaten vom Zeitpunkt des Abschlusses dieses Abkommens an ausgeübt werden. Ein deutsch-tschechoslowakischer Ausschuß wird die Einzelheiten der Option bestimmen, Verfahren zur Erleichterung des Austausches der Bevölkerung erwägen und grundsätzliche Fragen klären, die sich aus diesem Austausch ergeben.
8. Die Tschechoslowakische Regierung wird innerhalb einer Frist von 4 Wochen vom Tage des Abschlusses dieses Abkommens an alle Sudetendeutschen aus ihren militärischen und politischen Verbänden entlassen, die diese Entlassung wünschen. Innerhalb derselben Frist wird die Tschechoslowakische Regierung sudetendeutsche Gefangene entlassen, die wegen politischer Delikte Freiheitsstrafen verbüßen.

München, den 29. September 1938.

Adolf Hitler
Neville Chamberlain
Ed. Daladier
Mussolini

Zusatz zu dem Abkommen

Seiner Majestät Regierung im Vereinigten Königreich und die Französische Regierung haben sich dem vorstehenden Abkommen angeschlossen auf der Grundlage, daß sie zu dem Angebot stehen, welches in Paragraph 6 der englisch-französischen Vorschläge vom 19. September enthalten ist, betreffend eine internationale Garantie der neuen Grenze des Tschechoslowakischen Staats gegen einen unprovozierten Angriff.
Sobald die Frage der polnischen und ungarischen Minderheiten in der Tschechoslowakei geregelt ist, werden Deutschland und Italien ihrerseits der Tschechoslowakei eine Garantie geben.

München, den 29. September 1938...

Zusatzerklärung

Die vier anwesenden Regierungschefs sind darüber einig, daß der in dem heutigen Abkommen vorgesehene Ausschuß sich aus dem

Staatssekretär des Auswärtigen Amts, den in Berlin beglaubigten Botschaftern Englands, Frankreichs und Italiens und einem von der Tschechoslowakischen Regierung zu ernennenden Mitglied zusammensetzt.

München, den 29. September 1938 . . .

Zusatzerklärung.

Alle Fragen, die sich aus der Gebietsübergabe ergeben, gelten als zur Zuständigkeit des internationalen Ausschusses gehörig.

München, den 29. September 1938 . . .

Zusätzliche Erklärung

Die Regierungschefs der vier Mächte erklären, daß das Problem der polnischen und ungarischen Minderheiten in der Tschechoslowakei, sofern es nicht innerhalb von 3 Monaten durch eine Vereinbarung unter den betreffenden Regierungen geregelt wird, den Gegenstand einer weiteren Zusammenkunft der hier anwesenden Regierungschefs der vier Mächte bilden wird.

München, den 29. September 1938 . . .

[117] *Wir wollen gar keine Tschechen!*

[Aus Hitlers Rede vom 26. 9. 1938]

. . . Ich habe nur weniges zu erklären: Ich bin Herrn Chamberlain dankbar für alle seine Bemühungen. Ich habe ihm versichert, daß das deutsche Volk nichts anderes will als Frieden; allein, ich habe ihm auch erklärt, daß ich nicht hinter die Grenzen unserer Geduld zurückgehen kann. Ich habe ihm weiter versichert und wiederhole es hier, daß es — wenn dieses Problem gelöst ist — für Deutschland in Europa kein territoriales Problem mehr gibt!

Und ich habe ihm weiter versichert, daß in dem Augenblick, in dem die Tschecho-Slowakei ihre Probleme löst, das heißt, in dem die Tschechen mit ihren anderen Minderheiten sich auseinandergesetzt haben, und zwar friedlich und nicht durch Unterdrückung, daß ich dann am tschechischen Staat nicht mehr interessiert bin. Und das wird ihm garantiert! Wir wollen gar keine Tschechen! Allein, ebenso will ich nun vor dem deutschen Volk erklären, daß in bezug auf das sudetendeutsche Problem meine Geduld jetzt zu Ende ist! Ich habe Herrn Benesch ein Angebot gemacht, das nichts anderes ist als die Realisierung dessen, was er selbst schon zugesichert hat. Er hat jetzt die Entscheidung in seiner Hand! Frieden oder Krieg! Er wird entweder dieses Angebot akzeptieren und den Deutschen jetzt endlich die Freiheit geben, oder wir werden diese Freiheit uns selbst holen!

Das muß die Welt zur Kenntnis nehmen: in 4½ Jahren Krieg und in den langen Jahren meines politischen Lebens hat man mir eines nie vorwerfen können: ich bin niemals feige gewesen! Ich gehe meinem Volk jetzt voran als sein erster Soldat, und hinter mir, das mag die Welt wissen, marschiert jetzt ein Volk, und zwar ein anderes als das vom Jahre 1918! Wenn es damals einem wandernden Scholaren gelang, in unser Volk das Gift demokratischer Phrasen hineinzuträufeln – das Volk von heute ist nicht mehr das Volk von damals! Solche Phrasen wirken auf uns wie Wespenstiche; wir sind dagegen jetzt gefeit.

In dieser Stunde wird sich das ganze deutsche Volk mit mir verbinden!

Es wird meinen Willen als seinen Willen empfinden, genauso wie ich seine Zukunft und sein Schicksal als den Auftraggeber meines Handelns ansehe!

Und wir wollen diesen gemeinsamen Willen jetzt so stärken, wie wir ihn in der Kampfzeit besaßen, in der Zeit, in der ich als einfacher unbekannter Soldat auszog, ein Reich zu erobern, und niemals zweifelte an dem Erfolg und an dem endgültigen Sieg.

Da hat sich um mich geschlossen eine Schar von tapferen Männern und tapferen Frauen. Und sie sind mit mir gegangen. Und so bitte ich dich, mein deutsches Volk:

Tritt jetzt hinter mich, Mann für Mann, Frau um Frau. In dieser Stunde wollen wir alle einen gemeinsamen Willen fassen. Er soll stärker sein als jede Not und als jede Gefahr. Und wenn dieser Wille stärker ist als Not und Gefahr, dann wird er Not und Gefahr einst brechen. Wir sind entschlossen!

Herr Benesch mag jetzt wählen!

VI

DER NATIONALSOZIALISTISCHE KRIEG

Da der Krieg notwendig zu Hitlers imperialistischem Programm gehörte, war er keineswegs davon erbaut, ihn im Herbst 1938 vermieden zu haben. So dachte er denn auch keinen Augenblick daran, mit seiner Expansionspolitik jetzt innezuhalten. Das Abkommen von München war für ihn, wie so viele andere internationale Verträge, nichts anderes als ein Fetzen Papier. Und so gab er bald, schon drei Wochen nach dem Abschluß des Münchener Abkommens, in einer Geheimen Kommandosache Befehl zur »Erledigung der Rest-Tschechei«. Einen Monat später wurde die »endgültige« deutsch-tschechoslowakische Grenze festgelegt [118]! Mitte März 1939 war es soweit. Diesmal hatte der slowakische Nationalismus Hitler als willkommenes taktisches Instrument zur endgültigen Auflösung des Vielvölkerstaates zu dienen [119]. Böhmen und Mähren wurden kampflos besetzt und dem Reich einverleibt, offiziell auf Grund eines freiwilligen Übereinkommens zwischen dem tschechoslowakischen Staatspräsidenten Hacha und dem deutschen Diktator, in Tat und Wahrheit auf Grund einer in der Geschichte der Diplomatie einzig dastehenden Erpressung [120]. Die Slowakei wurde dem Namen nach selbständig, in Wirklichkeit aber ein Satellitenstaat Deutschlands [121].

Jetzt war vor aller Welt offenkundig geworden, daß es Hitler weder um eine Revision von Versailles ging noch um eine Verwirklichung des nationalen Selbstbestimmungsrechtes. So mußte denn diesmal auch die historische Argumentation anstelle der nationalistischen herhalten, um das deutsche Vorgehen zu rechtfertigen: Deutschland habe, so ließ Hitler verlauten, den böhmischen Raum zurückgewonnen, der 1000 Jahre zum »Lebensraum des deutschen Volkes« gehört habe [122]. Hitlers Worte verfingen jetzt aber nicht mehr. Der Eindruck des flagranten Vertragsbruchs war ungeheuerlich, um so mehr als es sich um ein Abkommen handelte, das auch Hitler selbst feierlich unterzeichnet hatte. Jetzt erwachte die britische Regierung aus ihrer Lethargie einer falsch verstandenen Befriedungspolitik. Chamberlain selbst, der sich persönlich betrogen fühlte, warf das Steuer der britischen Außenpolitik um 180 Grad herum. Um jeden Preis sollte der deutschen Aggressionspolitik jetzt ein Riegel geschoben werden, und so erhielten die nach britischer Ansicht am meisten gefährdeten Staaten, nämlich Polen und Rumänien, später auch Griechenland, Garantieversprechen Englands, denen auch Frankreich beitrat. Was die britische Regierung bislang immer abgelehnt hatte, übernahm sie jetzt geradezu im Überfluß: feste politische und militärische Verpflichtungen in Ost- und Südosteuropa. Der Sinn dieser Garantien war, Hitler vor weiteren Gewaltmaßnahmen durch Drohung mit einem allgemeinen Krieg abzuhalten.

Hitler hatte indessen schon lange vorher, wie wir wissen, die Überzeugung gewonnen, daß seine imperialistischen Ziele ohne kriegerischen Zusammenstoß mit den Westmächten nicht zu erreichen seien. So hielt er denn auch, trotz der britischen Garantie, seine bereits im Herbst 1938 gestellten Forderungen gegenüber Polen aufrecht und befahl gleichzeitig militärische Vorbereitungen für einen Krieg gegen diesen Staat [123]. Polen lehnte die deutschen Forderungen, die vor allem die Rückkehr Danzigs zum Reich und den Bau einer exterritorialen Eisen- und Autobahn betrafen, ab, wie es sie schon im Herbst 1938 abgelehnt hatte. Diese an sich vernünftig klingenden Forderungen für einen deutsch-polnischen Ausgleich entsprachen aber keineswegs Hitlers eigentlichen Absichten, wie er sie den höchsten Führern der Wehrmacht auch offen bekanntgab [124]. Hitler sah sich somit einer festen Front von Gegnern seiner Außenpolitik gegenüber: Polen, Großbritannien und Frankreich. So widmete er sich im Sommer 1939 der Aufgabe, seine eigene machtpolitische Position zu stärken und diejenige der Gegner möglichst zu schwächen.

Zuerst verbündete er sich im sogenannten Stahlpakt auf Gedeih und Verderb mit Italien, ohne dem Partner allerdings zu sagen, daß er schon für den Herbst des Jahres militärische Aktionen gegen Polen vorgesehen hatte [125]. Das war im Mai 1939. Weiterhin versuchte er unablässig, die Front der Gegner zu zersprengen, indem er den Westmächten immer wieder versicherte, ihre Interessen nicht beeinträchtigen zu wollen. Sein größter Coup war aber der von Erfolg gekrönte Versuch, die Verhandlungen der Westmächte mit der Sowjetunion um eine Defensivallianz gegen Deutschland zu hintertreiben und selbst mit Stalin ins Einvernehmen zu kommen. Wie ein Donnerschlag wirkte die Nachricht auf die Welt, daß die scheinbar auf den Tod verfeindeten Systeme des Bolschewismus und des Nationalsozialismus am 23. August 1939 einen Nichtangriffs- und Freundschaftspakt abgeschlossen hätten [126]. Wie war eine solche Entwicklung möglich geworden?

Die Westmächte hatten von Stalin verlangt, mit ihnen zusammenzuarbeiten zur Erhaltung der Unabhängigkeit der von Hitler bedrohten Staaten in Osteuropa, also der baltischen Staaten, Polens und Rumäniens. Es ergab sich aber die nicht aus dem Wege zu räumende Schwierigkeit, daß diese Länder vor der bolschewistischen Sowjetunion mindestens ebenso große Angst hatten wie vor dem Deutschland Hitlers. Sie fürchteten, sie würden im Falle eines Krieges auf jeden Fall ihre Unabhängigkeit verlieren, sei es durch eine deutsche oder durch eine russische Besetzung, selbst unter dem Deckmantel einer Hilfeleistung oder »Befreiung«. Demgegenüber bot Hitler Stalin unumwunden die Aufteilung dieser ganzen Staatenwelt an, und der russische Diktator nahm das großzügige Angebot an. In einem streng geheimgehaltenen Zusatzabkommen wurden die baltischen Länder als sowjetische Interessensphäre bezeichnet (Litauen erst durch ein weiteres Geheimabkommen vom 28. 9. 39), Polen im voraus geteilt und das Interesse Rußlands an Bessarabien anerkannt [127]. Hitler, der sich so sehr in der Pose des antibolschewistischen Vorkämpfers Europas gefallen hatte, gab also der Vormacht des Bolschewismus ganz Osteuropa preis, nur um Polen niederzuzwingen und die Westmächte zum Einlenken zu bringen [128]. So wurde Hitler zweifellos zum größten Schrittmacher des Bolschewismus in Europa. In wenigen Monaten heimste Stalin die ihm geradezu in den Schoß fallenden Früchte ein. Die Grenzen, die die Sowjetunion seither als ihre rechtmäßigen Westgrenzen ansieht, hat ihr Hitler angeboten. Dabei erreichte dieser für Europa so verhängnisvolle Vertrag nicht einmal Hitlers Hauptzweck: England und Frankreich gaben Polen keineswegs preis, und so war der von Hitler gegenüber allen Bedenken seiner Diplomaten und Generale immer wieder in Abrede gestellte europäische Krieg zwei Tage nach seinem Überfall auf Polen Tatsache geworden [129]. Am 3. September 1939 erklärten die beiden Westmächte in Erfüllung ihrer Bündnisverpflichtungen gegenüber Polen an Deutschland den Krieg [130].

Durch die Zusammenarbeit mit der Sowjetunion, die nach dem Sieg in Polen noch intensiviert wurde, hatte der Krieg ein Gesicht erhalten, das dem ideologischen Programm des Nationalsozialismus keineswegs mehr entsprach [131]. Dies wurde denn auch von solchen Nationalsozialisten, die die Ideologie ernst nahmen und nicht nur als ein taktisches Mittel ansahen, stark empfunden [132]. Abgesehen davon, daß durch eine solche Zusammenarbeit mit der Vormacht des Bolschewismus die nationalsozialistische Idee in ihrem immer wieder propagierten antibolschewistischen Kern verleugnet wurde, erhob sich auch die Frage, wie denn nun das Programm einer Eroberung neuen Lebensraumes verwirklicht werden sollte. Wohl gab es einen überwältigenden Blitzsieg in Polen. Aber man konnte kaum behaupten, daß dies die Erfüllung des Traumes vom Lebensraum im Osten darstelle, selbst wenn schon damals die Absicht bestanden haben sollte, in dem eroberten Land durch Ausrottungsmaßnahmen Platz zu schaffen. Im dicht besiedelten Westen Europas konnte dieser Lebensraum schon gar nicht gefunden werden. Für einen Griff auf die überseeischen Gebiete fehlten Hitler alle Möglichkeiten; denn für die Seekriegsführung war Deutschland höchst mangelhaft vorbereitet. Im übrigen hatte Hitler schon in »Mein Kampf« und später dann wiederholt ausgesprochen, daß eine Rückgabe der deutschen Kolonien nach seiner Ansicht das Raumproblem nicht löse.

So machte denn Deutschland nach dem Blitzsieg in Polen den Westmächten ein Friedensangebot. Ob es ernst gemeint war, diese Frage kann nicht eindeutig beantwortet werden. Wir kennen ja Hitlers oft geäußerte Überzeugung von der Unvermeidlichkeit eines Krieges mit den westlichen Demokratien, wie er sie bei Kriegsbeginn nun auch Mussolini gegenüber kundtat [133]. Die Kriegsziele Italiens selbst aber gingen direkt auf Kosten der Westmächte, insbesondere Frankreichs. Es ist möglich, daß Hitler es vorgezogen hätte, gleich über die Sowjetunion herzufallen. Daß er den Vertrag mit Stalin nur solange halten würde, als es ihm nützlich schien, ist durch die Ereignisse ja wohl genügend erwiesen. Im letzten Grunde kam es aber auf die Reihenfolge nicht so sehr an; denn wenn Hitler sein Ziel einer Beherrschung Europas erreichen wollte, dann mußte er ohnehin alle europäischen Mächte ausschalten. Sicher hätte er gerne einen Gegner nach dem andern erledigt, aber im Notfall war er durchaus auch gewillt, einen umfassenden Weltkrieg in Kauf zu nehmen.

Nach der Ablehnung des Friedensangebotes durch Chamberlain und Daladier machte sich Hitler alsbald an die Durchführung der Westoffensive [134]. Wenn es nach ihm gegangen wäre, hätte sie nicht erst im Mai 1940, sondern schon im Herbst 1939 stattgefunden. Während er in öffentlicher Rede die kleinen Länder in Westeuropa der Freundschaft des deutschen Reiches versicherte, befahl er also gleichzeitig militärische Operationen gegen diese Länder. Die militärischen Unternehmungen des Jahres 1940 begannen indessen nicht mit einer Offensive im Westen, sondern mit einer überfallartigen Besetzung Norwegens und Dänemarks im April [135]. Vor allem durch die Seekriegsleitung war Hitler auf die Bedeutung Norwegens für die See- und Luftkriegführung und die Sicherung der kriegswichtigen Erzzufuhren aus Narwik aufmerksam gemacht worden. Am 10. Mai folgte dann die große Offensive im Westen [136]. Innerhalb von 6 Wochen war Hitler Herr über Westeuropa in einem selbst von ihm nicht für möglich gehaltenen Blitzkriegstempo. Die Großmacht Frankreich lag zerschlagen am Boden, England war vom Kontinent verjagt, Holland, Belgien und Luxemburg besetzt. Die Blitzkriegsstrategie und -taktik mit weit vorstoßenden Panzerdurchbrüchen und ständigem Eingreifen der Luftwaffe in die Erdkämpfe hatten sich erneut glänzend bewährt.

Wieder machte Hitler ein Angebot: dem einzigen noch übrig gebliebenen Gegner England [137]. Dieses aber zeigte unter Winston Churchills Führung grimmige Kampfentschlossenheit. Auf eine Kriegführung gegen England war die deutsche Wehrmacht indessen nicht vorbereitet: weder die Luftwaffe noch gar die Marine vermochten ihre bei einer Invasion verlangten Aufgaben zu erfüllen. Es erwies sich, daß die Präzisionsmaschine des nationalsozialistischen Militarismus weder nach einer planenden Gesamtstrategie noch nach einer weitvorausschauenden Rüstungsplanung arbeitete. Hitler verfügte über die stärkste Wehrmacht der Welt, und halb Europa lag besiegt zu seinen Füßen, aber er war nicht in der Lage, dem alleinstehenden und äußerst mangelhaft bewaffneten England beizukommen. Die siegreiche deutsche Führung befand sich vor einem entscheidenden Dilemma [138].

In dieser Lage empfahl die Seekriegsleitung Hitler, den Schwerpunkt der Kriegführung in den Mittelmeerraum zu verlegen, um Englands Macht hier zum Einsturz zu bringen: Gibraltar, Malta, Alexandrien, Suezkanal sollten die Objekte sein. Engste Zusammenarbeit mit Italien wurde gefordert, um in gemeinsamer Anstrengung England aus dem Mittelmeer, seinen Seefestungen und Häfen, zu vertreiben. Zugleich sollte der Seekrieg im Atlantik gegen die britischen Verbindungslinien verschärft werden. Es war ein Plan, von dem Churchill selbst sagte, er hätte England tödlich treffen können.

Der Kontinentalstratege Hitler jedoch entschied anders. Er wollte die Sowjetunion schlagen, um England zum Frieden zu zwingen. Er war der Ansicht, Englands einzige Hoffnung seien Rußland und Amerika. Mit einer Niederlage Rußlands würde England sein letzter Festlandsdegen aus der Hand geschlagen. Es war das Dilemma Napoleons: England auf dem Umweg über Rußland zu schlagen [139]. Bereits im Dezember 1940 ergingen die endgültigen Befehle für den Fall »Barbarossa« [140]. Er hoffte, die Sowjetunion ebenso wie die früheren Gegner in einem Blitzfeldzug erledigen zu können. Die Größe des bolschewistischen Reiches schien Hitler keinen Eindruck zu machen. Gegen den letzten noch verbleibenden potentiellen Gegner, nämlich die USA, glaubte Hitler sich genügend gesichert zu haben durch den Abschluß des sogenannten Dreimächtepaktes, einer Erweiterung des deutsch-italienischen Bündnisses auf Japan [141]. Wie maßlos Hitler die Macht der Sowjetunion und der USA unterschätzte, zeigt sich hier: Die Macht der USA glaubte er allein durch das Gewicht Japans wettgemacht, die russische Macht allein und im Blitzkriegstempo niederringen zu können. So würden, das war der Schluß seiner weltpolitischen und weltstrategischen Rechnung, weder die Macht der USA noch diejenige der Sowjetunion England irgendwie zugute kommen [142].

Hitler hatte sich also gegen das Mittelmeer und für Rußland entschieden. Trotzdem sah er sich gezwungen, noch einmal im Mittelmeerraum einzugreifen, da die italienische Kriegführung auf allen Fronten versagte. Vor allem mußte er Mussolini in Albanien aus der Patsche helfen, wo dieser in seinem Sonderabenteuer gegen Griechenland steckengeblieben war. So mußte noch ein Balkanfeldzug vor den Angriff auf Rußland gelegt werden, und dieser mußte deshalb um entscheidende Wochen verschoben werden, die vielleicht die Eroberung Moskaus gekostet haben. Nochmals überrannte die deutsche Wehrmacht im Frühjahr 1941 zwei kleinere Länder, neben Griechenland auch Jugoslawien, und gewann damit weitere wichtige Positionen im und am Mittelmeer. Aber sie sollten nicht Ausgangspositionen für weitere Unternehmungen werden. Vielmehr wurden alle verfügbaren Truppen sofort abgezogen und zum Angriff auf Rußland bereitgestellt.

Und dann prallten die zwei riesigsten Armeen aufeinander, die die Weltgeschichte je gesehen hat. Die Welt hielt den Atem an. England stand nicht mehr allein.

Auch in Rußland schien zunächst alles »planmäßig« zu laufen, wie man sich in der deutschen Militärsprache auszudrücken beliebte. Aber es war Blitzkrieg ohne klare strategische Konzeption. Hitler und der Generalstab hatten sehr verschiedene Auffassungen von den Zielen des Rußlandfeldzuges. Die Meinungen prallten bald sehr hart aufeinander. Aber die fixen Ideen und die intuitive Führungskunst Hitlers setzten sich immer wieder durch gegen die noch so fundierten operativen Studien des Generalstabes. Und so wurde trotz der ungeheuren Kesselschlachten und Zangenbewegungen, Beute- und Gefangenenzahlen keines der gesteckten Ziele erreicht: weder Leningrad noch Stalingrad, die Hitler als die Brutstätten des Bolschewismus vernichten wollte, noch Moskau, in welchem der Generalstab das Hauptziel gesehen hatte.

Zum Scheitern des Blitzkrieges vor Moskau kam fast auf den Tag genau die Gegnerschaft einer weiteren Weltmacht. Hitler erklärte den USA, in sträflicher Unterschätzung ihrer Möglichkeiten, nach dem japanischen Überfall auf Pearl Harbour am 11. Dezember 1941 den Krieg [143]. Der europäische Krieg war zum Weltkrieg geworden. Der europäisch-atlantisch-afrikanische Kriegsschauplatz verband sich mit dem pazifisch-ostasiatischen. Deutschland aber hatte sich die größte Weltgegnerschaft aufgebürdet: die drei Weltmächte Amerika, Rußland und das britische Commonwealth. Aus dem Krieg gegen Polen war ein Krieg gegen die Welt geworden, ein Krieg des Europa beherrschenden Deutschlands gegen sämtliche anderen Kontinente.

Dieser Krieg war für Deutschland militärisch nicht mehr zu gewinnen. Politische Möglichkeiten, die endgültige Niederlage abzuwenden, hätten nur bestanden, wenn der Krieg nicht ein nationalsozialistischer Krieg gewesen wäre und der oberste Feldherr Deutschlands nicht Hitler geheißen hätte. So aber war der Krieg zum Weltanschauungs- und Vernichtungskrieg geworden: Demokratie stand gegen Nationalsozialismus und Bolschewismus gegen Faschismus [144]. Im Kampf gegen die Sowjetunion verpaßte Hitler selbst alle politischen Chancen, die ein antibolschewistischer Kreuzzug hätte mit sich bringen können. Der Krieg im Osten war eben für Hitler gar kein antibolschewistischer Kreuzzug, d. h. ein Krieg zur Liquidierung des bolschewistischen Systems und zur Befreiung der unterdrückten Völker, sondern, getreu seinem Programm aus »Mein Kampf«, ein Krieg zur Eroberung von deutschem Kolonialland. Die Völker der eroberten Gebiete sollten nach Hitlers Absicht das Dasein von Heloten führen. Man wollte im Grunde nichts Geringeres als die Völkerwanderung rückgängig machen, also die Weltgeschichte um Jahrtausende zurückdrehen [145].

Um die Wende 1942/43 erreichte der Krieg seine Kulmination. Große deutsche Niederlagen zeichnen sich ab und markieren den Wendepunkt: Stalingrad bedeutet den endgültigen Verlust der deutschen Initiative im Osten, Tunis bedeutet den Verlust Nordafrikas und den Anfang vom Ende im Mittelmeerraum. Zur selben Zeit geht auch die Schlacht im Atlantik für Deutschland verloren, über Wasser wie unter Wasser. In einem nicht endenden Strom ergießt sich nun das amerikanische Militärpotential über den Atlantik zur Bereitstellung für den entscheidenden Schlag im Westen.

Im Januar 1943 schon prägten Churchill und Roosevelt in Casablanca die Formel von der bedingungslosen Kapitulation. Hitler kommt diese Forderung sehr gelegen; denn er hat ohnehin nie daran gedacht, diesen Kampf aufzugeben. Je hoffnungsloser und sinnloser dieser Krieg für das deutsche Volk wird, desto deutlicher erweist sich, daß dieser Kampf nicht um wohlverstandene deutsche Interessen geführt wird, sondern um die Verwirklichung von Zielen, die im Kopfe eines Fanatikers spuken. Zuletzt wurde der Krieg nur noch geführt, um Hitler und seiner Herrschaft das Leben zu verlängern. Die Lebensinteressen und Lebensgrundlagen des deutschen Volkes und Staates spielten dabei nicht die geringste Rolle [146]. Solche Einsicht in das wahre Wesen dieses Krieges bewog deutsche Offiziere zu dem Entschluß, den Mann zu beseitigen, der ihnen mit Recht das Haupthindernis für die Beendigung des sinnlosen Blutvergießens schien. Seit 1943 riß die Kette der Attentatsversuche nicht mehr ab. Hitler aber blieb verschont und spielte weiterhin Feldherr, während die deutschen Städte in Trümmer sanken, die angeblich aus Stahl geschmiedete Achse zerbrach und die feindlichen Heere sich den Grenzen des deutschen Reiches näherten.

Am 6. Juni 1944 erfolgt der längst erwartete große Gegenschlag der Westmächte: die Invasion in Frankreich. Die 1940 »endgültig« besiegten Engländer kehren, verstärkt durch Amerikaner und Kanadier, auf den Kontinent zurück. Die obersten Befehlshaber im Westen, unter ihnen der fast legendäre Rommel, sind bald überzeugt, daß der Kampf im Westen verloren ist. Hitler aber bleibt allen Vorstellungen, den Krieg wenigstens im Westen zu beenden, unzugänglich. In dieser Lage erfolgt am 20. Juli 1944 der entscheidende Attentatsversuch des Grafen von Stauffenberg, des vielleicht befähigtsten Generalstabsoffiziers des deutschen Heeres. Es ist kein Zufall, daß die Bombe von einem Offizier gelegt wird, der dieses Prädikat verdient. Von den ersten Kriegsvorbereitungen bis zu seinen letzten unverantwortlichen Führerbefehlen sind es immer wieder hervorragende Offiziere gewesen, die Hitler in den Weg getreten sind. Aber es war nur eine kleine Elite. Die Masse der Generäle und ihrer Stäbe gehorchte und führte auch die militärisch widersinnigsten Befehle des Obersten Kriegsherrn aus.

Hitler sollte auch diesem letzten Anschlag entkommen, und so mußte das Verhängnis seinen Lauf nehmen. Je aussichtsloser der Kampf wurde, desto fanatischer gebärdeten sich die führenden Nationalsozialisten. Der Kriegseinsatz wurde bis zum äußersten verschärft, Knaben und Greise durch das letzte Aufgebot des »Volkssturms« erfaßt [147]. Die nationalsozialistische Propaganda ließ Volk und Heer nicht aus den Klauen. Durchhalteparolen und Standgerichte [148], Gerede von Wunderwaffen und drohendem Zerfall der gegnerischen Koalition und vor allem und immer wieder von Hitlers überragendem Feldherrngenie – all das führte dazu, so unglaublich es klingen mag, daß Hitlers Ansehen trotz aller Fehlschläge in den breiten Massen des Volkes bis zuletzt praktisch unangetastet blieb. Es ist der politischen Schulung des nationalsozialistischen Systems gelungen, dem deutschen Volk auch nur den Gedanken an eine Alternative für Hitler zu nehmen.

Der Diktator selbst lebte zuletzt in einer völlig irrealen Welt [149]. Er schloß sich in den letzten Monaten des Krieges in seinen Befehlsbunker in der Reichskanzlei zu Berlin ein. Von dort funkte er die Befehle hinaus, die ganze Armeen umkommen ließen und Deutschland selbst der völligen Zerstörung preisgeben sollten [150]. Die neun Monate, die der Krieg nach dem mißlungenen Attentat noch dauerte, kosteten Deutschland mehr Verluste an Menschen und Werten als die ganzen Kriegsjahre vorher [151]. Zum Dank dafür, daß es ihm bis zum allerletzten Augenblick gefolgt ist, bescheinigte Hitler im Angesicht des Todes seinem Volk, daß es sich vor der Geschichte nicht bewährt und seine weitere Existenz verwirkt habe [152]. Der Tyrann selbst aber entzog sich der Verantwortung und richtete sich selbst, er, der sich immer damit gebrüstet hatte, die Verantwortung vor Volk, Gott, Geschichte und Vorsehung trage er, er allein [153]. So erbrachte Hitlers Krieg den endgültigen Beweis, daß seine Weltanschauung ein hohles Gebäude war, daß selbst das Volk keinen absolut verpflichtenden Wert darstellte, sondern auch nichts weiter war als ein Instrument seines unersättlichen Machthungers [154].

DOKUMENTE ZUM 6. KAPITEL

[118] *Politik mit doppeltem Boden*

a) IM GEHEIMBEFEHL: ERLEDIGUNG DER RESTTSCHECHEI

Geheime Kommandosache

DER FÜHRER *Berlin, den 21. 10. 1938*
UND OBERSTE BEFEHLSHABER DER WEHRMACHT
OKW L Ia Nr. 236/38 g. Kdos, Chefs

Chef-Sache 10 Ausfertigungen
Nur durch Offizier 3. Ausfertigung

Die künftigen Aufgaben der Wehrmacht und die sich daraus ergebenden Vorbereitungen für die Kriegsführung werde ich später in einer Weisung niederlegen.
Bis zum Inkrafttreten dieser Weisung muß die Wehrmacht jederzeit auf folgende Fälle vorbereitet sein:
1. Sicherung der Grenzen des deutschen Reiches und Schutz gegen überraschende Luftangriffe.
2. Erledigung der Rest-Tschechei,
3. Inbesitznahme des Memellandes ...

2. Erledigung der Rest-Tschechei

Es muß möglich sein, die Rest-Tschechei jederzeit zerschlagen zu können, wenn sie etwa eine deutsch-feindliche Politik betreiben würde.
Die hierfür von der Wehrmacht zu treffenden Vorbereitungen werden ihrem Umfange nach erheblich geringer sein, als z. Z. für »Grün«; sie müssen dafür aber, unter Verzicht auf planmäßige Mobilmachungsmaßnahmen, eine ständige und wesentlich höhere Bereitschaft gewährleisten. Organisation, Gliederung und Bereitschaftsgrad der dafür vorgesehenen Verbände sind schon im Frieden derart auf Überfall abzustellen, daß der Tschechei selbst jede Möglichkeit planmäßiger Gegenwehr genommen wird. Das Ziel ist die rasche Besetzung der Tschechei und die Abriegelung gegen die Slowakei. Die Vorbereitungen müssen so getroffen werden, daß gleichzeitig die »Grenzsicherung West« durchgeführt werden kann ...

Verteiler. gez. Adolf Hitler
OKH 1. Ausf. für die Richtigkeit
RdL u. ObdL. 2. Ausf. Keitel
OKM 3. Ausf.
OKW (einschl. 4.–10. Reserve)

b) IN DER AMTLICHEN MITTEILUNG:

ENDGÜLTIGE DEUTSCH-TSCHECHOSLOWAKISCHE GRENZE!

... Zwischen der deutschen und der tschecho-slowakischen Regierung ist eine Einigung über die Festsetzung der Grenzen zwischen dem Deutschen Reich und der Tschecho-Slowakischen Republik zustande gekommen. Das Protokoll über diese Einigung ist am 20. November in Berlin im Auswärtigen Amt unterzeichnet worden.

Gleichzeitig ist ein Vertrag über Staatsangehörigkeits- und Optionsfragen und eine Erklärung über den Schutz der beiderseitigen Volksgruppen unterzeichnet worden.

Am Montag, dem 21. November, hat eine Sitzung des internationalen Ausschusses stattgefunden, der in dem Münchener Abkommen vom 29. September eingesetzt worden ist. In der Sitzung wurde dem internationalen Ausschuß die Einigung zwischen der deutschen und der tschecho-slowakischen Regierung über die Festlegung der endgültigen Grenze zwischen dem Deutschen Reich und der Tschecho-Slowakischen Republik zur Kenntnis gegeben, die der Ausschuß im Sinne der Ziffer 6 des Münchener Abkommens bestätigte.

Die nach den Grenzfestsetzungsprotokollen an einzelnen Stellen beiderseits durchzuführende Räumung und Besetzung erfolgt am 24. November.

Am Sonnabend, dem 19. November, war bereits im Auswärtigen Amt eine Vereinbarung zwischen Deutschland und der Tschecho-Slowakei über eine auf tschecho-slowakischem Staatsgebiet zu bauende Durchgangsautobahn als Verbindung zwischen Schlesien und der Ostmark und eine Vereinbarung über den Bau eines Verbindungskanals zwischen der Donau und der Oder unterzeichnet worden. Ferner ist der Überflugverkehr über tschecho-slowakisches Gebiet geregelt worden ...

[119] *Slowaken als Sprengmittel*

Besprechung [12. Oktober 1938]
Gen.Feldmarschall Göring mit dem slowakischen Minister
Dr. Durkansky, ferner anwesend:
Propagandachef der slowakischen Regierung Mach,
Führer der Deutschen der Slowakei Karmarsin,
Reichsstatthalter Seyß-Inquart.

Durkansky (stellv. Min.-Präs.) liest zunächst eine Erklärung vor. Inhalt: »Sympathie für Führer; Dank, daß durch den Führer den

Slowaken das Selbstbestimmungsrecht ermöglicht worden ist.«
Slowaken wollen *nie zu Ungarn.* Die Slowaken wollen *volle Selbständigkeit* unter stärkster politischer, wirtschaftlicher, militärischer Anlehnung an Deutschland. Preßburg als Hauptstadt. Durchführung des Planes erst möglich, wenn Heer und Polizei slowakisch.
Beim Zusammentreten des ersten slowakischen Landtages Ausrufen der selbständigen Slowakei. Bei *Abstimmung* wäre Mehrheit für Loslösung von Prag. – Juden stimmen für Ungarn. Abstimmung bis zur March, wo viele Slowaken wohnen.
Judenproblem wird ähnlich wie in Deutschland gelöst.
Kommunistische Partei verboten.
Deutsche in Slowakei wollen nicht zu Ungarn, sondern bei Slowakei bleiben.
Deutscher Einfluß auf slowakische Staatsführung groß; ein deutscher Minister zugesagt.
Jetzige Verhandlungen mit Ungarn werden von Slowaken geführt.
Tschechen sind gegenüber Ungarn nachgiebiger als Slowaken.
Feldmarschall ist der Ansicht: Bestrebungen der Slowaken auf Selbständigkeit in geeigneter Weise unterstützen. Eine Tschechei ohne Slowakei ist uns noch mehr restlos ausgeliefert.
Flughafenbasis in Slowakei für Luftwaffe im Einsatz gegen Osten sehr wichtig.

[120] *Die Entstehung des Protektorates*

a) DIE OFFIZIELLE VERLAUTBARUNG . . .

Abkommen zwischen Adolf Hitler und dem tschechoslowakischen Staatspräsidenten Dr. Hacha vom 15. 3. 1939

Der Führer und Reichskanzler hat heute in Gegenwart des Reichsministers des Auswärtigen von Ribbentrop den tschechoslowakischen Staatspräsidenten Dr. Hacha und den tschechoslowakischen Außenminister Dr. Chvalkovsky auf deren Wunsch in Berlin empfangen. Bei der Zusammenkunft ist die durch die Vorgänge der letzten Wochen auf dem bisherigen tschechoslowakischen Staatsgebiet entstandene ernste Lage in voller Offenheit einer Prüfung unterzogen worden. Auf beiden Seiten ist übereinstimmend die Überzeugung zum Ausdruck gebracht worden, daß das Ziel aller Bemühungen die Sicherung von Ruhe, Ordnung und Frieden in diesem Teile Mitteleuropas sein müsse. Der tschechoslowakische Staatspräsident hat erklärt, daß er, um diesem Ziele zu dienen und um eine endgültige Befriedung zu erreichen, das

Schicksal des tschechischen Volkes und Landes vertrauensvoll in die Hände des Führers des Deutschen Reiches legt. Der Führer hat diese Erklärung angenommen und seinem Entschluß Ausdruck gegeben, daß er das tschechische Volk unter den Schutz des Deutschen Reiches nehmen und ihm eine seiner Eigenart gemäße autonome Entwicklung seines Lebens gewährleisten wird.

Berlin, den 15. März 1939

gez. Adolf Hitler, gez. v. Ribbentrop, gez. Dr. Hacha, gez. Dr. Chvalkovsky

b) ... UND DER BLICK HINTER DIE KULISSEN

Protokoll vom 19. November 1945 mit Dr. Josef Kliment, gewesenem politischen Referenten von Dr. Emil Hacha beim Innenministerium in Prag.

Dr. Kliment sagte aus, daß er Dr. Hacha nach Berlin als Beamter seiner Kanzlei begleitete. Bei der Unterredung Dr. Hachas mit Hitler war er nicht anwesend. Er kann sich auf Mitteilungen erinnern, die Dr. Hacha gleich nach seiner Rückkehr von der Reichskanzlei gegen 1/25 Uhr früh am 15. März 1939 ihm und den anderen tschechischen Persönlichkeiten im Hotel Adlon machte. Dr. Hacha hat bei seinem Besuch bei Hitler zuerst das Problem der Slowakei lösen wollen. Hitler hat Hacha angehört, und dann hat er nur gesagt, daß die Frage der Slowakei nicht ein Gegenstand seines Interesses sei. Er habe sich entschlossen, die tschechischen Länder von 6 Uhr früh angefangen durch die Wehrmacht zu besetzen, damit so der Frieden in Mitteleuropa sichergestellt wird. Er fügte hinzu, daß sein Entschluß unveränderlich sei. Dann ist zu Dr. Hacha Göring getreten und sagte ihm: »Mein Amt ist schwer, ich habe gar nichts gegen Ihre schöne Stadt, wenn ihr aber gegen den Entschluß des Führers irgend etwas machen wollt, besonders falls ihr versuchen solltet, Hilfe vom Westen zu erlangen, wäre ich gezwungen, der Welt die hundertprozentige Wirksamkeit meiner Luftwaffe zu zeigen.« Dr. Hacha teilte seiner Begleitung weiter mit, daß er erst nach dieser weitgehenden Drohung, die an die ganze Nation gerichtet war, sich entschieden habe, die ihm vorgelegte, bereits fertige Erklärung betreffend den Schutz der tschechischen Länder und des tschechischen Volkes durch den Kanzler des Deutschen Reiches zu unterschreiben.

Dr. Kliment fuhr wörtlich fort: Es ist mir als dem unmittelbaren Teilnehmer jener Tage klar, daß in der Schicksalsnacht Hitler, Göring und die anderen Anwesenden, besonders aber auch Ribbentrop, sich stärksten Druckes bedienten, der gegen den Sprecher eines Volkes anzuwenden möglich ist, das heißt der Drohung, die Hauptstadt Prag von der Luft aus vollständig zu zerstören. Nur Grauen vor Repressalien, die dem tschechischen Volke angedroht wurden, hat nach meiner Überzeugung Dr. Hacha bewogen, sich dem Diktate Hitlers zu beugen. Dr. Hacha bestätigte, daß er während der Unterredung mit Hitler eine stärkende Injektion bekommen habe, obzwar er dagegen protestierte ...

[121] *Vertrag über das Schutzverhältnis zwischen dem Deutschen Reich und dem Slowakischen Staat, vom 18./23. März 1939*

Die Deutsche Regierung und *die Slowakische Regierung* sind, nachdem sich der Slowakische Staat unter den Schutz des Deutschen Reiches gestellt hat, übereingekommen, die sich hieraus ergebenden Folgen durch einen Vertrag zu regeln. Zu diesem Zwecke haben die unterzeichneten Bevollmächtigten der beiden Regierungen folgende Bestimmungen vereinbart:

Artikel 1. Das Deutsche Reich übernimmt den Schutz der politischen Unabhängigkeit des Slowakischen Staates und der Integrität seines Gebietes.

Artikel 2. Zur Durchführung des vom Deutschen Reich übernommenen Schutzes hat die deutsche Wehrmacht jederzeit das Recht, in einer Zone, die westlich von der Grenze des Slowakischen Staates und östlich von der allgemeinen Linie: Ostrand der Kleinen Karpathen, Ostrand der Weißen Karpathen und Ostrand des Jarvonik-Gebirges begrenzt wird, militärische Anlagen zu errichten und in der von ihr notwendig gehaltenen Stärke zu halten.

Die Slowakische Regierung wird veranlassen, daß der für diese Anlagen erforderliche Grund und Boden der deutschen Wehrmacht zur Verfügung gestellt wird. Ferner wird die Slowakische Regierung einer Regelung zustimmen, die zur zollfreien Versorgung der deutschen Truppen und zur zollfreien Belieferung der militärischen Anlagen aus dem Reich erforderlich ist.

In der in Abschnitt 1 beschriebenen Zone werden die militärischen Hoheitsrechte von der deutschen Wehrmacht ausgeübt.

Personen deutscher Staatsangehörigkeit, die auf Grund eines privaten Arbeitsverhältnisses mit der Einrichtung militärischer Anlagen in der bezeichneten Zone befaßt sind, unterstehen insoweit der deutschen Gerichtsbarkeit.

Artikel 3. Die Slowakische Regierung wird ihre eigenen militärischen Kräfte im engen Einvernehmen mit der deutschen Wehrmacht organisieren.

Artikel 4. Entsprechend dem vereinbarten Schutzverhältnis wird die Slowakische Regierung ihre Außenpolitik stets im engen Einvernehmen mit der Deutschen Regierung führen.
Artikel 5. Dieser Vertrag tritt sofort mit der Unterzeichnung in Kraft und gilt für eine Zeit von 25 Jahren. Die beiden Regierungen werden sich vor Ablauf dieser Frist rechtzeitig über eine Verlängerung des Vertrages verständigen.
Zu Urkund dessen haben die beiderseitigen Bevollmächtigten diesen Vertrag in doppelter Ausfertigung unterzeichnet.

Wien, den 18. März 1939 / Berlin, den 23. März 1939.

Für die Deutsche Regierung:
von Ribbentrop

Für die Slowakische Regierung:
Dr. Jozef Tiso Dr. Vojtech Tuka Dr. F. Durcanský

[122] *Erlaß Adolf Hitlers über das Protektorat Böhmen und Mähren, vom 16. März 1939*

Ein Jahrtausend lang gehörten zum Lebensraum des deutschen Volkes die böhmisch-mährischen Länder. Gewalt und Unverstand haben sie aus ihrer alten, historischen Umgebung willkürlich gerissen und schließlich durch ihre Einfügung in das künstliche Gebilde der Tschechoslowakei den Herd einer ständigen Unruhe geschaffen. Von Jahr zu Jahr vergrößerte sich die Gefahr, daß aus diesem Raume heraus — wie schon einmal in der Vergangenheit — eine neue ungeheuerliche Bedrohung des europäischen Friedens kommen würde. Denn dem tschechoslowakischen Staat und seinen Machthabern war es nicht gelungen, das Zusammenleben der in ihm willkürlich vereinten Völkergruppen vernünftig zu organisieren und damit das Interesse aller Beteiligten an der Aufrechterhaltung ihres gemeinsamen Staates zu erwecken und zu erhalten. Er hat dadurch aber seine innere Lebensunfähigkeit erwiesen und ist deshalb nunmehr auch der tatsächlichen Auflösung verfallen.
Das Deutsche Reich kann in diesen für seine eigene Ruhe und Sicherheit sowie für das allgemeine Wohlergehen und den allgemeinen Frieden so entscheidend wichtigen Gebieten keine andauernden Störungen dulden. Früher oder später müßte es als die durch die Geschichte und geographische Lage am stärksten interessierte und in Mitleidenschaft gezogene Macht die schwersten Folgen zu tragen haben. Es entspricht daher dem Gebot der Selbst-

erhaltung, wenn das Deutsche Reich entschlossen ist, zur Wiederherstellung der Grundlagen einer vernünftigen mitteleuropäischen Ordnung entscheidend einzugreifen und die sich daraus ergebenden Anordnungen zu treffen. Denn es hat in seiner tausendjährigen geschichtlichen Vergangenheit bereits erwiesen, daß es dank sowohl der Größe als auch der Eigenschaften des deutschen Volkes allein berufen ist, diese Aufgabe zu lösen ...

[123] *Die Angriffsvorbereitungen gegen Polen (»Fall Weiß«)*

[Hitlers Weisung vom 11. April 1939]

... Die gegenwärtige Haltung *Polens* erfordert es, über die bearbeitete »Grenzsicherung Ost« hinaus die militärischen Vorbereitungen zu treffen, um nötigenfalls jede Bedrohung von dieser Seite für alle Zukunft auszuschließen.

1. Politische Voraussetzungen und Zielsetzung

Das deutsche Verhältnis zu Polen bleibt weiterhin von dem Grundsatz bestimmt, Störungen zu vermeiden. Sollte Polen seine bisher auf dem gleichen Grundsatz beruhende Politik gegenüber Deutschland umstellen und eine das Reich bedrohende Haltung einnehmen, so kann ungeachtet des geltenden Vertrages eine endgültige Abrechnung erforderlich werden.

Das *Ziel* ist dann, die polnische Wehrkraft zu zerschlagen und eine den Bedürfnissen der Landesverteidigung entsprechende Lage im Osten zu schaffen. Der Freistaat Danzig wird spätestens mit Beginn des Konfliktes als deutsches Reichsgebiet erklärt.

Die politische Führung sieht es als ihre Aufgabe an, Polen in diesem Fall womöglich zu isolieren, d. h. den Krieg auf Polen zu beschränken.

Eine zunehmend krisenhafte innere Entwicklung in *Frankreich* und eine darauf folgernde Zurückhaltung *Englands* könnte eine derartige Lage in nicht zu ferner Zeit entstehen lassen.

Ein Eingreifen *Rußlands,* soweit dieses dazu fähig sein sollte, wird Polen aller Voraussicht nach nichts nützen, da es seine Vernichtung durch den Bolschewismus bedeuten müßte.

Die Haltung der *Randstaaten* wird allein von den militärischen Erfordernissen Deutschlands bestimmt werden. Im Zuge der weiteren Entwicklung kann es erforderlich werden, die Randstaaten bis zu der Grenze des alten Kurland zu besetzen und dem Reich einzugliedern.

Auf deutscher Seite kann man mit *Ungarn* als Bundesgenossen nicht ohne weiteres rechnen. Die Haltung *Italiens* ist durch die Achse Berlin–Rom bestimmt.

2. Militärische Folgerungen

Die großen Ziele im Aufbau der deutschen Wehrmacht bleiben weiterhin durch die Gegnerschaft der westlichen Demokratien bestimmt. Der »Fall Weiß« bildet lediglich eine vorsorgliche Ergänzung der Vorbereitungen, ist aber keineswegs als die Vorbedingung einer militärischen Auseinandersetzung mit den Westgegnern anzusehen.
Die Isolierung Polens wird um so eher auch über den Kriegsausbruch hinaus erhalten bleiben, je mehr es gelingt, den Krieg mit überraschenden, starken Schlägen zu eröffnen und zu schnellen Erfolgen zu führen.
Die Gesamtlage wird es aber in jedem Fall erfordern, daß auch Vorkehrungen zum Schutz der Westgrenze und der Nordseeküste des Reichs und des Luftraums über ihnen getroffen werden.
Gegen die Randstaaten, insbesondere gegen Litauen, sind Sicherungsmaßnahmen für den Fall eines polnischen Durchmarschs zu treffen.

3. Aufgaben der Wehrmacht

Die Aufgabe der Wehrmacht ist es, die polnische Wehrmacht zu vernichten. Hierzu ist ein überraschender Angriffsbeginn anzustreben und vorzubereiten. Die getarnte oder offene allgemeine Mobilmachung wird erst am Angriffsvortage zu dem spätestmöglichen Termin befohlen werden ...

[124] *»Danzig ist nicht das Objekt, um das es geht!«*

Bericht
über Besprechung am 23. 5. 1939

Chef-Sache
Nur durch Offizier

Ort: Arbeitszimmer des Führers, Neue Reichskanzlei

Diensttuender Adjutant: Oberstleutnant d. G. *Schmundt*

Beteiligte: Der Führer, Feldmarschall Göring, Großadmiral Raeder, Gen. Oberst v. Brauchitsch, Gen. Oberst Keitel, Gen. Oberst Milch, Gen. d. Artl. Halder, Gen. Bodenschatz, Ktr.Adm. Schniewindt, Oberst i. G. Jeschonnek, Oberst d. G. Warlimont, Oberstleutnant d. G. Schmundt, Hauptmann Engel, Kor.Kpt. Albrecht, Hauptmann v. Below.

Gegenstand: Unterrichtung über die Lage und Ziele der Politik ...

Der Lebensraum, der staatl. Größe angemessen, ist die Grundlage für jede Macht. Eine Zeit lang kann man Verzicht leisten, dann aber kommt die Lösung der Probleme so oder so. Es bleibt die

Wahl zwischen Aufstieg oder Abstieg. In 15 oder 20 Jahren wird für uns die Lösung zwangsweise notwendig. Länger kann sich kein deutscher Staatsmann um die Frage herumdrücken.
Z. Zt. befinden wir uns im Zustand nationalen Hochgefühls in gleicher Gesinnung mit 2 anderen Staaten: Italien und Japan.
Die zurückliegende Zeit ist wohl ausgenützt worden. Alle Schritte waren folgerichtig auf das Ziel ausgerichtet.
Nach 6 Jahren ist die heutige Lage folgende:
Nationalpolitische Einigung der Deutschen ist erfolgt außer kleinen Ausnahmen. Weitere Erfolge können ohne Bluteinsatz nicht mehr errungen werden.
Die Grenzziehung ist von militärischem Wert.
Der Pole ist kein zusätzlicher Feind. Polen wird immer auf der Seite unserer Gegner stehen. Trotz Freundschaftsabkommen hat in Polen immer die Absicht bestanden, jede Gelegenheit gegen uns auszunutzen.
Danzig ist nicht das Objekt, um das es geht. Es handelt sich für uns um Arrondierung des Lebensraumes im Osten und Sicherstellung der Ernährung. Aufrollen des Ostsee- und Baltikumproblems. Lebensmittelversorgung nur von dort möglich, wo geringe Besiedelung. Neben der Fruchtbarkeit wird die deutsche, gründliche Bewirtschaftung die Überschüsse um ein Mehrfaches steigern.
In Europa ist keine andere Möglichkeit zu sehen . . .

Für die Richtigkeit der Wiedergabe:
Schmundt, Oberstleutnant

[125] *Der »Stahlpakt« vom 22. Mai 1939*

Der Deutsche Reichskanzler und *Seine Majestät der König von Italien und Albanien, Kaiser von Äthiopien,* halten den Zeitpunkt für gekommen, das enge Verhältnis der Freundschaft und Zusammengehörigkeit, das zwischen dem nationalsozialistischen Deutschland und dem faschistischen Italien besteht, durch einen feierlichen Pakt zu bekräftigen.
Nachdem durch die gemeinsame, für alle Zeiten festgelegte Grenze zwischen Deutschland und Italien die sichere Brücke für gegenseitige Hilfe und Unterstützung geschaffen worden ist, bekennen sich beide Regierungen aufs neue zu der Politik, die in ihren Grundlagen und Zielen bereits früher von ihnen vereinbart worden ist, und die sich sowohl für die Förderung der Interessen der beiden Länder als auch für die Sicherung des Friedens in Europa erfolgreich bewährt hat.

Durch die innere Verwandtschaft ihrer Weltanschauung und die umfassende Solidarität ihrer Interessen fest miteinander verbunden, sind das deutsche und italienische Volk entschlossen, auch in Zukunft Seite an Seite und mit vereinten Kräften für die Sicherung ihres Lebensraums und für die Aufrechterhaltung des Friedens einzutreten.

Auf diesem ihnen von der Geschichte vorgezeichneten Wege wollen Deutschland und Italien inmitten einer Welt der Unruhe und Zersetzung der Aufgabe dienen, die Grundlage der europäischen Welt zu sichern.

Um diese Grundsätze vertraglich festzulegen, haben zu Bevollmächtigten ernannt:

der Deutsche Reichskanzler: den Reichsminister des Auswärtigen Herrn Joachim von Ribbentrop;

Seine Majestät der König von Italien und Albanien, Kaiser von Äthiopien: den Minister für die auswärtigen Angelegenheiten Graf Galeazzo Ciano di Cortellazzo,

die sich nach Austausch ihrer in guter und gehöriger Form befundenen Vollmachten über folgende Bestimmungen geeinigt haben:

Artikel I. Die Vertragschließenden Teile werden ständig in Fühlung miteinander bleiben, um sich über alle ihre gemeinsamen Interessen oder die europäische Gesamtlage berührenden Fragen zu verständigen.

Artikel II. Falls die gemeinsamen Interessen der Vertragschließenden Teile durch internationale Ereignisse irgendwelcher Art gefährdet werden sollten, werden sie unverzüglich in Beratungen über die zur Wahrung dieser Interessen zu ergreifenden Maßnahmen eintreten.

Wenn die Sicherheit oder andere Lebensinteressen eines der Vertragschließenden Teile von außen her bedroht werden sollten, wird der andere Vertragschließende Teil dem bedrohten Teil seine volle politische und diplomatische Unterstützung zuteil werden lassen, um diese Bedrohung zu beseitigen.

Artikel III. Wenn es entgegen den Wünschen und Hoffnungen der Vertragschließenden Teile dazu kommen sollte, daß einer von ihnen in kriegerische Verwicklungen mit einer anderen Macht oder mit anderen Mächten gerät, wird ihm der andere Vertragschließende Teil sofort als Bundesgenosse zur Seite treten und ihn mit allen seinen militärischen Kräften zu Lande, zur See und in der Luft unterstützen.

Artikel IV. Um im gegebenen Falle die schnelle Durchführung der in Artikel III übernommenen Bündnispflichten sicherzustellen, werden die Regierungen der beiden Vertragschließenden Teile ihre Zusammenarbeit auf militärischem Gebiete und auf dem Gebiete der Kriegswirtschaft weiter vertiefen.

In gleicher Weise werden sich die beiden Regierungen auch über andere zur praktischen Durchführung der Bestimmungen dieses Paktes notwendigen Maßnahmen fortlaufend verständigen.
Die beiden Regierungen werden zu den vorstehend in Absatz 1 und 2 angegebenen Zwecken ständige Kommissionen bilden, die der Leitung der beiden Außenminister unterstellt sind.
Artikel V. Die Vertragschließenden Teile verpflichten sich schon jetzt, im Falle eines gemeinsam geführten Krieges Waffenstillstand und Frieden nur in vollem Einvernehmen miteinander abzuschließen.
Artikel VI. Die beiden Vertragschließenden Teile sind sich der Bedeutung bewußt, die ihren gemeinsamen Beziehungen zu den befreundeten Mächten zukommt. Sie sind entschlossen, diese Beziehungen auch in Zukunft aufrechtzuerhalten und gemeinsam entsprechend den übereinstimmenden Interessen zu gestalten, durch die sie mit diesen Mächten verbunden sind.
Artikel VII. Dieser Pakt tritt sofort mit der Unterzeichnung in Kraft. Die beiden Vertragschließenden Teile sind darüber einig, die erste Periode seiner Gültigkeit auf zehn Jahre festzusetzen. Sie werden sich rechtzeitig vor Ablauf dieser Frist über die Verlängerung der Gültigkeit des Paktes verständigen.
Zu Urkund dessen haben die Bevollmächtigten diesen Pakt unterzeichnet und mit ihren Siegeln versehen.
Ausgefertigt in doppelter Urschrift, in deutscher und italienischer Sprache, die beide gleiche Geltung haben.
Berlin, den 22. Mai 1939 – im XVIIten Jahre der Faschistischen Ära.

Joachim v. Ribbentrop		Galeazzo Ciano

[126] *Deutsch-sowjetischer Nichtangriffspakt vom 23. 8. 1939*

Die Deutsche Reichsregierung und *die Regierung der Union der Sozialistischen Sowjetrepubliken,* geleitet von dem Wunsche, die Sache des Friedens zwischen Deutschland und der UdSSR zu festigen, und ausgehend von den grundlegenden Bestimmungen des Neutralitätsvertrages, der im April 1926 zwischen Deutschland und der UdSSR geschlossen wurde, sind zu nachstehender Vereinbarung gelangt:
Artikel I. Die beiden Vertragschließenden Teile verpflichten sich, sich jeden Gewaltakts, jeder aggressiven Handlung und jeden Angriffs gegeneinander, und zwar sowohl einzeln als auch gemeinsam mit anderen Mächten, zu enthalten.
Artikel II. Falls einer der Vertragschließenden Teile Gegenstand kriegerischer Handlungen seitens einer dritten Macht werden

sollte, wird der andere Vertragschließende Teil in keiner Form diese dritte Macht unterstützen.

Artikel III. Die Regierungen der beiden Vertragschließenden Teile werden künftig fortlaufend zwecks Konsultation in Fühlung miteinander bleiben, um sich gegenseitig über Fragen zu informieren, die ihre gemeinsamen Interessen berühren.

Artikel IV. Keiner der beiden Vertragschließenden Teile wird sich an irgendeiner Mächtegruppierung beteiligen, die sich mittelbar oder unmittelbar gegen den anderen Teil richtet.

Artikel V. Falls Streitigkeiten oder Konflikte zwischen den Vertragschließenden Teilen über Fragen dieser oder jener Art entstehen sollten, werden beide Teile diese Streitigkeiten oder Konflikte ausschließlich auf dem Wege freundschaftlichen Meinungsaustausches oder nötigenfalls durch Einsetzung von Schlichtungskommissionen bereinigen.

Artikel VI. Der gegenwärtige Vertrag wird auf die Dauer von zehn Jahren abgeschlossen mit der Maßgabe, daß, soweit nicht einer der Vertragschließenden Teile ein Jahr vor Ablauf dieser Frist kündigt, die Dauer der Wirksamkeit dieses Vertrages automatisch für weitere fünf Jahre als verlängert gilt.

Artikel VII. Der gegenwärtige Vertrag soll innerhalb möglichst kurzer Frist ratifiziert werden. Die Ratifizierungsurkunden sollen in Berlin ausgetauscht werden. Der Vertrag tritt sofort mit seiner Unterzeichnung in Kraft.

Ausgefertigt in doppelter Urschrift, in deutscher und russischer Sprache.

Moskau, am 23. August 1939

Für die Deutsche Reichsregierung: v. Ribbentrop	In Vollmacht der Regierung der UdSSR: W. Molotow

[127] *Geheimes Zusatzprotokoll*

Aus Anlaß der Unterzeichnung des Nichtangriffsvertrages zwischen dem Deutschen Reich und der Union der Sozialistischen Sowjetrepubliken haben die unterzeichneten Bevollmächtigten der beiden Teile in streng vertraulicher Aussprache die Frage der Abgrenzung der beiderseitigen Interessensphären in Osteuropa erörtert. Diese Aussprache hat zu folgendem Ergebnis geführt:

1. Für den Fall einer territorial-politischen Umgestaltung in den zu den baltischen Staaten (Finnland, Estland, Lettland, Litauen) gehörenden Gebieten bildet die nördliche Grenze Litauens zu-

gleich die Grenze der Interessensphäre Deutschlands und der UdSSR. Hierbei wird das Interesse Litauens am Wilnaer Gebiet beiderseits anerkannt.

2. Für den Fall einer territorial-politischen Umgestaltung der zum polnischen Staate gehörenden Gebiete werden die Interessensphären Deutschlands und der UdSSR ungefähr durch die Linie der Flüsse Narew, Weichsel und San abgegrenzt.

Die Frage, ob die beiderseitigen Interessen die Erhaltung eines unabhängigen polnischen Staates erwünscht erscheinen lassen, und wie dieser Staat abzugrenzen wäre, kann endgültig erst im Laufe der weiteren politischen Entwicklung geklärt werden.

In jedem Falle werden beide Regierungen diese Frage im Wege einer freundschaftlichen Verständigung lösen.

3. Hinsichtlich des Südostens Europas wird von sowjetischer Seite das Interesse an Bessarabien betont. Von deutscher Seite wird das völlige politische Desinteressement an diesen Gebieten erklärt.

4. Dieses Protokoll wird von beiden Seiten streng geheim behandelt werden.

Moskau, den 23. August 1939

Für die Deutsche Reichsregierung: v. Ribbentrop	In Vollmacht der Regierung der UdSSR: W. Molotow

[128] *Der Apostel des Antibolschewismus*

[Aus der Reichstagsrede Adolf Hitlers vom 7. März 1936]

... Wenn mir aber heute von seiten meiner internationalen Gegner aus vorgehalten wird, daß ich doch diese Zusammenarbeit mit Rußland ablehne, so muß ich demgegenüber folgendes erklären: ich lehne und lehnte sie nicht ab mit Rußland, sondern mit dem auf die Herrschaft der Welt Anspruch erhebenden Bolschewismus. Ich bin Deutscher. Ich liebe mein Volk und hänge an ihm. Ich weiß, daß es nur dann glücklich sein kann, wenn ihm das Leben nach seinem Wesen und seiner Art möglich ist. Ich will nicht, daß über das deutsche Volk, das nicht nur weinen, sondern auch durch sein ganzes Leben hindurch immer herzlich lachen konnte, das Grauen der kommunistischen internationalen Haßdiktatur gesenkt wird.

Ich zittere für Europa bei dem Gedanken, was aus unserem alten, menschenüberfüllten Kontinent werden soll, wenn durch das Hereinbrechen dieser destruktiven und alle bisherigen Werte um-

stürzenden asiatischen Weltauffassung das Chaos der bolschewistischen Revolution erfolgreich sein würde. Ich bin vielleicht für viele europäische Staatsmänner ein phantastischer, jedenfalls aber unbequemer Warner. Daß ich aber in den Augen der bolschewistisch-internationalen Weltunterdrücker als einer der größten Feinde gelte, ist für mich nur eine große Ehre und eine Rechtfertigung meines Handelns vor der Nachwelt.
Ich kann nicht verhindern, daß andere Staaten ihren Weg gehen, den sie nun einmal glauben gehen zu müssen oder wenigstens gehen zu können; aber ich werde es verhindern, daß auch Deutschland diesen Weg in das Verderben antritt.
Und ich glaube, daß dieses Verderben in dem Augenblick seinen Einzug halten würde, in dem die Staatsführung sich selbst zum Verbündeten einer solchen destruktiven Lehre hergeben wollte. Ich sehe keine Möglichkeit, dem deutschen Arbeiter die mich so tief bewegende Gefahr des Unglücks eines bolschewistischen Chaos in Deutschland klarzumachen, wenn ich selbst als Führer der Nation mich in enge Beziehungen zu dieser Gefahr bringen wollte. Ich will auch hier als Staatsmann und Führer des Volkes alles das tun, was ich vom einzelnen Volksgenossen erwarte und verlange. Ich glaube nicht, daß die engere Berührung mit einer Weltanschauung, die für ein Volk verderblich ist, für Staatsmänner nützlich sein kann . . .

[129] *Hitlers Befehl zum Angriff auf Polen vom 31. 8. 1939*

. . . 1. Nachdem alle *politischen Möglichkeiten erschöpft sind,* um auf friedlichem Wege eine für Deutschland unerträgliche Lage an seiner Ostgrenze zu beseitigen, habe ich mich zur *gewaltsamen Lösung* entschlossen.
2. Der *Angriff gegen Polen* ist nach den für den Fall »Weiß« getroffenen Vorbereitungen zu führen mit Abänderungen, die sich beim Heer durch den inzwischen fast vollendeten Aufmarsch ergeben.
Aufgabenverteilung und Operationsziel bleiben unverändert.
Angriffstag 1. September 1939.
Angriffszeit 4.45.
Diese Zeit gilt auch für die Unternehmungen Gdingen–Danziger Bucht und Brücke Dirschau.
3. Im *Westen* kommt es darauf an, die Verantwortung für die Eröffnung von Feindseligkeiten eindeutig England und Frankreich zu überlassen. Geringfügigen Grenzverletzungen ist zunächst rein örtlich entgegenzutreten.

Die von uns Holland, Belgien, Luxemburg und der Schweiz zugesicherte Neutralität ist peinlich zu achten ...

[130] *Das englische Ultimatum vom 3. 9. 1939, 9 Uhr vormittags*

[Berlin], den 3. September 1939

... In der Mitteilung, welche ich die Ehre hatte Ihnen am 1. September zu machen, unterrichtete ich Sie, auf Weisung des Staatssekretärs für Auswärtige Angelegenheiten Seiner Majestät, daß die Regierung Seiner Majestät im Vereinigten Königreich ohne Zögern ihre Verpflichtung gegenüber Polen erfüllen werde, wenn nicht die Deutsche Regierung bereit sei, der Regierung Seiner Majestät im Vereinigten Königreich befriedigende Zusicherungen dahingehend abzugeben, daß die Deutsche Regierung jegliche Angriffshandlung gegen Polen eingestellt habe und bereit sei, ihre Truppen unverzüglich aus polnischem Gebiet zurückzuziehen.

Obwohl diese Mitteilung vor mehr als 24 Stunden erfolgte, ist keine Antwort eingegangen, hingegen wurden die deutschen Angriffe auf Polen fortgesetzt und verstärkt. Ich habe demgemäß die Ehre, Sie davon zu unterrichten, daß, falls nicht bis 11 Uhr vormittags britischer Sommerzeit am heutigen Tage, dem 3. September, eine befriedigende Zusicherung im obenerwähnten Sinne von der Deutschen Regierung erteilt wird und bei Seiner Majestät Regierung in London eintrifft, ein Kriegszustand zwischen den beiden Ländern von dieser Stunde an bestehen wird ...

[131] *Die deutsch-sowjetische Zusammenarbeit*

a) DEUTSCH-SOWJETISCHER GRENZ- UND FREUNDSCHAFTSVERTRAG VOM 28. 9. 1939

Die Deutsche Reichsregierung und die Regierung der UdSSR betrachten es nach dem Auseinanderfallen des bisherigen Polnischen Staates ausschließlich als ihre Aufgabe, in diesen Gebieten die Ruhe und Ordnung wiederherzustellen und den dort lebenden Völkerschaften ein ihrer völkischen Eigenart entsprechendes Dasein zu sichern. Zu diesem Zwecke haben sie sich über folgendes geeinigt:

Artikel I. Die Deutsche Reichsregierung und die Regierung der UdSSR legen als Grenze der beiderseitigen Reichsinteressen im

Gebiete des bisherigen Polnischen Staates die Linie fest, die in der anliegenden Karte eingezeichnet ist und in einem ergänzenden Protokoll näher beschrieben werden soll.

Artikel II. Beide Teile erkennen die in Artikel I festgelegte Grenze der beiderseitigen Reichsinteressen als endgültig an und werden jegliche Einmischung dritter Mächte in diese Regelung ablehnen.

Artikel III. Die erforderliche staatliche Neuregelung übernimmt in den Gebieten westlich der in Artikel I angegebenen Linie die Deutsche Reichsregierung, in den Gebieten östlich dieser Linie die Regierung der UdSSR.

Artikel IV. Die Deutsche Reichsregierung und die Regierung der UdSSR betrachten die vorstehende Regelung als ein sicheres Fundament für eine fortschreitende Entwicklung der freundschaftlichen Beziehungen zwischen ihren Völkern.

Artikel V. Dieser Vertrag wird ratifiziert und die Ratifikationsurkunden werden sobald wie möglich in Berlin ausgetauscht werden. Der Vertrag tritt mit seiner Unterzeichnung in Kraft.

Ausgefertigt in doppelter Urschrift in deutscher und russischer Sprache.

Moskau, den 28. September 1939.

Für die Deutsche Reichsregierung: gez. v. Ribbentrop.	In Vollmacht der Regierung der UdSSR: gez. W. Molotow.

b) GEHEIMES ZUSATZPROTOKOLL

Die unterzeichneten Bevollmächtigten stellen das Einverständnis der Deutschen Reichsregierung und der Regierung der UdSSR über folgendes fest:

Das am 23. August 1939 unterzeichnete geheime Zusatzprotokoll wird in seiner Ziffer 1 dahin abgeändert, daß das Gebiet des litauischen Staates in die Interessensphäre der UdSSR fällt, weil andererseits die Woywodschaft Lublin und Teile der Woywodschaft Warschau in die Interessensphäre Deutschlands fallen (vergl. die Karte zu dem heute unterzeichneten Grenz- und Freundschaftsvertrage). Sobald die Regierung der UdSSR auf litauischem Gebiet zur Wahrnehmung ihrer Interessen besondere Maßnahmen trifft, wird zum Zwecke einer natürlichen und einfachen Grenzziehung die gegenwärtige deutsch-litauische Grenze dahin rektifiziert, daß das litauische Gebiet, das südwestlich der in der anliegenden Karte eingezeichneten Linie liegt, an Deutschland fällt.

Ferner wird festgestellt, daß die in Geltung befindlichen wirtschaftlichen Abmachungen zwischen Deutschland und Litauen durch die vorstehend erwähnten Maßnahmen der Sowjetunion nicht beeinträchtigt werden sollen.

Moskau, den 28. September 1939.

Für die	In Vollmacht
Deutsche Reichsregierung:	der Regierung der UdSSR:
gez. v. Ribbentrop.	gez. W. Molotow.

c) GEHEIMES ZUSATZPROTOKOLL

Die unterzeichneten Bevollmächtigten haben bei Abschluß des deutsch-sowjetischen Grenz- und Freundschaftsvertrages ihr Einverständnis über folgendes festgestellt:
Beide Teile werden auf ihren Gebieten keine polnische Agitation dulden, die auf die Gebiete des anderen Teiles hinüberwirkt. Sie werden alle Ansätze zu einer solchen Agitation auf ihren Gebieten unterbinden und sich gegenseitig über die hierfür zweckmäßigen Maßnahmen unterrichten.

Moskau, den 28. September 1939.

Für die	In Vollmacht
Deutsche Reichsregierung:	der Regierung der UdSSR:
gez. v. Ribbentrop.	gez. W. Molotow.

d) ERKLÄRUNG DER REICHSREGIERUNG UND DER REGIERUNG DER UDSSR VOM 28. 9. 1939 ZUM ABSCHLUSS DES DEUTSCH-SOWJETISCHEN GRENZ- UND FREUNDSCHAFTSVERTRAGES VOM GLEICHEN TAGE

Nachdem die Deutsche Reichsregierung und die Regierung der UdSSR durch den heute unterzeichneten Vertrag die sich aus dem Zerfall des polnischen Staates ergebenden Fragen endgültig geregelt und damit ein sicheres Fundament für einen dauerhaften Frieden in Osteuropa geschaffen haben, geben sie übereinstimmend der Auffassung Ausdruck, daß es den wahren Interessen aller Völker entsprechen würde, dem gegenwärtig zwischen Deutschland einerseits und England und Frankreich andererseits bestehenden Kriegszustand ein Ende zu machen. Die beiden Regierungen werden deshalb ihre gemeinsamen Bemühungen gegebenenfalls im Einvernehmen mit anderen befreundeten Mächten darauf richten, dieses Ziel so bald wie möglich zu erreichen.

Sollten jedoch die Bemühungen der beiden Regierungen erfolglos bleiben, so würde damit die Tatsache festgestellt sein, daß England und Frankreich für die Fortsetzung des Krieges verantwortlich sind, wobei im Falle einer Fortdauer des Krieges die Regierungen Deutschlands und der UdSSR sich gegenseitig über die erforderlichen Maßnahmen konsultieren werden.

Moskau, den 28. September 1939

Für die
Deutsche Reichsregierung:
gez. v. Ribbentrop

In Vollmacht
der Regierung der UdSSR:
gez. W. Molotow

[132] *Verrat an der Idee*

[Aus Rosenbergs Tagebuch]

... Ich habe das Gefühl, als ob sich dieser Moskau-Pakt irgendwann am Nationalsozialismus rächen wird. Das war nicht ein Schritt aus freiem Entschluß, sondern die Handlung einer Zwangslage, ein Bittgesuch seitens einer Revolution gegenüber dem Haupt einer anderen, die niederzukämpfen das vorgehaltene Ideal eines 20jährigen Kampfes gewesen ist. Wie können wir noch von einer Rettung Europas sprechen, wenn wir den Zerstörer Europas um Hilfe bitten müssen? ...

[133] *Brief Hitlers an Mussolini vom 3. 9. 1939*

Duce, Ich danke Ihnen zunächst für Ihren letzten Versuch einer Vermittlung. Ich wäre bereit gewesen anzunehmen, allerdings nur unter der Voraussetzung, daß sich eine Möglichkeit hätte finden lassen, mir gewisse Garantien zu geben für einen erfolgreichen Verlauf der Konferenz. Denn seit 2 Tagen sind die deutschen Truppen in einem teilweise außerordentlich schnellen Vormarsch in Polen begriffen. Es wäre unmöglich gewesen, die dabei gebrachten Blutopfer sich durch diplomatische Ränke wieder entwerten zu lassen. Trotzdem glaube ich, daß ein Weg hätte gefunden werden können, wenn nicht England von vornherein entschlossen gewesen wäre, es unter allen Umständen zum Krieg kommen zu lassen. Ich bin vor der englischen Drohung nicht zurückgewichen, weil ich, Duce, nicht mehr daran glaube, daß der Friede länger als ein halbes oder sagen wir ein Jahr hätte aufrechterhalten werden können. Unter diesen Umständen hielt ich aber den jetzigen Zeitpunkt eines Widerstandes trotz allem für geeigneter. Zur Zeit ist die Überlegenheit der deutschen Wehrmacht in Polen auf allen technischen Gebieten eine so ungeheure, daß die polnische Armee in ganz kurzer Zeit zusammenbrechen wird. Ob dieser schnelle Erfolg in ein oder zwei Jahren auch noch zu erzielen gewesen wäre, glaube ich bezweifeln zu müssen. England und Frankreich hätten ihren Verbündeten immerhin so weit aufgerüstet, daß die durchschlagende technische Überlegenheit der deutschen Wehrmacht nicht mehr so in Erscheinung hätte treten können. Ich bin mir bewußt, Duce, daß der Kampf, in den ich gehe, ein Kampf auf Leben und Tod ist. Mein eignes Schicksal spielt dabei überhaupt keine Rolle. Ich bin mir aber weiter bewußt, daß man einem solchen Kampf auf die Dauer nicht ausweichen kann, und daß man mit eisiger Überlegung den Augenblick des Widerstandes so wählen muß, daß die Wahrscheinlichkeit des Erfolges gewährleistet ist, und an diesen Erfolg, Duce, glaube ich felsenfest. Sie haben mir freundlicherweise neulich zugesichert, daß Sie auf manchem Gebiet glauben helfen zu können. Ich nehme dies schon im voraus mit aufrichtigem Dank entgegen. Ich glaube aber weiter, daß – auch wenn wir jetzt getrennte Wege marschieren – das Schicksal uns doch aneinanderbinden wird. Sollte das nationalsozialistische Deutschland von den westlichen Demokratien zerstört werden, würde auch das faschistische Italien einer schweren Zukunft entgegengehen. Ich war mir persönlich dieser Verbundenheit der Zukunft unserer beiden Regime stets bewußt, und ich weiß, daß Sie, Duce, genauso denken. Zur Lage in Polen möchte ich nur kurz bemerken, daß wir natürlich alles Unwichtige liegen lassen, keinen Mann an nebensächlichen Aufgaben verbrauchen, sondern alle unsere Handlungen nur von großen operativen Erwägungen aus leiten lassen. Die im Korridor befindliche polnische Nordarmee ist schon jetzt durch dieses unser Handeln vollkommen eingeriegelt. Sie wird entweder aufgerieben oder sich ergeben. Im übrigen finden alle Operationen planmäßig statt. Die Tagesleistungen der Truppen stehen weit über allen Erwartungen. Die Herrschaft unserer Luftwaffe ist, obwohl sich kaum ein Drittel in Polen befindet, eine ausschließliche. Im Westen werde ich mich defensiv verhalten. Frankreich kann hier zunächst sein Blut opfern. Es wird dann der Augenblick kommen, daß wir mit der ganzen Kraft der Nation uns auch dort dem Gegner stellen können. Nehmen Sie nochmals meinen Dank entgegen, Duce, für alle Ihre Unterstützungen, die Sie mir in der Vergangenheit gegeben haben und die ich bitte mir auch in Zukunft nicht versagen zu wollen.

Adolf Hitler

[134] *Die Vorbereitung der Westoffensive*

[Hitlers Weisung vom 9. Oktober 1939]

... 1. Sollte in der nächsten Zeit zu erkennen sein, daß England und unter dessen Führung auch Frankreich nicht gewillt sind, den Krieg zu beenden, so bin ich entschlossen, ohne lange Zeit verstreichen zu lassen, aktiv und offensiv zu handeln.

2. Ein längeres Abwarten führt nicht nur zu einer Beseitigung der belgischen, vielleicht auch der holländischen Neutralität zugunsten der Westmächte, sondern stärkt auch die militärische Kraft unserer Feinde in zunehmendem Maße, läßt das Vertrauen der Neutralen auf einen Endsieg Deutschlands schwinden und trägt nicht dazu bei, Italien als militärischen Bundesgenossen an unsere Seite zu bringen.

3. Für die Weiterführung der militärischen Operationen befehle ich daher folgendes:

a) Am Nordflügel der Westfront ist durch den luxemburgisch-belgischen und holländischen Raum eine Angriffsoperation vorzubereiten. Dieser Angriff muß so stark und so frühzeitig als möglich geführt werden.

b) Zweck dieser Angriffsoperation ist es, möglichst starke Teile des französischen Operationsheeres, und die an seiner Seite fechtenden Verbündeten zu schlagen, und gleichzeitig möglichst viel holländischen, belgischen und nordfranzösischen Raum als Basis für eine aussichtsreiche Luft- und Seekriegführung gegen England und als weites Vorfeld des lebenswichtigen Ruhrgebietes zu gewinnen.

c) Der Zeitpunkt des Angriffes ist abhängig von der Verwendungsbereitschaft der Panzer- und Mot.-Verbände, die unter Anspannung aller Kräfte zu beschleunigen ist, und von der dann gegebenen und in Aussicht stehenden Wetterlage.

4. Die Luftwaffe verhindert das Eingreifen der französisch-englischen Luftwaffe gegen das eigene Heer und unterstützt, soweit erforderlich, dessen Vorgehen unmittelbar. Hierbei wird es auch darauf ankommen, das Festsetzen der englisch-französischen Luftwaffe sowie englische Truppenlandungen in Belgien und Holland zu verhindern.

5. Die Seekriegführung hat alles daran zu setzen, um für die Dauer dieses Angriffs die Operationen des Heeres und der Luftwaffe mittelbar oder unmittelbar unterstützen zu können.

6. Neben diesen Vorbereitungen für den planmäßigen Beginn des Angriffs im Westen müssen Heer und Luftwaffe jederzeit und in zunehmender Stärke bereit sein, um sofort einem französisch-englischen Einmarsch nach Belgien möglichst weit vorwärts auf belgischem Gebiet entgegenzutreten und Holland in einem mög-

lichst weiten Umfang in Richtung auf die Westküste besetzen zu können.
7. Die Tarnung der Vorbereitungen muß darauf abgestimmt sein, daß es sich um Vorsichtsmaßnahmen gegenüber der drohenden Versammlung französischer und englischer Kräfte an der französisch-luxemburgischen und belgischen Grenze handelt.
8. Die Herren Oberbefehlshaber bitte ich, mir auf Grund dieser Weisung ihre Absichten im einzelnen möglichst bald vorzutragen und mich über das OKW fortlaufend über den Stand der Vorbereitungen unterrichtet zu halten.

(gez.) Adolf Hitler

[135] *Die Vorbereitung der Besetzung Norwegens und Dänemarks (»Fall Weserübung«)*

[Hitlers Weisung vom 1. März 1940]

... 1. Die Entwicklung der Lage in Skandinavien erfordert es, alle Vorbereitungen dafür zu treffen, um mit Teilkräften der Wehrmacht Dänemark und Norwegen zu besetzen (»Fall Weserübung«). Hierdurch soll englischen Übergriffen nach Skandinavien und der Ostsee vorgebeugt, unsere Erzbasis in Schweden gesichert und für Kriegsmarine und Luftwaffe die Ausgangsstellung gegen England erweitert werden.
Kriegsmarine und Luftwaffe fällt im Rahmen der gegebenen Möglichkeiten die Sicherung des Unternehmens gegen das Eingreifen englischer See- und Luftstreitkräfte zu.
Die für »Fall Weserübung« einzusetzenden Kräfte werden im Hinblick auf unsere militärpolitische Stärke gegenüber den nordischen Staaten so schwach als möglich gehalten. Ihre zahlenmäßige Schwäche muß durch kühnes Handeln und überraschende Durchführung ausgeglichen werden.
Grundsätzlich ist anzustreben, der Unternehmung den Charakter einer *friedlichen* Besetzung zu geben, die den bewaffneten Schutz der Neutralität der nordischen Staaten zum Ziel hat. Entsprechende Forderungen werden mit Beginn der Besetzung den Regierungen übermittelt werden. Flotten- und Luftdemonstrationen werden erforderlichenfalls den nötigen Nachdruck geben. Trotzdem auftretender Widerstand ist unter Einsatz aller militärischen Mittel zu brechen ...

[136] *Protestnote der belgischen Regierung vom 10. Mai 1940*

Obwohl Deutschland keine Kriegserklärung abgegeben hat, hat die deutsche Armee soeben die belgische Grenze überschritten und die belgische Armee mit beträchtlichen Streitkräften angegriffen. Alle Tatsachen und alle im Besitz der belgischen Regierung befindlichen Dokumente beweisen, daß der Angriff vorbedacht erfolgt ist.

Keinerlei Beschwerden wurden der belgischen Regierung vor diesem Angriffsakt vorgebracht. Überdies deutete nichts in den Beziehungen zwischen beiden Ländern, die meistens gut waren, auf einen möglicherweise bevorstehenden Konflikt hin.

Die belgische Regierung protestiert gegen diesen Gewaltakt. Er zeigt, daß Belgien zum zweiten Male innerhalb von 25 Jahren das Opfer eines deutschen Angriffs geworden ist. Die deutsche Regierung hat in ihrer Erklärung vom 13. Oktober 1937 feierlich ihre Entschlossenheit zum Ausdruck gebracht, unter keinen Umständen die Unverletzlichkeit und Integrität Belgiens zu beeinträchtigen und erklärt, daß »sie das belgische Gebiet respektieren wird, ausgenommen selbstverständlich den Fall, daß Belgien an einer gegen Deutschland gerichteten militärischen Aktion in einem bewaffneten Konflikt mitwirkt, in den Deutschland verwickelt ist«; sie erklärte ferner, sie sei bereit, Belgien Beistand zu leisten, wenn es einem Angriff oder einer Invasion ausgesetzt sein sollte. Am 26. August [1939] erneuerte die deutsche Regierung feierlich in einer freiwillig gegebenen Erklärung ihr Versprechen vom 13. Oktober 1937. Seit der Erklärung von 1937 hat Deutschland bei vielen Gelegenheiten die Korrektheit der von Belgien eingenommenen Haltung anerkannt. Die öffentliche Meinung erkennt einmütig an, daß die belgische Regierung alles, was in ihrer Macht liegt, getan hat, um die Geißel des Krieges abzuwenden, die Europa bedrohte. Am Vorabend des europäischen Krieges unternahm der König der Belgier in Verbindung mit den Häuptern anderer Staaten und insbesondere Ihrer Majestät der Königin der Niederlande Schritte, um die Gefahr abzuwenden. Es genügt an den Appell zu erinnern, den Brüssel am 23. August 1939 für die Staatsoberhäupter der Oslo-Gruppe erhoben hat, und an das Vermittlungsangebot vom 29. desselben Monats. Ein weiteres Angebot ihrer guten Dienste machten die Königin der Niederlande und der König der Belgier am 7. November in der Absicht, die Feststellung zu erleichtern, unter welchen Voraussetzungen ein Übereinkommen erreicht werden könnte. Während des Konflikts hat Belgien stets peinlich genau strenge Neutralität gewahrt. Es wurde plötzlich in der Dämmerung überfallen. Der Angriff wurde vollendet, als die Regierung die Garantiemächte anrief. So wie

Deutschland im August 1914 die belgische Neutralität verletzte, die es nach den Verträgen vom 19. April 1839 garantiert hatte, so hat es heute Belgien im Widerspruch zu dem im Jahre 1937 feierlich abgegebenen und 1939 erneuerten Versprechen angegriffen, über dessen Gültigkeit kein Zweifel besteht. Wie 1914 wird eine in sich selbst nicht gerechtfertigte Angriffshandlung gegen einen neutralen Staat verschlimmert durch die Verletzung der eingegangenen Verpflichtungen. Dieser Gewaltakt wird das Weltgewissen tief beeindrucken. Das Deutsche Reich wird vor der Geschichte verantwortlich sein für die Leiden, die dieser Gewaltakt der belgischen Bevölkerung auferlegen wird. Belgien hat niemals Knechtschaft hingenommen. Es wird die Feuerprobe mutig bestehen. Die belgische Armee wird den belgischen Boden mit allen Kräften und mit Hilfe der Garantiemächte Belgiens verteidigen, die nicht versäumen werden, ihre Versprechen zu halten.

[137] *Hitlers Friedensangebot an England*

[Aus der Reichstagsrede vom 19. Juli 1940]

... Und Herr Churchill sollte mir dieses Mal vielleicht ausnahmsweise glauben, wenn ich als Prophet jetzt folgendes ausspreche: Es wird dadurch ein großes Weltreich zerstört werden, ein Weltreich, das zu vernichten oder auch nur zu schädigen niemals meine Absicht war. Allein, ich bin mir darüber im klaren, daß die Fortführung dieses Kampfes nur mit der vollständigen Zertrümmerung des einen der beiden Kämpfenden enden wird. Mister Churchill mag glauben, daß dies Deutschland ist. Ich weiß, es wird England sein.

In dieser Stunde fühle ich mich verpflichtet, vor meinem Gewissen noch einmal einen Appell an die Vernunft auch in England zu richten. Ich glaube, dies tun zu können, weil ich ja nicht als Besiegter um etwas bitte, sondern als Sieger nur für die Vernunft spreche ...

Herr Churchill mag nun diese meine Erklärung wieder abtun mit dem Geschrei, daß dies nur die Ausgeburt meiner Angst sei und meines Zweifels am Endsieg. Ich habe dann eben jedenfalls mein Gewissen erleichtert gegenüber den kommenden Dingen ...

[138] *Vorbereitungen einer Landungsoperation gegen England (»Operation Seelöwe«)*

[Hitlers Weisung vom 16. Juli 1940]

... Da England, trotz seiner militärisch aussichtslosen Lage, noch keine Anzeichen einer Verständigungsbereitschaft zu erkennen gibt, habe ich mich entschlossen, eine Landungsoperation gegen England vorzubereiten und, wenn nötig, durchzuführen.

Zweck dieser Operation ist es, das englische Mutterland als Basis für die Fortführung des Krieges gegen Deutschland auszuschalten und, wenn es erforderlich werden sollte, in vollem Umfang zu besetzen.

Hierzu befehle ich folgendes:

1. Die *Landung* muß sich in Form eines überraschenden Überganges in breiter Front etwa von Ramsgate bis in die Gegend westlich der Insel Wight vollziehen, wobei Teilen der Luftwaffe die Rolle der Artillerie, Teilen der Kriegsmarine die Rolle der Pioniere zufallen wird. Ob es zweckmäßig ist, vor dem allgemeinen Übergang *Teilaktionen,* etwa zur Besetzung der Insel Wight oder der Grafschaft Cornwall, zu unternehmen, ist vom Standpunkt jedes Wehrmachtsteiles aus zu prüfen, und das Ergebnis mir zu melden. Die Entscheidung behalte ich mir vor. Die Vorbereitungen für die Gesamtoperation müssen bis Mitte August abgeschlossen sein.

2. Zu diesen *Vorbereitungen* gehört auch, daß diejenigen Voraussetzungen geschaffen werden, die eine Landung in England möglich machen.

a) Die englische Luftflotte muß moralisch und tatsächlich so weit niedergekämpft sein, daß sie keine nennenswerte Angriffskraft dem deutschen Übergang gegenüber mehr zeigt.

b) Es müssen minenfreie Wege geschaffen sein.

c) Durch eine dichte Minensperre muß die Straße von Dover in beiden Flanken sowie der Westeingang des Kanals etwa in der Linie Aldernay—Portland abgesperrt sein.

d) Durch starke Küstenartillerie muß das Küstenvorfeld beherrscht und artilleristisch abgeschirmt sein.

e) Die Fesselung der englischen Seestreitkräfte kurz vor dem Übergang sowohl in der Nordsee als auch im Mittelmeer (durch die Italiener) ist erwünscht, wobei schon jetzt versucht werden muß, den englischen Seestreitkräften, die sich im Mutterland befinden, durch Luft- und Torpedoangriffe nach Kräften Abbruch zu tun ...

[139] *Das Dilemma der deutschen Strategie*

[Aus einer Führerbesprechung am 31. Juli 1940]

... *Englands Hoffnung ist Rußland und Amerika. Wenn Hoffnung auf Rußland wegfällt, fällt auch Amerika weg,* weil Wegfall Rußlands eine Aufwertung Japans in Ostasien in ungeheurem Maß verfolgt.
Rußland ostasiatischer Degen Englands und Amerikas gegen Japan. Hier für England unangenehmer Wind. Japaner haben ihr Programm wie Rußland, das vor Kriegsende noch erledigt werden soll ...
Rußland Faktor, auf den England am meisten setzt. Irgend etwas ist in London geschehen! Die Engländer waren schon ganz down, nun sind sie wieder aufgerichtet. Abgehörte Gespräche. Rußland unangenehm berührt von schneller Entwicklung der westeuropäischen Lage.
Rußland braucht England nie mehr sagen, als daß es Deutschland nicht groß haben will, dann hofft Engländer wie ein Ertrinkender, daß in 6–8 Monaten die Sache ganz anders sein wird.
Ist aber Rußland zerschlagen, dann ist Englands letzte Hoffnung getilgt. Der Herr Europas und des Balkans ist dann Deutschland.
Entschluß: Im Zuge dieser Auseinandersetzung muß Rußland erledigt werden. *Frühjahr 41* ...

[140] *Die Vorbereitung des Feldzuges gegen die Sowjetunion (»Fall Barbarossa«)*

[Hitlers Weisung vom 18. Dezember 1940]

... Die deutsche Wehrmacht muß darauf vorbereitet sein, auch vor Beendigung des Krieges gegen England *Sowjetrußland in einem schnellen Feldzug niederzuwerfen* (Fall Barbarossa).
Das *Heer* wird hierzu alle verfügbaren Verbände einzusetzen haben mit der Einschränkung, daß die besetzten Gebiete gegen Überraschungen gesichert sein müssen.
Für die *Luftwaffe* wird es darauf ankommen, für den Ostfeldzug so starke Kräfte zur Unterstützung des Heeres freizumachen, daß mit einem schnellen Ablauf der Erdoperationen gerechnet werden kann und die Schädigung des ostdeutschen Raumes durch feindliche Luftangriffe so gering wie möglich bleibt. Diese Schwerpunktbildung im Osten findet ihre Grenze in der Forderung, daß der gesamte von uns beherrschte Kampf- und Rüstungsraum gegen feindliche Luftangriffe hinreichend geschützt bleiben muß und die Angriffshandlungen gegen England, insbesondere seine Zufuhren, nicht zum Erliegen kommen dürfen.

Der Schwerpunkt des Einsatzes der *Kriegsmarine* bleibt auch während des Ostfeldzuges eindeutig gegen *England* gerichtet.
Den *Aufmarsch* gegen Sowjetrußland werde ich gegebenenfalls acht Wochen vor dem beabsichtigten Operationsbeginn befehlen.
Vorbereitungen, die eine längere Anlaufzeit benötigen, sind – soweit noch nicht geschehen – schon jetzt in Angriff zu nehmen und bis zum 15. 5. 41 abzuschließen.
Entscheidender Wert ist jedoch darauf zu legen, daß die Absicht eines Angriffs nicht erkennbar wird.
Die Vorbereitungen der Oberkommandos sind auf folgender Grundlage zu treffen:

I. Allgemeine Ansicht:

Die im westlichen Rußland stehende Masse des russischen *Heeres* soll in kühnen Operationen unter weitem Vortreiben von Panzerkeilen vernichtet, der Abzug kampffähiger Teile in die Weite des russischen Raumes verhindert werden.
In rascher Verfolgung ist dann eine Linie zu erreichen, aus der die russische Luftwaffe reichsdeutsches Gebiet nicht mehr angreifen kann. Das Endziel der Operation ist die Abschirmung gegen das asiatische Rußland aus der allgemeinen Linie Wolga-Archangelsk. So kann erforderlichenfalls das letzte Rußland verbleibende Industriegebiet im Ural durch die Luftwaffe ausgeschaltet werden.
Im Zuge dieser Operationen wird die russische *Ostseeflotte* schnell ihre Stützpunkte verlieren und damit nicht mehr kampffähig sein.
Wirksames Eingreifen der russischen *Luftwaffe* ist schon bei Beginn der Operation durch kraftvolle Schläge zu verhindern ...

[141] *Dreimächtepakt zwischen Deutschland, Italien und Japan vom 27. September 1940*

Die Regierungen von Deutschland, Italien und Japan sehen es als eine Voraussetzung für einen dauerhaften Frieden an, daß jede Nation der Welt den ihr gebührenden Raum erhält. Sie haben deshalb beschlossen, bei ihren Bestrebungen im großostasiatischen Raum und in den europäischen Gebieten Seite an Seite zu stehen und zusammenzuarbeiten, wobei es ihr vornehmstes Ziel ist, eine neue Ordnung der Dinge zu schaffen und aufrechtzuerhalten, die geeignet ist, Gedeihen und Wohlfahrt der dortigen Völker zu fördern. Es ist ferner der Wunsch der drei Regierungen, die Zusammenarbeit auf solche Nationen in anderen Teilen der Welt auszudehnen, die geneigt sind, ihren Bemühungen eine ähnliche Richtung wie sie selbst zu geben, damit so ihre auf den Weltfrieden als Endziel gerichteten Bestrebungen verwirklicht werden können. Dementsprechend haben die Regierungen von Deutschland, Italien und Japan folgendes vereinbart:

Artikel 1. Japan anerkennt und respektiert die Führung Deutschlands und Italiens bei der Schaffung einer neuen Ordnung in Europa.

Artikel 2. Deutschland und Italien anerkennen und respektieren die Führung Japans bei der Schaffung einer neuen Ordnung im großostasiatischen Raum.

Artikel 3. Deutschland, Italien und Japan kommen überein, bei ihren Bemühungen auf der vorstehend angegebenen Grundlage zusammenzuarbeiten. Sie übernehmen ferner die Verpflichtung, sich mit allen politischen, wirtschaftlichen und militärischen Mitteln gegenseitig zu unterstützen, falls einer der drei Vertragschließenden Teile von einer Macht angegriffen wird, die gegenwärtig nicht in den europäischen Krieg oder in den chinesisch-japanischen Konflikt verwickelt ist.

Artikel 4. Um den gegenwärtigen Pakt zur Durchführung zu bringen, werden unverzüglich gemeinsame technische Kommissionen zusammentreten, deren Mitglieder von den Regierungen Deutschlands, Italiens und Japans zu ernennen sind.

Artikel 5. Deutschland, Italien und Japan erklären, daß die vorstehenden Abmachungen in keiner Weise den politischen Status berühren, der gegenwärtig zwischen jedem der drei Vertragschließenden Teile und Sowjetrußland besteht.

Artikel 6. Der gegenwärtige Pakt soll sofort mit der Unterzeichnung in Kraft treten und 10 Jahre, gerechnet vom Tage seines Inkrafttretens an, in Geltung bleiben.

Rechtzeitig vor dem Ablauf dieser Frist werden die Hohen Vertragschließenden Teile, falls einer von ihnen darum ersucht, in Verhandlungen über seine Erneuerung eintreten.

Zu Urkund dessen haben die Unterzeichneten, von ihren Regierungen gehörig bevollmächtigt, diesen Pakt unterzeichnet und mit ihren Siegeln versehen.

Ausgefertigt in dreifacher Urschrift in Berlin am 27. September 1940 – im XVIII. Jahr der Faschistischen Ära – entsprechend dem 27. Tage des 9. Monats des 15. Jahres der Ära Syōwa.

Joachim von Ribbentrop Ciano Kurusu

[142] *Aus Hitlers Lagebeurteilung zu Beginn des Jahres 1941*

[Führerbesprechung am 9. Januar 1941]

... Eine Landung in *England* sei nur dann möglich, wenn die volle Luftherrschaft errungen und in England eine gewisse Lähmung eingetreten sei. Sonst würde sie ein Verbrechen sein. Das englische Kriegsziel bestehe letzten Endes darin, Deutschland auf dem Kontinent zu schlagen. Aber die eigenen Mittel reichten dazu nicht aus. Die britische Kriegsmarine sei infolge ihres Einsatzes auf zwei weit voneinander getrennten Kriegsschauplätzen schwächer denn je, ihre Verstärkung in entscheidendem Ausmaße nicht möglich. Für die britische Luftwaffe machten sich die in der englischen Rohstoffversorgung infolge des Wegfalls der Einfuhr bestehenden Engpässe, vor allem beim Aluminium, und die Auswirkung des deutschen Luft- und Seekrieges auf die englische Industrie sehr nachteilig bemerkbar; die Flugzeugindustrie selbst sei so geschädigt, daß keine Vermehrung, sondern eine Verminderung der Fertigung eingetreten sei. Diese Schädigung durch die deutsche Luftwaffe müsse noch planmäßiger als bisher fortgesetzt werden. Was schließlich das britische Heer anbelange, so komme es als Invasionsarmee nicht in Frage. Was England aufrechthalte, sei die Hoffnung auf die Vereinigten Staaten von Amerika und auf Sowjetrußland, denn die Vernichtung des englischen Mutterlandes sei mit der Zeit unausbleiblich. England hoffe aber durchzuhalten, bis es einen großen kontinentalen Block gegen Deutschland zusammengebracht habe. Die diplomatischen Vorbereitungen hierzu seien klar zu erkennen.

Stalin, der Herr *Rußlands*, sei ein kluger Kopf; er werde nicht offen gegen Deutschland auftreten, man müsse aber damit rechnen, daß er in für Deutschland schwierigen Situationen in wachsendem Maße Schwierigkeiten machen werde. Er wolle das Erbe des verarmten Europas antreten, habe auch Erfolge nötig und sei von dem Drange nach dem Westen beseelt. Er sei sich auch völlig darüber klar, daß nach einem vollen Siege Deutschlands die Lage der Sowjetunion sehr schwierig werden würde.

Die Möglichkeit eines russischen Eingreifens in den Krieg halte die Engländer aufrecht. Sie würden das Rennen erst aufgeben, wenn diese letzte kontinentale Hoffnung zertrümmert sei. Er glaube nicht, daß die Engländer »sinnlos toll« seien; wenn sie keine Möglichkeit mehr sähen, den Krieg zu gewinnen, dann würden sie aufhören. Denn wenn sie den Krieg verlören, würden sie nicht mehr die Kraft haben, das Empire zusammenzuhalten. Wenn sie sich aber halten und 40 bis 50 Divisionen aufstellen könnten und die USA und Rußland ihnen helfen würden, dann

würde für Deutschland eine sehr ernste Lage entstehen. Das dürfe nicht geschehen.
Bisher habe er nach dem Grundsatz gehandelt, immer die wichtigsten feindlichen Positionen zu zerschlagen, um einen Schritt weiterzukommen. Daher müsse nunmehr Rußland zerschlagen werden. Entweder gäben die Engländer dann nach oder Deutschland würde den Kampf gegen Großbritannien unter günstigsten Umständen weiterführen. Die Zertrümmerung Rußlands würde es auch Japan ermöglichen, sich mit allen Kräften gegen die USA zu wenden. Das würde die letzteren vom Kriegseintritt abhalten ...

[143] *Deutsch-italienisch-japanisches Abkommen über die gemeinsame Kriegführung vom 11. Dezember 1941*

In dem unerschütterlichen Entschluß, die Waffen nicht niederzulegen, bis der gemeinsame Krieg gegen die Vereinigten Staaten von Amerika und England zum erfolgreichen Ende geführt worden ist, haben sich die Deutsche Regierung, die Italienische Regierung und die Japanische Regierung über folgende Bestimmungen geeinigt:
Artikel I. Deutschland, Italien und Japan werden den ihnen von den Vereinigten Staaten von Amerika und England aufgezwungenen Krieg mit allen ihnen zu Gebote stehenden Machtmitteln gemeinsam bis zum siegreichen Ende führen.
Artikel II. Deutschland, Italien und Japan verpflichten sich, ohne volles gegenseitiges Einverständnis weder mit den Vereinigten Staaten von Amerika noch mit England Waffenstillstand oder Frieden zu schließen.
Artikel III. Deutschland, Italien und Japan werden auch nach siegreicher Beendigung des Krieges zum Zwecke der Herbeiführung einer gerechten Neuordnung im Sinne des von ihnen am 27. September 1940 abgeschlossenen Dreimächtepaktes auf das engste zusammenarbeiten.
Artikel IV. Dieses Abkommen tritt sofort mit seiner Unterzeichnung in Kraft und bleibt ebensolange wie der Dreimächtepakt vom 27. September 1940 in Geltung. Die Hohen Vertragschließenden Teile werden sich rechtzeitig vor Ablauf dieser Geltungsdauer über die weitere Gestaltung ihrer im Artikel 3 dieses Abkommens vorgesehenen Zusammenarbeit verständigen.
Zu Urkund dessen haben die Unterzeichneten, von ihren Regierungen gehörig bevollmächtigt, dieses Abkommen unterzeichnet und mit ihren Siegeln versehen.

Ausgefertigt in dreifacher Urschrift, in deutscher, italienischer und japanischer Sprache, in Berlin am 11ten Dezember 1941 – im XXten Jahre der Faschistischen Ära – entsprechend dem 11ten Tage des 12ten Monats des 16ten Jahres der Ära Syōwa.

v. Ribbentrop Dino Alfieri Oshima

[144] *Führererlasse proklamieren den Krieg der Weltanschauungen*

a) PLANMÄSSIGE GEISTIGE BEKÄMPFUNG

Führererlaß

Juden, Freimaurer und die mit ihnen verbündeten weltanschaulichen Gegner des Nationalsozialismus sind die Urheber des jetzigen gegen das Reich gerichteten Krieges. Die planmäßige geistige Bekämpfung dieser Mächte ist eine kriegsnotwendige Aufgabe.

Ich habe daher den Reichsleiter Alfred Rosenberg beauftragt, diese Aufgabe im Einvernehmen mit dem Chef des Oberkommandos der Wehrmacht durchzuführen. Sein Einsatzstab für die besetzten Gebiete hat das Recht, Bibliotheken, Archive, Logen und sonstige weltanschauliche und kulturelle Einrichtungen aller Art nach entsprechendem Material zu durchforschen und dieses für die weltanschaulichen Aufgaben der NSDAP und die späteren wissenschaftlichen Forschungsarbeiten der Hohen Schule beschlagnahmen zu lassen.

Der gleichen Regelung unterliegen Kulturgüter, die im Besitz oder Eigentum von Juden, herrenlos oder nicht einwandfrei zu klärender Herkunft sind. Die Durchführungsbestimmungen über die Zusammenarbeit mit der Wehrmacht erläßt der Chef des Oberkommandos der Wehrmacht im Einvernehmen mit dem Reichsleiter Rosenberg.

Die notwendigen Maßnahmen innerhalb der in deutscher Verwaltung befindlichen Ostgebiete trifft Reichsleiter Rosenberg in seiner Eigenschaft als Reichsminister für die besetzten Ostgebiete.

Adolf Hitler

Führerhauptquartier, den 1. März 1942
An alle Dienststellen
der Wehrmacht
der Partei und
des Staates

b) POLITISCHE SCHULUNG EBENSO KRIEGSENTSCHEIDEND

DER FÜHRER

Hauptquartier, den 8. Januar 1944

Ich habe anläßlich der Übernahme des unmittelbaren Oberbefehls über das Heer zum Ausdruck gebracht, daß es zu den entscheidenden Schicksalsfragen des deutschen Volkes gehört, nicht nur auf allen Gebieten des militärischen Daseins, sondern vor allem in weltanschaulicher Hinsicht eine bedingungslose Übereinstimmung zwischen Staatsführung und Offizierkorps herbeizuführen.
Dieser Krieg wird deswegen so erbittert und erbarmungslos geführt, weil er das entscheidende Ringen zweier völlig entgegengesetzten Weltanschauungen darstellt. Das deutsche Volk ringt heute um die Freiheit seines Daseins und seiner Lebensgestaltung und um seinen Lebensraum.
Das fünfte Kriegsjahr findet uns und unsere Feinde auf dem Höhepunkt der militärischen Rüstung. Entscheidend für den Erfolg bleibt aber immer der Mensch, der Soldat, der Kämpfer. Wer den reinsten Willen, den tapfersten Glauben und die fanatischste Entschlossenheit in den Kampf zu werfen vermag, dem wird schließlich der Sieg gehören.
Der Soldat und insbesondere der Offizier ist deshalb nicht nur Waffenträger der Nation, er ist in gleichem Maße auch politischer Willensträger seines Volkes.
Ein Offizier, der seine Truppe nicht politisch erziehen und führen kann, ist in diesem Kampf ebenso fehl am Platze, wie ein Offizier, der in der Ausbildung oder taktischen Führung seiner Truppe versagt. Wertvollste Kräfte müssen verkümmern, wollte man die seelische Kampfkraft des Heeres nur auf blinden Gehorsam gründen, nicht aber auch auf eine das »Woher« und »Wofür« erkennende Kampfentschlossenheit.
Das Buch »Wofür kämpfen wir?« soll dem Offizier Wegweiser für seine eigene weltanschauliche Ausrichtung und geistiges Rüstzeug für die politische Erziehung und Ausbildung seiner Soldaten sein.
Der Offizier muß auch auf weltanschaulichem Gebiet aktiver Vorkämpfer sein und seine Soldaten zu überzeugten und unüberwindbaren Kämpfern für unser großes germanisch-deutsches Reich im Sinne unserer nationalsozialistischen Weltanschauung erziehen können.
Ich befehle daher, daß das in diesem Buch enthaltene weltanschauliche Gedankengut im planmäßigen Unterricht dem Soldaten überzeugend und mit allem Nachdruck nahegebracht wird. Diese politische Schulung ist ebenso kriegsentscheidend, wie die Ausbildung an der Waffe.

Die Kommandeure veranlassen, daß dieser politische Unterricht innerhalb der Ausbildung und auch im Einsatz den ihm gebührenden Platz einnimmt.
Die Oberbefehlshaber überwachen die Durchführung meines Befehls.

gez. Adolf Hitler

OKH, HPA, Ag P2
Nr. 1/Chefgr.

[145] *Wieder reiten die Goten ...*

[Aus einer Schrift des SS-Hauptamtes]

... Was aber den Goten, den Warägern und allen einzelnen Wanderern aus germanischem Blut nicht gelang – das schaffen jetzt wir, ein neuer Germanenzug, das schafft unser Führer, der Führer aller Germanen. Jetzt wird der Ansturm der Steppe zurückgeschlagen, jetzt wird die Ostgrenze Europas endgültig gesichert, jetzt wird erfüllt, wovon germanische Kämpfer in den Wäldern und Weiten des Ostens einst träumten. Ein dreitausendjähriges Geschichtskapitel bekommt heute seinen glorreichen Schluß. Wieder reiten die Goten, seit dem 22. Juni 1941 – jeder von uns ein germanischer Kämpfer! ...

[146] *Die Verkündung des totalen Krieges*

[durch Joseph Goebbels im Berliner Sportpalast am 18. Februar 1943]

... Es geht hier nicht um die Methode, mit der man den Bolschewismus zu Boden schlägt, sondern um das Ziel, nämlich um die Beseitigung der Gefahr. Die Frage ist also nicht die, ob die Methoden, die wir anwenden, gut oder schlecht sind, sondern ob sie zum Erfolg führen. Jedenfalls sind wir als Nationalsozialistische Volksführung jetzt zu allem entschlossen. Wir packen zu, ohne Rücksicht auf die Einsprüche des einen oder des anderen ...
Ich möchte aber zur Steuer der Wahrheit an euch, meine deutschen Volksgenossen und Volksgenossinnen, eine Reihe von Fragen richten, die ihr mir nach bestem Wissen und Gewissen beantworten müßt ...
Ihr also, meine Zuhörer, repräsentiert in diesem Augenblick die Nation. Und an euch möchte ich zehn Fragen richten, die ihr mir mit dem deutschen Volke vor der ganzen Welt, insbesondere vor unseren Feinden, die uns auch an ihrem Rundfunk hören, beantworten sollt:

Die Engländer behaupten, das deutsche Volk habe den Glauben an den Sieg verloren.
Ich frage euch: Glaubt ihr mit dem Führer und mit uns an den endgültigen totalen Sieg des deutschen Volkes?
Ich frage euch: Seid ihr entschlossen, dem Führer in der Erkämpfung des Sieges durch dick und dünn und unter Aufnahme auch der schwersten persönlichen Belastungen zu folgen?
Zweitens: Die Engländer behaupten, das deutsche Volk ist des Kampfes müde.
Ich frage euch: Seid ihr bereit, mit dem Führer als Phalanx der Heimat hinter der kämpfenden Wehrmacht stehend diesen Kampf mit wilder Entschlossenheit und unbeirrbar durch alle Schicksalsfügungen fortzusetzen, bis der Sieg in unseren Händen ist?
Drittens: Die Engländer behaupten, das deutsche Volk hat keine Lust mehr, sich der überhandnehmenden Kriegsarbeit, die die Regierung von ihm fordert, zu unterziehen.
Ich frage euch: Seid ihr und ist das deutsche Volk entschlossen, wenn der Führer es befiehlt, zehn, zwölf und, wenn nötig, vierzehn und sechzehn Stunden täglich zu arbeiten und das Letzte herzugeben für den Sieg?
Viertens: Die Engländer behaupten, das deutsche Volk wehrt sich gegen die totalen Kriegsmaßnahmen der Regierung. Es will nicht den totalen Krieg, sondern die Kapitulation. (Zuruf: Niemals! Niemals! Niemals!)
Ich frage euch: Wollt ihr den totalen Krieg? Wollt ihr ihn, wenn nötig, totaler und radikaler, als wir ihn uns heute überhaupt noch vorstellen können?
Fünftens: Die Engländer behaupten, das deutsche Volk hat sein Vertrauen zum Führer verloren.
Ich frage euch: Ist euer Vertrauen zum Führer heute größer, gläubiger und unerschütterlicher denn je? (Die Menge erhebt sich wie ein Mann. Sprechchöre: »Führer, befiehl, wir folgen!«) Ist eure Bereitschaft, ihm auf allen seinen Wegen zu folgen und alles zu tun, was nötig ist, um den Krieg zum siegreichen Ende zu führen, eine absolute und uneingeschränkte?
Ich frage euch als sechstes: Seid ihr bereit, von nun ab eure ganze Kraft einzusetzen und der Ostfront die Menschen und Waffen zur Verfügung zu stellen, die sie braucht, um dem Bolschewismus den tödlichen Schlag zu versetzen?
Ich frage euch siebentens: Gelobt ihr mit heiligem Eid der Front, daß die Heimat mit starker Moral hinter ihr steht und ihr alles geben wird, was sie nötig hat, um den Sieg zu erkämpfen?
Ich frage euch achtens: Wollt ihr, insbesondere ihr Frauen selbst, daß die Regierung dafür sorgt, daß auch die deutsche Frau ihre ganze Kraft der Kriegführung zur Verfügung stellt und überall

da, wo es nur möglich ist, einspringt, um Männer für die Front frei zu machen und damit ihren Männern an der Front zu helfen?
Ich frage euch neuntens: Billigt ihr, wenn nötig, die radikalsten Maßnahmen gegen einen kleinen Kreis von Drückebergern und Schiebern, die mitten im Kriege Frieden spielen und die Not des Volkes zu eigensüchtigen Zwecken ausnutzen wollen? Seid ihr damit einverstanden, daß, wer sich am Krieg vergeht, den Kopf verliert?
Ich frage euch zehntens und zuletzt: Wollt ihr, daß, wie das nationalsozialistische Parteiprogramm es gebietet, gerade im Kriege gleiche Rechte und gleiche Pflichten vorherrschen, daß die Heimat die schweren Belastungen des Krieges solidarisch auf ihre Schultern nimmt und daß sie für hoch und niedrig und arm und reich in gleicher Menge verteilt werden?
Ich habe euch gefragt; ihr habt mir eure Antwort gegeben. Ihr seid ein Stück Volk, durch euren Mund hat sich damit die Stellungnahme des deutschen Volkes manifestiert...

[147] *Erlaß Hitlers über die Bildung des Deutschen Volkssturms, vom 25. September 1944*

Nach fünfjährigem schwersten Kampf steht infolge des Versagens aller unserer europäischen Verbündeten der Feind an einigen Fronten in der Nähe oder an den deutschen Grenzen. Er strengt seine Kräfte an, um unser Reich zu zerschlagen, das deutsche Volk und seine soziale Ordnung zu vernichten. Sein letztes Ziel ist die Ausrottung des deutschen Menschen.
Wie im Herbst 1939 stehen wir nun wieder ganz allein der Front unserer Feinde gegenüber. In wenigen Jahren war es uns damals gelungen, durch den ersten Großeinsatz unserer deutschen Volkskraft die wichtigsten militärischen Probleme zu lösen, den Bestand des Reiches und damit Europas für Jahre hindurch zu sichern. Während nun der Gegner glaubt, zum letzten Schlag ausholen zu können, sind wir entschlossen, den zweiten Großeinsatz unseres Volkes zu vollziehen. Es muß und wird uns gelingen, wie in den Jahren 1939 bis 1941 ausschließlich auf unsere eigene Kraft bauend, nicht nur den Vernichtungswillen der Feinde zu brechen, sondern ihn wieder zurückzuwerfen und solange vom Reich abzuhalten, bis ein die Zukunft Deutschlands, seiner Verbündeten und damit Europas sichernder Friede gewährleistet ist.

Dem uns bekannten totalen Vernichtungswillen unserer jüdisch-internationalen Feinde setzen wir den totalen Einsatz aller deutschen Menschen entgegen.
Zur Verstärkung der aktiven Kräfte unserer Wehrmacht und insbesondere zur Führung eines unerbittlichen Kampfes überall dort, wo der Feind den deutschen Boden betreten will, rufe ich daher alle waffenfähigen deutschen Männer zum Kampfeinsatz auf.
Ich befehle:
1. Es ist in den Gauen des Großdeutschen Reiches aus allen waffenfähigen Männern im Alter von 16 bis 60 Jahren der deutsche Volkssturm zu bilden. Er wird den Heimatboden mit allen Waffen und Mitteln verteidigen, soweit sie dafür geeignet erscheinen.
2. Die Aufstellung und Führung des deutschen Volkssturms übernehmen in ihren Gauen die Gauleiter. Sie bedienen sich dabei vor allem der fähigsten Organisatoren und Führer der bewährten Einrichtungen der Partei, SA, SS, des NSKK und der HJ.
3. Ich ernenne den Stabschef der SA, Schepmann, zum Inspekteur für die Schießausbildung und den Korpsführer des NSKK, Kraus, zum Inspekteur für die motortechnische Ausbildung des Volkssturms.
4. Die Angehörigen des deutschen Volkssturms sind während ihres Einsatzes Soldaten im Sinne des Wehrgesetzes.
5. Die Zugehörigkeit der Angehörigen des Volkssturms zu außerberuflichen Organisationen bleibt unberührt. Der Dienst im deutschen Volkssturm geht aber jedem Dienst in anderen Organisationen vor.
6. Der Reichsführer SS ist als Befehlshaber des Ersatzheeres verantwortlich für die militärischen Organisationen, die Ausbildung, Bewaffnung und Ausrüstung des deutschen Volkssturms.
7. Der Kampfeinsatz des deutschen Volkssturms erfolgt nach meinen Weisungen durch den Reichsführer SS als Befehlshaber des Ersatzheeres.
8. Die militärischen Ausführungsbestimmungen erläßt als Befehlshaber des Ersatzheeres Reichsführer SS Himmler, die politischen und organisatorischen in meinem Auftrage Reichsleiter Bormann.
9. Die Nationalsozialistische Partei erfüllt vor dem deutschen Volk ihre höchste Ehrenpflicht, indem sie in erster Linie ihre Organisationen als Hauptträger dieses Kampfes einsetzt.
Führer-Hauptquartier, den 25. September 1944.

Der Führer: Adolf Hitler
Der Leiter der Parteikanzlei: M. Bormann
Der Chef des Oberkommandos der Wehrmacht: Keitel
Der Reichsminister und Chef der Reichskanzlei: Dr. Lammers

[148] *Die letzte Stufe des Terrors*

a) VERORDNUNG DES REICHSMINISTERS DER JUSTIZ ÜBER DIE ERRICHTUNG VON STANDGERICHTEN, VOM 15. FEBRUAR 1945

Die Härte des Ringens um den Bestand des Reiches erfordert von jedem Deutschen Kampfentschlossenheit und Hingabe bis zum äußersten. Wer versucht, sich seinen Pflichten gegenüber der Allgemeinheit zu entziehen, insbesondere wer dies aus Feigheit oder Eigennutz tut, muß sofort mit der notwendigen Härte zur Rechenschaft gezogen werden, damit nicht aus dem Versagen eines einzelnen dem Reich Schaden erwächst. Es wird deshalb auf Befehl des Führers im Einvernehmen mit dem Reichsminister und Chef der Reichskanzlei, dem Minister des Innern und dem Leiter der Parteikanzlei angeordnet:

I. In feindbedrohten Reichsverteidigungsbezirken werden Standgerichte gebildet.

II. 1. Das Standgericht besteht aus einem Strafrichter als Vorsitzer sowie einem politischen Leiter oder Gliederungsführer der NSDAP und einem Offizier der Wehrmacht, der Waffen-SS oder der Polizei als Beisitzern.

2. Der Reichsverteidigungskommissar ernennt die Mitglieder des Gerichts und bestimmt einen Staatsanwalt als Anklagevertreter.

III. 1. Die Standgerichte sind für alle Straftaten zuständig, durch die die deutsche Kampfkraft oder Kampfentschlossenheit gefährdet sind.

2. Auf das Verfahren finden die Vorschriften der Reichsstrafprozeßordnung sinngemäß Anwendung.

IV. 1. Das Urteil des Standgerichts lautet auf Todesstrafe, Freisprechung oder Überweisung an die ordentliche Gerichtsbarkeit. Es bedarf der Bestätigung durch den Reichsverteidigungskommissar, der Ort, Zeit und Art der Vollstreckung bestimmt.

2. Ist der Reichsverteidigungskommissar nicht erreichbar und sofortige Vollstreckung unumgänglich, so übt der Anklagevertreter diese Befugnis aus.

V. Die zur Ergänzung, Änderung und Durchführung dieser Verordnung erforderlichen Vorschriften erläßt der Reichsminister der Justiz im Einvernehmen mit dem Reichsminister des Inneren und dem Leiter der Parteikanzlei.

VI. Die Verordnung tritt mit ihrer Verkündung in Presse und Rundfunk in Kraft . . .

b) AUFRUF GEGEN DRÜCKEBERGER

[Mitte Januar 1945]

Ich bitte die deutschen Volksgenossen, insbesondere die Frauen, Drückebergern, die sich Evakuierungstrecks anhängen oder sonst von Osten nach Westen ziehen, kein Mitleid am unrechten Platz entgegenzubringen. Männer, die sich von der Front entfernen, verdienen von der Heimat kein Stück Brot.
Gerade die deutschen Frauen und Mädchen sind berufen, diese Männer an ihrer Ehre zu packen, zur Pflicht zu rufen, ihnen statt Mitleid Verachtung entgegenzubringen und hartnäckige Feiglinge mit dem Scheuerlappen zur Front zu hauen.
Jeder tue seine Pflicht. Nach schweren Wochen der Prüfungen wird der Tag kommen, an dem wir aus den Ausgangsstellungen, die wir uns jetzt sichern, wieder antreten und die Eindringlinge vernichten und die deutschen Gaue wieder befreien. Wir haben die heilige Überzeugung und das Wissen, daß der Herrgott, der uns soviel Schweres auferlegt und zugleich aber Deutschland in derselben Zeit, in der der Bolschewismus zum Sturm auf Europa antrat, den einzigen Mann, der diese Gefahr bannen konnte und kann, unseren Führer Adolf Hitler, gegeben hat, am Ende unserem tapferen Heldenvolk und damit dem wahren Europa den Sieg schenken wird.

H. Himmler, Reichsführer SS und Oberbefehlshaber des Ersatzheeres

c) SIPPENHAFTUNG WIRD EINGEFÜHRT

Nachfolgende Anordnungen des Chefs OKW vom 5. Februar 1945 werden bekanntgegeben:

A. Betr.: Maßnahmen gegen Wehrmachtangehörige, die in der Gefangenschaft Landesverrat begehen.

Während die überwältigende Mehrzahl aller kriegsgefangenen deutschen Soldaten es für ihre selbstverständliche Pflicht hält, lieber den Tod oder schwerste Mißhandlungen zu erleiden, als Führer, Volk und Vaterland zu verraten, haben einzelne ehrvergessene Elemente in der Kriegsgefangenschaft Angaben über Stärke, Bewaffnung und Einsatzort ihrer Truppe gemacht oder sind sonst zum Landesverräter geworden. Die Gefahr, die dadurch für die kämpfende Front und die Kriegsanstrengungen der Heimat beschworen wird, muß rücksichtslos und mit allen Mitteln bekämpft werden. Die Sicherheit des Reiches und die Erhaltung der Nation verlangen das.
Auf Grund der Weisungen des Führers wird daher befohlen:
1. Für Wehrmachtangehörige, die in der Kriegsgefangenschaft Landesverrat begehen und deswegen rechtskräftig zum Tode ver-

urteilt werden, haftet die Sippe mit Vermögen, Freiheit oder Leben. Den Umfang der Sippenhaftung im Einzelfalle bestimmt der Reichsführer SS und Chef der Deutschen Polizei.

2. Dieser Befehl ist der Truppe unverzüglich mündlich bekanntzugeben und bei jeder gebotenen Gelegenheit mit dem Bezugserlaß zum Gegenstand eingehender Belehrung zu machen. Schriftliche Weitergabe vorwärts der Divisions- usw. Stäbe hat zu unterbleiben.

gez.: Keitel

d) HITLERS TODESURTEIL FÜR DANZIG

... Am 22. März erreichten die sowjetischen Truppen über Groß-Katz das Meer zwischen Adlershorst und Zoppot. Damit war die »Festung Gotenhafen« von der »Festung Danzig« getrennt. Der Endkampf beider »Festungen, die keine waren«, vollzog sich von nun an gesondert. Am 24. März 1945 ließ der russische Marschall Rokossowski ein Flugblatt aus der Luft über Danzig und Gotenhafen abwerfen, in dem es hieß:

Marschall Rokossowski
an die Garnisonen von Danzig und Gdingen

Generale, Offiziere und Soldaten
der 2. deutschen Armee!
Meine Truppen haben gestern am 23. März Zoppot genommen und die eingeschlossene Kräftegruppe in zwei Teile aufgespalten. Die Garnisonen von Danzig und Gdingen sind voneinander getrennt. Unsere Artillerie beschießt die Häfen von Danzig und Gdingen und die Einfahrten zu denselben. Der eherne Ring meiner Truppen um Euch verengt sich immer mehr.
Unter diesen Umständen ist Euer Widerstand sinnlos und wird nur zu Eurem Untergang sowie zum Untergang von hunderttausenden Frauen, Kindern und Greisen führen.
Ich fordere Euch auf:
1. Unverzüglich den Widerstand einzustellen und Euch mit weißen Fahnen einzeln, gruppen-, zugs-, kompanie-, bataillons- und regimentsweise gefangenzugeben.
2. Allen, die sich gefangengeben, garantiere ich das Leben und die Belassung des persönlichen Eigentums.
Alle Offiziere und Soldaten, die die Waffen nicht strecken, werden bei dem bevorstehenden Sturm vernichtet.
Euch wird die volle Verantwortung für die Opfer der Zivilbevölkerung treffen.

Der Befehlshaber der Truppen der 2. Bjelorussischen Front
Marschall der Sowjetunion K. Rokossowski

Den 24. März 1945

Die Antwort darauf kam aus dem Führerhauptquartier in der Nacht vom 24. zum 25. März, dem Palmsonntag: »Jeder Quadratmeter des Raumes Danzig/Gotenhafen ist entscheidend zu verteidigen.« Dieser Befehl des Führers war das Todesurteil für Danzig. Schweres Artilleriefeuer lag auf der Stadt, zweimotorige russische Bomber warfen ihre Spreng- und Brandbomben in die engen Straßen. Mehrere Tage lang stand eine Wand aus Rauch und Feuer 4000 bis 5000 Meter hoch über Danzig. Im Hafen erhielten zwei Munitionsdampfer Artillerietreffer und brannten unter ständigen Explosionen aus. Der Danziger Hafenkanal wurde durch Versenkung eines großen Schiffes gesperrt, nachdem alle noch manövrierfähigen Schiffe ausgelaufen waren. Am 26. März wurden auch die Hafenanlagen in Gotenhafen gesprengt bzw. durch Versenkung von Schiffen unbrauchbar gemacht . . .

[149] *Generalfeldmarschall Kesselring über Hitlers Kriegführung*

. . . Aus seinem krankhaften Mißtrauen – zum Schluß eigentlich mehr oder weniger gegen alle – übernahm sich Hitler, indem er alle Reichsgeschäfte selbst erledigte. In der Auswahl seiner persönlichen Umgebung hatte er eine denkbar unglückliche Hand. Beides wirkte sich auch auf die Wehrmacht und die Kriegsführung ungünstig aus.

Noch am 12. April 1945, bei meinem letzten Vortrag bei Hitler, hatte er eine optimistische Auffassung: inwieweit er dabei schauspielerte, ist schwer zu ergründen. Rückblickend möchte ich sagen, daß er von der Idee irgendeiner Rettungsmöglichkeit geradezu besessen war, daß er sich daran klammerte wie ein Ertrinkender an einen Strohhalm. Er glaubte m. E. mit Sicherheit an einen erfolgreichen Kampf im Osten, er glaubte an seine in Aufstellung begriffene 12. Armee, an verschiedene neue Waffen und vielleicht auch an das Zusammenbrechen der feindlichen Koalition.

Alle diese Annahmen trogen; vom Beginn des russischen Angriffs an lebte Hitler, immer mehr sich selbst abschließend und vereinsamt, nur mehr in einer irrealen Welt . . .

[150] *Hitlers Zerstörungswut*

a) SPEER WIDERSETZT SICH HITLER

... Das Volk hat in diesem Krieg seine Pflicht erfüllt und seine Aufgabe unter Umständen durchgeführt, die weitaus schwieriger waren, als je in einem Krieg zuvor.
Es ist bestimmt nicht seinem Versagen zuzuschreiben, wenn der Krieg verlorengeht.
Wir in der Führung haben die Verpflichtung, dem Volk in den schweren Stunden, die es zu erwarten hat, zu helfen.
Wir haben uns dabei nüchtern — ohne Rücksicht auf unser Schicksal — die Frage vorzulegen, wie dies auch für eine fernere Zukunft geschehen kann.
Wenn der Gegner das Volk und seine Lebensbasis zerstören will, dann soll er dieses Werk selbst durchführen. Wir müssen alles tun, um dem Volk, wenn vielleicht auch in primitivsten Formen, bis zuletzt eine Lebensbasis zu erhalten.
Auf allen Gebieten müssen Maßnahmen ergriffen werden, um diesen Standpunkt durchzuführen.
Durch klare Weisungen kann örtliches Unheil verhütet werden. Keiner darf den Standpunkt einnehmen, daß an sein persönliches Schicksal auch das Schicksal des deutschen Volkes gebunden ist.
Es muß festgelegt werden, daß die vornehmste Pflicht der Führung in diesen Wochen sein muß, dem Volk zu helfen, wo es nur irgend geht.

*

Für das von mir verantwortete Teilgebiet der deutschen Produktion und des Verkehrs ist folgendes zu veranlassen:
1. Es muß sichergestellt werden, daß, wenn der Kampf weiter in das Reichsgebiet vorgetragen wird, niemand berechtigt ist, Industrieanlagen, Kohlenbergwerke, Elektrizitätswerke und andere Versorgungsanlagen sowie Verkehrsanlagen, Binnenschiffahrtsstraßen usw. zu zerstören.
Während bisher die Betriebe durch Herausnahme von unersetzlichen Einzelteilen auf ein bis zwei Monate gelähmt wurden, um nach der Rückeroberung wieder kurzfristig nutzbar gemacht werden zu können, muß dieser Standpunkt jetzt auch dann Platz greifen, wenn eine Wiedereroberung nicht möglich erscheint.
Die industriellen Anlagen und die Grundindustrien sind genauso ein Bestandteil der Lebenskraft des deutschen Volkes wie die Landwirtschaft. Es würde auch niemand auf den Gedanken kommen, durch einen Giftstoff die deutschen Äcker auf Jahre hinaus unfruchtbar zu machen. Genauso wenig ist es möglich, dem Bergarbeiter und dem Industriearbeiter von unserer Seite seinen Lebensunterhalt zu nehmen.

2. Vorbereitungen zur Sprengung von Brückenbauwerken der Reichsbahn oder des Straßenbaues sind in großem Umfang getroffen.
Selbstverständlich ist es notwendig, die Brückenbauwerke über die großen Ströme zu sprengen, solange der weitere Vormarsch des Gegners noch verhindert werden kann. – Es kann aber unmöglich der Sinn einer Kriegführung in der Heimat sein, so viel Brücken zu zerstören, daß bei den beschränkten Mitteln der Nachkriegszeit Jahre benötigt werden, um dieses Verkehrsnetz wieder aufzubauen.
Die Verwüstungen dieses Krieges in den deutschen Städten sind nur mit denen des Dreißigjährigen Krieges vergleichbar. – Ob die Ereignisse, die einer Niederlage folgen, auch einen der damaligen Zeit ähnlichen Rückgang der Bevölkerungszahl zur Folge haben wird, ist nicht abzusehen. Das Volk wird schwerste Belastungen zu ertragen haben, die jedoch eine harte Auslese bringen werden und damit für die fernere Zukunft einen guten Kern dieses einmaligen Volkes erhalten.
Wir haben kein Recht dazu, in diesem Stadium des Krieges von uns aus Zerstörungen vorzunehmen, die das Leben des Volkes treffen könnten.
Wenn die Gegner dieses Volk, das in einmaliger Tapferkeit gekämpft hat, zerstören wollen, so soll ihnen diese geschichtliche Schande ausschließlich zufallen.
Wir haben die Verpflichtung, dem Volk alle Möglichkeiten zu lassen, die ihm in fernerer Zukunft wieder einen neuen Aufbau sichern könnten ...

b) HITLERS ZERSTÖRUNGSBEFEHL VOM 19. MÄRZ 1945

Der Kampf um die Existenz unseres Volkes zwingt auch innerhalb des Reichsgebietes zur Ausnutzung aller Mittel, die die Kampfkraft unseres Feindes schwächen und sein weiteres Vordringen behindern. Alle Möglichkeiten, der Schlagkraft des Feindes unmittelbar oder mittelbar den nachhaltigsten Schaden zuzuführen, müssen ausgenutzt werden. Es ist ein Irrtum, zu glauben, nicht zerstörte oder nur kurzfristig gelähmte Verkehrs-, Nachrichten-, Industrie- und Versorgungsanlagen bei der Rückgewinnung verlorener Gebiete für eigene Zwecke wieder in Betrieb nehmen zu können. Der Feind wird bei seinem Rückzug uns nur eine verbrannte Erde zurücklassen und jede Rücksichtnahme auf die Bevölkerung fallen lassen.
Ich befehle daher:
1. Alle militärischen, Verkehrs-, Nachrichten-, Industrie- und Versorgungsanlagen sowie Sachwerte innerhalb des Reichsgebie-

tes, die sich der Feind für die Fortsetzung seines Kampfes irgendwie sofort oder in absehbarer Zeit nutzbar machen kann, sind zu zerstören.

2. Verantwortlich für die Durchführung dieser Zerstörung sind die militärischen Kommandobehörden für alle militärischen Objekte einschl. der Verkehrs- und Nachrichtenanlagen; die Gauleiter und Reichsverteidigungskommissare für alle Industrie- und Versorgungsanlagen sowie sonstigen Sachwerte. Den Gauleitern und Reichsverteidigungskommissaren ist bei der Durchführung ihrer Aufgabe durch die Truppe die notwendige Hilfe zu leisten.

3. Dieser Befehl ist schnellstens allen Truppenführern bekanntzugeben, entgegenstehende Weisungen sind ungültig.

gez. Adolf Hitler

c) AUS DEN ERINNERUNGEN GUDERIANS

... Hitlers Auffassung zu dieser Denkschrift Speers, mit deren Inhalt ich mich identifizierte, gipfelte in den Worten: »Wenn der Krieg verlorengeht, wird auch das Volk verloren sein. Dieses Schicksal ist unabwendbar. Es ist nicht notwendig, auf die Grundlagen, die das Volk zu einem primitiven Weiterleben braucht, Rücksicht zu nehmen. Im Gegenteil ist es besser, selbst diese Dinge zu zerstören, denn das Volk hätte sich als das schwächere erwiesen und dem stärkeren Ostvolk gehöre dann ausschließlich die Zukunft. Was nach dem Kampf übrigbleibt, sind ohnehin nur die Minderwertigen, denn die Guten sind gefallen!«

Diese erschütternden Äußerungen fielen mehrmals. Ich habe sie auch zu hören bekommen und Hitler darauf erwidert, daß das deutsche Volk leben bleiben würde und nach den unveränderlichen Gesetzen der Natur auch leben bliebe, selbst wenn die Zerstörungen durchgeführt würden, daß er aber dem gepeinigten Volk neue, vermeidbare Leiden zufüge, wenn er seine Absichten durchführe.

Trotz alledem erging am 19. März 1945 der Zerstörungsbefehl, dem am 23. März ein Ausführungsbefehl Bormanns folgte. Die Zerstörungen wurden den Gauleitern als Reichsverteidigungskommissaren übertragen. Die Wehrmacht hatte sie abgelehnt. Bormann hatte angeordnet, die Bevölkerung der bedrohten Gebiete in das Innere des Reiches abzutransportieren oder, wenn dies nicht möglich wäre, zu Fuß abmarschieren zu lassen. Die Durchführung dieses Befehls hätte eine ungeheure Katastrophe zur Folge gehabt, da keine Versorgungsmaßnahmen getroffen waren.

Die militärischen Stellen bemühten sich daher im Verein mit Speer, die Ausführung dieses unsinnigen Befehls zu verhindern. Buhle verhinderte die Ausgabe von Sprengstoffen, so daß die Zerstörungen nicht voll durchgeführt werden konnten. Speer reiste bei den Kommandostellen herum und klärte sie über die Folgen auf, die die Befolgung des Befehls nach sich ziehen müsse. Wir konnten zwar nicht alles verhindern, aber doch das Maß des Schadens wesentlich herabsetzen ...

[151] *Deutschlands Kriegsverluste*

... Im zweiten Weltkrieg reichen bereits die Verluste an deutscher Volkssubstanz, die durch unmittelbare Kriegseinwirkung hervorgerufen wurden, an die Sechseinhalbmillionengrenze heran. Die deutsche Wehrmacht des Reichsgebiets (in den Grenzen von 1937) hatte – wie alle folgenden Zahlen nach zuverlässigen Schätzungen – 3 050 000 Tote zu beklagen. Davon sind etwa 1 650 000 bis Oktober 1946 als tot beurkundet. Die übrigen – hier mit 1 400 000 angenommen – wurden auf Grund der Zahlen über die Vermißten und Kriegsgefangenen geschätzt. Ende 1946 wurden noch 1 900 000 Kriegsgefangene zurückerwartet, während die Zahl der Wehrmachtsvermißten 1 600 000 betrug. Nach den Schätzungen der Sachverständigen des Suchdienstes wären von dieser letzten Zahl etwa 400 000 als gefallen und 800 000 als in Gefangenschaft verstorben anzusehen. Dadurch würden sich 2 850 000 Wehrmachtstote ergeben. Ein weiterer Teil der im Sowjetbereich kriegsgefangenen und vermißten Soldaten, der mit rund 200 000 anzunehmen ist, kann auf Grund des Verhaltens der Sowjetunion nicht lebend zurückerwartet werden.
Hinzu treten die Wehrmachtstoten der Sudetendeutschen und der übrigen Volksdeutschen, die durch Vertreibung seit 1944 unmittelbar Glieder des deutschen Volkskörpers geworden sind (Österreich ist in diesen Zahlen also nicht enthalten). Die gefallenen volksdeutschen Soldaten dürften mit 200 000 eher zu niedrig geschätzt sein. Es ergibt sich somit eine Summe von 3 250 000 deutschen Wehrmachtstoten des zweiten Weltkrieges.
Die Verluste der deutschen Zivilbevölkerung lassen sich in die Toten durch Feindeinwirkung, vor allem durch den Luftkrieg, und durch die Vertreibung der Reichs- und Volksdeutschen unterteilen. Über die Luftkriegstoten waren teilweise übertriebene Zahlen im Umlauf. Immerhin erreicht die Schätzung von 500 000 deutschen Toten durch feindliche Luftwaffeneinwirkung die Summe, die als Zahl der im ersten Welkrieg in der ganzen Welt getöteten Zivilisten angenommen wird. Diese Zahl enthält jedoch nur die Toten aus den späteren vier Besatzungszonen. Nicht eingerechnet sind die Bewohner Ostdeutschlands, die auf der Flucht Luftangriffen

zum Opfer fielen. Allein der Angriff auf Dresden am 13. 2. 1945 forderte nach den Unterlagen des State Departments 250 000 Todesopfer. In dieser hohen Zahl getöteter Zivilpersonen spiegelt sich die grundlegende Veränderung der modernen Kriegführung.
Ungleich größer — und durch die Zusammenhänge noch tragischer — sind die Verluste, welche die deutsche Zivilbevölkerung der Ostprovinzen des Deutschen Reiches bei ihrer Vertreibung in den Jahren 1944—46 erlitten hat. Diesen 1 550 000 Verschollenen, die bis auf die in das sowjetische Hinterland Deportierten als tot anzusehen sind, steht wenig nach die auf mindestens 1 000 000 geschätzte Zahl der Deutschen aus Rumänien, Ungarn, Jugoslawien, der Tschechoslowakei und Polen, die bei der Vertreibung umgekommen sind oder in die Sowjetunion verschleppt wurden. Die deutsche Zivilbevölkerung erreichte demnach mit über 3 000 000 Toten und Verschollenen fast die Zahl der Wehrmachtstoten. Sie mag sie sogar noch übersteigen, wenn man die etwa 300 000 Deutschen hinzurechnet, die in den Kriegsjahren ihr Leben aus rassischen, religiösen oder politischen Gründen durch Maßnahmen des »Dritten Reiches« verloren (darunter 170 000 deutsche Juden), — auch sie als Opfer des totalen Krieges. Ebenso sind in den vorstehenden Verlustzahlen der deutschen Zivilbevölkerung nicht die Opfer der Wolgadeutschen und der anderen bereits vor dem Kriege in der Sowjetunion siedelnden deutschen Volksgruppen enthalten, die auch nicht annähernderweise geschätzt werden können.
Von den etwa 16,5 Millionen Deutschen und Angehörigen der deutschen Volksgruppen, die bis 1944 in den deutschen Provinzen östlich der Oder und Neiße, in Danzig, dem Memelland, Polen, Rumänien, Ungarn, Jugoslawien und der Tschechoslowakei wohnten, durften etwa 2 Millionen zunächst in der Heimat bleiben oder wurden zwangsweise zurückgehalten. Nach den neuesten Schätzungen beläuft sich die Zahl der Deutschen, die in den polnisch verwalteten Ostgebieten der Vertreibung und Vernichtung entgangen sind, auf 1 120 000, und zwar in

Ostbrandenburg	45 000
Schlesien	450 000
Pommern	175 000
Südostpreußen	200 000
Westpreußen	140 000
Wartheland	110 000

Im sowjetisch verwalteten nördlichen Teil Ostpreußens befinden sich anscheinend fast keine Deutschen mehr.
Die deutsche Volkssubstanz büßte also durch den zweiten Weltkrieg mehr als 6 500 000 Menschen ein; zum sehr erheblichen

Teil unentbehrliche Menschen der besten Jahrgänge. Auch von den 2 010 000 Soldaten und Zivilpersonen, die verwundet oder dauernd kriegsbeschädigt wurden, ist ein großer Teil nicht mehr zu vollen Leistungen fähig. Im Gebiet der Bundesrepublik allein leben genau 2 Millionen Kriegsbeschädigte; davon nur 470 000, deren Versehrung unter 25 % liegt.

Die Zahl von 6 500 000 Toten ist, wie ausgeführt, geschätzt. Es muß daher betont werden, daß die Einzelzahlen unter den verschiedensten Gesichtspunkten überprüft wurden. Die tatsächliche Zahl dürfte eher höher als niedriger sein . . .

[152] *Das Porträt des Führers*

a) MIT DEN AUGEN DES REICHSPROPAGANDAMINISTERS

Der Führer

Von Reichsminister Dr. Goebbels

[31. Dezember 1944]

Wenn ich auch weiß, daß er das gar nicht mag und nur höchst ungern, zumal in diesem Kriege, in dem Millionen Menschen so Unendliches zu leiden haben, seine äußere Reserve verläßt, um die Öffentlichkeit über das rein Sachliche des Krieges hinaus, das sein ganzes Sein und Wesen bei Tag und Nacht vollkommen erfüllt, mit seiner Person zu beschäftigen, so habe ich doch das Bedürfnis, am Ende dieses Jahres zum deutschen Volk über den Führer zu sprechen. Wenn die Welt wirklich wüßte, was er ihr zu sagen und zu geben hat und wie tief seine Liebe über sein eigenes Volk hinaus der ganzen Menschheit gehört, dann würde sie in dieser Stunde noch Abschied nehmen von ihren falschen Göttern und ihm ihre Huldigungen darbringen. Er ist die größte unter den Persönlichkeiten, die heute Geschichte machen; ihnen allen steht er weit voran in der Voraussicht der Dinge, die kommen. Er überragt sie nicht nur an Genie und politischem Instinkt, sondern auch an Wissen, Charakter und Willenskraft. Der Mann, der sich zum Ziel gesetzt hat, sein Volk zu erlösen und darüber hinaus das Gesicht eines Kontinents neu zu prägen, ist den Alltagsfreuden und bürgerlichen Bequemlichkeiten des Lebens gänzlich abgewandt, ja mehr noch, sie sind für ihn überhaupt nicht vorhanden. Er verbringt seine Tage und einen großen Teil seiner schlaflosen Nächte im Kreise seiner engeren und engsten Mitarbeiter und steht doch auch unter ihnen in der eisigen Einsamkeit des Genies, das sich über alle und alles triumphierend erhebt.

Nie kommt ein Wort der Falschheit oder einer niedrigen Gesinnung über seine Lippen. Er ist die Wahrheit selbst. Man braucht nur in seiner Nähe zu weilen, um körperlich zu fühlen, wieviel Kraft er ausstrahlt, wie stark er ist und wieviel Stärke er anderen Menschen mitzuteilen weiß. Von ihm geht ein ununterbrochener Strom von Gläubigkeit und festem Willen nach dem Großen aus. Es gibt niemanden in seinem weiteren Umkreis, der davon nicht erfaßt würde ...

b) MIT DEN AUGEN DES EHEMALIGEN GENERALSTABSCHEFS FRANZ HALDER

... Das Land, das ihn nicht zum Siege zu tragen vermochte, sich seiner Größe nicht würdig erwiesen hatte, sollte zugrunde gehen. Das sind keine Verzweiflungsgedanken, kein ohnmächtiger Groll im Augenblick des Versinkens. Das sind Gedanken, die er schon früher in voller Ruhe und Klarheit ausgesprochen hat, schon zu Beginn des Krieges und während des russischen Feldzuges.
Ein Deutschland, das nicht siegen konnte, sollte ausgelöscht werden nicht durch die Gewalt der Sieger, sondern durch seinen, des Feldherrn und Diktators Willen!
Diese Gedanken wird nur verstehen, wer Hitler persönlich erlebt hat. Für ihn gab es, als er an der Spitze der Macht stand, kein Deutschland, und wenn er es auch noch so oft im Munde führte; für ihn gab es keine deutsche Truppe, für deren Wohl und Wehe er sich verantwortlich fühlte; für ihn gab es – zu Beginn unbewußt, in den letzten Jahren auch völlig bewußt – nur eine Größe, die sein Leben beherrschte und der seine dämonische Kraft alles geopfert hat: sein eigenes Ich, das er als buchstäbliche Verkörperung an die Stelle des Volkes gestellt hatte, dem er einst zu dienen gelobt hatte ...

[153]

Feldherr ohne Gott

[Von Franz Halder]

Von *Moltke* stammt aus dem Jahre 1866, dem Beginn seiner ruhmreichen Feldherrnlaufbahn, das Wort: »Vor allem ist mir selbst so recht klar geworden, wie der Herr in dem Schwachen mächtig ist.«
Bismarck schrieb vor Paris im Jahre 1870: »Nur Demut führt zum Siege, Überhebung, Selbstüberschätzung zum Gegenteil.«
Schlieffen spricht vom »Salböl Samuelis«, das den wahren Feldherrn vor anderen Waffenträgern auszeichnet.

Alle diese Worte nennen die Kraft, aus der wahres Feldherrntum schöpfen muß: Die demütige Beugung vor Gott.
Diese Quelle war Hitler verschlossen.
Wahres soldatisches Führertum im Sinne deutscher Tradition ist nicht denkbar ohne tiefes Erfassen der Verantwortung vor Gott. Solche Gedanken zu denken war Hitler nicht fähig. Darum war dieser dämonische Mann kein soldatischer Führer im deutschen Sinne. Und er war erst recht kein Feldherr.

[154] *Bedingungslose Kapitulation*

... 1. Wir, die hier Unterzeichneten, handelnd in Vollmacht für und im Namen des Oberkommandos der deutschen Wehrmacht, erklären hiermit die bedingungslose Kapitulation aller am gegenwärtigen Zeitpunkt unter deutschem Befehl stehenden oder von Deutschland beherrschten Streitkräfte auf dem Lande, auf der See und in der Luft gleichzeitig gegenüber dem Obersten Befehlshaber der alliierten Expeditionsstreitkräfte und dem Oberkommando der Roten Armee.
2. Das Oberkommando der deutschen Wehrmacht wird unverzüglich allen Behörden der deutschen Land-, See- und Luftstreitkräfte und allen von Deutschland beherrschten Streitkräften den Befehl geben, die Kampfhandlungen um 23.01 mitteleuropäischer Zeit am 8. Mai einzustellen und in den Stellungen zu verbleiben, die sie an diesem Zeitpunkt innehaben, und sich vollständig zu entwaffnen, indem sie Waffen und Geräte an die örtlichen alliierten Befehlshaber bzw. an die von den alliierten Vertretern zu bestimmenden Offiziere abliefern. Kein Schiff, Boot oder Flugzeug irgendeiner Art darf versenkt werden, noch dürfen Schiffsrümpfe, maschinelle Einrichtungen, Ausrüstungsgegenstände, Maschinen irgendwelcher Art, Waffen, Apparaturen, techn. Gegenstände, die Kriegszwecken im allgemeinen dienlich sein können, beschädigt werden.
3. Das Oberkommando der deutschen Wehrmacht wird unverzüglich den zuständigen Befehlshabern alle von dem obersten Befehlshaber der alliierten Expeditionsstreitkräfte und dem Oberkommando der Roten Armee erlassenen zusätzlichen Befehle weitergeben und deren Durchführung sicherstellen.
4. Diese Kapitulationserklärung ist ohne Präjudiz für irgendwelche an ihre Stelle tretende Kapitulationsbedingungen, die durch die Vereinten Nationen und in deren Namen Deutschland und der deutschen Wehrmacht auferlegt werden mögen.
5. Falls das Oberkommando der deutschen Wehrmacht oder irgendwelche ihm unterstehende oder von ihm beherrschte Streit-

kräfte es versäumen sollten, sich gemäß den Bestimmungen dieser Kapitulationserklärung zu verhalten, werden der oberste Befehlshaber der alliierten Expeditionsstreitkräfte und das Oberkommando der Roten Armee alle diejenigen Straf- und anderen Maßnahmen ergreifen, die sie als zweckmäßig erachten.

6. Diese Erklärung ist in englischer, russischer und deutscher Sprache abgefaßt. Allein maßgebend sind die englische und die russische Fassung.

Unterzeichnet zu Berlin am 8. Mai 1945

gez. v. Friedeburg gez. Keitel gez. Stumpff

für das Oberkommando der deutschen Wehrmacht ...

VII

JUDENVERFOLGUNG UND JUDENAUSROTTUNG

Wir stiessen im Verlaufe unserer Darstellung schon mehrmals auf die »Juden-Frage«. Das ist kein Zufall, gehört sie doch wesensmäßig zur nationalsozialistischen Ideologie und Herrschaft. Wir betonten schon, daß Juden-Verfolgung und schließlich Juden-Vernichtung nicht als Entartung des Nationalsozialismus erklärt werden können. Ohne den Antisemitismus fällt das Gebäude der nationalsozialistischen Weltanschauung in sich zusammen. Die Lehre vom Rassenfeind gehört so wesensnotwendig zum Nationalsozialismus wie die Lehre vom Klassenfeind zum Bolschewismus.

Nun war zweifellos Adolf Hitler nicht der Erfinder des Antisemitismus, der vielmehr eine jahrhundertealte weltgeschichtliche Erscheinung darstellt. Hitler war aber der Ideologe, der dem Antisemitismus die bislang schärfste Wendung ins Biologische gab und als Politiker entschlossen war, aus diesem rassisch verstandenen Antisemitismus die letzten Konsequenzen zu ziehen. Was in Deutschland und durch Deutsche von den ersten Diskriminierungen bis zu den Massenvernichtungsaktionen an den Juden Deutschlands und Europas geschah, stand nicht nur in vollem Einklang mit der Doktrin, die Hitler verkündet und nach 1933 zur offiziellen Staatsanschauung gemacht hatte, sondern es stand hinter all dem furchtbaren Geschehen auch der politische Wille Hitlers selbst. Neben Hitler wußte das gesamte Führungsgremium, also nicht nur die eigentlichen Polizeigewaltigen wie Göring, Himmler und Heydrich, wohin die Reise ging, wenn man den Rassenantisemitismus ernst nahm. Und es gab keine Anhaltspunkte dafür, daß er nicht ernst genommen werden durfte. Die Dokumente überführen die Spitzenfunktionäre des nationalsozialistischen Regimes als Hauptverantwortliche für den Mord von Millionen von Menschen, denen man nichts anderes vorwerfen konnte, als daß ein Blut in ihren Adern floß, das nach Ansicht der nationalsozialistischen Machthaber zum Heile der germanischen Rasse vergossen werden mußte.

Schon in der Theorie verband Hitler die Aufgabe einer Eroberung neuen Lebensraumes im Osten mit dem Gedanken einer physischen Ausrottung des europäischen Judentums, dessen Mutterboden ja gerade jene osteuropäischen Gebiete darstellten, die Hitler für Deutschland erobern wollte. Und so sprach er denn kurz vor der Entfesselung des Krieges nochmals öffentlich aus, was er schon in »Mein Kampf« prophezeit hatte, daß ein kommender Krieg nicht die Vernichtung Deutschlands, wohl aber die Vernichtung des Judentums in Europa bringen würde [155].

Zweifellos war sich der überwältigende Teil des deutschen Volkes, ja selbst der eigentlichen Parteianhänger nicht klar darüber, daß der von Hitler verkündete biologische Antisemitismus zwangsläufig zur physischen Vernichtung des Judentums führen mußte. So stark vermochte auch die geschickteste und unbedenklichste Propaganda die noch vorhandenen christlichen und humanistischen Grundlagen nicht zu erschüttern, als daß man das Wissen um die Juden-Massaker der breiten Öffentlichkeit zuzumuten wagte. Sogar enragierte Nationalsozialisten und Antisemiten schreckten zuweilen plötzlich vor den furchtbaren Konsequenzen ihres Fanatismus zurück, wie etwa der Gauleiter Kube [156]. Aber die nationalsozialistische Führung hatte zweifellos den Willen und die Absicht, durch systematische Erziehung des Volkes, insbesondere der Jugend, den Rassenhaß zu einer selbstverständlichen weltanschaulichen Grundlage des deutschen Staatslebens zu machen. So wurde denn Deutschland auch mit pseudowissenschaftlicher Aufklärungsliteratur über Rassenfragen überschwemmt und die Schulen mit antisemitischem Unterrichtsstoff mehr als reichlich versorgt [157]. Systematisch versuchte man, das Klima für die radikale »Endlösung« der Juden-Frage vorzubereiten.

Es ist leicht einzusehen, daß Hitler wie in seinem Programm der Lebensraumeroberung, so auch in dem Vorhaben der Juden-Verfolgung nicht gleich von Anfang an mit gröbsten Geschützen auffahren konnte. Solange die innenpolitische Lage noch nicht im Sinne des nationalsozialistischen Machtanspruches stabilisiert war, mußte er sich notgedrungen Reserven auferlegen, abgesehen von außenpolitischen Rücksichten, die bei der anfänglichen militärischen Schwäche des Reichs besonders ins Gewicht fielen.

Man kann, im Sinne einer laufenden Verschärfung der antijüdischen Maßnahmen, mehrere Phasen der Entwicklung unterscheiden: 1933 bis 1935 einzelne Maßnahmen auf der Grundlage der durch Notverordnungen und Ermächtigungsgesetz gewonnenen Scheinlegalität; 1935 bis 1938 Nürnberger Gesetze und die darauf beruhenden Verfügungen und Verordnungen; 1938 bis 1941 Pogrome und erste Massendeportationen in die polnischen Läger; 1941 bis 1945 physische Massenvernichtung durch Erschießungen und Vergasungen.

Als erste offizielle antijüdische Maßnahme des Regimes kann man den eintägigen Boykott jüdischer Geschäfte vom 1. April 1933 ansehen. Er wurde als Antwort gegen die »Boykott- und Greuelhetze der Juden im In- und Ausland« dargestellt [158]. In ihrem Aufruf gab die Partei zu erkennen, in welcher Richtung antijüdische Maßnahmen zunächst zu erwarten waren: Beschränkung des jüdischen Anteils am akademischen Studium und an bestimmten akademischen Berufen, wie Ärzten und Juristen.

Wie vorsichtig Hitler vorgehen mußte, konnte er aus dem Brief des Reichspräsidenten erfahren, in welchem dieser wegen diskriminierender Maßnahmen gegen kriegsbeschädigte Beamte jüdischer Abstammung protestierte. Ähnliche Erfahrungen mußte der Reichspropagandaminister Goebbels in Fragen Kunst und Rassenhaß mit dem Generalmusikdirektor Wilhelm Furtwängler machen. Einige Tage nach dem Hindenburg-Brief, am 7. April 1933, kam dann das erste umfassende Gesetz, welches jüdische Beamte in den Ruhestand versetzte. Hindenburgs Einwände waren darin als Ausnahmebestimmungen berücksichtigt: Wer sich im »nationalen« Sinn, das heißt vor allem durch Kriegseinsatz, verdient gemacht hatte, sollte nicht betroffen sein.

Da die folgenden Maßnahmen dieselben Ausnahmebestimmungen enthielten, konnte vorläufig noch der größere Teil in den betroffenen Berufsgruppen seine Tätigkeit weiter ausüben. Obschon dabei herauskam, wie groß die Zahl der Juden war, die sich sogenannte nationale Verdienste für Deutschland erworben hatten, war diese Erkenntnis natürlich nicht geeignet, die Grundsätzlichkeit des nationalsozialistischen Antisemitismus zu berühren. Sobald der »nationale Schirmherr« Hindenburg verschwunden war, sollten auch »nationale Verdienste« nicht mehr zählen, da sie nach Auffassung der konsequenten Antisemiten gar nicht als solche gelten konnten, wenn sie Juden zukamen. Hitler selbst setzte das perfide Wort in Umlauf, wenn Juden Tapferkeitsauszeichnungen besäßen, dann hätten sie sie sicher erschlichen.

Von den antijüdischen Maßnahmen auf kulturellem Gebiet wurde bereits gesprochen. Goebbels war ein ganz besonders radikaler Antisemit, und es kostete ihn sichtlich große Mühe, sich die taktisch noch notwendige Zurückhaltung in den ersten Jahren aufzuerlegen. Es ist denn auch kein Zufall, daß er bei dem ersten großen Pogrom, am 9./10. November 1938, als Hauptregisseur in Erscheinung treten wird.

Die zweite Phase wurde eingeleitet durch die »Nürnberger Gesetze«, die auf dem Reichsparteitag in Nürnberg im September 1935 von dem dort versammelten Reichstag durch Akklamation, wie das üblich war, »beschlossen« wurden. Das »Reichsbürgergesetz« teilte die deutschen Staatsbürger in »Reichsbürger« und »Staatsangehörige«. Dadurch wurde der jüdische Teil der deutschen Bevölkerung zu Bürgern minderen Rechts gestempelt [159]. Das »Blutschutzgesetz« verbot »Eheschließungen zwischen Juden und Staatsangehörigen deutschen oder artverwandten Blutes« [160]. Auch der außereheliche Geschlechtsverkehr zwischen Angehörigen der beiden »Rassen« wurde verboten und später als »Rassenschande« mit schweren Strafen — bis zur Todesstrafe! — belegt [161].

Die in den folgenden Jahren erlassenen Durchführungsverordnungen und weiteren Gesetze drängten den jüdischen Bevölkerungsteil immer stärker in eine nicht nur politische, sondern auch juristische und soziale und schließlich allgemein menschliche Sonderstellung und Isolierung [162]. Bis zum Kriegsbeginn wurden mehr als 250 antijüdische Maßnahmen verkündet! In einer wahren Verordnungsflut und -wut wurde auch das Kleinste und Unscheinbarste geregelt. Der schlimmste Rückfall eines zivilisierten Staates in vorrechtsstaatliche Verhältnisse geschah so äußerlich in der Form eines emsigen Bürokratismus. Durch Verordnung vom 14. November 1935 wurden nun alle jüdischen Staatsangehörigen endgültig aus der Beamtenschaft entlassen. Dabei wurde als Jude bestimmt, »wer von mindestens drei der Rasse nach volljüdischen Großeltern abstammt«. Wie schwer es offensichtlich zuweilen war, diese jüdische Rassenzugehörigkeit eindeutig festzustellen, geht aus der weiteren Bestimmung hervor, daß ein Großelternteil ohne weiteres als volljüdisch gelten sollte, »wenn er der jüdischen Religionsgemeinschaft angehört«. Also ein geistiges Kriterium zur Bestimmung der angeblich biologisch festgelegten Rassenzugehörigkeit! Wenn irgendwo, dann tritt hier der ganze Unsinn und Widersinn, die Pseudowissenschaftlichkeit und der Manipulationscharakter des Antisemitismus zutage. Kein Wunder, daß ein Mann wie Göring sagen konnte: Wer Jude ist, bestimme ich!

Durch die genannten Einzelverordnungen wurden die Juden jetzt Schritt für Schritt aus allen Berufen und Stellungen ausgeschaltet. Der »Abstammungsnachweis« wurde nach und nach überall verlangt, der »Arierparagraph« in alle möglichen Satzungen übernommen: von der Apothekerzulassung bis zum Viehhandel. Gesonderte jüdische Schulen mußten errichtet werden. Juden wurden vom Wehrdienst ausgeschlossen. Auf einem Gebiet nach dem andern verlor dieser gequälte Bevölkerungsteil durch Verordnungen oder durch Gerichtsentscheid den üblichen Rechtsschutz, bis die Juden dann während des Krieges, als letzte Stufe, dem Polizeirecht unterstellt wurden [163].

Nur die Stellung in der Wirtschaft war den Juden bis 1938 noch verhältnismäßig unversehrt erhalten geblieben, weil man im Falle antijüdischer Maßnahmen auf diesem Gebiete schwere wirtschaftliche Erschütterungen, besonders auch in der Außenhandelspolitik, befürchtete. Diese Befürchtung teilte nicht nur Hjalmar Schacht, der im Herbst 1937 vom Posten des Reichswirtschaftsministers allerdings zurücktrat, sondern zunächst auch noch der »Wirtschaftsdiktator« Göring als »Beauftragter des Vierjahresplanes«.

Aber auch hier änderte sich die Situation mit einem Schlage, und zwar durch den Pogrom vom 9./10. November 1938, womit die Juden-Politik des Nationalsozialismus in die dritte Phase trat. Dieser gewalttätige Überfall auf den jüdischen Teil der deutschen

Bevölkerung wurde durch die offizielle Propaganda als spontaner Sühneakt des deutschen Volkes für die Ermordung eines Angehörigen der deutschen Botschaft in Paris durch einen polnischen Juden dargestellt. Schon damals war indessen jedermann klar, daß es sich um eine organisierte Aktion handeln mußte. Goebbels benutzte den politischen Mord, zweifellos im Einverständnis mit Hitler, um die längst erwartete »Abrechnung« mit den Juden im SA-Stil durchführen zu können. Es traf sich für Goebbels ausgezeichnet, daß der durch das Attentat schwer verletzte deutsche Diplomat am selben Tage starb, da die nationalsozialistische Führerschaft den mißglückten Putsch von 1923 mit großem Pomp und Pathos in der »Hauptstadt der Bewegung« feierte. So konnten die notwendigen Befehle von den anwesenden SA-Führern gleich ausgegeben werden, nachdem sie von Goebbels in einer wüsten antisemitischen Rede aufgeputscht worden waren. Die ganze Aktion trug denn auch den Stempel der SA; das »Räuberzivil«, das die Stoßtrupps trugen, konnte über diese Tatsache nicht hinwegtäuschen [164]. Die Reaktion des Auslandes war denn auch dementsprechend. Die Vereinigten Staaten von Amerika beriefen sogar ihren Botschafter ab, und der Abbruch der diplomatischen Beziehungen schien vor der Tür zu stehen.

In der Nacht vom 9. auf den 10. November, zum Teil auch noch später, wurden in zahllosen Gewaltaktionen im ganzen Reich jüdische Geschäfte, Wohnhäuser, Schulen und vor allem Synagogen in Brand gesteckt und zerstört, jüdische Menschen wurden zu tausenden mißhandelt und verprügelt, zum Teil auch erschlagen. Heydrich meldete in seinem Bericht an Göring selbst 36 Tote. Nach demselben noch bei weitem unvollständigen Bericht wurden etwa 250 Synagogen angezündet und etwa 20 000 Juden in Haft genommen. Der Gesamtschaden wurde vom Gestapo- und SD-Chef auf mehrere hundert Millionen Reichsmark geschätzt [165]. Sogenannte »kriminelle« Delikte, wie Plünderungen und Vergewaltigungen, wurden sofort der ordentlichen Gerichtsbarkeit entzogen und dem obersten Parteigericht überwiesen. Dieses übte später übrigens scharfe Kritik an der Goebbelsschen Taktik, da sie allzu durchsichtig gewesen sei, und strafte damit, allerdings nur parteiintern, die öffentlichen Behauptungen des Reichspropagandaministers vom »spontanen Willen des deutschen Volkes« Lügen [166].

Die »Sühnemaßnahmen« der Straße genügten der nationalsozialistischen Führung indessen noch nicht. In einer Sitzung vom 12. November 1938 wurde unter Leitung Görings eine Reihe weiterer scharfer Maßnahmen gegen die geplagte Bevölkerungsgruppe beschlossen. Die Ausschaltung der Juden aus den noch verbliebenen Positionen der Wirtschaft und des Finanzwesens er-

folgte jetzt schlagartig. Zudem hatten die Juden den angerichteten Schaden selbst zu beheben und zusätzlich noch eine »Sühneleistung« von einer Milliarde Reichsmark, die später auf eineinviertel Milliarden erhöht wurde, an das Reich zu bezahlen, während die Versicherungssumme ebenfalls vom Reich beschlagnahmt wurde. Für Tausende von jüdischen Familien bedeuteten diese Maßnahmen wirtschaftlichen Ruin und Verlust der Existenzgrundlage. Hand in Hand mit dieser maßlosen materiellen Schädigung kam eine Reihe weiterer Verfügungen heraus, die die Juden praktisch aus dem öffentlichen kulturellen und gesellschaftlichen Leben ausschlossen [167]. Die Juden waren damit endgültig zu Parias abgesunken und sollten nach dem Willen des Regimes wie Aussätzige aus dem Leben der deutschen Nation verdrängt werden [168].
Bereits auf dieser Konferenz kündigte Göring an, daß im Falle eines Krieges »eine große Abrechnung mit den Juden« abgehalten würde, was nichts anderes heißen konnte als »Endlösung« im Sinne von Vernichtung. Hitler wiederholte diese Drohung, wie erwähnt, einige Monate später, im Januar 1939, in öffentlicher Rede. Etwa gleichzeitig beauftragte er Heydrich, »die Juden-Frage in Form der Auswanderung oder Evakuierung einer den Zeitverhältnissen entsprechenden möglichst günstigen Lösung zuzuführen«. Ende Juli 1941 wurde dieser Auftrag dann ergänzt und auf das ganze deutsche Einflußgebiet in Europa ausgedehnt, womit aber schon die letzte Phase eingeleitet war [169].
Noch vor Kriegsbeginn, am 4. Juli 1939, wurde »die Reichsvereinigung der Juden in Deutschland« gebildet. Damit war der Sonderstatus des jüdischen Volksteiles vollkommen. Die Juden standen außerhalb der Volksgemeinschaft in einem »Ghetto ohne Mauern« unter besonderer Kontrolle der Polizei. Dennoch lebten zu diesem Zeitpunkt 375 000 Juden in Deutschland. Nur etwa ein Viertel der ursprünglich 500 000 hatte die Chance der Auswanderung bislang wahrgenommen, die allerdings mit vielen Schwierigkeiten, besonders auch finanzieller Natur, verbunden war. Die große Mehrheit dieser Menschen durfte keinen Beruf mehr ausüben und konnte bald nur noch durch Zuweisung von Zwangsarbeit vor der Verelendung bewahrt werden. Mit Kriegsbeginn erfolgte eine Reihe weiterer einschneidender Maßnahmen.
Die Juden Polens wurden bereits im Oktober 1939 allgemein zur Zwangsarbeit verpflichtet, während diese Maßnahme im Reich selbst erst zwei Jahre später erfolgte [170]. In dem zuerst eroberten Polen konnten die nationalsozialistischen Machthaber nun ihre neuen Pläne ausprobieren. Schon während des Feldzuges kam es zu zahlreichen Pogromen. Gleich nach Beendigung des Feldzuges setzten die ersten Deportationen von Juden, zunächst aus Österreich und Böhmen, nach Polen ein. Nach Heydrichs Plänen

wurden in Polen umzäunte und bewachte Ghettos eingerichtet, in die die polnischen und später auch die anderen europäischen Juden hineingepfercht werden sollten. Das erste Ghetto entstand in Lodz im April 1940. Mitte Oktober 1940 erging der Befehl zur Errichtung eines Ghettos in der polnischen Hauptstadt Warschau. Einen Monat später war es hermetisch abgeschlossen. Im sogenannten Generalgouvernement wurde im Herbst 1939 zuerst der »Judenstern« als äußere Kennzeichnung zwangsweise eingeführt. Für die Juden des Reiches geschah dies zwei Jahre später durch »Polizeiverordnung über die Kennzeichnung der Juden« am 1. September 1941 [171]. Kurz darauf wurde die Einziehung des jüdischen Vermögens verordnet [172].

Auch in den westeuropäischen Ländern begannen bald nach deren Eroberung und Besetzung antijüdische Maßnahmen, was viele Juden um so schwerer traf, als sie oft erst kurz vorher dem Zugriff der SS-Häscher in Österreich oder der Tschechoslowakei entgangen waren. Viele jüdische Menschen wurden so durch die deutschen Eroberungszüge in ganz Europa herumgehetzt und von einem Land zum anderen getrieben. Relativ wenigen gelang die rettende Flucht in die endgültige Sicherheit nach Übersee. Dasselbe gilt ab 1941 für die in Südosteuropa eroberten oder auf kaltem Wege besetzten Länder, die, wie Ungarn, Rumänien und Bulgarien, die Juden-Politik des Reiches mitzumachen hatten, wobei allerdings den nationalsozialistischen Absichten ein gerade in diesen Ländern zum Teil weitverbreiteter Antisemitismus zu Hilfe kam.

In eine neue, letzte Phase trat die Juden-Verfolgung mit dem Angriff auf die Sowjetunion. Sonderkommandos der SS und der Polizei wurden gebildet, sogenannte »Einsatzgruppen«, die die Aufgabe hatten, Juden, Zigeuner und politische Kommissare in den eroberten Gebieten auszurotten. Bei Beginn des Krieges im Osten standen insgesamt vier solcher Sonderkommandos bereit, die, jedes etwa 500 bis 1000 Mann stark, das riesige Gebiet von der Ostsee bis zum Schwarzen Meer durchzukämmen hatten. Eine Gruppe A hatte den baltischen Raum zugeteilt, eine Gruppe B Weißrußland, die Gruppen C und D wirkten in der Ukraine und in Südrußland. Die gesamte Etappe, also das Gebiet hinter der Front, unterstand nicht der Befehlsgewalt der Wehrmacht, sondern der Polizei. Für jede Heeresgruppe gab es so, wie in den besetzten Ländern Europas, einen »höheren SS- und Polizeiführer«. Bei dem allgemeinen Durcheinander und Gegeneinander der verschiedenen Befehlsstellen, das in den von Deutschland besetzten Gebieten praktisch überall herrschte, setzten sich diese SS-Führer bei den laufend auftretenden Kompetenzstreitigkeiten sozusagen immer durch.

Diese Einsatzgruppen »liquidierten« in der Folge, sei es durch Massenexekutionen, sei es durch Pogrome, zu denen sie auch die einheimische Bevölkerung aufzuputschen versuchten, schätzungsweise eine Million Menschen. Die Liste der Blutbäder und Massaker in Osteuropa reißt bis zum Rückzug der deutschen Truppen nicht ab. Im Herbst 1941 setzten die ersten Deportationen aus dem alten Reichsgebiet nach den Ghettos und Konzentrationslagern im Osten ein. Ende Mai 1943 wurde Deutschland für »judenfrei« erklärt, was aber wohl nicht ganz mit den Tatsachen übereinstimmmte. Ebenfalls im Herbst 1941 erfolgten die ersten Vergasungsversuche in Auschwitz, dessen Name zum furchtbarsten Symbol des Massenmordes werden sollte. Ende Dezember 1941 wurde ein ständiges Vergasungslager in Chelmno bei Posen eingerichtet. Eine wichtige Station in der Entwicklung stellt die sogenannte »Wannsee-Besprechung« dar, eine Zusammenkunft von Beamten verschiedener Ministerien und Angehörigen der SS und der Polizei, auf welcher Heydrich am 20. Januar 1942 Richtlinien für die »Endlösung« bekanntgab [174]. Einige Monate später wurde er, als Reichsprotektor von Böhmen und Mähren, von tschechischen Patrioten ermordet und starb eines qualvollen Todes (5. Juni 1942). Zu dieser Zeit hatten die Gaskammern von Auschwitz bereits zu funktionieren begonnen. Der Tod Heydrichs hemmte die Entwicklung nicht. Von überall her setzten nun die Verschickungen von Juden nach Auschwitz ein: aus Holland, Belgien und Frankreich, aus Norwegen, aus Ungarn und den südosteuropäischen Ländern, selbst aus Italien. In der Folge wurden in Auschwitz drei bis vier Millionen Menschen umgebracht, wobei diese Zahl, wie auch alle übrigen Ausrottungsziffern, im einzelnen oft äußerst schwer zu bestimmen sind [175]. Für das geschichtliche und moralische Urteil über diese maßlosen Verbrechen ist es selbstverständlich unerheblich, wieviele Millionen die Gesamtzahl der umgekommenen Juden beträgt. Diese Vorgänge übersteigen dermaßen alle menschliche Vorstellungskraft, hinter diesen nackten Zahlen verbirgt sich eine solche Fülle von menschlichem Leid und Schmerz, von Angst und Verzweiflung, daß alle Worte versagen müssen, wenn man versuchen wollte, das Unvorstellbare auszudrücken. Der Mensch ist kaum in der Lage, das Leiden eines einzigen Mitmenschen nachzuempfinden. Wie sollte er es für Millionen tun können? Wenn wir über das individuelle Schicksal hinausgehen, dann geraten wir sehr rasch unter das Gesetz der großen Zahl, und das Leben wird zur Statistik [176].

Auschwitz war indessen nur eines unter mehreren Todeslagern. Chelmno wurde schon genannt. Dazu traten noch Belzec, Sobibor, Treblinka und Maidanek. In diesen Lagern dürften weitere zwei

Millionen Juden umgebracht worden sein. Die Vergasungen geschahen meistens in Kammern, teilweise auch in Autos als fahrbaren Vergasungsanstalten [177].
Dazu trat die große Zahl gewöhnlicher Konzentrationslager, in welchen Angehörige aller europäischen Völker gehalten wurden, und in denen die Häftlinge ebenfalls in großen Massen umkamen, sei es durch Hinrichtung, Unterernährung, Krankheit, Selbstmord. Genannt seien hier nur die Lager Sachsenhausen, Belsen, Oranienburg, Buchenwald, Theresienstadt, Flossenbürg und Mauthausen. Die Konzentrationslager wie auch die eigentlichen Vernichtungslager waren meistens mit Fabrikationsbetrieben verbunden, in denen die Häftlinge bis zur physischen Erschöpfung oder Vernichtung Zwangsarbeit zu leisten hatten. Die meisten dieser KZ-Fabriken und -Betriebe arbeiteten für die SS. Sie bildeten recht eigentlich die finanzielle und wirtschaftliche Grundlage dieser Organisation. Als die in Deutschland einrückenden alliierten Truppen die Konzentrationslager mit ihren Foltereinrichtungen und Verbrennungsöfen und mit ihren Tausenden von zu Skeletten abgemagerten oder als Leichen herumliegenden Häftlingen entdeckten, ging ein Schrei des Entsetzens und der Empörung durch die ganze zivilisierte Welt. Der deutsche Name wurde dank den maßlosen Verbrechen des nationalsozialistischen Regimes geschändet und verachtet, wie es nie einer anderen Nation zuvor widerfahren war.

DOKUMENTE ZUM 7. KAPITEL

[155] *Hitler prophezeit die Vernichtung der jüdischen Rasse in Europa*

[Aus der Reichstagsrede vom 30. Januar 1939]

... Wenn es dem internationalen Finanzjudentum inner- und außerhalb Europas gelingen sollte, die Völker noch einmal in einen Weltkrieg zu stürzen, dann wird das Ergebnis nicht die Bolschewisierung der Erde und damit der Sieg des Judentums sein, sondern die Vernichtung der jüdischen Rasse in Europa! ...

[156] *»... eines Deutschlands Kants und Goethes unwürdig«*

[Aus den Akten von Gauleiter Kube]

DER KOMMANDEUR
DER SICHERHEITSPOLIZEI U. D. SD
– WEISSRUTHENIEN –

Minsk, den 20. Juli 1943

(Eingangsstempel:) Persönlicher Stab Reichsführer-SS
Schriftgutverwaltung
Akt. Nr. Geh./102/22

Aktenvermerk

Am Dienstag, den 20. Juli 1943, habe ich befehlsmäßig gegen 7.00 Uhr die beim Generalkommissar Weißruthenien beschäftigten 70 Juden in Haft genommen und der Sonderbehandlung zugeführt.

Am gleichen Tage um 10.00 Uhr erhielt ich einen Anruf vom Generalkommissariat, daß der Gauleiter mich sofort zu sprechen wünsche. Ich kam diesem Wunsche nach.

Der Gauleiter machte äußerlich einen ruhigen Eindruck, während aus seiner Sprache heraus zu hören war, daß er sich in höchster Erregung befand. Er befragte mich, wie ich dazu käme, die bei ihm beschäftigten Juden festzunehmen. Ich erklärte, daß ich strikten Befehl gehabt habe, diese Aktion durchzuführen. Er verlangte von mir einen schriftlichen Befehl. Ich entgegnete, mir genüge ein mündlicher Befehl, da ich diesen ebenso korrekt durchzuführen hätte wie einen schriftlichen. Gauleiter Kube betonte dann, es handle sich um einen schweren Eingriff in seine Hoheitsrechte; die jüdischen Arbeitskräfte unterstünden ihm und es ginge nicht an, daß der Reichsführer SS bzw. der Obergruppenführer von dem Bach in sein Generalkommissariat hineinregiere. Darüber hinaus fasse er diese Maßnahme als eine gegen ihn persönlich gerichtete Schikane auf. Wenn nur bei ihm und nicht bei allen Wehrmachts- und sonstigen Dienststellen die Juden entfernt würden, so müsse er darin einen persönlichen Angriff erblicken. Der Obergruppenführer von dem *Bach* sei bei seinem letzten Aufenthalt in Minsk bis 3.00 Uhr morgens sein Gast gewesen. Bei seinem derzeitigen Aufenthalt hätte er jedoch nichts von sich hören lassen. Er müsse daher annehmen, daß in diesem Zusammenhang die Judenaktion als besonderer Affront ihm gegenüber gedacht sei. Er könne selbstverständlich nicht seine Männer bewaffnen, um den SD an der Festnahme zu hindern. Er müsse sich also der Gewalt beugen. Er lasse jedoch keinen Zweifel darüber, daß er in Zukunft jede Zusammenarbeit mit der Polizei – insbesondere mit der Sicherheitspolizei – ablehne, er würde es auch nicht mehr gestatten, daß ein Angehöriger der Sicherheitspolizei sein Dienstgebäude in Zukunft betrete.

Wenn wir aber den Kampf wollten, so könne er auch anders. Er erinnere an den Fall SS-Hauptsturmführer *Stark,* der in einer sadistischen Weise 3 Weißrutheninnen mißhandelt habe und seinen Koffer mit Juwelen und Wertgegenständen mit nach Berlin genommen habe. Ich entgegnete darauf, daß der sogenannte Fall Stark zwar vor meiner Tätigkeit in Weißruthenien gelegen habe, daß ich ihn aber trotzdem überprüft hätte und daß ein Grund zum Einschreiten gegen Stark nicht vorgelegen habe. Die Wertgegenstände seien von Stark beim Hauptamt Wirtschaft und Bauten gemäß eines Reichsführer-Befehles abgeliefert worden. Der Gauleiter behauptete, auch das sei ungesetzlich, die Wertgegenstände hätten bei ihm abgegeben werden müssen. Der Reichsführer habe nicht die Berechtigung, derartige Befehle zu erteilen. Ich erwiderte, daß ich kein Recht hätte, die Befehle meines Reichsführers auf ihre Richtigkeit hin zu überprüfen. Wenn der Reichsführer mir einen Befehl erteile, so stehe es für mich fest, daß er auch die Befugnis dazu habe.

Kube befragte mich dann, ob ich mich denn auch genauso angelegentlich, wie ich mich um seine Juden kümmere, um die Viehtransporte an Obergruppenführer *Berger* gekümmert habe. Ich entgegnete, daß mir von solchen Viehtransporten nichts bekannt sei. Kube fand dies merkwürdig, da es doch die Pflicht der Polizei sei, derartige Ungesetzlichkeiten zu unterbinden.

Ich betonte, daß es mir unverständlich sei, daß deutsche Menschen wegen einiger Juden uneins würden. Ich könne immer wieder feststellen, daß man meinen Männern und mir Barbarei und Sadismus vorwerfe, während ich lediglich meine Pflicht täte. So-

gar die Tatsache, daß Juden, die sonderbehandelt werden sollten, ordnungsgemäß durch Fachärzte Goldplomben entfernt worden seien, sei zum Gegenstand von Unterhaltungen gemacht worden. Kube entgegnete, diese Art unseres Vorgehens sei eines deutschen Menschen und eines Deutschlands Kants und Goethes unwürdig. Wenn der deutsche Ruf in aller Welt untergraben würde, so sei es unsere Schuld. Im übrigen sei es auch richtig, daß meine Männer sich an diesen Exekutionen geradezu aufgeilen würden. Ich habe gegen diese Darstellung energisch protestiert und betont, daß es bedauerlich sei, daß wir über diese üble Arbeit hinaus auch noch mit Schmutz übergossen würden.
Damit war die Unterredung beendet.

(gez.) Strauch
SS-Obersturmbannführer

[157] *Beispiele für Aufklärung in Rassenfragen*

a) DAS SCHAFFENDE UND DAS PARASITÄRE PRINZIP

[Aus dem Amt Rosenberg]

... Zur Betrachtung von solchen rassischen Auseinandersetzungen sind die bisherigen Methoden der Geschichtsforschung nicht mehr ausreichend. Es ergeben sich hier andere Perspektiven, die einem naturkundlichen Denken entnommen sind. Genauso wie in der Natur, in der Tier- und auch Pflanzenwelt das schaffende und das parasitäre Prinzip vertreten ist, genauso gilt dies auch für das Völkerleben. Diese Prinzipien, das schaffende und das parasitäre, sind eben von vornherein in allen Teilen der Schöpfung gültig gewesen, und als ein Teil der Schöpfung müssen die Rassen und Völker betrachtet werden.
Ein gutes Beispiel für eine derartige Auseinandersetzung bietet der menschliche Körper. Er stellt einen hochentwickelten Zellenstaat dar, der parasitär z. B. durch Bakterien unterwandert wird, die selbst nicht in der Lage sind, einen Staat zu bilden. Sie können in einem Körper wohnen, sie können sich dort vermehren, an bestimmten Stellen festsetzen. Sie sondern dort ihre Gifte ab und führen damit zu Reaktionen des Körpers, die mit inneren Vorgängen im Völkerleben, die aus ähnlichen Gründen stattfinden, sehr gut verglichen werden können. Ein so befallener Körper muß die eingedrungenen Parasiten überwinden oder er wird von ihnen überwunden. Hat er sie überwunden, so muß er ein Interesse daran haben, auch seine Umgebung von ihnen zu säubern, um eine Infektion für die Zukunft zu verhindern.

Bei derartigen Auseinandersetzungen und Vorgängen können humanitäre Grundsätze überhaupt nicht herangezogen werden, ebensowenig wie bei einer Desinfektion eines Körpers oder verseuchten Raumes. Es muß hier ein vollständig neues Denken Platz greifen. Nur ein solches Denken kann wirklich zu der letzten Entscheidung führen, die in unserer Zeit fallen muß, um die große schöpferische Rasse in ihrem Bestand und in ihrer großen Aufgabe in der Welt zu sichern ...

b) DER UNTERMENSCH

[Aus dem SS-Hauptamt]

... So wie die Nacht aufsteht gegen den Tag, wie sich Licht und Schatten ewig feind sind – so ist der größte Feind des erdebeherrschenden Menschen der Mensch selbst.

Der Untermensch – jene biologisch scheinbar völlig gleichgeartete Naturschöpfung mit Händen, Füßen und einer Art von Gehirn, mit Augen und Mund, ist doch eine ganz andere, eine furchtbare Kreatur, ist nur ein Wurf zum Menschen hin, mit menschenähnlichen Gesichtszügen – geistig, seelisch jedoch tiefer stehend als jedes Tier. Im Inneren dieses Menschen ein grausames Chaos wilder, hemmungsloser Leidenschaften: namenloser Zerstörungswille, primitivste Begierde, unverhüllteste Gemeinheit.

Untermensch – sonst nichts!

Denn es ist nicht alles gleich, was Menschenantlitz trägt. – Wehe dem, der das vergißt!

Was diese Erde an großen Werken, Gedanken und Künsten besitzt – der Mensch hat es erdacht, geschaffen und vollendet, er sann und erfand, für ihn gab es nur ein Ziel: sich hinaufzuarbeiten in ein höheres Dasein, das Unzulängliche zu gestalten, das Unzureichende durch Besseres zu ersetzen.

So wuchs die Kultur.

So wurde der Pflug, das Werkzeug, das Haus.

So wurde der Mensch gesellig, so wurde Familie, so wurde Volk, so wurde Staat. So wurde der Mensch gut und groß. So stieg er weit über alle Lebewesen empor.

So wurde er Gottes Nächster!

Aber auch der Untermensch lebte. Er haßte das Werk des anderen. Er wütete dagegen, heimlich als Dieb, öffentlich als Lästerer – als Mörder. Er gesellte sich zu seinesgleichen.

Die Bestie rief die Bestie. –

Nie wahrte der Untermensch Frieden, nie gab er Ruhe. Denn er brauchte das Halbdunkle, das Chaos.

Er scheute das Licht des kulturellen Fortschritts.

Er brauchte zur Selbsterhaltung den Sumpf, die Hölle, nicht aber die Sonne. –
Und diese Unterwelt der Untermenschen fand ihren Führer: – den ewigen Juden! ...

c) DIE PARASITEN DER MENSCHHEIT

[Aus dem SS-Hauptamt]

... Als besonders verwerflich erwies sich in Europa der zersetzende Einfluß der Rassenvermischung mit den Juden. Diese Parasiten der Menschheit haben es wohl verstanden, bis zum heutigen Tage eine Vollvermischung mit ihren Wirtsvölkern zu vermeiden ...
Darüber hinaus bestand eine besondere Gefahr darin, daß das Judentum mit den Mitteln der seelischen Zersetzung das artbewußte Handeln und Denken der Völker systematisch auszuhöhlen begonnen hatte, um sich auf dieser Grundlage politisch und wirtschaftlich zum Herrn überall aufzuschwingen. Dazu kam noch, daß sich diese rassische Vermischung vornehmlich in den geistig führenden Schichten der europäischen Völker ausgebreitet hatte. Die Juden machten jedes echte Gefühl verächtlich, und ihre ganze Propagandaarbeit zielte bewußt auf eine innere Aushöhlung und Aufsplitterung der Volkskörper hin. Die Nachwirkungen dieser vor 1933 zersetzenden jahrzehntelangen Infektion sind sogar noch bis heute in den Völkern zu spüren. Es bedarf einer angestrengten Arbeit, um auch die letzten Spuren dieser Seuche auszumerzen und Europa auf die natürliche und einzig richtige Bahn des Lebens zurückzuführen.
Die Lösung der Judenfrage ist daher über die Grenzen des Reiches hinaus heute eine Lebensfrage der Völker Europas geworden ...

d) DER GEGENPOL DES NORDISCHEN MENSCHEN

[Aus einer Frontzeitung]

... Der Jude ist der Gegenpol des nordischen Menschen, der Erzfeind jedes freien Volkes überhaupt. Dem ordnenden und Werte schaffenden Führungsprinzip des Germanentums setzt der Jude das händlerische Machtprinzip entgegen.
Der schöpferisch-aufbauenden Weltanschauung des Nationalsozialismus mit ihrer idealistischen Zielsetzung steht im Bolschewismus und im Liberalismus der angelsächsischen Demokratien

die jüdische Weltanschauung des *Materialismus* und *Individualismus* gegenüber.
Dieser Krieg — in seiner letzten Tiefe gesehen — ist der jüdische Weltkampf gegen die Befreiung der arischen Menschheit aus der geistigen und materiellen Hörigkeit Alljudas, während er auf der Seite Deutschlands zum Kampf um die Befreiung und Erhaltung der Menschheit gegen alle Versuche einer jüdischen Weltherrschaft geworden ist. Als solcher muß er in seiner letzten Grundsätzlichkeit kristallklar in unser geschichtliches Bewußtsein treten, und zwar nicht nur als der kriegerische Zusammenprall zweier in voller Ausschließlichkeit sich gegenüberstehender Welten an sich, sondern als der kriegerische Endkampf eines überzeitlichen Ringens, in dem von der Welt die Entscheidung abgefordert wird zwischen einer seit Jahrtausenden angestrebten jüdischen Weltherrschaft und dem schöpferischen Leben der arischen Rasse in Gegenwart und Zukunft ...

[158] *Anordnung der Parteileitung der NSDAP vom 28. März 1933*

1. In jeder Ortsgruppe und Organisationsgliederung der NSDAP sind sofort Aktionskomitees zu bilden zur praktischen, planmäßigen Durchführung des Boykotts jüdischer Geschäfte, jüdischer Waren, jüdischer Ärzte und jüdischer Rechtsanwälte. Die Aktionskomitees sind verantwortlich dafür, daß der Boykott keinen Unschuldigen, um so härter aber die Schuldigen trifft.
2. Die Aktionskomitees sind verantwortlich für den höchsten Schutz aller Ausländer ohne Ansehen ihrer Konfession und Herkunft oder Rasse. Der Boykott ist eine reine Abwehrmaßnahme, die sich ausschließlich gegen das deutsche Judentum wendet.
3. Die Aktionskomitees haben sofort durch Propaganda und Aufklärung den Boykott zu popularisieren. Grundsatz: Kein Deutscher kauft noch bei einem Juden oder läßt von ihm und seinen Hintermännern Waren anpreisen. Der Boykott muß ein allgemeiner sein. Er wird vom ganzen Volk getragen und muß das Judentum an seiner empfindlichsten Stelle treffen.
4. In Zweifelsfällen soll von einer Boykottierung solcher Geschäfte so lange abgesehen werden, bis nicht vom Zentralkomitee in München eine anders bestimmte Anweisung erfolgt. Vorsitzender des Zentralkomitees ist Parteigenosse Streicher.
5. Die Aktionskomitees überwachen auf das schärfste die Zeitungen, inwieweit sie sich an dem Aufklärungsfeldzug gegen die jüdische Greuelhetze im Ausland beteiligen. Tun Zeitungen dies

nicht oder nur beschränkt, so ist darauf zu sehen, daß sie aus jedem Haus, in dem Deutsche wohnen, augenblicklich entfernt werden. Kein deutscher Mann und kein deutsches Geschäft soll in solchen Zeitungen noch Annoncen aufgeben. Sie müssen der öffentlichen Verachtung verfallen, geschrieben für die jüdischen Rassegenossen, aber nicht für das deutsche Volk.

6. Die Aktionskomitees müssen in Verbindung mit den Betriebszellenorganisationen der Partei die Propaganda der Aufklärung über die Folgen der jüdischen Greuelhetze für die deutsche Arbeit und damit für den deutschen Arbeiter in den Betrieb hineintragen und besonders die Arbeiter über die Notwendigkeit des nationalen Boykotts als Abwehrmaßnahme zum Schutz der deutschen Arbeit aufklären.

7. Die Aktionskomitees müssen bis in das kleinste Bauerndorf hinein vorgetrieben werden, um besonders auf dem flachen Lande die jüdischen Händler zu treffen. Grundsätzlich ist immer zu betonen, daß es sich um eine uns aufgezwungene Abwehrmaßnahme handelt.

8. Der Boykott setzt nicht verzettelt ein, sondern schlagartig; in dem Sinne sind augenblicklich alle Vorarbeiten zu treffen. Es ergehen Anordnungen an die SA und SS, um vom Augenblick des Boykotts ab durch Posten die Bevölkerung vor dem Betreten der jüdischen Geschäfte zu warnen. Der Boykottbeginn ist durch Plakatanschlag und durch die Presse, durch Flugblätter usw. bekanntzugeben. Der Boykott setzt schlagartig Samstag, den 1. April, Punkt 10 Uhr vormittags ein. Er wird fortgesetzt so lange, bis nicht eine Anordnung der Parteileitung die Aufhebung befiehlt.

9. Die Aktionskomitees organisieren sofort in Zehntausenden von Massenversammlungen, die bis in das kleinste Dorf hineinzureichen haben, die Forderung nach Einführung einer relativen Zahl für die Beschäftigung der Juden in allen Berufen entsprechend ihrer Beteiligung an der deutschen Volkszahl. Um die Stoßkraft der Aktion zu erhöhen, ist diese Forderung zunächst auf drei Gebiete zu beschränken: a) auf den Besuch an den deutschen Mittel- und Hochschulen, b) für den Beruf der Ärzte, c) für den Beruf der Rechtsanwälte.

10. Die Aktionskomitees haben weiterhin die Aufgabe, daß jeder Deutsche, der irgendwie Verbindung zum Ausland besitzt, diese verwendet, um in Briefen, Telegrammen und Telephonaten aufklärend die Wahrheit zu verbreiten, daß in Deutschland Ruhe und Ordnung herrscht, daß das deutsche Volk keinen sehnlicheren Wunsch besitzt, als in Frieden seiner Arbeit nachzugehen und im Frieden mit der anderen Welt zu leben, und daß es den Kampf gegen die jüdische Greuelhetze nur führt als reinen Abwehrkampf.

11. Die Aktionskomitees sind dafür verantwortlich, daß sich dieser gesamte Kampf in vollster Ruhe und größter Disziplin vollzieht. Krümmt auch weiterhin keinem Juden auch nur ein Haar! Wir werden mit dieser Hetze fertig einfach durch die einschneidende Wucht dieser aufgeführten Maßregeln. Mehr als je zuvor ist es notwendig, daß die ganze Partei in blindem Gehorsam wie ein Mann hinter der Führung steht.

Nationalsozialisten, Ihr habt das Wunder vollbracht, in einem einzigen Angriff den Novemberstaat über den Haufen zu rennen, Ihr werdet auch diese zweite Aufgabe genauso lösen. Das soll das internationale Weltjudentum wissen: Die Regierung der nationalen Revolution hängt nicht im luftleeren Raum, sie ist der Repräsentant des schaffenden deutschen Volkes. Wer sie angreift, greift Deutschland an! Wer sie verleumdet, verleumdet die Nation! Wer sie bekämpft, hat 65 Millionen den Kampf angesagt! Wir sind mit den marxistischen Hetzern in Deutschland fertig geworden; sie werden uns nicht in die Knie beugen, auch wenn sie nunmehr vom Ausland aus ihre volksverbrecherischen Verrätereien fortsetzen. Nationalsozialisten! Samstag, Schlag 10 Uhr, wird das Judentum wissen, wem es den Kampf angesagt hat.

[159] *Reichsbürgergesetz, vom 15. September 1935*

Der Reichstag hat einstimmig das folgende Gesetz beschlossen, das hiermit verkündet wird.

§ 1. 1. Staatsangehöriger ist, wer dem Schutzverband des Deutschen Reiches angehört und ihm dafür besonders verpflichtet ist.

2. Die Staatsangehörigkeit wird nach den Vorschriften des Reichs- und Staatsangehörigkeitsgesetzes erworben.

§ 2. 1. Reichsbürger ist nur der Staatsangehörige deutschen oder artverwandten Blutes, der durch sein Verhalten beweist, daß er gewillt und geeignet ist, in Treue dem deutschen Volk und Reich zu dienen.

2. Das Reichsbürgerrecht wird durch Verleihung des Reichsbürgerbriefes erworben.

3. Der Reichsbürger ist der alleinige Träger der vollen politischen Rechte nach Maßgabe der Gesetze.

§ 3. Der Reichsminister des Innern erläßt im Einvernehmen mit dem Stellvertreter des Führers die zur Durchführung und Ergänzung des Gesetzes erforderlichen Rechts- und Verwaltungsvorschriften.

Nürnberg, den 15. September 1935,
am Reichsparteitag der Freiheit . . .

[160] *Gesetz »zum Schutze des deutschen Blutes und der deutschen Ehre«, vom 15. September 1935*

Durchdrungen von der Erkenntnis, daß die Reinheit des deutschen Blutes die Voraussetzung für den Fortbestand des deutschen Volkes ist, und beseelt von dem unbeugsamen Willen, die deutsche Nation für alle Zukunft zu sichern, hat der Reichstag einstimmig das folgende Gesetz beschlossen, das hiermit verkündet wird.

§ 1. 1. Eheschließungen zwischen Juden und Staatsangehörigen deutschen oder artverwandten Blutes sind verboten. Trotzdem geschlossene Ehen sind nichtig, auch wenn sie zur Umgehung dieses Gesetzes im Auslande geschlossen sind.

2. Die Nichtigkeitsklage kann nur der Staatsanwalt erheben.

§ 2. Außerehelicher Verkehr zwischen Juden und Staatsangehörigen deutschen oder artverwandten Blutes ist verboten.

§ 3. Juden dürfen weibliche Staatsangehörige deutschen oder artverwandten Blutes unter 45 Jahren nicht in ihrem Haushalt beschäftigen.

§ 4. 1. Juden ist das Hissen der Reichs- und Nationalflagge und das Zeigen der Reichsfarben verboten.

2. Dagegen ist ihnen das Zeigen der jüdischen Farben gestattet. Die Ausübung dieser Befugnis steht unter staatlichem Schutz.

§ 5. 1. Wer dem Verbot des § 1 zuwiderhandelt, wird mit Zuchthaus bestraft.

2. Der Mann, der dem Verbot des § 2 zuwiderhandelt, wird mit Gefängnis oder mit Zuchthaus bestraft.

3. Wer den Bestimmungen der §§ 3 oder 4 zuwiderhandelt, wird mit Gefängnis bis zu einem Jahr und mit Geldstrafe oder mit einer dieser Strafen bestraft.

§ 6. Der Reichsminister des Innern erläßt im Einvernehmen mit dem Stellvertreter des Führers und dem Reichsminister der Justiz die zur Durchführung und Ergänzung des Gesetzes erforderlichen Rechts- und Verwaltungsvorschriften.

§ 7. Das Gesetz tritt am Tage nach der Verkündung, § 3 jedoch erst am 1. Januar 1936 in Kraft.

Nürnberg, den 15. September 1935,

am Reichsparteitag der Freiheit ...

[161] *Auswirkungen des »Blutschutzgesetzes«*

a) AUS EINER JURISTISCHEN ABHANDLUNG

... Hier kann dem Deutschblütigen die Verweigerung des ehelichen Verkehrs oder die völlige Abwendung vom jüdischen Ehegatten nicht als eine Eheverfehlung, geschweige denn als eine schwere i. S. des § 49 EheG., zur Last gelegt werden, denn das gesunde rassische Empfinden des deutschen Volkes mißbilligt die Verbindung eines Deutschen mit einem Juden auch dann, wenn diese im Rahmen einer gesetzlich gültigen Ehe vollzogen wird...

b) TODESSTRAFE FÜR RASSENSCHANDE

Abschrift
Reg. f. H. V. Sg Nr. 351/41

Urteil
Im Namen des deutschen Volkes!

Das Sondergericht
für den Bezirk des Oberlandesgerichts Nürnberg bei dem Landgericht Nürnberg-Fürth erkannte in der Strafsache gegen
Katzenberger Lehmann Israel, gen. Leo, Kaufmann und Vorstand der israelitischen Kultusgemeinde in Nürnberg, und
Seiler, Irene, Photogeschäftsinhaberin in Nürnberg,
beide in Untersuchungshaft,
wegen Rassenschande und Meineids
in öffentlicher Sitzung am 13. März 1942, wobei zugegen waren:
Der Vorsitzer: Landgerichtsdirektor Dr. Rothaug,
die Beisitzer: Landgerichtsräte Dr. Ferber u. Dr. Hoffmann,
der Staatsanwalt für das Sondergericht: Staatsanwalt Markl,
und als Urkundsbeamter der Geschäftsstelle: Justizsekretär Raisin,
zu Recht wie folgt:
Katzenberger Lehmann Israel, gen. Leo, Rasse- und Bekenntnisjude, geb. am 25. November 1873 in Maßbach, verh. Kaufmann in Nürnberg,
Seiler, Irene, geb. Scheffler, geb. am 26. April 1910 in Guben, verh. Photogeschäftsinhaberin in Nürnberg,
beide in dieser Sache in Untersuchungshaft,
werden verurteilt:
Katzenberger:
wegen eines Verbrechens nach § 2, rechtlich zusammentreffend mit einem Verbrechen nach § 4 der VO gegen Volksschädlinge in Verbindung mit einem Verbrechen der Rassenschande,
zum Tode
unter Aberkennung der in §§ 32—34 des StGB bezeichneten Rechte auf Lebenszeit.
Seiler:
wegen eines Verbrechens des Zeugenmeineides
zur Zuchthausstrafe von zwei Jahren
unter Aberkennung der bürgerlichen Ehrenrechte auf die Dauer von zwei Jahren.

Drei Monate der erlittenen Untersuchungshaft werden auf die Strafe der Angeklagten angerechnet.
Die Angeklagten tragen die Kosten ...

gez. Rothaug Dr. Ferber Dr. Hoffmann

Zur Beglaubigung:

Nürnberg, den 23. März 1942 Der Urkundsbeamte der Geschäftsstelle des Sondergerichts für den Bezirk des Oberlandesgerichtes Nürnberg bei dem Landgericht Nürnberg-Fürth gez. Unterschrift Justiz-Inspektor

Stempel:
Landgericht
Nürnberg-Fürth

[162] *Der »bürgerliche Tod« der Juden*

[Ein Gerichtsentscheid]

... Durch Vertrag vom 24. Febr. 1933 (von den Parteien »Manuskript-Vertrag« genannt) übertrug die Beklagte der Klägerin alle Urheber-, Aufführungs- und Verlagsrechte, besonders das Verfilmungsrecht, an dem Werke des Regisseurs Ch. »Die Heimkehr des Odysseus«; auch verpflichtete sie sich, der Klägerin in dem von ihr gewünschten Maße die Dienste Ch.s zur Mitarbeit am ersten und zweiten (kurbelfertigen) Drehbuch zur Verfügung zu stellen. Für die Übertragung der Rechte einschließlich der Arbeit Ch.s am Drehbuche wurde eine Pauschvergütung von 130 000 RM – zu zahlen in monatlichen Teilen von 26 000 RM, beginnend mit dem 1. März 1933 – vereinbart. In Nr. 6 des Vertrags war bestimmt: Sollte der an demselben Tage zwischen der Klägerin und Ch. geschlossene Regievertrag »aus dem Grunde nicht durchführbar werden, daß Ch. durch Krankheit, Tod oder ähnlichem Grund nicht zur Durchführung seiner Regietätigkeit imstande« sei, dann sei die Klägerin zum Rücktritt berechtigt und die Beklagte zur Zurückzahlung der bereits empfangenen Beträge verpflichtet. Die Parteien vereinbarten für ihr Vertragsverhältnis die Geltung deutschen Rechts. Beim Vertragsabschluß war ihnen bekannt, daß Ch. Nichtarier (Jude) ist. – Die Klägerin zahlte am 1. März 1933 die erste Rate der Vergütung, 26 000 RM. Durch Schreiben vom 5. April 1933 trat sie unter Hinweis darauf, daß Ch. nicht in der Lage sei, seine Regietätigkeit bei ihr auszuüben, sowohl von dem Regievertrage mit ihm wie von dem Manuskript-Vertrage mit der Beklagten zurück. In einem schiedsgerichtlichen Verfahren zwischen ihr und Ch. erging am 21. Juni 1933 ihrem Antrage gemäß ein Spruch, welcher feststellte: Dem Ch. stünden

aus dem Regievertrage vom 24. Februar 1933 über »Die Heimkehr des Odysseus« keinerlei Ansprüche mehr gegen sie zu.
Mit der Klage verlangt die Klägerin, daß ihr die Beklagte die empfangenen 26 000 RM zurückerstatte. Sie verweist auf Nr. 6 des Manuskript-Vertrags und führt aus: Diese Vertragsbestimmung erstrecke sich auf sämtliche Fälle persönlicher Verhinderung Ch.s. Infolge des völligen und wider Erwarten schleunigen Umschwungs in Denkart und Geschmack des deutschen Volkes könne ein Film, an dem ein Nichtarier mitwirke, innerhalb des Deutschen Reiches nicht mehr vorgeführt werden; auch Rechtsvorschriften stünden jetzt entgegen. Ch. sei demnach aus einem in seiner Person liegenden Grunde außerstande, die in Aussicht genommene Tätigkeit zu leisten; der mit ihm geschlossene Regievertrag sei undurchführbar geworden.
Die Beklagte vertritt die Auffassung, daß Ch.s Zugehörigkeit zur jüdischen Rasse der Klägerin keinen Grund zum Rücktritt gegeben habe. Bei den Verhandlungen, auf Grund deren man den Vertrag geschlossen habe, sei nur an Hindernisse durch leibliche oder geistige Krankheit (einschließlich nervöser Störungen) gedacht, nur von ihnen sei gesprochen worden. Die Klägerin habe weder hier noch in anderen Fällen an der Mitwirkung von Juden als Verfasser, Darsteller oder Spielleiter Anstoß genommen. Und da der Vertrag erst nach dem Umschwunge vom 30. Januar 1933 geschlossen worden sei, habe sie in voller Kenntnis der Folgen, die unter der Herrschaft des Nationalsozialismus zu erwarten seien, ihre Verpflichtungen übernommen und zu erfüllen begonnen.
Die Vorinstanzen haben nach dem Klagantrag erkannt. Die Revision blieb ohne Erfolg ...
Dieser Auslegung des Kammergerichts steht kein rechtliches Bedenken entgegen. Sie entspricht den gesetzlichen Grundregeln (BGB §§ 133, 157), auf die sie Bezug nimmt. Unterstützt wird sie durch die leitenden Gedanken, nach denen seit der Machtübernahme durch den Nationalsozialismus der Befugniskreis des einzelnen rassemäßig bedingt ist. Die frühere (liberale) Vorstellung vom Rechtsinhalte der Persönlichkeit machte keine grundsätzlichen Wertunterschiede nach der Gleichheit oder Verschiedenheit des Blutes; sie lehnte deshalb eine rechtliche Gliederung und Abstufung der Menschen nach Rassegesichtspunkten ab. Der nationalsozialistischen Weltanschauung dagegen entspricht es, im Deutschen Reiche nur Deutschstämmige (und gesetzlich ihnen Gleichgestellte) als rechtlich vollgültig zu behandeln. Damit werden grundsätzliche Abgrenzungen des früheren Fremdenrechts erneuert und Gedanken wiederaufgenommen, die vormals durch die Unterscheidung zwischen voll Rechtsfähigen und Personen minderen Rechts anerkannt waren. Den Grad völliger Recht-

losigkeit stellte man ehedem, weil die rechtliche Persönlichkeit ganz zerstört sei, dem leiblichen Tode gleich; die Gebilde des »bürgerlichen Todes« und des »Klostertodes« empfingen ihre Namen aus dieser Vergleichung. Wenn in Nr. 6 des Manuskript-Vertrages vom 24. Februar 1933 davon die Rede ist, daß Ch. »durch Krankheit, Tod oder ähnlichen Grund nicht zur Durchführung seiner Regietätigkeit imstande sein sollte«, so ist unbedenklich eine aus gesetzlich anerkannten rassepolitischen Gesichtspunkten eingetretene Änderung in der rechtlichen Geltung der Persönlichkeit dem gleichzuachten, sofern sie die Durchführung der Regietätigkeit in entsprechender Weise hindert, wie Tod oder Krankheit es täten ...

[163] *Sonderrecht für Juden*

a) ROLAND FREISLERS ENTWURF ÜBER DIE BESCHRÄNKUNG DER RECHTSMITTEL IN STRAFSACHEN FÜR JUDEN

DER REICHSMINISTER DER JUSTIZ *Berlin W 8, den 3. August 1942*
IIIa 2 1637 42

Schnellbrief

An
den Herrn Reichsminister des Innern
den Reichsführer-SS und Chef der Deutschen Polizei
den Herrn Reichsminister für Volksaufklärung und Propaganda
das Auswärtige Amt
den Leiter der Partei-Kanzlei, München
den Herrn Reichsprotektor in Böhmen und Mähren

Betrifft: Rechtsmittelbeschränkung in Strafsachen für Juden
1 Anlage

In der Anlage übersende ich den Entwurf einer Verordnung über die Beschränkung der Rechtsmittel in Strafsachen für Juden mit der Bitte um Stellungnahme.

Ich habe die Kriegswichtigkeit der Verordnung bejaht, weil sie mittelbar der Reichsverteidigung dient. Die in weiten Kreisen der deutschen Bevölkerung hervorgetretene Mißstimmung darüber, daß man den in Deutschland lebenden Juden noch Rechtsmittel in Strafsachen einräumt und ihnen noch das Recht gibt, gegen polizeiliche Strafverfügungen die Entscheidung der Gerichte anzurufen, ist geeignet, den Abwehrwillen des deutschen Volkes in dem ihm aufgezwungenen Kampfe zu schwächen.

In Vertretung
gez. Dr. Freisler

Der Entwurf

Abschrift

Verordnung über die Beschränkung der Rechtsmittel in Strafsachen für Juden

Von 1942

Der Ministerrat für die Reichsverteidigung verordnet mit Gesetzeskraft:

§ 1. Juden können gegen Entscheidungen in Strafsachen Berufung, Revision (Nichtigkeitsbeschwerde nach dem in Kraft gebliebenen österreichischen Recht) und Beschwerde nicht einlegen.

Anträge auf gerichtliche Entscheidung gegen polizeiliche Strafverfügungen können Juden nicht stellen.

Soweit beim Inkrafttreten dieser Verordnung ein Rechtsmittel bereits eingelegt oder ein Antrag auf gerichtliche Entscheidung bereits gestellt ist, gelten sie als zurückgenommen.

Berlin, den 1942

Der Vorsitzende
des Ministerrates für die Reichsverteidigung
Der Reichsminister und Chef der Reichskanzlei

b) JUDEN UNTERSTEHEN DEM POLIZEIRECHT

Dreizehnte Verordnung zum Reichsbürgergesetz, vom 1. Juli 1943

... § 1 (1) Strafbare Handlungen von Juden werden durch die Polizei geahndet.

(2) Die Polenstrafrechtsverordnung vom 4. Dezember 1941 (RGBl. I S. 759) gilt nicht mehr für Juden.

§ 2 (1) Nach dem Tode eines Juden verfällt sein Vermögen dem Reich.

(2) Das Reich kann jedoch den nichtjüdischen Erbberechtigten und Unterhaltsberechtigten, die ihren gewöhnlichen Aufenthalt im Inland haben, einen Ausgleich gewähren.

(3) Der Ausgleich kann durch einen Kapitalbetrag gewährt werden. Er darf die Höhe des Verkaufswertes des in die Verfügungsgewalt des Deutschen Reiches übergegangenen Vermögens nicht übersteigen.

(4) Der Ausgleich kann durch Überlassung von Sachen und Rechten aus dem übernommenen Vermögen gewährt werden. Für die hierfür erforderlichen Rechtshandlungen werden Gerichtsgebühren nicht erhoben.

§ 3. Der Reichsminister des Innern erläßt im Einvernehmen mit den beteiligten Obersten Reichsbehörden die zur Durchführung

und Ergänzung dieser Verordnung erforderlichen Rechts- und Verwaltungsvorschriften. Hierbei bestimmt er, inwieweit diese Verordnung für Juden ausländischer Staatsangehörigkeit gilt.
§ 4. Diese Verordnung tritt am siebenten Tage nach ihrer Verkündung in Kraft . . .

[164] *Rapport einer SA-Brigade*

SA. DER NSDAP.
BRIGADE 50 (STARKENBURG)
ABTEILUNG F BR. B. NR. 4309

Darmstadt, den 11. November 1938
Moosbergstraße 2
Fernruf: 7042 und 7043
Postscheckkonto: Frankfurt a. M. 23 448
Bankkonto: Städtische Sparkasse 155

Betrifft:
Bezug:
Beilagen:

An
SA-Gruppe Kurpfalz
Mannheim
(Bei Antwortschreiben Datum und Briefbuchnummer angeben.)

Am 10. 11. 1938 3 Uhr erreichte mich folgender Befehl:
»Auf Befehl des Gruppenführers sind sofort innerhalb der Brigade 50 sämtliche jüdische Synagogen zu sprengen oder in Brand zu setzen.
Nebenhäuser, die von arischer Bevölkerung bewohnt werden, dürfen nicht beschädigt werden. Die Aktion ist in Zivil auszuführen. Meutereien oder Plünderungen sind zu unterbinden. Vollzugsmeldung bis 8.30 Uhr an Brigadeführer oder Dienststelle.«
Die Standartenführer wurden von mir sofort alarmiert und genauestens instruiert, und mit dem Vollzug sofort begonnen.
Ich melde hiermit, es wurden zerstört im Bereich der

Standarte 115

1. Synagoge	in Darmstadt, Bleichstr.	durch Brand zerstört
2. "	in Darmstadt, Fuchsstr.	" " "
3. "	in O./. Ramstadt	Innenraum u. Einrichtung zertrümmert
4. "	in Gräfenhausen	
5. "	in Griesheim	" "
6. "	in Pfungstadt	" "
7. "	in Eberstadt	durch Brand zerstört

Standarte 145

1. Synagoge	in Bensheim	durch Brand zerstört
2. "	in Lorsch in Hessen	" " "

3. Synagoge in Heppenheim	durch Brand u. Sprengung zerstört
4. „ in Birkenau	durch Brand zerstört
5. Gebetshaus in Alsbach	„ „ „
6. Versammlungsraum in Alsbach	„ „ „
7. Synagoge in Rimbach	Inneneinrichtung vollständig zerstört

Standarte 168

1. Synagoge in Seligenstadt	durch Brand zerstört
2. „ in Offenbach	„ „ „
3. „ in Klein-Krotzenburg	„ „ „
4. „ in Steinheim a. M.	„ „ „
5. „ in Mühlheim a. M.	„ „ „
6. „ in Sprendlingen	„ „ „
7. „ in Langen	„ „ „
8. „ in Egelsbach	„ „ „

Standarte 186

1. Synagoge in Beerfelden	durch Sprengung zerstört
2. „ in Michelstadt	Inneneinrichtung zertrümmert
3. „ in König	„ „
4. „ in Höchst i. O.	„ „
5. „ in Groß-Umstadt	„ „
6. „ in Dieburg	„ „
7. „ in Babenhausen	„ „
8. „ in Groß-Bieberau	durch Brand zerstört
9. „ in Fränk. Crumbach	Inneneinrichtung zerstört
10. „ in Reichelsheim	„ „

Standarte 221

1. Synagoge und Kapelle in Gr. Gerau	durch Brand zerstört
2. „ in Rüsselsheim	niedergerissen u. Inneneinrichtung zerstört
3. „ in Dornheim	Inneneinrichtung zerstört
4. „ in Wolfskehlen	„ „

Der Führer der Brigade 50 (Starkenburg)
Lucke, Brigadeführer

[165] *Bericht des Chefs der Sicherheitspolizei, Heydrich, an den preußischen Ministerpräsidenten, Göring, vom 11. November 1938*

... Die bis jetzt eingegangenen Meldungen der Staatspolizeistellen haben bis zum 11. 11. 1938 folgendes Gesamtbild ergeben:

In zahlreichen Städten haben sich Plünderungen jüdischer Läden und Geschäftshäuser ereignet. Es wurde, um weitere Plünderungen zu vermeiden, in allen Fällen scharf durchgegriffen. Wegen Plünderns wurden dabei 174 Personen festgenommen.
Der Umfang der Zerstörungen jüdischer Geschäfte und Wohnungen läßt sich bisher ziffernmäßig noch nicht belegen. Die in den Berichten aufgeführten Zahlen: 815 zerstörte Geschäfte, 29 in Brand gesteckte oder sonst zerstörte Warenhäuser, 171 in Brand gesetzte oder zerstörte Wohnhäuser, geben, soweit es sich nicht um Brandlegungen handelt, nur einen Teil der wirklich vorliegenden Zerstörungen wieder. Wegen der Dringlichkeit der Berichterstattung mußten sich die bisher eingegangenen Meldungen lediglich auf allgemeinere Angaben, wie »zahlreiche« oder »die meisten Geschäfte zerstört« beschränken. Die angegebenen Ziffern dürften daher um ein Vielfaches überstiegen werden.
An Synagogen wurden 191 in Brand gesteckt, weitere 76 vollständig demoliert. Ferner wurden 11 Gemeindehäuser, Friedhofskapellen und dergleichen in Brand gesetzt und weitere 3 völlig zerstört.
Festgenommen wurden rund 20 000 Juden, ferner 7 Arier und 3 Ausländer. Letztere wurden zur eigenen Sicherheit in Haft genommen.
An Todesfällen wurden 36, an Schwerverletzten ebenfalls 36 gemeldet. Die Getöteten bzw. Verletzten sind Juden. Ein Jude wird noch vermißt. Unter den getöteten Juden befindet sich ein, unter den Verletzten 2 polnische Staatsangehörige.

Heydrich

[166] *Propaganda und Wirklichkeit*

a) DIE BEHAUPTUNG DES REICHSPROPAGANDAMINISTERS ...

... Man erklärt, die spontanen Reaktionen des deutschen Volkes seien durch organisierte Mannschaften durchgeführt worden. Wie wenig Ahnung doch diese Zeilenschinder von Deutschland haben! Wie erst hätte diese Reaktion ausgesehen, wäre sie organisiert gewesen! ...

b) ... UND DAS URTEIL DES OBERSTEN PARTEIGERICHTS

... Eine andere Frage ist die, ob der absichtlich unklar, in der Erwartung gegebene Befehl, der Befehlsempfänger werde den Willen des Befehlsgebers erkennen und danach handeln, nicht im Interesse der Disziplin der Vergangenheit angehören muß. In der

Kampfzeit mochte er in einzelnen Fällen notwendig sein, um einen politischen Erfolg herbeizuführen, ohne dem Staat die Möglichkeit zu geben, die Urheberschaft der Partei nachzuweisen. Dieser Gesichtspunkt fällt heute weg. Auch die Öffentlichkeit weiß bis auf den letzten Mann, daß politische Aktionen wie die des 9. November von der Partei organisiert und durchgeführt sind, ob dies zugegeben wird oder nicht. Wenn in einer Nacht sämtliche Synagogen abbrennen, so muß das irgendwie organisiert sein und kann nur organisiert sein von der Partei. Der Soldat aber darf nicht in die Lage gebracht werden, Überlegungen anzustellen, was er nun eigentlich nach dem Willen des Befehlsgebers zu tun habe, ob der Befehl auch wirklich so gemeint sei, wie er lautet; denn möglicherweise kommen solche Überlegungen einmal in wichtigen Angelegenheiten zu einem falschen Ergebnis oder es werden Überlegungen angestellt, wenn der Befehlsgeber den Befehl nun wirklich wörtlich aufgefaßt und durchgeführt wissen will. In jedem Fall aber wird dadurch die soldatische und damit nationalsozialistische Auffassung von Disziplin und Verantwortung untergraben ...

[167] *Die antijüdischen »Sühnemaßnahmen«*

[Vom 12. November 1938]

a) VERORDNUNG DES BEAUFTRAGTEN FÜR DEN VIERJAHRESPLAN, GÖRING, ÜBER EINE SÜHNELEISTUNG DER JUDEN DEUTSCHER STAATSANGEHÖRIGKEIT

Die feindliche Haltung des Judentums gegenüber dem deutschen Volk und Reich, die auch vor feigen Mordtaten nicht zurückschreckt, erfordert entschiedene Abwehr und harte Sühne. Ich bestimme daher auf Grund der Verordnung zur Durchführung des Vierjahresplans v. 18. Okt. 1936 (RGBl. I S. 887) das Folgende:
§ 1. Den Juden deutscher Staatsangehörigkeit in ihrer Gesamtheit wird die Zahlung einer Kontribution von 1 000 000 000 Reichsmark an das Deutsche Reich auferlegt ...

b) VERORDNUNG DESSELBEN ZUR AUSSCHALTUNG DER JUDEN AUS DEM DEUTSCHEN WIRTSCHAFTSLEBEN

... § 1. (1) Juden ist vom 1. Januar 1939 ab der Betrieb von Einzelhandelsverkaufsstellen, Versandgeschäften oder Bestellkontoren sowie der selbständige Betrieb eines Handwerks untersagt.
(2) Ferner ist ihnen mit Wirkung vom gleichen Tage verboten, auf Märkten aller Art, Messen oder Ausstellungen Waren oder

gewerbliche Leistungen anzubieten, dafür zu werben oder Bestellungen darauf anzunehmen.
(3) Jüdische Gewerbebetriebe, die entgegen diesem Verbot geführt werden, sind polizeilich zu schließen.
§ 2. (1) Ein Jude kann vom 1. Januar 1939 ab nicht mehr Betriebsführer im Sinne des Gesetzes zur Ordnung der nationalen Arbeit vom 20. Januar 1934 sein.
(2) Ist ein Jude als leitender Angestellter in einem Wirtschaftsunternehmen tätig, so kann ihm mit einer Frist von sechs Wochen gekündigt werden. Mit Ablauf der Kündigungsfrist erlöschen alle Ansprüche des Dienstverpflichteten aus dem gekündigten Vertrage, insbesondere auch alle Ansprüche auf Versorgungsbezüge und Abfindungen.
§ 3. (1) Ein Jude kann nicht Mitglied einer Genossenschaft sein.
(2) Jüdische Mitglieder von Genossenschaften scheiden zum 31. Dezember 1938 aus. Eine besondere Kündigung ist nicht erforderlich...

c) VERORDNUNG DESSELBEN ZUR WIEDERHERSTELLUNG DES STRASSENBILDES BEI JÜDISCHEN GEWERBEBETRIEBEN

... § 1. Alle Schäden, welche durch die Empörung des Volkes über die Hetze des internationalen Judentums gegen das nationalsozialistische Deutschland am 8., 9. und 10. November 1938 an jüdischen Gewerbebetrieben und Wohnungen entstanden sind, sind vom jüdischen Inhaber oder jüdischen Gewerbetreibenden sofort zu beseitigen.
§ 2. (1) Die Kosten der Wiederherstellung trägt der Inhaber der betroffenen jüdischen Gewerbebetriebe und Wohnungen.
(2) Versicherungsansprüche von Juden deutscher Staatsangehörigkeit werden zugunsten des Reichs beschlagnahmt...

d) ANORDNUNG DES PRÄSIDENTEN DER REICHSKULTURKAMMER, GOEBBELS

...Nachdem der nationalsozialistische Staat es den Juden bereits seit über 5 Jahren ermöglicht hat, innerhalb besonderer jüdischer Organisationen ein eigenes Kulturleben zu schaffen und zu pflegen, ist es nicht mehr angängig, sie an Darbietungen der deutschen Kultur teilnehmen zu lassen. Den Juden ist daher der Zutritt zu solchen Veranstaltungen, insbesondere zu Theatern, Lichtspielunternehmungen, Konzerten, Vorträgen, artistischen Unternehmen (Varietés, Kabaretts, Zirkusveranstaltungen usw.), Tanzvorführungen und Ausstellungen kultureller Art, mit sofortiger Wirkung nicht mehr zu gestatten...

[168] *Polizeiverordnung über das Auftreten der Juden in der Öffentlichkeit, vom 28. November 1938*

Auf Grund der Verordnung über die Polizeiverordnungen der Reichsminister vom 14. November 1938 (RGBl. I S. 1582) wird folgendes verordnet:

§ 1. Die Regierungspräsidenten in Preußen, Bayern und in den sudetendeutschen Gebieten, die ihnen gleichstehenden Behörden in den übrigen Ländern des Altreichs, die Landeshauptmänner (der Bürgermeister in Wien) im Lande Österreich und der Reichskommissar für das Saarland können Juden deutscher Staatsangehörigkeit und staatenlosen Juden (§ 5 der Ersten Verordnung zum Reichsbürgergesetz vom 14. November 1935 – RGBl. I, S. 1333) räumliche und zeitliche Beschränkungen des Inhalts auferlegen, daß sie bestimmte Bezirke nicht betreten oder sich zu bestimmten Zeiten in der Öffentlichkeit nicht zeigen dürfen.

§ 2. Wer den Vorschriften des § 1 vorsätzlich oder fahrlässig zuwiderhandelt, wird mit Geldstrafe bis zu 150 RM oder mit Haft bis zu sechs Wochen bestraft.

§ 3. Diese Polizeiverordnung tritt am Tage nach ihrer Verkündung in Kraft ...

[169] *Auftrag Görings an Heydrich vom 31. 7. 1941 zur Vorbereitung der sogenannten Endlösung der Judenfrage*

Berlin, den 31. 7. 1941

DER REICHSMARSCHALL DES GROSSDEUTSCHEN REICHES
BEAUFTRAGTER FÜR DEN VIERJAHRESPLAN
VORSITZENDER
DES MINISTERRATS FÜR DIE REICHSVERTEIDIGUNG

An den
Chef der Sicherheitspolizei und des SD
SS-Gruppenführer H e y d r i c h
B e r l i n

In Ergänzung der Ihnen bereits mit Erlaß vom 24. Januar 1939 übertragenen Aufgabe, die Judenfrage in Form der Auswanderung oder Evakuierung einer den Zeitverhältnissen entsprechend möglichst günstigen Lösung zuzuführen, beauftrage ich Sie hiermit, alle erforderlichen Vorbereitungen in organisatorischer, sachlicher und materieller Hinsicht zu treffen für eine Gesamtlösung der Judenfrage im deutschen Einflußgebiet in Europa.

Sofern hierbei die Zuständigkeiten anderer Zentralinstanzen berührt werden, sind diese zu beteiligen.
Ich beauftrage Sie weiter, mir in Bälde einen Gesamtentwurf über die organisatorischen, sachlichen und materiellen Vorausmaßnahmen zur Durchführung der angestrebten Endlösung der Judenfrage vorzulegen.

Göring

[170] *Verordnung über die Einführung des Arbeitszwanges für die jüdische Bevölkerung des Generalgouvernements, vom 26. Oktober 1939*

Auf Grund des § 5 Abs. 1 des Erlasses des Führers und Reichskanzlers über die Verwaltung der besetzten polnischen Gebiete vom 12. Oktober 1939 verordne ich:
§ 1. Für die im Generalgouvernement ansässigen Juden wird mit sofortiger Wirkung der Arbeitszwang eingeführt. Die Juden werden zu diesem Zweck in Zwangsarbeitstrupps zusammengefaßt.
§ 2. Die zur Durchführung dieser Verordnung erforderlichen Vorschriften erläßt der Höhere SS- und Polizeiführer. Er kann ostwärts der Weichsel Gebiete bestimmen, in denen die Durchführung dieser Verordnung unterbleibt . . .

[171] *Die Einführung des Judensterns*

Polizeiverordnung über die Kennzeichnung der Juden, vom 1. September 1941
. . . § 1. (1) Juden (§ 5 der Ersten Verordnung zum Reichsbürgergesetz vom 14. November 1935 – RGBl. I S. 1333), die das sechste Lebensjahr vollendet haben, ist es verboten, sich in der Öffentlichkeit ohne einen Judenstern zu zeigen.
(2) Der Judenstern besteht aus einem handtellergroßen, schwarz ausgezogenen Sechsstern aus gelbem Stoff mit der schwarzen Aufschrift »Jude«. Er ist sichtbar auf der linken Brustseite des Kleidungsstücks fest aufgenäht zu tragen.
§ 2. Juden ist verboten,
a) den Bereich ihrer Wohngemeinde zu verlassen, ohne eine schriftliche Erlaubnis der Ortspolizeibehörde bei sich zu führen,
b) Orden, Ehrenzeichen und sonstige Abzeichen zu tragen.
§ 3. Die Paragraphen 1 und 2 finden keine Anwendung

a) auf den in einer Mischehe lebenden jüdischen Ehegatten, sofern Abkömmlinge aus der Ehe vorhanden sind und diese nicht als Juden gelten, und zwar auch dann, wenn die Ehe nicht mehr besteht oder der einzige Sohn im gegenwärtigen Kriege gefallen ist;

b) auf die jüdische Ehefrau bei kinderloser Mischehe während der Dauer der Ehe.

§ 4. (1) Wer dem Verbot der Paragraphen 1 und 2 vorsätzlich oder fahrlässig zuwiderhandelt, wird mit Geldstrafe bis zu 150 RM oder mit Haft bis zu 6 Wochen bestraft.

(2) Weitergehende polizeiliche Sicherungsmaßnahmen sowie Strafvorschriften, nach denen eine höhere Strafe verwirkt ist, bleiben unberührt.

§ 5. Die Polizeiverordnung gilt auch im Protektorat Böhmen und Mähren mit der Maßgabe, daß der Reichsprotektor in Böhmen und Mähren die Vorschrift des § 2 Buchst. a den örtlichen Verhältnissen im Protektorat Böhmen und Mähren anpassen kann.

§ 6. Die Polizeiverordnung tritt 14 Tage nach ihrer Verkündung in Kraft...

[172] *Einziehung des jüdischen Vermögens*

DER REICHSMINISTER DER FINANZEN *Berlin W 8, den 4. November 1941*
05205 – 740 VI g *Wilhelmplatz 1/2*

Schnellbrief

Betr.: Abschiebung von Juden

1. Allgemeines:

Juden, die nicht in volkswirtschaftlich wichtigen Betrieben beschäftigt sind, werden in den nächsten Monaten in eine Stadt in den Ostgebieten *abgeschoben.* Das *Vermögen* der abzuschiebenden Juden wird zugunsten des Deutschen Reiches eingezogen. Es verbleiben den Juden 100 RM und 50 kg Gepäck je Person.

Die Abschiebung hat schon begonnen in den Gebieten der Oberfinanzpräsidenten:

Berlin,	Kassel,
Hamburg,	Köln,
Weser-Ems in Bremen,	Düsseldorf.

Es werden demnächst weiter abgeschoben im Oberfinanzbezirk:

. . . .

Es kann angenommen werden, daß vier Personen einen Haushalt bilden.

2. Durchführung der Abschiebung:
Die Abschiebung der Juden wird von der *Geheimen Staatspolizei* (Gestapo) durchgeführt. Die Gestapo sorgt auch für die Sicherstellung des Vermögens.
Die Juden, deren Abschiebung bevorsteht, haben der Gestapo Vermögensverzeichnisse nach bestimmtem Vordruck einzureichen. Die Gestapostellen versiegeln die Wohnungen und hinterlegen die Wohnungsschlüssel bei den Hausverwaltern.
3. Einziehung des Vermögens:
Gesetzliche Grundlage für die Einziehung des Vermögens sind die folgenden Bestimmungen:
Gesetz über die Einziehung volks- und staatsfeindlichen Vermögens vom 14. Juli 1933 (RGBl. I, S. 897) in Verbindung mit dem Gesetz über die Einziehung kommunistischen Vermögens vom 26. Mai 1933 (RGBl. I, S. 293),
Verordnung über die Einziehung volks- und staatsfeindlichen Vermögens im Lande Österreich vom 18. November 1938 (RGBl. I, S. 1620),
Verordnung über die Einziehung volks- und staatsfeindlichen Vermögens in den sudetendeutschen Gebieten vom 12. Mai 1939 (RGBl. I, S. 911),
Verordnung über die Einziehung von Vermögen im Protektorat Böhmen und Mähren vom 4. Oktober 1939 (RGBl. I, S. 1998),
Erlaß des Führers und Reichskanzlers über die Verwertung des eingezogenen Vermögens von Reichsfeinden vom 29. Mai 1941 (RGBl. I, S. 303).
Die Bestimmungen für die Ostmark, den Sudetengau und das Protektorat sind in der Aufzählung enthalten, weil auch Vermögenswerte erfaßt werden, die sich in diesen Teilen des Reichsgebietes befinden.
Für *Forderungen gegen Juden,* deren Vermögen zugunsten des Reichs eingezogen ist, haftet im Altreich das Reich mit den ihm durch die Einziehung zugefallenen Sachen und Rechten (Par. 39 des Gesetzes über die Gewährung von Entschädigungen bei der Einziehung oder dem Übergang von Vermögen vom 9. Dezember 1937 [RGBl. I, S. 1333]).
Die *Einziehungsverfügungen* werden von den *Regierungspräsidenten* – in Berlin von dem Geheimen Staatspolizeiamt, in Hamburg und Bremen von den Reichsstatthaltern – erlassen. Sie werden den Juden vor ihrem Abtransport durch Gerichtsvollzieher zugestellt . . .

Im Auftrag
Schlüter

[173] *Augenzeugenberichte über Judenmassaker*

a) IN ROWNO

Ich, Hermann Friedrich *Gräbe*, erkläre unter Eid:
Von September 1941 bis Januar 1944 war ich Geschäftsführer und leitender Ingenieur einer Zweigstelle der Baufirma Josef Jung, Solingen, mit Sitz in *Sdolbunow*, Ukraine. Als solcher hatte ich die Baustellen der Firma zu besuchen. Die Firma unterhielt u. a. eine Baustelle in *Rowno*, Ukraine.
In der Nacht vom 13. zum 14. Juli 1942 wurden in *Rowno* alle Insassen des Ghettos, in dem sich noch ungefähr 5000 Juden befanden, liquidiert.
Den Umstand, wie ich Zeuge der Auflösung des Ghettos wurde, die Durchführung der Aktion während der Nacht und am Morgen, schildere ich wie folgt: ...
Kurz nach 22.00 Uhr wurde das Ghetto durch ein großes SS-Aufgebot und einer etwa 3-fachen Anzahl ukrainischer Miliz umstellt und daraufhin die im und um das Ghetto errichteten elektrischen Bogenlampen eingeschaltet. SS- und Miliztrupps von je 4 bis 6 Personen drangen nun in die Häuser ein oder versuchten einzudringen. Wo die Türen und Fenster verschlossen waren und die Hauseinwohner auf Rufen und Klopfen nicht öffneten, schlugen die SS- oder Milizleute die Fenster ein, brachen die Türen mit Balken und Brecheisen auf und drangen in die Wohnungen ein. Wie die Bewohner gingen und standen, ob sie bekleidet waren oder zu Bett lagen, so wurden sie auf die Straße getrieben. Da sich die Juden in den meisten Fällen weigerten und wehrten, aus den Wohnungen zu gehen, legten die SS- und Milizleute Gewalt an. Mit Peitschenschlägen, Fußtritten und Kolbenschlägen erreichten sie schließlich, daß die Wohnungen geräumt wurden. Das Austreiben aus den Häusern ging in einer derartigen Hast vor sich, daß die kleinen Kinder, die im Bett lagen, in einigen Fällen zurückgelassen wurden. Auf der Straße jammerten und schrien die Frauen nach ihren Kindern, Kinder nach ihren Eltern. Das hinderte die SS nicht, die Menschen nun im Laufschritt unter Schlägen über die Straßen zu jagen, bis sie zu dem bereitstehenden Güterzug gelangten. Waggon auf Waggon füllte sich, unaufhörlich ertönte das Geschrei der Frauen und Kinder, das Klatschen der Peitschen und die Gewehrschüsse. Da sich einzelne Familien oder Gruppen in besonders guten Häusern verbarrikadiert hatten und auch die Türen mittels Brecheisen und Balken nicht aufzubringen waren, sprengte man diese mit Handgranaten auf. Da das Ghetto dicht an dem Bahnkörper von Rowno lag, versuchten junge Leute über die Schienenstränge und durch einen kleinen

Fluß aus dem Bereich des Ghettos zu entkommen. Da dieses Gelände außerhalb der elektrischen Beleuchtung lag, erhellte man dieses durch Leuchtraketen. Während der ganzen Nacht zogen über die erleuchteten Straßen die geprügelten, gejagten und verwundeten Menschen. Frauen trugen in ihren Armen tote Kinder, Kinder schleppten und schleiften an Armen und Beinen ihre toten Eltern über die Straßen zum Zuge. Immer wieder hallten durch das Ghettoviertel die Rufe »Aufmachen! Aufmachen!«
Ich entfernte mich gegen 6 Uhr früh für einen Augenblick und ließ Einsporn und einige andere deutsche Arbeiter, die inzwischen zurückgekommen waren, zurück. Da nach meiner Ansicht die größte Gefahr vorbei war, glaubte ich, dieses wagen zu können. Kurz nach meinem Weggang drangen ukrainische Milizleute in das Haus Bahnhofstraße 5 ein und holten 7 Juden heraus und brachten sie zu einem Sammelplatz innerhalb des Ghettos. Bei meiner Rückkehr konnte ich ein weiteres Herausholen von Juden aus diesem Hause verhindern. Um die 7 Leute zu retten, ging ich zum Sammelplatz. Auf den Straßen, die ich passieren mußte, sah ich Dutzende von Leichen jeden Alters und beiderlei Geschlechts. Die Türen der Häuser standen offen, Fenster waren eingeschlagen. In den Straßen lagen einzelne Kleidungsstücke, Schuhe, Strümpfe, Jacken, Mützen, Hüte, Mäntel usw. An einer Hausecke lag ein kleines Kind von weniger als einem Jahr mit zertrümmertem Schädel. Blut und Gehirnmasse klebte an der Hauswand und bedeckte die nähere Umgebung des Kindes. Das Kind hatte nur ein Hemdchen an . . .

b) BEI DUBNO

. . . [5. Oktober 1942] Die von den Lastwagen abgestiegenen Menschen, Männer, Frauen und Kinder jeden Alters, mußten sich auf Aufforderung eines SS-Mannes, der in der Hand eine Reit- oder Hundepeitsche hielt, ausziehen und ihre Kleider nach Schuhen, Ober- und Unterkleidern getrennt an bestimmten Stellen ablegen. Ich sah einen Schuhhaufen von schätzungsweise 800 bis 1000 Paar Schuhen, große Stapel mit Wäsche und Kleidern. Ohne Geschrei oder Weinen zogen sich diese Menschen aus, standen in Familiengruppen beisammen, küßten und verabschiedeten sich und warteten auf den Wink eines anderen SS-Mannes, der an der Grube stand und ebenfalls eine Peitsche in der Hand hielt. Ich habe während einer Viertelstunde, als ich bei den Gruben stand, keine Klagen oder Bitten um Schonung gehört. Ich beobachtete eine Familie von etwa acht Personen, einen Mann und eine Frau, beide von ungefähr 50 Jahren, mit deren Kindern, so ungefähr 1-, 8- und 10jährig, sowie zwei erwachsene Töchter von 20 bis 24 Jahren. Eine alte Frau mit schneeweißem Haar hielt das einjährige Kind auf dem Arm und sang ihm etwas vor und kitzelte es. Das Kind quietschte vor Vergnügen. Das Ehepaar schaute mit Tränen in den Augen zu. Der Vater hielt an der Hand einen Jungen von etwa 10 Jahren, sprach leise auf ihn ein. Der Junge kämpfte mit den Tränen. Der Vater zeigte mit dem Finger zum Himmel, streichelte ihn über den Kopf und schien ihm etwas zu erklären. Da rief schon der SS-Mann an der Grube seinem Kameraden etwas zu. Dieser teilte ungefähr 20 Personen ab und wies sie an, hinter den Erdhügel zu gehen. Die Familie, von der ich hier sprach, war dabei. Ich entsinne mich noch genau, wie ein Mädchen, schwarzhaarig und schlank, als sie nahe an mir vorbeiging, mit der Hand an sich heruntcrzeigte und sagte: »23 Jahre!« Ich ging um den Erdhügel herum und stand vor dem riesigen Grab. Dicht aneinandergepreßt lagen die Menschen so aufeinander, daß nur die Köpfe zu sehen waren. Von fast allen Köpfen rann Blut über die Schultern. Ein Teil der Erschossenen bewegte sich noch. Einige hoben ihre Arme und drehten den Kopf, um zu zeigen, daß sie noch lebten. Die Grube war bereits dreiviertel voll. Nach meiner Schätzung lagen darin bereits ungefähr 1000 Menschen. Ich schaute mich nach dem Schützen um. Dieser, ein SS-Mann, saß am Rand der Schmalseite der Grube auf dem Erdboden, ließ die Beine in die Grube herabhängen, hatte auf seinen Knien eine Maschinenpistole liegen und rauchte eine Zigarette. Die vollständig nackten Menschen gingen an einer Treppe, die in die Lehmwand der Grube gegraben war, hinab, rutschten über die Köpfe der Liegenden hinweg bis zu der Stelle, die der SS-Mann anwies. Sie legten sich vor die toten oder angeschossenen Menschen, einige streichelten die noch Lebenden und sprachen leise auf sie ein. Dann hörte ich eine Reihe Schüsse. Ich schaute in die Grube und sah, wie die Körper zuckten oder die Köpfe schon still auf den vor ihnen liegenden Körpern lagen. Von den Nacken rann Blut. Ich wunderte mich, daß ich nicht fortgewiesen wurde, aber ich sah, wie auch zwei oder drei Postbeamte in Uniform in der Nähe standen. Schon kam die nächste Gruppe heran, stieg in die Grube hinab, reihte sich an die vorherigen Opfer an und wurde erschossen. Als ich um den Erdhügel zurückging, bemerkte ich wieder einen soeben angekommenen Transport von Menschen. Diesmal waren Kranke und Gebrechliche dabei. Eine alte, sehr magere Frau mit fürchterlich dünnen Beinen wurde von einigen anderen, schon nackten Menschen ausgezogen, während zwei Personen sie stützten. Die Frau war anscheinend gelähmt. Die nackten Menschen trugen die Frau um den Erdhügel herum. Ich entfernte mich mit Moennikes und fuhr mit dem Auto nach Dubno zurück.

Am Morgen des nächsten Tages, als ich wiederum die Baustelle besuchte, sah ich etwa 30 nackte Menschen in der Nähe der Grube, 30 bis 50 Meter von dieser entfernt, liegen. Einige lebten noch, sahen mit stierem Blick vor sich hin und schienen weder die Morgenkälte noch die darumstehenden Arbeiter meiner Firma zu beachten. Ein Mädchen von etwa 20 Jahren sprach mich an und bat um Kleider und um Hilfe zur Flucht. – Da vernahmen wir auch schon das Herannahen eines schnellfahrenden Autos, und ich bemerkte, daß es ein SS-Kommando war. Ich entfernte mich zu meiner Baustelle. Zehn Minuten später hörten wir einige Schüsse aus der Nähe der Grube. Man hatte die Leichen durch die noch lebenden Juden in die Grube werfen lassen, sie selbst mußten sich daraufhin in diese legen, um den Genickschuß zu erhalten.

Ich mache die vorstehenden Angaben in Wiesbaden, Deutschland, am 10. November 1945. Ich schwöre bei Gott, daß dies die reine Wahrheit ist.

Fried Gräbe

[174] *Aus dem »Wannsee-Protokoll«*

[Stempel:] Geheime Reichssache!

Besprechungsprotokoll

I. An der am 20. Januar 1942 in Berlin, Am Großen Wannsee Nr. 56–58, stattgefundenen Besprechung über die Endlösung der Judenfrage nahmen teil:

Gauleiter Dr. Meyer und Reichsamtsleiter Dr. Leibbrandt	Reichsministerium für die besetzten Ostgebiete
Staatssekretär Dr. Stuckart	Reichsministerium des Innern
Staatssekretär Neumann	Beauftragter für den Vierjahresplan
Staatssekretär Dr. Freisler	Reichsjustizministerium
Staatssekretär Dr. Bühler	Amt des Generalgouverneurs
Unterstaatssekretär Luther	Auswärtiges Amt
SS-Oberführer Klopfer	Partei-Kanzlei
Ministerialdirektor Kritzinger	Reichskanzlei
	(handschriftliche Notiz): D. III. 29 g Rs.
SS-Gruppenführer Hofmann	Rasse- und Siedlungshauptamt
SS-Gruppenführer Müller	Reichssicherheitshauptamt
SS-Obersturmbannführer Eichmann	

SS-Oberführer Dr. Schoengarth, Befehlshaber der Sicherheitspolizei und des SD im Generalgouvernement	Sicherheitspolizei und SD
SS-Sturmbannführer Dr. Lange, Kommandeur der Sicherheitspolizei und des SD für den Generalbezirk Lettland, als Vertreter des Befehlshabers der Sicherheitspolizei und des SD für das Reichskommissariat Ostland	Sicherheitspolizei und SD

II. Der Chef der Sicherheitspolizei und des SD, SS-Obergruppenführer Heydrich, teilte eingangs seine Bestallung zum Beauftragten für die Vorbereitung der Endlösung der europäischen Judenfrage durch den Reichsmarschall mit und wies darauf hin, daß zu dieser Besprechung geladen wurde, um Klarheit in grundsätzlichen Fragen zu schaffen. Der Wunsch des Reichsmarschalls, ihm einen Entwurf über die organisatorischen, sachlichen und materiellen Belange im Hinblick auf die Endlösung der europäischen Judenfrage zu übersenden, erfordert die vorherige gemeinsame Behandlung aller an diesen Fragen unmittelbar beteiligten Zentralinstanzen im Hinblick auf die Parallelisierung der Linienführung.

Die Federführung bei der Bearbeitung der Endlösung der Judenfrage liege ohne Rücksicht auf geographische Grenzen zentral beim Reichsführer-SS und Chef der Deutschen Polizei (Chef der Sicherheitspolizei und des SD) ...

III. An Stelle der Auswanderung ist nunmehr als weitere Lösungsmöglichkeit nach entsprechender vorheriger Genehmigung durch den Führer die Evakuierung der Juden nach dem Osten getreten.

Diese Aktionen sind jedoch lediglich als Ausweichmöglichkeiten anzusprechen, doch werden hier bereits jene praktischen Erfahrungen gesammelt, die im Hinblick auf die kommende Endlösung der Judenfrage von wichtiger Bedeutung sind ...

Unter entsprechender Leitung sollen im Zuge der Endlösung die Juden in geeigneter Weise im Osten zum Arbeitseinsatz kommen. In großen Arbeitskolonnen, unter Trennung der Geschlechter, werden die arbeitsfähigen Juden straßenbauend in diese Gebiete geführt, wobei zweifellos ein Großteil durch natürliche Verminderung ausfallen wird.

Der allfällig endlich verbleibende Restbestand wird, da es sich bei diesen zweifellos um den widerstandsfähigsten Teil handelt, ent-

sprechend behandelt werden müssen, da dieser, eine natürliche Auslese darstellend, bei Freilassung als Keimzelle eines neuen jüdischen Aufbaues anzusprechen ist. (Siehe die Erfahrung der Geschichte.)
Im Zuge der praktischen Durchführung der Endlösung wird Europa von Westen nach Osten durchgekämmt ...

[175] *Der Kommandant von Auschwitz berichtet*

Ich, Rudolf Franz Ferdinand Höß, sage nach vorhergehender rechtmäßiger Vereidigung aus und erkläre wie folgt:
1. Ich bin sechsundvierzig Jahre alt und Mitglied der NSDAP seit 1922; Mitglied der SS seit 1934; Mitglied der Waffen-SS seit 1939. Ich war Mitglied ab 1. Dezember 1934 des SS-Wachverbandes, des sogenannten Totenkopfverbandes.
2. Seit 1934 hatte ich unausgesetzt in der Verwaltung von Konzentrationslagern zu tun und tat Dienst in Dachau bis 1938; dann als Adjutant in Sachsenhausen von 1938 bis zum 1. Mai 1940, zu welcher Zeit ich zum Kommandanten von Auschwitz ernannt wurde. Ich befehligte Auschwitz bis zum 1. Dezember 1943 und schätze, daß mindestens 2 500 000 Opfer dort durch Vergasung und Verbrennen hingerichtet und ausgerottet wurden; mindestens eine weitere halbe Million starben durch Hunger und Krankheit, was eine Gesamtzahl von ungefähr 3 000 000 Toten ausmacht. Diese Zahl stellt ungefähr 70 oder 80 Prozent aller Personen dar, die als Gefangene nach Auschwitz geschickt wurden; die übrigen wurden ausgesucht und für Sklavenarbeit in den Industrien des Konzentrationslagers verwendet. Unter den hingerichteten und verbrannten Personen befanden sich ungefähr 20 000 russische Kriegsgefangene (die früher von der Gestapo aus den Gefängnissen der Kriegsgefangenen ausgesondert waren); diese wurden in Auschwitz den Wehrmacht-Transporten, die von regulären Offizieren und Mannschaften der Wehrmacht befehligt wurden, ausgeliefert. Der Rest der Gesamtzahl der Opfer umfaßte ungefähr 100 000 deutsche Juden und eine große Anzahl von Einwohnern, meistens Juden, aus Holland, Frankreich, Belgien, Polen, Ungarn, Tschechoslowakei, Griechenland oder anderen Ländern. Ungefähr 400 000 ungarische Juden wurden allein in Auschwitz im Sommer 1944 von uns hingerichtet.
3. WVHA (Wirtschafts- und Verwaltungs-Hauptamt), das von Obergruppenführer Oswald Pohl geleitet wurde, war für alle Verwaltungsangelegenheiten, wie Unterkunft, Ernährung und ärztliche Fürsorge in den Konzentrationslagern verantwortlich. Vor

Errichtung der RSHA waren das Geheime Staatspolizeiamt (Gestapo) und das Reichsamt der Kriminalpolizei für die Verhaftungen, Verschickungen in die Konzentrationslager, für die dortigen Bestrafungen und Hinrichtungen verantwortlich. Nach der Organisation der RSHA wurden alle diese Funktionen wie bisher ausgeübt, aber gemäß den Befehlen, die von Heydrich als Chef der RSHA unterzeichnet waren. Während Kaltenbrunner Chef der RSHA war, wurden die Befehle betreffend Schutzhaft, Verschikkungen, Bestrafungen und Sonderhinrichtungen von Kaltenbrunner oder von Müller, dem Leiter der Gestapo, als Kaltenbrunners Vertreter, unterzeichnet.

4. Massenhinrichtungen durch Vergasung begannen im Laufe des Sommers 1941 und dauerten bis zum Herbst 1944. Ich beaufsichtigte persönlich die Hinrichtungen in Auschwitz bis zum 1. Dezember 1943 und weiß auf Grund meines laufenden Dienstes in der Überwachung der Konzentrationslager WVHA, daß diese Massenhinrichtungen wie vorerwähnt sich abwickelten. Alle Massenhinrichtungen durch Vergasung fanden unter dem direkten Befehl unter der Aufsicht und Verantwortlichkeit der RSHA statt. Ich erhielt unmittelbar von der RSHA alle Befehle zur Ausführung dieser Massenhinrichtungen ...

Rudolf Höß

[176] *Schätzungen über den zahlenmäßigen Umfang der Ausrottungen*

	Mindest-zahl	Höchst-zahl	Schätzungen des Anglo-Amerikan. Komitees, April 1946
Deutschland (Grenzen von 1937)	160 000	180 000	195 000
Österreich	58 000	60 000	53 000
Tschechoslowakei (Grenzen von 1937)	233 000	243 000	255 000
Dänemark	(weniger als 100)		1 500 (meist Flüchtlinge in Schweden)
Frankreich	60 000	65 000	140 000
Belgien	25 000	28 000	57 000
Holland	104 000	104 000	120 000
Luxemburg	3 000	3 000	3 000
Norwegen	700	700	1 000
Italien	8 500	9 500	20 000
Jugoslawien	55 000	58 000	64 000
Griechenland	57 000	60 000	64 000

	Mindest-zahl	Höchst-zahl	Schätzungen des Anglo-Amerikan. Komitees, April 1946
Bulgarien (Vorkriegsgrenzen)	–	–	5 000
Rumänien (Vorkriegsgrenzen)	200 000*	220 000*	530 000
Ungarn (Grenzen vor Erstem Wiener Schiedsspruch)	180 000	200 000	200 000
Polen (Vorkriegsgrenzen)	2 350 000*	2 600 000*	3 271 000
Sowjetunion (Vorkriegsgrenzen plus baltische Staaten)	700 000*	750 000*	1 050 000
			6 029 500
		Abzüglich DPs	308 000
	4 194 200*	4 581 200*	5 721 500

* Verläßliche Zahlenangaben liegen in diesem Fall nicht vor. Es handelt sich also nur um annähernde Schätzungen.

[177] *Augenzeugenberichte über Massenvergasungen*

a) AUS DEM GERSTEIN-BERICHT

... Am anderen Tage fuhren wir nach Belcec. Ein kleiner Spezialbahnhof war zu diesem Zweck an einem Hügel hart nördlich der Chaussee Lublin-Lemberg im linken Winkel der Demarkationslinie geschaffen worden. Südlich der Chaussee einige Häuser mit der Inschrift »Sonderkommando Belcec der Waffen-SS«. Da der eigentliche Chef der gesamten Tötungsanlagen, der Polizeihauptmann Wirth, noch nicht da war, stellte Globocnek mich dem SS-Hauptsturmführer Obermeyer (aus Pirmasens) vor. Dieser ließ mich an jenem Nachmittag nur das sehen, was er mir eben zeigen mußte. Ich sah an diesem Tage keine Toten, nur der Geruch der ganzen Gegend im heißen August war pestilenzartig, und Millionen von Fliegen waren überall zugegen. – Dicht bei dem kleinen zweigleisigen Bahnhof war eine große Baracke, die sogenannte Garderobe, mit einem großen Wertsachenschalter. Dann folgte ein Zimmer mit etwa 100 Stühlen, der Friseurraum. Dann eine kleine Allee im Freien unter Birken, rechts und links von doppeltem Stacheldraht umsäumt, mit Inschriften: Zu den Inhalier- und Baderäumen! – Vor uns eine Art Badehaus mit Geranien, dann ein Treppchen, und dann rechts und links je drei Räume 5 mal 5 Meter, 1,90 Meter hoch, mit Holztüren wie Garagen. An der Rückwand, in der Dunkelheit nicht recht sichtbar, große hölzerne Rampentüren. Auf dem Dach als »sinniger kleiner Scherz« der Davidstern!! — Vor dem Bauwerk eine Inschrift: Heckenholt-Stiftung! — Mehr habe ich an jenem Nachmittag nicht sehen können.

Am anderen Morgen um kurz vor sieben Uhr kündigt man mir an: In zehn Minuten kommt der erste Transport! Tatsächlich kam nach einigen Minuten der erste Zug von Lemberg aus an. 45 Waggons mit 6700 Menschen, von denen 1450 schon tot waren bei ihrer Ankunft. Hinter den vergitterten Luken schauten, entsetzlich bleich und ängstlich, Kinder durch, die Augen voll Todesangst, ferner Männer und Frauen. Der Zug fährt ein: 200 Ukrainer reißen die Türen auf und peitschen die Leute mit ihren Lederpeitschen aus den Waggons heraus. Ein großer Lautsprecher gibt die weiteren Anweisungen: Sich ganz ausziehen, auch Prothesen, Brillen usw. Die Wertsachen am Schalter abgeben, ohne Bons oder Quittung. Die Schuhe sorgfältig zusammenbinden (wegen der Spinnstoffsammlung), denn in dem Haufen von reichlich 25 Meter Höhe hätte sonst niemand die zugehörigen Schuhe wieder zusammenfinden können. Dann die Frauen und Mädchen zum Friseur, der mit zwei, drei Scherenschlägen die ganzen Haare abschneidet und sie in Kartoffelsäcken verschwinden läßt. »Das ist für irgendwelche Spezialzwecke für die U-Boote bestimmt, für Dichtungen oder dergleichen!« sagt mir der SS-Unterscharführer, der dort Dienst tut. —

Dann setzt sich der Zug in Bewegung. Voran ein bildhübsches junges Mädchen, so gehen sie die Allee entlang, alle nackt, Männer, Frauen, Kinder, ohne Prothesen. Ich selbst stehe mit dem Hauptmann Wirth oben auf der Rampe zwischen den Kammern. Mütter mit ihren Säuglingen an der Brust, sie kommen herauf, zögern, treten ein in die Todeskammern! — An der Ecke steht ein starker SS-Mann, der mit pastoraler Stimme zu den Armen sagt: Es passiert Euch nicht das geringste! Ihr müßt nur in den Kammern tief Atem holen, das weitet die Lungen, diese Inhalation ist notwendig wegen der Krankheiten und Seuchen. Auf die Frage, was mit ihnen geschehen würde, antwortete er: Ja, natürlich, die Männer müssen arbeiten, Häuser und Chausseen bauen, aber die Frauen brauchen nicht zu arbeiten. Nur wenn sie wollen, können sie im Haushalt oder in der Küche mithelfen. — Für einige von diesen Armen ein kleiner Hoffnungsschimmer, der ausreicht, daß sie ohne Widerstand die paar Schritte zu den Kammern gehen — die Mehrzahl weiß Bescheid, der Geruch kündet ihnen ihr Los! — So steigen sie die kleine Treppe herauf, und dann sehen sie alles. Mütter mit Kindern an der Brust, kleine nackte Kinder, Erwachsene, Männer und Frauen, alle nackt — sie zögern, aber sie treten in die Todeskammern, von den anderen hinter ihnen vorgetrieben oder von den Lederpeitschen der SS getrieben. Die Mehrzahl, ohne ein Wort zu sagen. Eine Jüdin von etwa 40 Jahren mit flammenden Augen ruft das Blut, das hier vergossen wird, über die Mörder. Sie erhält fünf oder sechs Schläge mit der Reitpeitsche ins Gesicht, vom Hauptmann Wirth persönlich, dann verschwindet auch sie in der Kammer. – Viele Menschen beten. Ich bete mit ihnen, ich drücke mich in eine Ecke und schreie laut zu meinem und ihrem Gott. Wie gern wäre ich mit ihnen in die Kammern gegangen, wie gern wäre ich ihren Tod mitgestorben. Sie hätten dann einen uniformierten SS-Offizier in ihren Kammern gefunden – die Sache wäre als Unglücksfall aufgefaßt und behandelt worden und sang- und klanglos verschollen. Noch also darf ich nicht, ich muß noch zuvor künden, was ich hier erlebe! – Die Kammern füllen sich. Gut vollpacken – so hat es der Hauptmann Wirth befohlen. Die Menschen stehen einander auf den Füßen. 700 bis 800 auf 25 Quadratmetern, in 45 Kubikmetern! Die SS zwängt sie physisch zusammen, soweit es überhaupt geht. – Die Türen schließen sich. Währenddessen warten die andern draußen im Freien, nackt. Man sagt mir: Auch im Winter genauso! Ja, aber sie können sich ja den Tod holen! sage ich – Ja, grad for das sinn se ja doh! – sagt mir ein SS-Mann darauf in seinem Platt. – Jetzt endlich verstehe ich auch, warum die ganze Einrichtung Heckenholt-Stiftung heißt. Heckenholt ist der Chauffeur des Dieselmotors, ein kleiner Techniker, gleichzeitig der Erbauer der Anlage. Mit den Dieselauspuffgasen sollen die Menschen zu Tode gebracht werden. Aber der Diesel funktioniert nicht! Der Hauptmann Wirth kommt. Man sieht, es ist ihm peinlich, daß das gerade heute passieren muß, wo ich hier bin. Jawohl, ich sehe alles! Und ich warte. Meine Stoppuhr hat alles brav registriert. 50 Minuten, 70 Minuten – der Diesel springt nicht an! Die Menschen warten in ihren Gaskammern. Vergeblich. Man hört sie weinen, schluchzen. . . . Der Hauptmann Wirth schlägt mit seiner Reitpeitsche dem Ukrainer, der dem Unterscharführer Heckenholt beim Diesel helfen soll, zwölf-, dreizehnmal ins Gesicht. Nach 2 Stunden 49 Minuten – die Stoppuhr hat alles wohl registriert – springt der Diesel an. Bis zu diesem Augenblick leben die Menschen in diesen vier Kammern, viermal 750 Menschen in viermal 45 Kubikmetern! – Von neuem verstreichen 25 Minuten. Richtig, viele sind jetzt tot. Man sieht das durch das kleine Fensterchen, in dem das elektrische Licht die Kammern einen Augenblick beleuchtet. Nach 28 Minuten leben nur noch wenige. Endlich, nach 32 Minuten ist alles tot! – –

Von der anderen Seite öffnen Männer vom Arbeitskommando die Holztüren. Man hat ihnen – selbst Juden – die Freiheit versprochen und einen gewissen Promillesatz von allen gefundenen Werten für ihren schrecklichen Dienst. Wie Basaltsäulen stehen die Toten aufrecht aneinander gepreßt in den Kammern. Es wäre auch kein Platz, hinzufallen oder auch nur sich vornüber zu neigen. Selbst im Tode noch kennt man die Familien. Sie drücken sich, im Tode verkrampft, noch die Hände, so daß man Mühe hat, sie auseinanderzureißen, um die Kammern für die nächste Charge freizumachen. Man wirft die Leichen, – naß von Schweiß und Urin, kotbeschmutzt, Menstruationsblut an den Beinen, heraus. Kinderleichen fliegen durch die Luft. Man hat keine Zeit, die Reitpeitschen der Ukrainer sausen auf die Arbeitskommandos. Zwei Dutzend Zahnärzte öffnen mit Haken den Mund und sehen nach Gold. Gold links, ohne Gold rechts. Andere Zahnärzte brechen mit Zangen und Hämmern die Goldzähne und Kronen aus den Kiefern. –

Unter allen springt der Hauptmann Wirth herum. Er ist in seinem Element. – Einige Arbeiter kontrollieren Genitalien und After nach Gold, Brillanten und Wertsachen. Wirth ruft mich heran: Heben Sie mal diese Konservenbüchse mit Goldzähnen, das ist nur von gestern und vorgestern! In einer unglaublich gewöhnlichen und falschen Sprechweise sagte er zu mir: Sie glauben gar nicht, was wir jeden Tag finden an Gold und Brillanten – er sprach es mit zwei L – und Dollar. Aber schauen Sie selbst! Und nun führte er mich zu einem Juwelier, der alle diese Schätze zu verwalten hatte, und ließ mich dies alles sehen. Man zeigte mir dann noch einen früheren Chef des Kaufhauses des Westens in Berlin und einen Geiger: Das ist ein Hauptmann von der alten Kaiserlich-Königlich österreichischen Armee, Ritter des Eisernen Kreuzes I. Klasse, der jetzt Lagerältester beim jüdischen Arbeitskommando ist! – Die nackten Leichen wurden auf Holztragen nur wenige Meter weit in Gruben von 100 mal 20 mal 12 Meter geschleppt. Nach einigen Tagen gärten die Leichen hoch und fielen alsdann kurze Zeit später stark zusammen, so daß man eine neue Schicht auf dieselben draufwerfen konnte. Dann wurde zehn Zentimeter Sand darüber gestreut, so daß nur noch vereinzelte Köpfe und Arme herausragten. – Ich sah an einer solchen Stelle Juden in den Gräbern auf den Leichen herumklettern und arbeiten. Man sagte mir, daß versehentlich die tot Angekommenen eines Transportes nicht entkleidet worden seien. Dies müsse natürlich wegen der Spinnstoffe und Wertsachen, die sie sonst mit ins Grab nähmen, nachgeholt werden. – Weder in Belcec noch in Treblinka hat man sich irgendeine Mühe gegeben, die Getöteten zu registrieren oder zu zählen. Die Zahlen waren nur Schätzungen nach dem Waggoninhalt ... – Der Hauptmann Wirth bat mich, in Berlin keine Änderungen seiner Anlagen vor-

zuschlagen und alles so zu lassen, wie es wäre und sich bestens eingespielt und bewährt habe ...
Alle meine Angaben sind wörtlich wahr. Ich bin mir der außerordentlichen Tragweite dieser meiner Aufzeichnungen vor Gott und der gesamten Menschheit voll bewußt und nehme es auf meinen Eid, daß nichts von allem, was ich registriert habe, erdichtet oder erfunden ist, sondern alles sich genauso verhält...

b) DIE GASAUTOS

Die Menschen, die in den Gaskammern von Auschwitz umkamen, haben einen schnelleren Tod erlitten als diejenigen, die in den Gasautos von Minsk umgebracht wurden, denn die Leichen der Toten von Auschwitz waren ohne entstellende Merkmale. Der millionenfache Mörder des Todeslagers Auschwitz, Rudolf Höß, hat in seinem Prozeß in Nürnberg ausgesagt, bei seinen Opfern sei der Tod nach acht Minuten eingetreten.
Und wie war es in Minsk?
Sobald ein neuer Transportzug eingelaufen war, konnten die Insassen ihn ruhig und ungestört verlassen. Zu ihrer größten Verwunderung wurden sie weder angeschrien noch gehetzt. Dann wurden sie mit Lastkraftwagen zu einer etwa vierzehn Kilometer entfernten Wiese gefahren, wo verhältnismäßig gut aussehende »Wohnwagen« bereitstanden.
Sobald alle Transportteilnehmer versammelt waren, hielt ein SS-Offizier eine Ansprache, die etwa folgenden Wortlaut hatte:

> »Ihr seid hierher gebracht worden, weil wir zu Euch mehr Vertrauen haben als zu den Russen. Ihr werdet auf unsere SS-Güter gefahren, um dort zu arbeiten. Ihr verbleibt dort bis zum Kriegsende, dann werden wir weitersehen. Ihr könnt unbesorgt sein, es geschieht Euch nichts. Ihr habt nichts zu befürchten. Sind Spezialarbeiter unter Euch, insbesondere Radiotechniker? — die benötigen wir hier.«

Dann wurden junge, kräftig aussehende Männer herausgesucht und beiseite gestellt—insgesamt vierzig Männer von tausend Männern, Frauen und Kindern, vierzig von tausend! Die übrigen mußten die als Wohnwagen getarnten Lastwagen besteigen. Von weitem sahen diese Wagen wirklich wie Wohnwagen aus. Sie hatten aufgemalte Fenster, Gardinen, Fensterläden sowie einen Schornstein. Als ich diesen Schornstein zum ersten Male sah, fiel mir auf, daß er neu lackiert war und im Gegensatz zu dem Wagen keine Gebrauchsmerkmale aufwies. Und dann lernte ich die grausige Wirklichkeit kennen.
Wenn der Wagen so voller Menschen war, daß niemand mehr hineinging, wurden die eisernen Türen zugeschlagen, und dann,

ja dann wurde der Motor angelassen, und das Auspuffrohr brachte das tödliche Gas in das Innere des Wagens.
Da die Chauffeure, um schneller mit ihrer grausigen Arbeit fertig zu werden, den Motor auf höchsten Touren laufen ließen – vielleicht wollten sie auch nicht das Schreien der Unglücklichen hören – drang weniger Gas in das Wageninnere als vorgesehen war, so daß die Menschen in den Wagen nicht vergast wurden, sondern erstickten. Ihr Todeskampf muß furchtbar gewesen sein, denn die Leichen wiesen ausnahmslos Spuren von Blut auf, das ihnen aus Augen, Ohren, Nase und Mund gedrungen war.
Ich habe lange Zeit nicht verstanden, warum der SS-Offizier vorher solch eine beruhigende Ansprache an die Todeskandidaten richtete. Das Geheimnis wurde mir erst offenbar, als ich aus einer Meldung des SS-Arztes, SS-Untersturmführer Becker, entnahm, daß eine Beunruhigung der Schlachtopfer »tunlichst zu vermeiden sei«, damit der Tod schneller eintreten könne. Also nicht aus Mitgefühl hielt man die Ansprache, sondern um den Tod schneller herbeizuführen – um schnellere Arbeit leisten zu können . . .

VIII

DIE WIDERSTANDSBEWEGUNG

Wenn von der Widerstandsbewegung gegen das Hitler-Regime die Rede ist, dann denkt man sofort an den 20. Juli 1944. Sicher ist der Aufstandsversuch vom 20. Juli 1944 die wichtigste und hervorstechendste Aktion der deutschen Widerstandsbewegung gewesen, aber ihre Geschichte erschöpft sich bei weitem nicht in dieser Tat und ihrer Vorgeschichte. Im weitesten Sinne genommen stellt die deutsche Widerstandsbewegung eine Summe von Einzel- und Gruppenaktionen gegen das totalitäre Regime dar, an denen im ganzen Tausende, wenn nicht Zehntausende von Menschen beteiligt gewesen sind. Sicher ist die Opposition gegen Hitler nicht das gewesen, was man eine Massenbewegung nennt. Aber ebensowenig war sie Angelegenheit einiger weniger unzufriedener Frondeure und Putschisten in Armee, Staat und Partei.

Widerstand gegen das Regime konnte sich in sehr verschiedenen Formen äußern, und vom passiven Widerstand bis zum direkten Attentat auf den Führer gibt es eine ganze Skala von Aktionsmöglichkeiten: politische Agitation im kleinen Kreise, etwa im Betriebe, Organisierung von Diskussionen, Drucken und Verteilen von Flugschriften, geheime Propaganda gegen den totalen Staat und seine Repräsentanten, Sabotage an Wirtschaft und Rüstung, Informationsaustausch und Verbindung mit ausländischen Stellen, etwa den Zentralen der verbotenen und emigrierten Parteien, bis hin zum Planen und Durchführen von Aktionen zum Sturze des Regimes und zur Beseitigung des Diktators.

Tausende von deutschen Staatsbürgern haben solchen Widerstand individuell oder in kleinen Gruppen und Zellen geleistet, wie die ebensovielen Zuchthaus- und Todesurteile der nationalsozialistischen Justiz beweisen [178]. Es kann aber hier nicht darum gehen, diesen ausgedehnten und in Einzelaktionen aufgelösten, zum Teil äußerst schwer erfaßbaren Widerstand darzustellen, den man etwa auch als »lautlosen Aufstand« bezeichnet hat. Wir müssen uns hier mit der Feststellung begnügen, daß es diesen relativ breiten Widerstand gegeben hat. Was wir zum eigentlichen Gegenstand unserer Betrachtung machen wollen und machen müssen, ist jener Widerstand gegen Hitler, der einmal das Regime selbst geistig in Frage stellte durch die Radikalität seines politischen Denkens, der das Regime aber auch in seiner Existenz bedrohen konnte durch die Effektivität seines politischen Handelns. Es gibt also eine geistige, mehr theoretische Seite und einen politisch-militärischen, mehr praktischen Aspekt in jener Opposition gegen Hitler, die sich die Beseitigung des Regimes zum Ziele gesetzt hat. Und in diesem Sinne wird dann allerdings die Geschichte der Widerstandsbewegung in erheblichem Maße zu einer Vorgeschichte des 20. Juli 1944.

Konkret gesprochen handelt es sich darum, daß sich im Laufe der Jahre, besonders seit 1937, als die abenteuerliche und verbrecherische Linie der nationalsozialistischen Politik offenbar wurde, hervorragende Persönlichkeiten zusammenfanden, die sich Gedanken darüber machten, wie man Deutschland von diesem verhängnisvollen politischen Kurs abbringen könnte. Diese Persönlichkeiten kamen aus der Diplomatie, aus der Verwaltung, aus der Wirtschaft, aus der Kirche, von den Hochschulen, aus den ehemaligen und jetzt verbotenen Parteien und Gewerkschaften, aus der Armee; zum Teil waren sie noch im Dienste Hitlers, oft sogar an hervorragender Stelle, zum Teil hatten sie ihren Bruch mit dem Regime freiwillig oder gezwungenermaßen bereits vollzogen. Viele versuchten oder hatten versucht, von ihren Stellungen aus mäßigend und im Sinne der Vernunft auf den Kurs Hitlers einzuwirken. Sie waren geblieben, »um Schlimmeres zu verhüten«. Andere wie die ehemaligen Sozialisten und Gewerkschaftler lebten schon halb in der Illegalität, mindestens in der Tarnung und hatten mit den Gefängnissen und Konzentrationslagern des Hitlerstaates jahrelange Bekanntschaft gemacht.

Der Ansatzpunkt ihres Widerstandes war bei vielen Männern zunächst fachlicher Natur gewesen, weil sie von ihrem Fachgebiet her zur Überzeugung kamen, daß der Kurs Hitlers nur in einer Katastrophe enden konnte: Wirtschafts-, Finanz- und Verwaltungssachverständige befürchteten einen allgemeinen Zusammenbruch des Staats- und Wirtschaftslebens wie Carl Friedrich Goerdeler oder der langjährige Wirtschaftsminister und Reichsbankpräsident Schacht oder der preußische Finanzminister Popitz, auch Industrielle wie Robert Bosch, Nikolaus von Halem und Hermann Reusch; Diplomaten und Angehörige des Auswärtigen Amtes befürchteten das Schlimmste angesichts der abenteuerlichen Außenpolitik Hitlers wie der ehemalige Botschafter in Rom, Ulrich von Hassell [179], später auch der Moskauer Botschafter, Friedrich Werner von der Schulenburg, oder die Gebrüder Kordt und die Legationsräte Adam von Trott zu Solz und Hans-Bernd von Haeften; Männer der Kirche erkannten, wie schon gezeigt wurde, die grundsätzliche Gefahr des Nationalsozialismus für das Christentum und schlossen sich dem politischen Widerstand an wie Dietrich Bonhoeffer [180] und der Jesuitenpater Alfred Delp [181]; Richter und Rechtsanwälte, die im Hitlerstaat den gefährlichsten Feind des Rechtsstaates und der Gerechtigkeit sahen, entschlossen sich zum grundsätzlichen Widerstand wie der Reichsgerichtsrat Hans von Dohnanyi, die Rechtsanwälte Joseph Wirmer und Fabian von Schlabrendorff, der Syndikus der Deutschen Lufthansa Klaus Bonhoeffer, aber auch Ernst von Harnack und Erwin Planck, würdige Söhne ihrer weltberühmten Väter, Berthold von Stauffenberg, der Bruder des Attentäters vom 20. Juli 1944; Männer der Kunst und Wissenschaft, die unter der Vergewaltigung des freien Geistes litten, schlossen sich dem Widerstand an wie der Pädagoge Adolf Reichwein und der Schriftsteller Rudolf Pechel, um hier nur diese beiden zu nennen, zugleich stellvertretend für viele andere, die genannt zu werden verdienten. Jede Auswahl hat ein Element des Willkürlichen und berührt besonders da schmerzlich, wo Menschen ihren Einsatz für höchste Werte und Ideale mit dem Leben bezahlten. Hohe Offiziere schließlich sahen schon sehr bald eine Weltkriegskatastrophe und damit das Ende Deutschlands, aber vielleicht auch Europas voraus, wenn Hitlers zugleich dilettantische und verbrecherische Kriegspläne verwirklicht würden: die Generäle Beck, Halder, Witzleben, Stülpnagel und Hoepner, der Oberst Hans Oster nebst vielen anderen stellten sich der Widerstandsbewegung lange vor Kriegsbeginn zur Verfügung – es sind zum großen Teil dieselben Namen, die dann auf der Todesliste des 20. Juli 1944 wieder auftauchen.

Alle diese Männer gingen bald über ihre fachliche Kritik hinaus und steigerten sie, indem sie die grundsätzliche Verworfenheit und Unmenschlichkeit des Regimes erkannten, zur politischen und allgemein-menschlichen Ablehnung des Unrechts- und Willkürsystems. Damit trafen sie sich mit den eigentlichen Politikern, also mit jenen Männern, die von Anfang an, aus den Kämpfen vor 1933, aus politischer Überzeugung, Gegner des Nationalsozialismus gewesen und geblieben waren wie die Sozialisten Wilhelm Leuschner, Theo Haubach, Carlo Mierendorff und Julius Leber, die christlichen Arbeiterführer Otto Müller, Bernhard Letterhaus, Nikolaus Groß und Jakob Kaiser.

Man kann bei dieser Sammlung des Widerstandes gegen Hitler so etwas wie Kreise oder Gruppen unterscheiden, wenn man sich dabei immer eingedenk bleibt, daß der allgewaltig-allgegenwärtige totale Staat mit seinem stets wachsamen Auge der Geheimpolizei keine offene Gruppenbildung duldet. Hitler war geneigt, Landes- und Hochverrat schon dort zu sehen, wo zwei oder drei sich ohne sein Wissen zusammentaten, um politische oder gar militärische Fragen zu besprechen, wie er anläßlich der Röhmaffäre selbst sagte. In diesem eingeschränkten Sinne kann man schon vor 1939 einen kirchlichen, einen sozialistisch-gewerkschaftlichen, einen bürgerlichen und einen militärischen Kreis innerhalb der deutschen Opposition unterscheiden. Dazu traten im Kriege noch der Kreis der, von der Gestapo sogenannten, »Roten Kapelle«, die mit der Sowjetunion Verbindung hatte, der Kreis der Geschwister Scholl an der Universität München [182] und, wohl als bedeutendster, der »Kreisauer« Kreis, so genannt nach dem schlesischen Gute des Grafen Helmuth James von Moltke. Mit seinem Freunde zusammen, Peter Graf Yorck von Wartenburg, ebenfalls Träger eines klangvollen Namens der preußischen Geschichte, sammelte er Männer aus allen Kreisen der Opposition, deren wichtigste Namen wir bereits kennen, um mit ihnen seit dem Sommer 1940 grundsätzliche Fragen einer Nachkriegsgestaltung Deutschlands und Europas zu besprechen [183]. Obschon nicht unmittelbar an der Vorbereitung des Aufstandsversuches vom 20. Juli 1944 beteiligt, sind die beiden preußischen Grafen und andere Gesprächsteilnehmer in den allgemeinen Todesstrudel von Roland Freislers Volksgericht hineingerissen worden [184]. Die Namen dieser preußischen Junker auf der Todesliste der deutschen Widerstandsbewegung beweisen, daß sie von radikalen Sozialisten bis zu Konservativen preußischer Prägung reichte. So hatte sich Hitlers Regime Männer aus allen Schichten zu Feinden gemacht, soweit sie sich der gemeinsamen Überlieferung europäisch-abendländischer Geschichte verpflichtet fühlten.

Die einzelnen Kreise überschneiden sich also durch persönliche Bekanntschaften und Begegnungen; Ideen und Pläne werden ausgetauscht und gemeinsam beraten; es gibt auch Unstimmigkeiten und Gegensätze, was bei der äußerst unterschiedlichen politischen Überzeugung und sozialen Herkunft kaum zu verwundern ist. Was die Männer des Widerstandes über alle Schranken hinweg immer wieder einigt, ist nicht nur die gemeinsame Ablehnung des nationalsozialistischen Herrschaftssystems, sondern auch etwas Positives, Konstruktives: der Gedanke an ewige und unveräußerliche Werte im Dasein des Menschen und des Staates, wie Freiheit und Menschlichkeit, Gerechtigkeit und Wahrheit. Die deutsche Opposition gegen Hitler ist der Aufstand einer geistigen und moralischen Elite der deutschen Nation gegen das verbrecherische Regime, in dessen Klauen das deutsche Volk sich begeben hat, es ist der Aufstand abendländisch-europäischer Gesittung und Überzeugung, der »Aufstand des Gewissens«.

Schon früh besteht bei den zivilen Gegnern die Einsicht, daß dem Regime Hitlers nur durch den bewaffneten Arm des Staates, durch die Wehrmacht, beizukommen ist. Als sich angesichts der Kriegsvorbereitungen Hitlers in militärischen Kreisen Widerstand bemerkbar machte, war der Kontakt bald hergestellt. Schon vor Kriegsbeginn finden wir zivilen und militärischen Widerstand vereinigt, dieser um General Ludwig Beck, jener um Carl Friedrich Goerdeler zentriert, wobei von Anfang an der Vorrang der Politik gewahrt bleibt. Die beiden genannten Männer kann man als die Häupter der Opposition bezeichnen. Der ehemalige Leipziger Oberbürgermeister Goerdeler war wohl der unermüdlichste Kämpfer, unablässig damit beschäftigt, neue Männer zu gewinnen, insbesondere den Marschällen ins Gewissen zu reden, immer wieder auf Reisen, um Kontakte mit dem Ausland herzustellen. Zahlreiche programmatische Entwürfe und Reformvorschläge über die Gestaltung Deutschlands nach dem Sturze Hitlers sind aus seiner Feder überliefert [185]. Er war recht eigentlich der Motor der Widerstandsbewegung, wenn vielleicht auch ein etwas zu geräuschvoll laufender Motor, wie ihm vorgeworfen worden ist.

General Ludwig Beck, Chef des Generalstabes bis August 1938, war eine hervorragende Gestalt an Geist und Charakter. Er erschien wie ein Nachfahre der preußischen Erhebungszeit, da er militärisches Können und Wissen in seltener Weise mit der Weite eines europäischen Horizontes und einer universalen Bildung verband. Beck war das genaue Gegenstück des sturen und beschränkten Militaristen, der so leicht zum blinden Ausführungsorgan der Hitlerschen Eroberungskriege wurde. Beck versuchte zunächst aus seinem Amte heraus gegen die Eroberungspläne Hitlers zu opponieren [186]. Als er die Nutzlosigkeit seines Unterfangens einsehen mußte, trat er von seinem Posten zurück, da er nicht Hitlers Kriege vorbereiten und mitverantworten wollte. Seine ganzen Kräfte widmete er nun dem Widerstand gegen Hitler. Er war in der nach dem Sturze Hitlers einzusetzenden Widerstandsregierung als Staatsoberhaupt vorgesehen, während Goerdeler Reichskanzler werden sollte.

Die erste großangelegte Aktion zur Beseitigung des Regimes wurde im Sommer 1938 vorbereitet, als Hitler auf einen Krieg gegen die Tschechoslowakei lossteuerte, der nach Ansicht des Generalstabes zu einem europäischen Kriege führen mußte. Der Nachfolger Becks, General Halder, stellte den militärischen Apparat zur Verfügung, um Hitler, falls er den Krieg befahl, gefangenzusetzen und dann kriegsgerichtlich abzuurteilen. Der kommandierende General des Wehrkreises Berlin, Erwin von Witzleben, sollte die Besetzung der Hauptstadt und die Aushebung der Gestapo- und SS-Zentralen übernehmen. Die entscheidende außenpolitische Voraussetzung für die Durchführung des Unternehmens trat aber nicht ein: die Westmächte blieben nicht fest, es kam zur Konferenz von München, die Hitler einen weiteren billigen Triumph brachte und sein Ansehen im deutschen Volk geradezu ins Unermeßliche steigerte. Obschon die britische Regierung genau über das Vorhaben der deutschen Opposition orientiert war, setzte Chamberlain auf die Karte Hitler [187]. Dieser Aktionsplan vom Spätsommer 1938 ist wohl der einzige gewesen, der gewisse Aussichten hatte und bei Gelingen zu einer Wendung der Dinge ohne großes Blutvergießen hätte führen können.

Als Hitler den Krieg dann wirklich entfesselte, im Herbst 1939, war die internationale Lage für eine ähnliche Aktion viel ungünstiger, vor allem wegen der Verständigung Hitlers mit der

Sowjetunion. Auch die persönlichen und technischen Voraussetzungen waren nicht mehr gegeben: Witzleben war versetzt, der Angriffstermin wurde bis zuletzt geheimgehalten, so daß keine Möglichkeit mehr bestand, aus dem Aufmarsch heraus Truppen für einen Staatsstreich abzuziehen. Als der Krieg zur Tatsache geworden war, bemühte sich die deutsche Opposition, seine Ausdehnung zu verhindern, d. h. Hitler von dem Angriff auf den Westen abzuhalten. Die psychologischen Voraussetzungen waren aber nach dem überwältigenden Sieg in Polen äußerst schwierig. Die opponierenden Generäle hatten große Angst davor, im Falle eines Staatsstreiches nicht als Retter vor einem unsinnigen Kriege dazustehen, sondern als Saboteure und Verräter. Während jetzt also die Generäle zögerten, nahm die britische Regierung eine sehr positive Haltung gegenüber dem Vorhaben der deutschen Opposition ein. England war geneigt, auf die Karte der Opposition zu setzen und einer Oppositionsregierung äußerst günstige Friedensbedingungen einzuräumen. So hätte Deutschland z. B. alle von Hitler annektierten wirklich deutschsprechenden Gebiete behalten dürfen, während die Tschechoslowakei und Polen als unabhängige Staaten wiederhergestellt werden sollten. Aber aus diesen Plänen wurde nichts.

Der unerhörte und von niemand erwartete Siegeszug der deutschen Armeen im Westen und dann im Südosten und Osten machte die Lage der deutschen Opposition vollends hoffnungslos. Trotz aller Siege indessen sind die Männer des innersten Kreises der Widerstandsbewegung bei ihrer unbedingten Ablehnung des Hitlerregimes geblieben und haben sich durch keine angeblich nationalen Erfolge blenden lassen. Aber die Voraussetzungen für einen erfolgversprechenden Staatsstreich waren nicht mehr gegeben. Man war darauf beschränkt, Pläne für später zu schmieden. Aussicht auf Erfolg hatten Umsturzversuche erst wieder, als die Siegesserie nach zwei Jahren abriß und der Krieg seinen Kulminationspunkt erreichte, der für viele einsichtige Offiziere zugleich den endgültigen Wendepunkt zuungunsten Deutschlands darstellte. Zahlreiche Aktionen sind seit 1942 geplant worden, weit weniger in das Stadium der unmittelbaren Vorbereitungen gediehen. Mehrere Offiziere stellten sich unter Selbstaufopferung für ein Attentat gegen Hitler zur Verfügung, ohne aber an ihn heranzukommen. Eine Verschwörungsgruppe um den Stabschef der Heeresgruppe Mitte in Rußland, Generalmajor von Tresckow, schmuggelte einen Sprengkörper in Form von Kognakflaschen in das Flugzeug Hitlers. Der Sprengkörper funktionierte aber, zum erstenmal nach Dutzenden von Versuchen, nicht. Das war am 13. März 1943 gewesen, ein Datum, das ebenso leicht in die Weltgeschichte hätte eingehen können.

Neuen Auftrieb erhielt die Widerstandsbewegung durch die Persönlichkeit des Grafen Claus Schenk von Stauffenberg, der im Herbst 1943 als Oberstleutnant im Generalstab zum Ersatzheer nach Berlin versetzt wurde, da er schwer verwundet worden war. Im Krieg hatte der erst 36jährige Offizier das linke Auge, die rechte Hand und zwei Finger der linken Hand verloren. Ein schwer Kriegsversehrter wurde also zum Attentäter gegen Hitler. Sein Wille, seine Energie, seine Schaffenskraft, sein hervorragendes militärisches Können und seine geistigen Fähigkeiten aber blieben unversehrt erhalten, ja sie schienen durch die schwere körperliche Benachteiligung noch gesteigert. Stauffenberg wurde zur Seele der Verschwörung. Es beginnt die unmittelbare Vorgeschichte des 20. Juli 1944 [188].

Die dramatischen und schließlich tragischen Einzelheiten dieser Geschichte des 20. Juli 1944 können hier nicht erzählt werden. Nirgends sind sie erschütternder und zugleich wahrheitsgetreuer dargestellt als in Eberhard Zellers trefflichem Buche »Geist der Freiheit«. Die technischen Vorbereitungen für den Umsturzversuch waren bereits im Herbst 1943 abgeschlossen, aber erst im Sommer 1944 gelang es Stauffenberg, an Hitler heranzukommen, als er Zutritt zu den sogenannten Führerbesprechungen bekam. Inzwischen hatte sich aber die militärische Lage Deutschlands katastrophal verschlechtert: die Russen näherten sich der Reichsgrenze, und die Invasion im Westen war gelungen. Es gab kaum mehr politische Trümpfe für eine Regierung nach Hitler, nachdem die bedingungslose Kapitulation gefordert war [189]. Trotzdem war der Attentatsversuch vom 20. Juli noch auf der Annahme aufgebaut, es könnte im Westen der Kampf aufgegeben und im Osten weitergeführt werden. Rommel, der sich, nach einem letzten Appell an Hitler, zur Verfügung gestellt hatte, fiel kurz vor dem Attentat durch schweren Unfall aus [190].

Dem Attentat gingen unmittelbar zwei Versuche voraus, am 11. und am 15. Juli; beide Male betätigte Stauffenberg den Zünder nicht, weil er unbedingt auch Himmler und Göring umbringen wollte. Am 20. Juli, einem heißen Sommertag, war es soweit. Wie durch ein Wunder aber wurde Hitler durch den in seiner unmittelbaren Nähe explodierenden Sprengkörper nicht getötet. Damit war die Hauptvoraussetzung für das Gelingen des Umsturzes nicht erfüllt. Als weitere entscheidende Schwierigkeit sollte sich erweisen, daß Stauffenberg zugleich im Führerhauptquartier in Ostpreußen das Attentat ausführen und dann in Berlin die militärischen Umsturzaktionen leiten wollte – Stoßtruppführer und Generalstabschef, das war zuviel für eine Person. Das tragische Ende nach verzweifelten Stunden ist allgemein bekannt [191]. Stauffenberg und seine engsten Mitverschwörer wurden am selben Tag standrechtlich erschossen, Generaloberst Beck verübte Selbstmord. Und dann begann der Volksgerichtshof Hitlers zu wüten und löschte die Widerstandsbewegung praktisch aus [192]. Das deutsche Volk aber erlitt dadurch einen unersetzlichen Verlust an geistiger und moralischer Substanz [193].

DOKUMENTE ZUM 8. KAPITEL

[178] *Ein Beispiel für viele*

a) WIE EIN TODESURTEIL AUSSIEHT ...

Begl. Abschrift!
1 J 443/43g
1 L 66/43

Im Namen des Deutschen Volkes

In der Strafsache gegen
den Regierungsrat Dr. jur. Theodor *Korselt* aus Rostock, geboren am 24. November 1891 in Buchholz/Erzgeb.,
zur Zeit in dieser Sache in gerichtlicher Untersuchungshaft,
wegen Wehrkraftzersetzung,
hat der Volksgerichtshof, 1. Senat, auf Grund der Hauptverhandlung vom 23. August 1943, an welcher teilgenommen haben
als Richter:
Präsident des Volksgerichtshofs Dr. Freisler, Vorsitzer,
Landgerichtsdirektor Storbeck,
Generalleutnant Cabanis,
SA-Gruppenführer Aumüller,
Oberbereichsleiter Bodinus,
als Vertreter des Oberreichsanwalts:
Landgerichtsdirektor Dr. Schultze,
für Recht erkannt:
Theodor *Korselt* hat in Rostock in der Straßenbahn kurz nach der Regierungsumbildung in Italien gesagt, so müsse es hier auch kommen, der Führer müsse zurücktreten, denn siegen könnten wir ja nicht mehr und alle wollten wir doch nicht bei lebendigem Leibe verbrennen.
Als Mann in führender Stellung und mit besonderer Verantwortung hat er dadurch seinen Treueid gebrochen, unsere nationalsozialistische Bereitschaft zu mannhafter Wehr beeinträchtigt und damit unserem Kriegsfeind geholfen.
Er hat seine Ehre für immer eingebüßt und wird mit dem *Tode* bestraft ...

b) . . . UND WAS EIN TODESURTEIL KOSTET

REICHSANWALTSCHAFT Nj 84

beim Volksgerichtshof
– Staatsanwaltschaft –
Geschäftsnummer: 3 J 301/44

Kostenrechnung

in der Strafsache gegen . . . . wegen Wehrkraftzersetzung

Lfd. Nr.	Gegenstand des Kostenansatzes und Hinweis auf die angewandte Vorschrift	Wert des Gegenstandes RM	Es sind zu zahlen RM	Rpf
1	2	3	4	
	Gebühr für Todesstrafe		300	—
	Postgebühren gem. § 72 GKG		2	70
	Geb. für den Rechtsanwalt		81	60
	Haftkosten gem. § 72 GKG f. d. Unters.-Haft v. 24. 12. 43 bis 28. 3. 44 = 96 Tg. à 1,50		144	—
	f. d. Strafhaft v. 29. 3. 44 bis 8. 5. 44 = 40 Tg. à 1,50		60	—
	Kosten der Strafvollstreckung a) Vollstreckung des Urteils		158	18
	Hinzu Porto für Übersendung der Kostenrechnung		—	12
			746	60

[179] *Aus Ulrich von Hassells Tagebuch*

(Reichswirtschaftsminister)

a) GESPRÄCH MIT SCHACHT

. . . Donnerstag [15. 9. 38] Vormittag bei *Schacht*, der von äußerstem wirtschaftlichem und finanziellem Pessimismus war. Völlig ablehnend gegenüber dem Regime. Gleich zu Anfang bezeichnete er Hitler als einen Schwindler, mit dem England vergeblich versuchen werde, bindende Abmachungen zu treffen. Überhaupt sei Chamberlains Schritt ein Fehler, denn er werde den Krieg doch nicht vermeiden. Heute traf ich Schacht im Auswärtigen Amt, wo er sich zu der, meines Erachtens, unsinnigen Behauptung verstieg, wenn Hitler jetzt nur die deutschen Randgebiete bekomme, so sei das in Wahrheit eine schwere Niederlage seiner Außenpolitik! Wirtschaftlich pumpten wir uns mehr und mehr aus, die heimlichen Devisen usw. (aus Österreich usw.) seien schon in leichtfertiger Weise restlos verbraucht, in Wahrheit seien wir schon im Minus. Und was die Reichsfinanzen angehe, so sei der Zustand schon so, daß fällige Ansprüche wiederholt nicht hätten beglichen werden können. Ich machte einen vorsichtigen Hinweis auf seine eigene Verantwortung, worauf er meinte, für diese Dinge trage er keine. »Minister« sei heute keine Realität mehr, man würde nicht einmal informiert. Und er wisse nicht, wie die Leute anders als durch Papierdrucken aus der Sache herauskommen wollten, und wenn man das von ihm verlange, so würde er eben gehen. Im ganzen war seine Ansicht, daß ein Staat, der auf so unmoralischen Grundlagen arbeite, nicht mehr lange bestehen könne. Ich wandte ein, daß viele unmoralische Regime sehr lange bestanden hätten. Das bestritt er insofern, als Korruption usw. in diesen Systemen zwar geübt, *grundsätzlich* aber doch verurteilt worden sei, so daß also der Staat an sich die sittlichen Normen anerkenne. Bei uns liege aber jetzt ein Regime vor, das zum Beispiel in der Justiz unsittliche Grundsätze *offiziell* aufstelle. Darin liegt etwas Richtiges ...

b) GESPRÄCH MIT GOERDELER

... [10. 10. 39] Mit meinem Besucher (Goerdeler) besprach ich die politische Lage. Meiner Grundauffassung stimmt er in jeder Hinsicht zu. Auch nach seiner Ansicht ist die Kriegspolitik ein verbrecherischer Leichtsinn und die Politik mit Rußland in dieser Form eine ungeheure Gefahr. In der Lage ohne Ausweg, in die uns Hitler und Ribbentrop hineinmanövriert hatten, haben sie als einziges Auskunftsmittel die Kooperation mit den Sowjets gesehen. In der Not des Augenblicks haben sie verbrannt, was sie angebetet und angebetet, was sie verbrannt haben. Und damit ihr eigenes weltanschauliches, allerdings von jeher hohles Gebäude erschüttert.

Die völlige geistige Verwirrung ist denn auch in der Partei bereits zu bemerken. Außenpolitisch aber hat man in selbstverschuldeter, bitterer Not, um aus ihr im Augenblick herauszukommen, alle wichtigsten Positionen aufgeopfert: die Ostsee und die Ostgrenze. Ganz zu schweigen von der politisch unsittlichen Preisgabe der baltischen Länder ist nun das Dominium maris baltici schwer gefährdet, im Konfliktsfalle mit Rußland auch die Erzzufuhr aus Schweden. Alles tritt aber zurück gegen die unbekümmerte Auslieferung eines großen wichtigen Teiles des Abendlandes, zum

Teil deutsch-lutherischer Kultur, zum Teil altes Österreich, an denselben Bolschewismus, den wir angeblich im fernen Spanien auf Tod und Leben bekämpft haben. Die Bolschewisierung hat in den bisher polnischen Teilen bereits auf breiter Front eingesetzt.
... Die ganze Lage führt mich zu dem Schlusse, daß es hohe Zeit wird, den hinabrollenden Wagen zu bremsen. Derselben Ansicht war mein Besucher (Goerdeler). Er sieht die Dinge noch schwärzer als ich. Er glaubt, daß, wenn es nicht bald gelingt, der Abenteurerpolitik Einhalt zu gebieten, innere und äußere Katastrophen unvermeidlich sind ...

c) DAS DILEMMA DER HITLER-GEGNER

... Der Zustand, in dem sich mitten in einem großen Kriege Deutschlands die Mehrzahl der politisch klardenkenden, einigermaßen unterrichteten Leute befinden, die ihr Vaterland lieben und sowohl national wie sozial denken, ist geradezu tragisch. Sie können einen Sieg nicht wünschen und noch weniger eine schwere Niederlage, sie müssen einen langen Krieg fürchten, und sie sehen keinen wirklich realen Ausweg. Letzteres deshalb, weil man nicht das Vertrauen haben kann, daß die Führung der Wehrmacht Einsicht und Willen genug besitzt, um sich im entscheidenden Augenblick einzusetzen ... [Oktober 1939.]

[180] *Aus Dietrich Bonhoeffers »Widerstand und Ergebung«*

... Die große Maskerade des Bösen hat alle ethischen Begriffe durcheinander gewirbelt. Daß das Böse in der Gestalt des Lichts, der Wohltat, des geschichtlich Notwendigen, des sozial Gerechten erscheint, ist für den aus unserer tradierten ethischen Begriffswelt Kommenden schlechthin verwirrend; für den Christen, der aus der Bibel lebt, ist es gerade die Bestätigung der abgründigen Bosheit des Bösen.
... Wer hält stand? Allein der, dem nicht seine Vernunft, sein Prinzip, sein Gewissen, seine Freiheit, seine Tugend der letzte Maßstab ist, sondern der dies alles zu opfern bereit ist, wenn er im Glauben und in alleiniger Bindung an Gott zu gehorsamer und verantwortlicher Tat gerufen ist, der Verantwortliche, dessen Leben nichts sein will als eine Antwort auf Gottes Frage und Ruf. Wo sind diese Verantwortlichen? ...
Was steckt eigentlich hinter der Klage über die mangelnde Civilcourage? Wir haben in diesen Jahren viel Tapferkeit und Auf-

opferung, aber fast nirgends Civilcourage gefunden, auch bei uns selbst nicht. Es wäre eine zu naive Psychologie, diesen Mangel einfach auf persönliche Feigheit zurückzuführen. Die Hintergründe sind ganz andere. Wir Deutschen haben in einer langen Geschichte die Notwendigkeit und die Kraft des Gehorsams lernen müssen. In der Unterordnung aller persönlichen Wünsche und Gedanken unter den uns gewordenen Auftrag sahen wir Sinn und Größe unseres Lebens. Unsere Blicke waren nach oben gerichtet, nicht in sklavischer Furcht, sondern im freien Vertrauen, das im Auftrag einen Beruf und im Beruf eine Berufung sah. Es ist ein Stück berechtigten Mißtrauens gegen das eigene Herz, aus dem die Bereitwilligkeit entsteht, lieber dem Befehl von »oben« als dem eigenen Gutdünken zu folgen. Wer wollte dem Deutschen bestreiten, daß er im Gehorsam, im Auftrag, im Beruf immer wieder das Äußerste an Tapferkeit und Lebenseinsatz vollbracht hat? Seine Freiheit aber wahrte der Deutsche darin – und wo ist in der Welt leidenschaftlicher von der Freiheit gesprochen worden als in Deutschland von Luther bis zur Philosophie des Idealismus? –, daß er sich vom Eigenwillen zu befreien suchte im Dienst am Ganzen. Beruf und Freiheit galten ihm als zwei Seiten derselben Sache. Aber er hatte damit die Welt verkannt; er hatte nicht damit gerechnet, daß seine Bereitschaft zur Unterordnung, zum Lebenseinsatz für den Auftrag mißbraucht werden könnte zum Bösen. Geschah dies, wurde die Ausübung des Berufes selbst fragwürdig, dann mußten alle sittlichen Grundbegriffe des Deutschen ins Wanken geraten. Es mußte sich herausstellen, daß eine entscheidende Grunderkenntnis dem Deutschen noch fehlte: die von der Notwendigkeit der freien, verantwortlichen Tat auch gegen Beruf und Auftrag. An ihre Stelle trat einerseits verantwortungslose Skrupellosigkeit, andererseits selbstquälerische Skrupelhaftigkeit, die nie zur Tat führte. Civilcourage aber kann nur aus der freien Verantwortlichkeit des freien Mannes erwachsen. Die Deutschen fangen erst heute an zu entdecken, was freie Verantwortung heißt. Sie beruht auf einem Gott, der das freie Glaubenswagnis verantwortlicher Tat fordert und der dem, der darüber zum Sünder wird, Vergebung und Trost zuspricht...

[181] *Letzter Brief eines Jesuitenpaters*

2. Februar 1945

Liebe Mitbrüder, nun muß ich doch den anderen Weg nehmen. Das Todesurteil ist beantragt, die Atmosphäre ist so voll Haß und Feindseligkeit, daß heute mit seiner Verkündung und Vollstrekkung zu rechnen ist. – Ich danke der Gesellschaft Jesu und den Mitbrüdern für alle Güte und Treue und Hilfe, auch und gerade in diesen schweren Wochen. Ich bitte um Verzeihung für vieles, was falsch und unrecht war, und ich bitte um etwas Hilfe und Sorge für meine alten, kranken Eltern. – Der eigentliche Grund der Verurteilung ist der, daß ich Jesuit bin und geblieben bin. Eine Beziehung zum 20. Juli war nicht nachzuweisen. Auch die Stauffenberg-Belastung ist nicht aufrechterhalten worden. Andere Strafanträge, die wirklich Kenntnis des 20. Juli betrafen, waren viel milder und sachlicher. Die Atmosphäre war so voll Haß und Feindseligkeit.

Grundthese: ein Jesuit ist a priori der Feind und Widersacher des Reiches. So ist das Ganze von der einen Seite eine Komödie gewesen, auf der anderen aber ein Thema geworden. Das war kein Gericht, sondern eine Funktion des Vernichtungswillens.

Behüt Sie alle der Herrgott! Ich bitte um Ihr Gebet. Und ich werde mir Mühe geben, von drüben aus das nachzuholen, was ich hier schuldig geblieben bin. Gegen Mittag werde ich noch zelebrieren und dann in Gottes Namen den Weg Seiner Fügung und Führung gehen. Ihnen Gottes Segen und Schutz!

Ihr dankbarer Alfred Delp, S. J.

(Jesuitenpater)

(Geschwister Scholl)

[182] *»Die weiße Rose«*

a) EIN FLUGBLATT RUFT ZUR FREIHEIT AUF

Aufruf an alle Deutschen!

Der Krieg geht seinem sicheren Ende entgegen. Wie im Jahre 1918 versucht die deutsche Regierung alle Aufmerksamkeit auf die wachsende U-Bootgefahr zu lenken, während im Osten die Armeen unaufhörlich zurückströmen, im Westen die Invasion erwartet wird. Die Rüstung Amerikas hat ihren Höhepunkt noch nicht erreicht, aber heute schon übertrifft sie alles in der Geschichte seither Dagewesene. Mit mathematischer Sicherheit führt Hitler das deutsche Volk in den Abgrund. *Hitler kann den Krieg nicht gewinnen, nur noch verlängern!* Seine und seiner Helfer Schuld hat jedes Maß unendlich überschritten. Die gerechte Strafe rückt näher und näher!

Was aber tut das deutsche Volk? Es sieht nicht und es hört nicht. Blindlings folgt es seinen Verführern ins Verderben. Sieg um jeden Preis! haben sie auf ihre Fahne geschrieben. Ich kämpfe bis zum letzten Mann, sagt Hitler – indes ist der Krieg bereits verloren.

Deutsche! Wollt Ihr und Eure Kinder dasselbe Schicksal erleiden, das den Juden widerfahren ist? Wollt Ihr mit dem gleichen Maße gemessen werden wie Eure Verführer? Sollen wir auf ewig das von aller Welt gehaßte und ausgestoßene Volk sein? Nein! Darum trennt Euch von dem nationalsozialistischen Untermenschentum! Beweist durch die Tat, daß Ihr anders denkt! Ein neuer Befreiungskrieg bricht an. Der bessere Teil des Volkes kämpft auf unserer Seite. Zerreißt den Mantel der Gleichgültigkeit, den Ihr um Euer Herz gelegt! Entscheidet Euch, *ehe es zu spät ist!*

Glaubt nicht der nationalsozialistischen Propaganda, die Euch den Bolschewistenschreck in die Glieder gejagt hat! Glaubt nicht, daß Deutschlands Heil mit dem Sieg des Nationalsozialismus auf Gedeih und Verderben verbunden sei! Ein Verbrechertum kann keinen deutschen Sieg erringen. Trennt Euch *rechtzeitig* von allem, was mit dem Nationalsozialismus zusammenhängt! Nachher wird ein schreckliches, aber gerechtes Gericht kommen über die, so sich feig und unentschlossen verborgen hielten.

Was lehrt uns der Ausgang dieses Krieges, der nie ein nationaler war?

Der imperialistische Machtgedanke muß, von welcher Seite er auch kommen möge, für allezeit unschädlich gemacht werden. Ein einseitiger preußischer Militarismus darf nie mehr zur Macht gelangen. Nur in großzügiger Zusammenarbeit der europäischen Völker kann der Boden geschaffen werden, auf welchem ein neuer Aufbau möglich sein wird. Jede zentralistische Gewalt, wie sie der preußische Staat in Deutschland und Europa auszuüben versucht hat, muß im Keime erstickt werden. Das kommende Deutschland kann nur föderalistisch sein. Nur eine gesunde föderalistische Staatsordnung vermag heute noch das geschwächte Europa mit neuem Leben zu erfüllen. Die Arbeiterschaft muß durch einen vernünftigen Sozialismus aus ihrem Zustand niedrigster Sklaverei befreit werden. Das Truggebilde der autarken Wirtschaft muß in Europa verschwinden. Jedes Volk, jeder einzelne hat ein Recht auf die Güter der Welt!

Freiheit der Rede, Freiheit des Bekenntnisses, Schutz des einzelnen Bürgers vor der Willkür verbrecherischer Gewaltstaaten, das sind die Grundlagen des neuen Europas.

Unterstützt die Widerstandsbewegung, verbreitet die Flugblätter!

b) DAS LETZTE FLUGBLATT

Kommilitonen! Kommilitoninnen!

Erschüttert steht unser Volk vor dem Untergang der Männer von Stalingrad. Dreihundertdreißigtausend deutsche Männer hat die

geniale Strategie des Weltkriegsgefreiten sinn- und verantwortungslos in Tod und Verderben gehetzt. Führer, wir danken dir!
Es gärt im deutschen Volk: Wollen wir weiter einem Dilettanten das Schicksal unserer Armeen anvertrauen? Wollen wir den niederen Machtinstinkten einer Parteiclique den Rest der deutschen Jugend opfern? Nimmermehr! Der Tag der Abrechnung ist gekommen, der Abrechnung der deutschen Jugend mit der verabscheuungswürdigsten Tyrannis, die unser Volk je erduldet hat. Im Namen der deutschen Jugend fordern wir vom Staat Adolf Hitlers die persönliche Freiheit, das kostbarste Gut des Deutschen zurück, um das er uns in der erbärmlichsten Weise betrogen.
In einem Staat rücksichtsloser Knebelung jeder freien Meinungsäußerung sind wir aufgewachsen. HJ, SA, SS haben uns in den fruchtbarsten Bildungsjahren unseres Lebens zu uniformieren, zu revolutionieren, zu narkotisieren versucht. »Weltanschauliche Schulung« hieß die verächtliche Methode, das aufkeimende Selbstdenken in einem Nebel leerer Phrasen zu ersticken. Eine Führerauslese, wie sie teuflischer und bornierter zugleich nicht gedacht werden kann, zieht ihre künftigen Parteibonzen auf Ordensburgen zu gottlosen, schamlosen und gewissenlosen Ausbeutern und Mordbuben heran, zur blinden, stupiden Führergefolgschaft. Wir »Arbeiter des Geistes« wären gerade recht, dieser neuen Herrenschicht den Knüppel zu machen. Frontkämpfer werden von Studentenführern und Gauleiteraspiranten wie Schuljungen gemaßregelt, Gauleiter greifen mit geilen Späßen den Studentinnen an die Ehre. Deutsche Studentinnen haben an der Münchner Hochschule auf die Besudelung ihrer Ehre eine würdige Antwort gegeben, deutsche Studenten haben sich für ihre Kameradinnen eingesetzt und standgehalten ... Das ist ein Anfang zur Erkämpfung unserer freien Selbstbestimmung, ohne die geistige Werte nicht geschaffen werden können. Unser Dank gilt den tapferen Kameradinnen und Kameraden, die mit leuchtendem Beispiel vorangegangen sind!
Es gibt für uns nur eine Parole: Kampf gegen die Partei! Heraus aus den Parteigliederungen, in denen man uns weiter politisch mundtot halten will! Heraus aus den Hörsälen der SS-Unter- und -Oberführer und Parteikriecher! Es geht uns um wahre Wissenschaft und echte Geistesfreiheit! Kein Drohmittel kann uns schrecken, auch nicht die Schließung unserer Hochschulen. Es gilt den Kampf jedes einzelnen von uns um unsere Zukunft, unsere Freiheit und Ehre in einem seiner sittlichen Verantwortung bewußten Staatswesen.
Freiheit und Ehre! Zehn lange Jahre haben Hitler und seine Genossen die beiden herrlichen deutschen Worte bis zum Ekel ausgequetscht, abgedroschen, verdreht, wie es nur Dilettanten ver-

mögen, die die höchsten Werte einer Nation vor die Säue werfen. Was ihnen Freiheit und Ehre gilt, haben sie in zehn Jahren der Zerstörung aller materiellen und geistigen Freiheit, aller sittlichen Substanzen im deutschen Volk genugsam gezeigt. Auch dem dümmsten Deutschen hat das furchtbare Blutbad die Augen geöffnet, das sie im Namen von Freiheit und Ehre der deutschen Nation in ganz Europa angerichtet haben und täglich neu anrichten. Der deutsche Name bleibt für immer geschändet, wenn nicht die deutsche Jugend endlich aufsteht, rächt und sühnt zugleich, ihre Peiniger zerschmettert und ein neues geistiges Europa aufrichtet. Studentinnen! Studenten! Auf uns sieht das deutsche Volk! Von uns erwartet es, wie 1813 die Brechung des Napoleonischen, so 1943 die Brechung des nationalsozialistischen Terrors aus der Macht des Geistes. Beresina und Stalingrad flammen im Osten auf, die Toten von Stalingrad beschwören uns!
»Frisch auf mein Volk, die Flammenzeichen rauchen!«
Unser Volk steht im Aufbruch gegen die Verknechtung Europas durch den Nationalsozialismus, im neuen gläubigen Durchbruch von Freiheit und Ehre.

c) AUS DEM URTEIL DES VOLKSGERICHTSHOFES

... Der Angeklagte Hans Scholl hat seit Frühjahr 1939 Medizin studiert und steht – dank der Fürsorge der nationalsozialistischen Regierung – im achten Semester! Zwischendurch war er im Frankreichfeldzug in einem Feldlazarett und von Juli bis November 1942 an der Ostfront im Sanitätsdienst tätig. Als Student hat er die Pflicht vorbildlicher Gemeinschaftsarbeit. Als Soldat – er ist als solcher zum Studium kommandiert – hat er eine besondere Treuepflicht zum Führer. Das und die Fürsorge, die gerade ihm das Reich angedeihen ließ, hat ihn nicht gehindert, in der ersten Sommerhälfte 1942 Flugblätter der »Weißen Rose« zu verfassen, zu vervielfältigen und zu verbreiten, die defätistisch Deutschlands Niederlage voraussagen, zum passiven Widerstand der Sabotage in Rüstungsbetrieben und überhaupt bei jeder Gelegenheit auffordern, um dem deutschen Volk seine nationalsozialistische Lebensart und also auch Regierung zu nehmen. Das, weil er sich einbildete, daß nur so das deutsche Volk durch den Krieg durchkommen könne!
Von Rußland im November 1942 zurückgekehrt, forderte Scholl seinen Freund, den Mitangeklagten Probst, auf, ihm ein Manuskript zu liefern, das dem deutschen Volk die Augen öffne! Einen Flugblattentwurf wie gewünscht lieferte Probst dem Scholl auch tatsächlich Ende 1942.

In Gesprächen mit seiner Schwester Sophie Scholl entschlossen sich beide, Flugblattpropaganda im Sinne einer Arbeit gegen den Krieg und für ein Zusammengehen mit den feindlichen Plutokratien gegen den Nationalsozialismus zu treiben. Die beiden Geschwister, die ihre Studentenzimmer bei derselben Vermieterin hatten, verfaßten gemeinsam ein Flugblatt »An alle Deutschen«.
In ihm wird Deutschlands Niederlage im Krieg vorausgesagt; der Befreiungskrieg gegen das »nationalsozialistische Untermenschentum« angesagt und werden Forderungen im Sinne liberaler Formaldemokratie aufgestellt. Außerdem verfaßten die Geschwister ein Flugblatt »Deutsche Studentinnen und Studenten« (in späteren Auflagen »Kommilitoninnen und Kommilitonen«). Sie sagen der Partei den Kampf an, der Tag der Abrechnung sei gekommen, und scheuen sich nicht, ihren Aufruf zum Kampf gegen den Führer und die nationalsozialistische Lebensart unseres Volkes mit dem Freiheitskampf gegen Napoleon (1813) zu vergleichen und auf ihn das Soldatenlied »Frisch auf, mein Volk, die Flammenzeichen rauchen« anzuwenden!!
Die Flugblätter haben die Angeklagten Scholl teilweise mit Hilfe eines Freundes, des Medizinstudenten Schmorell, vervielfältigt und in allseitigem Einvernehmen verbreitet:

1. Schmorell fuhr nach Salzburg, Linz, Wien und warf dort 200, 200, 1200 adressierte Flugblätter für diese Städte und in Wien außerdem 400 für Frankfurt am Main in Briefkästen.
2. Sophie Scholl warf in Augsburg 200 und ein andermal in Stuttgart 600 in Postbriefkästen.
3. Nachts streute Hans Scholl zusammen mit Schmorell Tausende in Münchner Straßen aus.
4. Am 18. Februar legten die Geschwister Scholl 1500 bis 1800 in der Münchner Universität in Päckchen ab, und Sophie Scholl warf einen Haufen vom 2. Stock in den Lichthof.

Hans Scholl und Schmorell haben auch am 3., 8. (?) und 15. 2. 1943 nachts an vielen Stellen Münchens, so vor allem auch an der Universität, Schmieraktionen mit den Inschriften »Nieder mit Hitler«, »Hitler der Massenmörder«, »Freiheit« durchgeführt. Nach der ersten Aktion erfuhr das Sophie Scholl, war damit einverstanden und bat – freilich vergeblich –, künftig mitmachen zu dürfen!
Die Auslagen – im ganzen ungefähr 1000 Mark – haben die Angeklagten selbst bestritten.
... Wenn solches Handeln anders als mit dem Tode bestraft würde, wäre der Anfang einer Entwicklungskette gebildet, deren Ende einst: 1918 war. Deshalb gab es für den Volksgerichtshof zum Schutze des kämpfenden Volkes und Reiches nur *eine* ge-

rechte Strafe, die *Todesstrafe.* Der Volksgerichtshof weiß sich darin mit unseren Soldaten einig!
Durch ihren Verrat an unserem Volk haben die Angeklagten ihre Bürgerehre für immer verwirkt...

d) ÜBER DIE VERANTWORTUNG EINES HOCHSCHULLEHRERS

[Aus dem Schlußwort von Prof. Kurt Huber]

... Als deutscher Staatsbürger, als deutscher Hochschullehrer und als politischer Mensch erachte ich es als Recht nicht nur, sondern als sittliche Pflicht, an der Gestaltung der deutschen Geschicke mitzuarbeiten, offenkundige Schäden aufzudecken und zu bekämpfen...
Was ich bezweckte, war die Weckung der studentischen Kreise, nicht durch eine Organisation, sondern durch das schlichte Wort, nicht zu einem Akt der Gewalt, sondern zur sittlichen Einsicht in bestehende schwere Schäden des politischen Lebens. Rückkehr zu klaren, sittlichen Grundsätzen, zum Rechtsstaat, zu gegenseitigem Vertrauen von Mensch zu Mensch, das ist nicht illegal, sondern umgekehrt die Wiederherstellung der Legalität. Ich habe mich im Sinne von Kants kategorischem Imperativ gefragt, was geschähe, wenn diese subjektive Maxime meines Handelns ein allgemeines Gesetz würde. Darauf kann es nur eine Antwort geben: Dann würden Ordnung, Sicherheit, Vertrauen in unser Staatswesen, in unser politisches Leben zurückkehren. Jeder sittlich Verantwortliche würde mit uns seine Stimme erheben gegen die drohende Herrschaft der bloßen Macht über das Recht, der bloßen Willkür über den Willen des sittlich Guten. Die Forderung der freien Selbstbestimmung auch des kleinsten Volksteils ist in ganz Europa vergewaltigt, nicht minder die Forderung der Wahrung der rassischen und völkischen Eigenart. Die grundlegende Forderung wahrer Volksgemeinschaft ist durch die systematische Untergrabung des Vertrauens von Mensch zu Mensch zunichte gemacht. Es gibt kein furchtbareres Urteil über eine Volksgemeinschaft als das Eingeständnis, das wir alle machen müssen, daß keiner sich vor seinem Nachbarn, der Vater nicht mehr vor seinen Söhnen sicherfühlt.
Das war es, was ich wollte, mußte.
Es gibt für alle äußere Legalität eine letzte Grenze, wo sie unwahrhaftig und unsittlich wird. Dann nämlich, wenn sie zum Deckmantel einer Feigheit wird, die sich nicht getraut, gegen offenkundige Rechtsverletzung aufzutreten. Ein Staat, der jegliche freie Meinungsäußerung unterbindet und jede, aber auch jede sittlich berechtigte Kritik, jeden Verbesserungsvorschlag als »Vor-

bereitung zum Hochverrat« unter die furchtbarsten Strafen stellt, bricht ein ungeschriebenes Recht, das »im gesunden Volksempfinden« noch immer lebendig war und lebendig bleiben muß ...
Ich habe das eine Ziel erreicht, diese Warnung und Mahnung nicht in einem privaten, kleinen Diskutierklub, sondern an verantwortlicher, an höchster richterlicher Stelle vorzubringen. Ich setze für diese Mahnung, für diese beschwörende Bitte zur Rückkehr, mein Leben ein. Ich fordere die Freiheit für unser deutsches Volk zurück. Wir wollen nicht an Sklavenketten unser kurzes Leben dahinfristen, und wären es goldene Ketten eines materiellen Überflusses.
Sie haben mir den Rang und die Rechte des Professors und den »summa cum laude« erarbeiteten Doktorhut genommen und mich dem niedrigsten Verbrecher gleichgestellt. Die innere Würde des Hochschullehrers, des offenen, mutigen Bekenners seiner Welt- und Staatsanschauung, kann mir kein Hochverratsverfahren rauben. Mein Handeln und Wollen wird der eherne Gang der Geschichte rechtfertigen; darauf vertraue ich felsenfest. Ich hoffe zu Gott, daß die geistigen Kräfte, die es rechtfertigen, rechtzeitig aus meinem eigenen Volke sich entbinden mögen. Ich habe gehandelt, wie ich aus einer inneren Stimme heraus handeln mußte. Ich nehme die Folgen auf mich nach dem schönen Wort Johann Gottlieb Fichtes:

Und handeln sollst du so, als hinge
Von dir und deinem Tun allein
Das Schicksal ab der deutschen Dinge,
Und die Verantwortung wär' dein.

[183] *Grundsätze für die Neuordnung Deutschlands*

[Entwurf des Kreisauer Kreises vom 9. August 1943]

Die Regierung des Deutschen Reiches sieht im Christentum die Grundlage für die sittliche und religiöse Erneuerung unseres Volkes, für die Überwindung von Haß und Lüge, für den Neuaufbau der europäischen Völkergemeinschaft.
Der Ausgangspunkt liegt in der verpflichtenden Besinnung des Menschen auf die göttliche Ordnung, die sein inneres und äußeres Dasein trägt. Erst wenn es gelingt, diese Ordnung zum Maßstab der Beziehungen zwischen Menschen und Völkern zu machen, kann die Zerrüttung unserer Zeit überwunden und ein echter Friedenszustand geschaffen werden. Die innere Neuordnung des Reiches ist die Grundlage zur Durchsetzung eines gerechten und dauerhaften Friedens.

Im Zusammenbruch bindungslos gewordener, ausschließlich auf die Herrschaft der Technik gegründeter Machtgestaltung steht vor allem die europäische Menschheit vor dieser Aufgabe. Der Weg zu ihrer Lösung liegt offen in der entschlossenen und tatkräftigen Verwirklichung christlichen Lebensgutes. Die Reichsregierung ist daher entschlossen, folgende nach innen und außen unverzichtbare Forderungen mit allen ihr zur Verfügung stehenden Mitteln zu verwirklichen:

1. Das zertretene Recht muß wieder aufgerichtet und zur Herrschaft über alle Ordnungen des menschlichen Lebens gebracht werden. Unter dem Schutz gewissenhafter, unabhängiger und von Menschenfurcht freier Richter ist es Grundlage für alle zukünftige Friedensgestaltung.
2. Die Glaubens- und Gewissensfreiheit wird gewährleistet. Bestehende Gesetze und Anordnungen, die gegen diese Grundsätze verstoßen, werden sofort aufgehoben.
3. Brechung des totalitären Gewissenszwangs und Anerkennung der unverletzlichen Würde der menschlichen Person als Grundlage der zu erstrebenden Rechts- und Friedensordnung. Jedermann wirkt in voller Verantwortung an den verschiedenen sozialen, politischen und internationalen Lebensbereichen mit. Das Recht auf Arbeit und Eigentum steht ohne Ansehen der Rassen-, Volks- und Glaubenszugehörigkeit unter öffentlichem Schutz.
4. Die Grundeinheit friedlichen Zusammenlebens ist die Familie. Sie steht unter öffentlichem Schutz, der neben der Erziehung auch die äußeren Lebensgüter: Nahrung, Kleidung, Wohnung, Garten und Gesundheit sichern soll.
5. Die Arbeit muß so gestaltet werden, daß sie die persönliche Verantwortungsfreudigkeit fördert und nicht verkümmern läßt. Neben der Gestaltung der materiellen Arbeitsbedingungen und fortbildender Berufsschulung gehört dazu eine wirksame Mitverantwortung eines jeden an dem Betrieb und darüber hinaus an dem allgemeinen Wirtschaftszusammenhang, zu dem seine Arbeit beiträgt. Hierdurch soll er am Wachstum einer gesunden und dauerhaften Lebensordnung mitwirken, in der der einzelne, seine Familie und die Gemeinschaften in ausgeglichenen Wirtschaftsräumen ihre organische Entfaltung finden können. Die Wirtschaftsführung muß diese Grunderfordernisse gewährleisten.
6. Die persönliche politische Verantwortung eines jeden erfordert seine mitbestimmende Beteiligung an der neu zu belebenden Selbstverwaltung der kleinen und überschaubaren Gemeinschaften. In ihnen verwurzelt und bewährt, muß seine Mitbestimmung im Staat und in der Völkergemeinschaft durch selbstgewählte Vertreter gesichert und ihm so die lebendige Überzeugung der Mit-

verantwortung für das politische Gesamtgeschehen vermittelt werden.

7. Die besondere Verantwortung und Treue, die jeder einzelne seinem nationalen Ursprung, seiner Sprache, der geistigen und geschichtlichen Überlieferung seines Volkes schuldet, muß geachtet und geschützt werden. Sie darf jedoch nicht zur politischen Machtzusammenballung, zur Herabwürdigung, Verfolgung oder Unterdrückung fremden Volkstums mißbraucht werden. Die freie und friedliche Entfaltung nationaler Kultur ist mit der Aufrechterhaltung absoluter einzelstaatlicher Souveränität nicht mehr zu vereinbaren. Der Friede erfordert die Schaffung einer die einzelnen Staaten umfassenden Ordnung. Sobald die freie Zustimmung aller beteiligten Völker gewährleistet ist, muß den Trägern dieser Ordnung das Recht zustehen, auch von jedem einzelnen Gehorsam, Ehrfurcht, notfalls auch den Einsatz von Leben und Eigentum für die höchste politische Autorität der Völkergemeinschaft zu fordern ...

[184] *Letzte Briefe des Grafen von Moltke*

[10. Januar 1945]

a) HOCHVERRAT BEGEHT, WER DEM HERRN FREISLER NICHT PASST!

... Als Rechtsgrundsätze wurden verkündet:
»Der Volksgerichtshof steht auf dem Standpunkt, daß eine Verratstat schon der begeht, der es unterläßt, solche defätistischen Äußerungen wie die von Moltke, wenn sie von einem Mann seines Ansehens und seiner Stellung geäußert werden, anzuzeigen.« – »Vorbereitung zum Hochverrat begeht schon der, der hochpolitische Fragen mit Leuten erörtert, die in keiner Weise dafür kompetent sind, insbesondere nicht mindestens irgendwie tätig der Partei angehören.« – »Vorbereitung zum Hochverrat begeht jeder, der sich irgendein Urteil über eine Angelegenheit anmaßt, die der Führer zu entscheiden hat.« – »Vorbereitung zum Hochverrat begeht, der zwar selbst jede Gewalthandlung ablehnt, aber Vorbereitungen für den Fall trifft, daß ein anderer, nämlich der Feind, die Regierung mit Gewalt beseitigt; dann rechnet er eben mit der Gewalt des Feindes.« Und so ging es immer weiter. Daraus gibt es nur einen Schluß: Hochverrat begeht, wer dem Herrn Freisler nicht paßt ...

b) VIVAT FREISLER!

... (Eben fällt mir noch etwas zum Tatbestand ein. Mich fragte er: »Sehen Sie ein, daß Sie schuldig sind?« Ich sagte im wesentlichen nein. Darauf Freisler: »Sehen Sie, wenn Sie das immer noch nicht erkennen, wenn Sie immer noch darüber belehrt werden müssen, dann zeigt das eben, daß Sie anders denken und damit sich selbst aus der kämpfenden Volksgemeinschaft ausgeschlossen haben.«) Das Schöne an dem so aufgezogenen Urteil ist folgendes: Wir haben keine Gewalt anwenden wollen – ist festgestellt; wir haben keinen einzigen organisatorischen Schritt unternommen, mit keinem einzigen Mann über die Frage gesprochen, ob er einen Posten übernehmen wolle – ist festgestellt; in der Anklage stand es anders. Wir haben nur gedacht, und zwar eigentlich nur Delp, Gerstenmaier und ich, die anderen gelten als Mitläufer, und Peter und Adam als Verbindungsleute zu Schulenburg etc. Und vor den Gedanken dieser drei einsamen Männer, den bloßen Gedanken, hat der NS. eine solche Angst, daß er alles, was damit infiziert ist, ausrotten will. Wenn das nicht ein Kompliment ist. Wir sind nach dieser Verhandlung aus dem Goerdeler-Mist raus, wir sind aus jeder praktischen Handlung heraus, wir werden gehenkt, weil wir zusammen gedacht haben. Freisler hat recht, tausendmal recht; und wenn wir schon umkommen müssen, dann bin ich allerdings dafür, daß wir über dieses Thema fallen.

Ich finde, und nun komme ich zum Praktischen, daß diese Sache, richtig aufgemacht, sogar noch ein wenig besser ist als der berühmte Fall Huber. Denn es ist noch weniger geschehen. Es ist ja nicht einmal ein Flugblatt hergestellt worden. Es sind eben nur Gedanken ohne die Absicht der Gewalt. Die Schutzbehauptungen, die wir alle aufgestellt haben: Polizei weiß, dienstliche Ursache, Eugen hat nichts kapiert, Delp ist immer gerade nicht dabei gewesen, die muß man streichen, wie sie auch Freisler mit Recht gestrichen hat. Und dann bleibt übrig ein Gedanke: Womit kann im Chaos das Christentum ein Rettungsanker sein? Dieser eine einzige Gedanke fordert morgen wahrscheinlich fünf Köpfe und später noch die von Steltzer und Haubach und wohl auch Husen. Aber dadurch, daß in dieser Verhandlung das Trio eben Delp, Eugen, Moltke heißt und der Rest nur durch »Ansteckung« dies trägt, dadurch, daß keiner dabei ist, der etwas anderes vertrat, keiner, der zu den Arbeitern gehörte, keiner, der irgendein weltliches Interesse betreute, dadurch, daß festgestellt ist, daß ich großgrundbesitzfeindlich war, keine Standesinteressen, überhaupt keine eigenen Interessen, ja nicht einmal die meines Ladens vertrat, sondern menschheitliche, dadurch hat Freisler uns un-bewußt einen ganz großen Dienst getan, sofern es gelingt, diese Geschichte zu verbreiten und auszunutzen. Und zwar m. E. im Inland und draußen. Durch diese Personalzusammenstellung ist dokumentiert, daß nicht Pläne, nicht Vorbereitungen, sondern der Geist als solcher verfolgt werden soll. Vivat Freisler! ...

[185] *Carl Friedrich Goerdeler*

a) ENTWURF EINES SCHREIBENS AN GENERALFELDMARSCHALL VON KLUGE VOM 25. JULI 1943

... Angesichts dieses nun offenbar werdenden nationalen Unglücks, in das uns eine wahnwitzige, göttliches und menschliches Recht verachtende Führung gebracht hat, erlaube ich mir eine letzte Bitte an Sie, sehr verehrter Herr Generalfeldmarschall, zu richten. Sie können gewiß sein, daß es die letzte sein wird. Nunmehr ist die Stunde gekommen, in der wir auch über unser persönliches Geschick endgültig zu entscheiden haben. Hier ist der Weg, den das Gewissen klar weist, dort der andere, bequemere. Jener mag Gefahren enthalten, aber er ist ehrenvoll; dieser führt zum bitteren Ende und furchtbarer Reue. Wissen Sie, sehr geehrter Herr Generalfeldmarschall, angesichts der furchtbaren, sich immer mehr beschleunigenden Zerstörungen deutscher Städte noch ein Mittel, um einen Sieg zu erringen, der 1. ermöglicht, Rußland endgültig von Europa fernzuhalten, 2. die USA und das englische Weltreich dazu zu zwingen, diese Angriffe aufzugeben und schließlich Frieden zu machen? *Das* ist doch politisch und militärisch gesehen die Frage, die vor uns steht. Wenn es diesen Sieg gibt, dann muß man seine Möglichkeit dem deutschen Volk nicht mit Lüge, sondern mit der Wahrheit, die doch dann vorhanden sein muß, klarmachen. Wenn es aber den Sieg nicht gibt, dann ist die Fortsetzung des Krieges ein glattes Verbrechen, weil es für ein Volk niemals ein heroisches Ende, sondern immer nur ein Weiterlebenmüssen gibt.

Ich habe erneut festgestellt, und übernehme dafür die Verantwortung, daß die Möglichkeit noch vorhanden ist, zu einem für uns günstigen Friedensschluß zu kommen, wenn wir Deutschen uns selbst wieder verhandlungsfähig machen. Daß mit Verbrechern und Narren kein Staatsmann dieser Welt verhandeln kann, weil er nicht leichtfertig das Geschick seines Volkes Narrenhänden anvertrauen kann, ist doch selbstverständlich. Das sagt uns ja auch unser eigenes Gewissen. Natürlich sind die Möglichkeiten schwieriger zu verwirklichen als vor einem Jahr. Sie sind auch nur auszunutzen, wenn der Politiker noch eine gewisse zeitliche Bewegungsfreiheit hat, wenn er also nicht wie 1918 von heute auf morgen vor das militärische »Wir können nicht mehr!« gestellt wird. Wird diese zweite, vom Militär abhängende Voraussetzung erfüllt, so können wir mit Ruhe, mit verständigem Handeln, den Krieg sofort in der Luft und allmählich auch im Lande abbremsen. Wer dem deutschen Volk heute verkünden kann, daß der Krieg in der Luft beendet ist, der hat das Volk hinter sich, und es wird niemand wagen, gegen ihn eine Stimme zu erheben oder einen Finger zu rühren. *So* liegen die Dinge, und nicht ein Jota anders.

Zu einem solchen Handeln, in dem man einfach die Dinge beim richtigen Namen nennt und die Verbrecher packt, stehe ich auf jede Gefahr hin zur Verfügung. Ich könnte auch zu diesem Zweck wieder Offizier werden, wenn ich nur ein planvolles, schnelles Zugreifen damit sichergestellt wüßte. Heute noch kann ich erklären, daß ich Ihnen, Herr Generalfeldmarschall, und jedem anderen zum notwendigen Handeln entschlossenen General die erdrückende Mehrheit der deutschen Arbeiterschaft, der deutschen Beamten und der deutschen Wirtschaft zuführen kann. Ich kann Ihnen auch, wenn Sie es wollen, Herrn Goebbels oder Herrn Himmler zum Bundesgenossen machen; denn auch diese beiden Männer haben längst begriffen, daß sie mit Hitler verloren sind. Es handelt sich also wirklich nur um den Entschluß, um die kühle Überlegung und um das rechte Handeln. Am gefährlichsten und schließlich unerträglich aber ist, vor der Stimme des Gewissens Tag um Tag die Ohren zu verschließen. Darin werden Sie, sehr geehrter Herr Generalfeldmarschall, wie ich überzeugt bin, mit mir übereinstimmen.

Sie müssen aber auch wissen, daß meine Wirkungsmöglichkeit zeitlich begrenzt ist. Ich gelte seit vielen Jahren als Militarist, als Bewunderer des Militärs, als Förderer militärischen Wesens, als Freund manchen Generals. Ich habe manche unangenehme Stunde in meinem Leben deswegen erlebt, sowohl nach dem ersten Weltkrieg wie in den letzten Jahren; denn viele Männer Deutschlands haben von vornherein von den Generalen nichts erwartet. Ich aber habe stets ihre Stange gehalten und habe gesagt, man könne sich auf ihren Charakter und ihr Verantwortungsbewußtsein verlassen. Nun kommt es wirklich so weit, daß ich selbst mich blamiert fühle und daß man mir in Süddeutschland, wo ich treffliche Freunde habe, schon sagt, an allem sei der preußische Militarismus schuld. Es sind nicht törichte Männer, die dies sagen; es sind Männer, die ein warmes Herz für Deutschland und für den deutschen Soldaten haben, die aber darüber verzweifeln, daß man sehenden Auges, denkenden Verstandes und fühlenden Herzens von Verbrechern und Narren das Vaterland in den Abgrund führen und die deutsche Jugend und die deutschen Männer willenlos in Tod und Verstümmelung treiben läßt.

Wir müssen nunmehr Schluß damit machen, Narren zu gestatten, dem deutschen Volk ihre Illusionen und Lügen aufzwingen zu wollen, aus einem aus Herrschsucht geborenen Eroberungskriege einen Krieg notwendiger Verteidigung zu machen. Wir haben gar keine Veranlassung, den Bolschewismus oder die Angelsachsen zu fürchten. Auch dort wird mit Wasser gekocht, und wir haben vieles in die Waagschale zu werfen. Auch sie alle sind auf unsere Kraft und unser Können angewiesen. Aber es müssen wieder anständige Deutsche sein, die die deutschen Interessen mit Kraft und Vernunft vertreten.

Ich werde Ihnen nicht mehr lästig werden, sehr geehrter Herr Generalfeldmarschall; ich habe nur noch *eine* Antwort von Ihnen zu erbitten und weiß, welche Bedeutung es hat, wenn Sie mir die Antwort verweigern. Nur eines bitte ich: sie nicht etwa deshalb zu verweigern, weil Sie Sorge haben. Ich habe zu schweigen gelernt und werde es jetzt nicht verlernen. Ich weiß, was ich den Männern schuldig bin, denen ich vertraue. Wenn aber nicht wenigstens drei oder vier Männer in Deutschland zueinander mehr Vertrauen haben, dann allerdings können wir einpacken.

Mit den besten Empfehlungen

Ihr sehr ergebener
gez. Goerdeler

b) Friedensplan Goerdelers, zur Übermittlung an die britische Regierung bestimmt, vom 30. Mai 1941

Eine Gruppe deutscher Persönlichkeiten, der führende Männer aller Lebensgebiete angehören, ist bereit, die Verantwortung für die Bildung einer Regierung zu übernehmen, die zu gegebener Zeit die Bestätigung durch eine freie Willensäußerung des deutschen Volkes nachsuchen würde. Alle diesbezüglichen Schritte würden ausschließlich innerdeutschen Charakter haben. Die maßgebenden Persönlichkeiten wünschen indessen schon jetzt Klarheit darüber zu gewinnen, ob alsbald nach erfolgter Einsetzung einer solchen, den Nationalsozialismus ablehnenden Regierung gemäß früheren Versicherungen der britischen Regierung Friedensverhandlungen aufgenommen werden könnten.

Folgende von der deutschen Gruppe verfolgten Friedensziele werden als Grundlage von Verhandlungen vorgeschlagen:

1. Wiederherstellung der vollen Souveränität der während des Krieges von den Kriegsparteien besetzten neutralen Länder.

2. Bestätigung der vor dem Kriege erfolgten Anschlüsse von Österreich, Sudetenland, Memelland an Deutschland.
3. Wiederherstellung der Grenzen Deutschlands von 1914 gegenüber Belgien, Frankreich, Polen.
4. Festsetzung der europäischen Ländergrenzen auf Grund des nationalen Selbstbestimmungsrechtes durch eine Friedenskonferenz sämtlicher Staaten.
5. Rückgabe der deutschen Kolonien oder gleichwertiger Kolonialgebiete unter gleichzeitiger Einrichtung eines internationalen Mandatarsystems für alle Kolonien.
6. Keine Kriegsentschädigungen, gemeinsamer Wiederaufbau.
7. Abbau der Zollgrenzen.
8. Einsetzung eines mit Vollmachten versehenen Weltwirtschaftsrates.
9. Internationale Kontrolle der Währungen.
10. Wiederaufnahme der Arbeiten des Internationalen Arbeitsamtes.
11. Wiederherstellung des Rechtes, Bestrafung der Schuldigen.
12. Ausbau der internationalen Schiedsgerichtsbarkeit.
13. Begründung einer regelmäßigen Konferenz der europäischen Staaten und entsprechender Zusammenschlüsse auf regionaler Basis.
14. Allgemeine Begrenzung und Herabsetzung der Rüstungen.
15. Internationale Kontrolle der Rüstungen und der Rüstungsindustrien.

[186] *Aus den militär-politischen Lagebeurteilungen von Generaloberst Ludwig Beck*

(Chef des Generalstabes des Heeres)

a) BECK WIDERLEGT HITLER

[5. Mai 1938]

... 1. Deutschlands militärische Lage ist, absolut genommen, nicht zu vergleichen mit der Schwäche der zurückliegenden Jahre, relativ betrachtet ist sie jedoch nicht so stark wie 1914 anzusehen, weil alle gegebenenfalls gegen Deutschland stehenden Mächte ebenfalls seit Jahren in erheblichem, teilweise stärkstem Maße aufgerüstet werden. Außerdem verfügt Deutschland, wie bekannt, noch auf Jahre hinaus über eine noch unfertige Wehrmacht.

Die militär-politische Lage Deutschlands ergibt nicht die räumlichen Voraussetzungen, die das zentral gelegene Kontinentalland für das erfolgreiche Bestehen eines großen Krieges zu Lande, zu Wasser und in der Luft benötigt. Die Hoffnung auf Neutrale

hat sich schon im Weltkriege als unsicher erwiesen. Einen langen Krieg wird Deutschland schon aus Raummangel erfolgreich nicht durchhalten können.
Die wehrwirtschaftliche Lage Deutschlands ist schlecht, schlechter als 1917/18. Zu einem langen Kriege ist Deutschland auch aus diesem Grunde nicht befähigt. Deutschland kann sich also in seiner jetzigen militärischen, militär-politischen und wehrwirtschaftlichen Lage der Gefahr eines langen Krieges nicht aussetzen. Ein europäischer Krieg wird aber von unseren Gegnern von vornherein als langer Krieg ins Auge gefaßt und geführt werden.
2. Die Hoffnung, die tschechische Frage in diesem Jahre unter Ausschluß von England und Frankreich militärisch lösen zu können, besteht nicht. Der Schlüssel zu der Frage: Frieden oder Krieg? liegt bei Deutschland bzw. England.
Über die Tschechoslowakei ist eine Einigung möglich, denn England liegt nichts an diesem Gefahrenherd. Voraussetzung ist, daß Deutschland einer für England noch tragbaren Lösung zustimmt. Es dürfte uns aber niemals die freie Hand gegen die Tschechoslowakei zugestehen. Verfeinden wir uns über die Tschechoslowakei mit England, so entschwinden auch andere Möglichkeiten, die wir von einem freundlich gesonnenen England, wenn auch nicht vollständig, wohl erhalten könnten. Von einem uns feindlich gesinnten England werden wir nichts erhalten ...

b) WARNUNG VOR EINEM WELTKRIEGE
[29. Mai 1938]

... 1. Es ist nicht zutreffend, daß das heutige Deutschland stärker als das von 1914 eingeschätzt werden kann. Den Vorteilen des neuen Groß-Deutschlands als Einheitsstaates, der nationalen und weltanschaulichen Geschlossenheit, des zurückgekehrten Vertrauens im Volke und der wiederhergestellten Achtung vor uns stehen, auch wenn man jene Vorteile voll bejaht, unter anderen gegenüber: die unfertige und personell, materiell und ideell geringwertigere Wehrmacht als 1914, der für einen Mehrfrontenkrieg zur Verfügung stehende geringere Kriegsraum, der vor allem durch die gesteigerte Luftbedrohung weit stärker ins Gewicht fällt und sich auf allen Gebieten des Krieges und des Volkslebens weit stärker auswirken wird als während des Weltkrieges, der Tiefstand der Finanz-, Ernährungs- und Rohstofflage Deutschlands, der in vielem größer ist als 1917/18, die Ablehnung, der ein nicht zwingend erscheinender Krieg im Volke begegnen wird. Es muß bezweifelt werden, ob es gelingt, hierin eine Änderung durch psychologische Vorbereitung des Volkes herbeizuführen.

2. Die Erfolge der Entscheidungen des Führers in den Jahren 1933 bis 1938 werden von niemand bestritten. Sie sind aber kein Beweis dafür, daß künftig entsprechende Entscheidungen gleich erfolgreich verlaufen. Es kann nicht übersehen werden, daß sie bei den uns nicht wohlgesinnten Mächten in steigendem Maße Gegenkräfte ausgelöst und sie enger zusammengeführt haben. Deutschland steht heute einer Koalition Tschechei, Frankreich, England und Amerika gegenüber, deren Zusammenwirken im Kriegsfall schon heute enger gestaltet ist als 1914. Hinzu kommt, daß unterschiedliche Auffassungen über religiöse, rassische und völkische Probleme auch über die vier genannten Mächte hinaus Ablehnung, teilweise Haßstimmung gegen das heutige Deutschland hervorgerufen haben ...

7. Treten Frankreich und England in den Krieg ein, so wird die Tschechei nur noch die Rolle des Kriegsanlasses spielen, im übrigen aber es sich dann um eine Auseinandersetzung auf ganz anderen Ebenen handeln. Es wird zu einem europäischen, unter Umständen zu einem Weltkrieg kommen.

8. Ein solcher Krieg – und hierin ruht ein vielfach begangener verhängnisvoller Irrtum – wird nicht mehr von den Erfolgen oder Mißerfolgen der ersten Waffengänge abhängen, sondern von ganz anderen Faktoren, die unsere Gegner in der Lage sind, gegen uns ins Feld zu führen. Zeit und Raum werden ihnen in nicht abzusehendem Maße zur Verfügung stehen, damit aber auch in gleichem Maße die überlegenen personellen und materiellen Mittel eines riesigen Hinterlandes, dem Deutschland selbst mit europäischen Bundesgenossen nichts entgegenzusetzen haben wird. Kommt es aber zu einem großen und langen Kriege, so wird sich auch die Haltung der einzelnen Mächte zu uns weder von vornherein noch auf die Dauer voraussehen lassen ...

c) DIE KRIEGSVORBEREITUNGEN SIND EINZUSTELLEN!
[16. Juli 1938]

... Wir stehen also der Tatsache gegenüber, daß ein militärisches Vorgehen Deutschlands gegen die Tschechoslowakei automatisch zu einem europäischen oder einem Weltkrieg führen wird. Daß ein solcher nach menschlicher Voraussicht mit einer nicht nur militärischen, sondern auch allgemeinen Katastrophe für Deutschland endigen wird, bedarf von meiner Seite aus wohl keiner weiteren Ausführung mehr.

... Auf Grund meiner vorausgegangenen Darlegungen halte ich mich heute für verpflichtet – im Bewußtsein der Tragweite eines derartigen Schrittes, aber unter Berufung auf die mir nach meiner

Dienstanweisung für die Vorbereitung und Ausführung eines Krieges erwachsende Verantwortung –, die dringende Bitte auszusprechen, *den Obersten Befehlshaber der Wehrmacht zu veranlassen, die von ihm befohlenen Kriegsvorbereitungen einzustellen* und die Absicht der gewaltsamen Lösung der tschechischen Frage solange zurückzustellen, bis sich die militärischen Voraussetzungen dafür grundlegend geändert haben. Zur Zeit halte ich sie für aussichtslos, und diese meine Auffassung wird von allen mir unterstellten Oberquartiermeistern und Abteilungschefs des Generalstabes, soweit sie mit der Frage der Vorbereitung und Ausführung des Krieges gegen die Tschechoslowakei dienstlich befaßt sind, geteilt . . .

d) GENERALSTREIK DER GENERALE?
[16. Juli 1938]

. . . Es stehen hier letzte Entscheidungen über den Bestand der Nationen auf dem Spiele. Die Geschichte wird diese Führer mit einer Blutschuld belasten, wenn sie nicht nach ihrem fachlichen und staatspolitischen Wissen und Gewissen handeln. Ihr soldatischer Gehorsam hat dort eine Grenze, wo ihr Wissen, ihr Gewissen und ihre Verantwortung die Ausführung eines Befehls verbietet.
Finden ihre Ratschläge und Warnungen in solcher Lage kein Gehör, dann haben sie das Recht und die Pflicht vor dem Volk und vor der Geschichte, von ihren Ämtern abzutreten. Wenn sie alle in einem geschlossenen Willen handeln, ist die Durchführung einer kriegerischen Handlung unmöglich. Sie haben damit ihr Vaterland vor dem Schlimmsten, vor dem Untergang bewahrt.
Es ist ein Mangel an Größe und an Erkenntnis der Aufgabe, wenn ein Soldat in höchster Stellung in solchen Zeiten seine Pflichten und Aufgaben nur in dem begrenzten Rahmen seiner militärischen Aufträge sieht, ohne sich der höchsten Verantwortung vor dem gesamten Volk bewußt zu werden. Außergewöhnliche Zeiten verlangen außergewöhnliche Handlungen! . . .

[187] *Warnung an England*

[Mündliche Botschaft des deutschen Geschäftsträgers an Lord Halifax vom 7. September 1938]

. . . Außergewöhnliche Zeiten erfordern außergewöhnliche Mittel. Heute komme ich zu Ihnen nicht in meiner Eigenschaft als Deutscher Geschäftsträger, sondern als Sprecher politischer und mili-

tärischer Kreise in Berlin, die mit allen Mitteln einen Krieg verhindern wollen. Die Botschaft an Sie, die ich Ihnen jetzt ausrichten werde, ist sehr sorgfältig überlegt worden, und es scheint uns, daß sie die Aufmerksamkeit der britischen Regierung verdient.
Nach unserer genauen Kenntnis plant Hitler einen Angriff auf die Tschechoslowakei und nimmt an, daß der daraus entstehende Krieg lokalisiert werden könne, das heißt, daß Frankreich seine Verpflichtungen der Tschechoslowakei gegenüber gemäß dem Bündnisvertrag vom 25. Januar 1924 und den damit in Zusammenhang stehenden späteren Abmachungen nicht erfüllen werde.
Die politischen und militärischen Kreise, für die ich spreche, widersetzen sich aufs äußerste dieser Politik. Wir glauben, daß der Weg zu einer Rückkehr zu den Begriffen von Anstand und Ehre unter europäischen Nationen endgültig versperrt würde, wenn man Hitlers Gewaltpolitik in diesem Augenblick freie Bahn ließe.
Nach dem Weltkriege erklärte Lloyd George, daß die Völker und Regierungen in Wirklichkeit in ihn »hineingeschliddert« seien.
Die Männer, für die ich spreche, sind der Ansicht, daß die Lage im Juli 1914 nicht so ausweglos geworden wäre, wenn Sir Edward Grey im Namen der Britischen Regierung ganz klar gemacht hätte, daß im Falle eines französisch-deutschen Krieges Großbritannien nicht abseits stehen würde. Diese Warnung zur rechten Zeit würde einen mäßigenden Einfluß auf die Entscheidung der kaiserlichen Regierung gehabt haben.
Wenn daher Frankreich willens ist, seine Verpflichtungen gegenüber seinem tschechoslowakischen Verbündeten zu erfüllen, und wenn die Versicherungen des Premierministers ernst gemeint sind, daß das britische Reich in einem solchen Falle nicht beiseitestehen könne, so betrachten es meine Freunde als notwendig, daß die britische Regierung diesen entscheidenden Tatbestand klar hervortreten läßt. Die Erklärung, die wir vorschlagen, kann nicht unzweideutig und fest genug sein für den Zweck, den wir im Auge haben. Hitler und Ribbentrop werden wahrscheinlich gar nicht wagen, einen Krieg zu beginnen, wenn eine offene britische Erklärung es dem deutschen Volk klar vor Augen führt, daß ein Krieg mit Großbritannien im Falle eines Angriffs auf die Tschechoslowakei unvermeidlich ist. Sollte gleichwohl Hitler auf seiner kriegerischen Politik bestehen, so bin ich in der Lage, Ihnen zu versichern, daß die politischen und militärischen Kreise, für die ich spreche, »sich wappnend gegen eine See von Plagen durch Widerstand sie enden«.
In der deutschen öffentlichen Meinung ebenso wie in verantwortlich denkenden Kreisen der Armee ist Hitlers Krieg unpopulär und wird als Verbrechen gegen die Zivilisation angesehen. Wenn die erbetene Erklärung gegeben wird, sind die Führer der Armee

bereit, gegen Hitlers Politik mit Waffengewalt aufzutreten. Eine diplomatische Niederlage würde einen sehr ernst zu nehmenden politischen Rückschlag für Hitler in Deutschland nach sich ziehen und würde praktisch das Ende des nationalsozialistischen Regimes bedeuten.
Es ist mir nicht leicht gefallen, in dieser Form mit dem britischen Außenminister zu sprechen. Aber die deutschen Patrioten sehen keinen anderen Ausweg aus dem Dilemma, um das größte Verbrechen eines Krieges zu verhüten . . .

[188] *Stauffenbergs politische Pläne*

[Gestapobericht über angebliche Verbindungen Stauffenbergs nach England im Frühsommer 1944]

Bericht vom 2. 8. 1944
Verbindung zum Ausland
Die neuere Vernehmung des Hauptmanns Kaiser gibt eine Reihe von Hinweisen, daß Stauffenberg über Mittelsmänner zwei Verbindungen zur englischen Seite hatte. Den Zusammenhängen wird im Augenblick im einzelnen nachgegangen. Bereits am 25. Mai hat Kaiser für Stauffenberg eine Notiz ausgearbeitet, worüber mit der Feindseite verhandelt werden sollte:
1. Sofortiges Einstellen des Luftkrieges
2. Aufgabe der Invasionspläne
3. Vermeiden weiterer Blutopfer
4. Dauernde Verteidigungsfähigkeit im Osten
Räumung aller besetzten Gebiete im Norden, Westen und Süden
5. Vermeiden jeder Besetzung
6. Freie Regierung, selbständige selbstgewählte Verfassung
7. Vollkommene Mitwirkung bei der Durchführung der Waffenstillstandsbedingungen, bei der Vorbereitung der Gestaltung des Friedens
8. Reichsgrenze von 1914 im Osten
Erhaltung Österreichs und der Sudeten beim Reich
Autonomie Elsaß-Lothringens
Gewinnung Tirols bis Bozen, Meran
9. Tatkräftiger Wiederaufbau mit Mitwirkung am Wiederaufbau Europas
10. Selbstabrechnung mit Verbrechern am Volk
11. Wiedergewinnung von Ehre, Selbstachtung und Achtung
Ende Juni 1944 hat Kaiser von Goerdeler erfahren, daß von höchster englischer Stelle aus Erkundigungen über die Verschwörerclique eingezogen worden sind. Stauffenberg hat

a) eine Liste von Männern übermittelt, die die zukünftigen Verhandlungspartner Englands sein sollten,
b) den Wunsch, daß Österreich beim Reich bleibt,
c) die Bitte, daß die Abrechnung mit den Kriegsverbrechern der künftigen deutschen Regierung überlassen bleiben sollte.
Das Tagebuch Kaisers, das vom 9. Mai bis 15. Juli reicht und eine Fülle von Hinweisen enthält, wird zur Zeit ausgewertet.

[189] *Deutschlands militärische Lage am 20. Juli 1944*

a) DAS URTEIL EINES HISTORIKERS

... Von unseren Verbündeten war am 20. 7. 1944 *Italien* bereits abgefallen. Die Regierung Mussolini führte nur noch ein Schattendasein. Es wurden einige neue italienische Divisionen in unserem Verbande aufgestellt, aber noch mehr Divisionen auf der Badoglio-Seite. *Finnland, Rumänien* und *Bulgarien* sonderten sich unmittelbar nach dem 20. 7. ab. Die *Slowakei* bedeutete im großen Rahmen gar nichts; sie hat uns nur zwei Brigaden gestellt, und die haben uns wenig genutzt. In *Kroatien* hielt sich noch die Regierung des sog. »Poglavnik«, gestützt auf ihre fluchwürdige Ustascha, am Ruder. Hätte hier Ante Pavlowitsch, der bei der Wehrmacht keine Freunde gewonnen hatte, nicht Rückhalt an Hitler gehabt, dann wäre er zweifellos weggefegt worden. *Ungarn* wurde – wie schon angeführt – mühsam bei der Stange gehalten.
Deutschland stand am 20. 7. also praktisch *allein* und hatte keinerlei Aussichten, daß ihm noch irgend jemand beispringen würde. An der *Ostfront* hatte sich die doppelte Katastrophe bei der Heeresgruppe Mitte und in Rumänien bereits angebahnt. In Finnland, auf dem Balkan und in Italien war mit dem Zusammenbruch der bisher gehaltenen Fronten zu rechnen. Und das Schlimmste: im *Westen* war den Alliierten die Landung gelungen, und der Tag, an dem die Normandie-Front zerspringen und dem Angreifer den Weg nach Frankreich freigeben werde, war in kurzer Zeit zu erwarten.
Daraus ergibt sich der zwingende Schluß: *die militärische Lage war am 20. 7. bereits ausweglos.* Auf der militärischen Ebene war kein Umschwung mehr zu erwarten, selbst wenn man die unwahrscheinlichsten Glücksfälle mit in Rechnung stellte ...
Der Ausgang des Krieges kann weder durch Sabotage noch durch Verrat erklärt werden.
Wir werden also zu der Antwort zurückgeführt, die ich auf die beiden ersten Fragen gegeben habe. Sie lautete – ich darf es noch

einmal wiederholen —: *die militärische Lage war an den Fronten so bedrohlich, z. T. bereits so katastrophal, daß der Krieg am 20. 7. bereits als endgültig verloren angesehen werden mußte. Das Heer war ausgebrannt, die Wehrwirtschaft trat in einen Schrumpfungsprozeß ein, die Treibstofflage drohte die Wehrmacht schließlich zum Stehen zu bringen; außenpolitische Möglichkeiten gab es nicht mehr, solange Hitler selbst noch führte. Wie man die Dinge auch wendet, von welcher Ebene aus, aus welchem Sektor heraus man auch den Krieg betrachten mag: der Krieg war am 20. Juli verloren. Die Schlußkatastrophe war gewiß — nur über ihr Datum konnte man noch streiten.*

b) WEHRMACHTSBERICHT VOM 21. JULI 1944

Das Oberkommando der Wehrmacht gibt bekannt:
Südöstlich und *südlich Caen* setzte der Feind seine Angriffe mit stärkeren Infanterie- und Panzerkräften fort, ohne daß er wesentlichen Geländegewinn erzielen konnte. Auch im Raum *nordwestlich Saint-Lo* zerschlugen unsere Truppen alle feindlichen Angriffsgruppen. Bei den Kämpfen am 18. und 19. Juli wurden in der Normandie 200 feindliche Panzer abgeschossen. Kampfflugzeuge versenkten im Seegebiet westlich Brest einen feindlichen Zerstörer und beschädigten zwei weitere schwer. Bei Säuberungsunternehmen im *französischen Raum* wurden wiederum 285 Terroristen im Kampf niedergemacht. Schweres »V 1«-Vergeltungsfeuer liegt weiter auf dem Großraum von *London*. In *Italien* fanden gestern größere Kampfhandlungen nur im adriatischen Küstenabschnitt statt, wo der Feind geringfügig Boden gewinnen konnte. An der übrigen Front führte der Gegner an vielen Stellen örtliche Angriffe, die erfolglos blieben. Die 16. SS-Panzergrenadierdivision »Reichsführer SS« hat sich unter Führung des SS-Gruppenführers und Generalleutnants der Waffen-SS Simon bei den schweren Kämpfen an der ligurischen Küste durch besondere Standhaftigkeit und Tapferkeit ausgezeichnet. Torpedoboote beschädigten im Golf von Genua zwei britische Schnellboote. Im *Osten* dauern die Kämpfe im *Raum vor Lemberg* und am oberen Bug mit unverminderter Heftigkeit an. Unsere Divisionen leisteten den Sowjets weiterhin zähen Widerstand und fügten ihnen hohe Verluste zu. Allein eine Panzergrenadierdivision schoß dort in den letzten Tagen 101 feindliche Panzer ab. *Nördlich Brest-Litowsk* warfen Truppen des Heeres und der Waffen-SS die Bolschewisten im Gegenangriff zurück. Mehrere Angriffsspitzen des Feindes wurden eingeschlossen und vernichtet. *Östlich Bialystok* brach der Gegner in unsere Stellungen ein. Er-

bitterte Kämpfe sind hier im Gange. *Nordwestlich Grodno* wurden sowjetische Kampfgruppen im Gegenangriff geworfen. An der *Straße Kauen-Dünaburg* sowie zwischen *Dünaburg* und *Peipussee* griffen die Bolschewisten mit starker Panzer- und Schlachtfliegerunterstützung an zahlreichen Stellen an. Sie wurden unter Abschuß einer großen Anzahl von Panzern abgewiesen oder aufgefangen. Im Nordabschnitt haben sich die schlesische 252. Infanteriedivision unter Führung von Generalleutnant Melzer und das Grenadierregiment 32 unter Oberst von Werder durch besondere Tapferkeit ausgezeichnet. Schlachtfliegergeschwader versprengten sowjetische Panzerverbände und Nachschubkolonnen. 58 feindliche Panzer und über 500 Fahrzeuge wurden vernichtet. In Luftkämpfen verlor der Feind 55 Flugzeuge. Wachfahrzeuge der Kriegsmarine schossen über dem finnischen Meerbusen fünf sowjetische Bomber ab. Starke deutsche Kampffliegerverbände führten auch in der vergangenen Nacht schwere Angriffe gegen die Nachschubbahnhöfe Minsk und Molodetschno. Nordamerikanische Bomberverbände griffen von Süden und Westen Orte in *West-, Südwest-* und *Mitteldeutschland* an. Besonders in *Friedrichshafen, Wetzlar* und *Leipzig* entstanden Schäden und Personenverluste. Durch Luftverteidigungskräfte wurden 47 feindliche Flugzeuge, darunter 45 viermotorige Bomber, abgeschossen. In der Nacht griff ein britischer Verband Orte im *rheinisch-westfälischen* Gebiet an. Störflugzeuge warfen außerdem Bomben auf das Stadtgebiet von *Hamburg*. 39 viermotorige Bomber wurden dabei zum Absturz gebracht. Schnelle deutsche Kampfflugzeuge griffen Ziele in *Südostengland* an.

(Oberbefehlshaber West)

c) DAS URTEIL DES GENERALFELDMARSCHALLS VON RUNDSTEDT

... Nach meiner Ansicht war der Krieg nach dem Fall Stalingrads nicht mehr zu gewinnen. Für verloren hielt ich den Krieg, nachdem es den Alliierten gelungen war, einen starken Brückenkopf auf französischem Boden zu gewinnen. Damit war es zu Ende ...

(Befehlshaber einer Heeresgruppe in Nordfrankreich)

[190] *Ultimatum Rommels an Hitler*

[Fernschreiben über die Lage an der Invasionsfront vom 15. Juli 1944]

Die Lage an der Front der Normandie wird von Tag zu Tag schwieriger, sie nähert sich einer schweren Krise.

Die eigenen Verluste sind bei der Härte der Kämpfe, dem außergewöhnlich starken Materialeinsatz des Gegners, vor allem an

Artillerie und Panzern, und bei der Wirkung der den Kampfraum unumschränkt beherrschenden feindlichen Luftwaffe derartig hoch, daß die Kampfkraft der Divisionen rasch absinkt. Ersatz aus der Heimat kommt nur sehr spärlich und erreicht bei der schwierigen Transportlage die Front erst nach Wochen. Rund 97 000 Mann an Verlusten (darunter 2360 Offiziere – unter ihnen 28 Generale und 354 Kommandeure) – also durchschnittlich pro Tag 2500–3000 Mann – stehen bis jetzt insgesamt 6000 Mann Ersatz gegenüber. Auch die materiellen Verluste der eingesetzten Truppen sind außerordentlich hoch und konnten bisher in nur geringem Umfang ersetzt werden, z. B. von 225 Panzern bisher nur 17.

Die neuzugeführten Divisionen sind kampfungewohnt und bei der geringen Ausstattung mit Artillerie, panzerbrechenden Waffen und Panzerbekämpfungsmitteln nicht imstande, feindliche Großangriffe nach mehrstündigem Trommelfeuer und starken Bombenangriffen auf die Dauer erfolgreich abzuwehren. Wie die Kämpfe gezeigt haben, wird bei dem feindlichen Materialeinsatz auch die tapferste Truppe Stück für Stück zerschlagen.

Die Nachschubverhältnisse sind durch die Zerstörungen des Bahnnetzes, die starke Gefährdung der Straßen und Wege bis zu 150 Kilometer hinter der Front durch die feindliche Luftwaffe derartig schwierig, daß nur das Allernötigste herangebracht werden kann und vor allem mit Artillerie- und Werfermunition äußerst gespart werden muß.

Neue nennenswerte Kräfte können der Front in der Normandie nicht mehr zugeführt werden. Auf der Feindseite fließen Tag für Tag neue Kräfte und Mengen an Kriegsmaterial der Front zu. Der feindliche Nachschub wird von unserer eigenen Luftwaffe nicht gestört. Der feindliche Druck wird immer stärker.

Unter diesen Umständen muß damit gerechnet werden, daß es dem Feind in absehbarer Zeit – 14 Tage bis drei Wochen – gelingt, die eigene dünne Front, vor allem bei der 7. Armee, zu durchbrechen und in die Weite des französischen Raumes zu stoßen. Die Folgen werden unübersehbar sein.

Die Truppe kämpft allerorts heldenmütig, jedoch der ungleiche Kampf neigt dem Ende entgegen. Ich muß Sie bitten, die Folgerungen aus dieser Lage unverzüglich zu ziehen. Ich fühle mich verpflichtet, als Oberbefehlshaber der Heeresgruppe dies klar auszusprechen . . .

[191] *Wenn der Staatsstreich gelungen wäre*

a) AUFRUF AN DAS DEUTSCHE VOLK

Deutsche!

Ungeheuerliches hat sich in den letzten Jahren vor unseren Augen abgespielt. Hitler hat ganze Armeen gewissenlos wider den Rat der Sachverständigen seiner Ruhmsucht, seinem Machtdünkel, seiner gotteslästerlichen Wahnidee geopfert, berufenes und begnadetes Werkzeug der »Vorsehung« zu sein.

Nicht vom deutschen Volk gerufen, sondern durch Intrigen schlimmster Art an die Spitze der Regierung gekommen, hat er durch dämonische Künste und Lügen, durch ungeheuerliche Verschwendung, die allen Vorteile zu bringen schien, in Wahrheit aber das deutsche Volk in gewaltige Schulden gestürzt haben, Verwirrung angerichtet. Um sich in der Macht zu halten, hat er damit eine zügellose Schreckensherrschaft verbunden, das Recht zerstört, den Anstand in Acht erklärt, die göttlichen Gebote reinen Menschentums verhöhnt und das Glück von Millionen von Menschen vernichtet.

Mit tödlicher Sicherheit mußte seine wahnwitzige Verachtung aller Menschen unser Volk ins Unglück stürzen, mußte sein angemaßtes Feldherrntum unsere tapferen Söhne, Väter, Männer und Brüder ins Verderben führen, sein blutiger Terror gegen Wehrlose den deutschen Namen der Schande überantworten. Rechtlosigkeit, Vergewaltigung der Gewissen, Verbrechen und Korruption hat er in unserem Vaterlande, das von jeher stolz auf seine Rechtlichkeit und Redlichkeit war, auf den Thron gesetzt, Wahrheit und Wahrhaftigkeit, zu denen selbst das kleinste Volk seine Kinder zu erziehen für seine größte Aufgabe hält, werden bestraft und verfolgt. So droht dem öffentlichen Wirken und dem Leben des einzelnen tödliche Vergiftung.

Das aber darf nicht sein, so geht es nicht weiter! Dafür dürfen Leben und Streben unserer Männer, Frauen und Kinder nicht fernerhin mißbraucht werden. Unserer Väter wären wir nicht würdig, von unseren Kindern müßten wir verachtet werden, wenn wir nicht den Mut hätten, alles, aber auch alles zu tun, um diese furchtbare Gefahr von uns abzuwenden und wieder Achtung vor uns selbst zu erringen.

Zu diesem Zweck haben wir, nachdem wir unser Gewissen vor Gott geprüft haben, die Staatsgewalt übernommen. Unsere tapfere Wehrmacht ist Bürge für Sicherheit und Ordnung. Die Polizei wird ihre Pflicht erfüllen.

Jeder Beamte soll nur dem Gesetz und seinem Gewissen gehorchen und seiner Sachkunde folgend sein Amt ausüben. Helfe jeder durch Disziplin und Vertrauen mit. Erfüllt Euer Tagewerk mit

neuer Hoffnung. Helft einander! Eure gepeinigten Seelen sollen wieder ruhig und getrost werden.
Fern jedes Hasses werden wir der inneren, in Würde der äußeren Versöhnung zustreben. Unsere erste Aufgabe wird es sein, den Krieg von seinen Entartungen zu reinigen und die verheerenden Vernichtungen von Menschenleben, Kultur- und Wirtschaftswerten hinter den Fronten zu beenden. Wir wissen alle, daß wir nicht Herren über Krieg und Frieden sind. Im festen Vertrauen auf unsere unvergleichliche Wehrmacht und im zuversichtlichen Glauben an die von Gott der Menschheit gestellten Aufgaben wollen wir alles zur Verteidigung des Vaterlandes und zur Wiederherstellung einer gerechten feierlichen Ordnung opfern, wieder in Achtung vor den göttlichen Geboten, in Sauberkeit und Wahrheit, für Ehre und Freiheit leben!
Deutsche!
Hitlers Gewaltherrschaft ist gebrochen.
Er hat Ehre und Würde, Freiheit und Leben anderer für nichts erachtet. Zahllose Deutsche, aber auch Angehörige anderer Völker, schmachten seit Jahren in Konzentrationslagern, den größten Qualen ausgesetzt und häufig schrecklichen Foltern unterworfen. Viele von ihnen sind zugrunde gegangen. Durch grausame Massenmorde ist unser guter Name besudelt. Mit blutbefleckten Händen ist Hitler seinen Irrweg gewandelt, Tränen, Leid und Elend hinter sich lassend.
In diesem Kriege haben Machtrausch, Selbstüberheblichkeit und Eroberungswahn ihren letzten Ausdruck gefunden. Tapferkeit und Hingabe unserer Soldaten sind schmählich mißbraucht. Ungeheure Opfer des ganzen Volkes sinnlos vergeudet.
Wir werden die Beweise für den ungeheuerlichen Verrat an dem deutschen Volke und an seiner Seele, für die totale Beugung des Rechts, für die Verhöhnung der edlen Forderung, daß Gemeinnutz vor Eigennutz zu gehen habe, für schamlose Korruption offen darlegen. Wer an diesen furchtbaren Wahrheiten noch zweifeln sollte, weil er als anständiger Mensch es für unmöglich hält, daß hinter hochtönenden Worten sich eine solche Ruchlosigkeit verbergen könnte, wird durch Tatsachen belehrt werden.
So durfte es nicht weitergehen! Unserer Väter wären wir nicht würdig, von unseren Kindern müßten wir verachtet werden, wenn wir den Mut nicht hätten, alles, aber auch alles zu tun, um die furchtbare Gefahr von uns abzuwenden und wieder Achtung vor uns selbst zu erringen.
Hitler hat seinen vor zehn Jahren dem Volke geleisteten Eid durch Verletzungen göttlichen und menschlichen Rechts unzählige Male gebrochen. Daher ist kein Soldat, kein Beamter, überhaupt kein Bürger ihm mehr durch Eid verpflichtet.

In höchster Not habe ich zusammen mit Männern aus allen Ständen des Volkes, aus allen Teilen des Vaterlandes gehandelt. Ich habe die einstweilige Führung des Deutschen Reichs übernommen und die Bildung einer Regierung unter Führung des Reichskanzlers angeordnet. Sie hat die Arbeit aufgenommen. Den Oberbefehl über die Wehrmacht führt Generalfeldmarschall v. Witzleben, dem sich die Oberbefehlshaber an allen Fronten unterstellt haben. Diese Männer haben sich mit mir zusammengefunden, um den Zusammenbruch zu verhüten.

In ernster Stunde treten wir vor Euch. Die Verantwortung vor Gott, vor unserem Volke und vor seiner Geschichte, die kostbaren Blutopfer zweier Weltkriege, die ständig wachsende Not der Heimat, das Elend auch der anderen Völker, die Sorge um die Zukunft der Jugend verpflichten uns.

Die Grundsätze und Ziele der Regierung werden bekanntgegeben werden.

Sie sind bindend, bis die Möglichkeit gegeben ist, das deutsche Volk darüber entscheiden zu lassen. Unser Ziel ist die wahre, auf Achtung, Hilfsbereitschaft und soziale Gerechtigkeit gegründete Gemeinschaft des Volkes. Wir wollen Gottesfurcht an Stelle von Selbstvergottung, Recht und Freiheit an Stelle von Gewalt und Terror, Wahrheit und Sauberkeit an Stelle von Lüge und Eigennutz. Wir wollen unsere Ehre und damit unser Ansehen in der Gemeinschaft der Völker wiederherstellen. Wir wollen mit besten Kräften dazu beitragen, die Wunden zu heilen, die dieser Krieg allen Völkern geschlagen hat, und das Vertrauen zwischen ihnen wieder neu zu beleben. Die Schuldigen, die den guten Ruf unseres Volkes geschändet und soviel Unglück über uns und andere Völker gebracht haben, werden bestraft werden.

Wir wollen der Hoffnungslosigkeit, daß dieser Krieg noch endlos weitergehen müsse, ein Ende machen. Wir erstreben einen gerechten Frieden, der an die Stelle der Selbstzerfleischung und Vernichtung der Völker friedliche Zusammenarbeit setzt. Ein solcher Friede kann sich nur auf Achtung vor der Freiheit und der Gleichberechtigung aller Völker gründen.

Ich rufe alle anständigen Deutschen, Männer und Frauen aller Stämme und Stände, ich rufe auch die deutsche Jugend. Ich baue auf die freudige Mitarbeit der christlichen Kirchen.

Habt Mut und Vertrauen! Die Aufgabe ist ungeheuer schwer. Ich kann und will Euch keine leeren Versprechungen machen. Wir werden in harter Arbeit ringen müssen, um langsam wieder vorwärts- und aufwärtszukommen. Aber wir werden diesen Weg als freie Menschen in Anstand gehen und wieder die Ruhe des Gewissens finden. Erfülle jeder seine Pflicht!

Helfe jeder mit, das Vaterland zu retten!

b) AUFRUF AN DIE WEHRMACHT

Deutsche Soldaten!

Über vier Jahre tapfersten Ringens liegen hinter Euch! Millionen unserer Kameraden sind auf den Schlachtfeldern Europas und Afrikas, in der Luft und auf den Meeren gefallen.

Hitlers gewissenlose Führung hat ganze Armeen mit der Blüte unserer Jugend in Rußland und am Mittelmeer für phantastische Pläne grenzenloser Eroberungen geopfert. Der leichtfertige Einsatz der VI. Armee bei Stalingrad und ihre sinnlose Preisgabe beleuchten grell die grausame Wahrheit. Befähigte Offiziere, die sich diesem wahnwitzigen Treiben widersetzten, wurden entfernt, der Generalstab beiseitegeschoben. Das angemaßte Feldherrngenie Hitlers treibt uns trotz Eurem Heldentum einem verhängnisvollen Ausgang zu.

In der Heimat werden immer mehr Stätten des Familienlebens und der Arbeit zerstört; schon sind sechs Millionen Deutsche heimatlos. In Eurem Rücken nehmen Korruption und Verbrechen, von Anfang an von Hitler geduldet oder gar befohlen, unerhörte Ausmaße an.

In dieser Stunde höchster Not und Gefahr haben deutsche Männer ihre Pflicht vor Gott und dem Volke getan; sie haben gehandelt und Deutschland eine erfahrene, verantwortungsbewußte Führung gegeben. Der Mann, der rechtzeitig gewarnt hat, der als Chef des Generalstabes entschlossen gegen diesen Krieg eingetreten ist und deshalb von Hitler entlassen wurde, ist Generaloberst Beck. Er hat die einstweilige Führung des Deutschen Reiches und den Obersten Befehl über die deutsche Wehrmacht übernommen. Die Regierung ist aus erprobten Männern aller Schichten unseres Volkes, aller Teile unseres Vaterlandes gebildet. Sie hat ihre Arbeit aufgenommen.

Ich bin mit dem Oberbefehl über die gesamte Wehrmacht betraut. Die Oberbefehlshaber an allen Fronten haben sich mir unterstellt. Die deutsche Wehrmacht hört jetzt auf meinen Befehl.

Soldaten! Es geht um die Sicherung eines gerechten Friedens, der dem deutschen Volk ein Leben in Freiheit und Ehre, den Völkern freiwillige und fruchtbare Zusammenarbeit ermöglicht. Ich stehe Euch dafür, daß fortan von Euch nur die Opfer verlangt werden, die notwendig sind, um dieses Ziel zu erreichen. Alle Kräfte des Volkes werden nunmehr einheitlich für diese Aufgabe eingesetzt. Mit der sinnlosen Verzettelung der Kräfte, mit den halben, verspäteten Entschlüssen, die soviel Blut gekostet haben, hat es ein Ende.

Wo immer Ihr steht, an der Front oder in den besetzten Gebieten, verpflichte ich Euch auf die Gesetze unbedingten Gehorsams, soldatischer Manneszucht und ehrenhafter, ritterlicher Haltung. Wer es daran hat fehlen lassen oder sich künftighin gegen diese Gesetze vergeht, wird unnachsichtig zur Rechenschaft gezogen werden. Auch in der Heimat kämpfen wir für Recht und Freiheit, für Anstand und Sauberkeit.

Ich erwarte von Euch, daß jeder seine Pflicht treu und tapfer weiter erfüllt. Davon hängt das Geschick unseres Vaterlandes, hängt unsere und unser Kinder Zukunft ab.

Soldaten! Es geht um Bestand und Ehre unseres Vaterlandes, um eine wahre Gemeinschaft im eigenen Volke und mit den Völkern der Welt.

[192] *Roland Freislers Volksgericht*

a) AUS DEM MORDREGISTER

Mordregister 1944 Nummer 1533/36
v. Witzleben und andere

v. Hase, Paul
ehemaliger Generalleutnant
geb. 14. 7. 85 Hannover

Bernardis, Robert
ehemaliger Oberstleutnant
7. 8. 08 Innsbruck

Klausing, Friedrich Karl
ehemaliger Hauptmann
geb. 24. 5. 20 München

Graf York v. Wartenburg, Peter
ehemaliger Leutnant
17. 11. 04 Klein-Oels

Deutsche

Straftat: Hoch-Landesverrat
Erkennendes Gericht: Volksgerichtshof
Tag des Urteils: 8. 8. 44
Eingang des Gnadenberichts: 8. 8. 44
Aktenzeichen: O.J.i.44gRs
Erkannte Strafe: Todesurteil – Ehrverlust
Entscheidung des Reichsministeriums der Justiz: Vollstreckung
Tag der Entscheidung: 8. 8. 44
Vollstreckt am 8. 8. 44 in Berlin

Mordregister 1944 Nummer 1866/71
Klamroth und andere

Geschäftsnummer: IV g 10 b 39/44 g Rs
Mordregister: Buchstabe K Nr. 2063

Klamroth, Bernhard
ehemaliger Oberstleutnant
geb. 20. 11. 10 Berlin

Klamroth, Hans-Georg
ehemaliger Major
12. 10. 98 Halberstadt

Hayessen, Egbert
ehemaliger Major
20. 12. 13 Eisleben

Graf *Helldorf,* Wolf-Heinrich
ehemaliger General der Polizei
14. 10. 96 Merseburg

v. Trott zu Solz, Adam
ehemaliger Legationsrat
9. 9. 09 Potsdam

v. Haeften, Hans Berndt
ehemaliger Legationsrat
18. 12. 05 Charlottenburg

Deutsche

Straftat: Hoch-Landesverrat
Erkennendes Gericht: Volksgerichtshof
Tag des Urteils: 15. 8. 44
Eingang des Gnadenberichts: 15. 8. 44
Aktenzeichen: O.J.3.44
Erkannte Strafe: Todesstrafe – Ehrverlust
Entscheidung des Führers des Reichsmin. d. Justiz: Vollstreckung
Tag der Entscheidung: 15. 8. 44
Vollstreckt am:
15. 8. 44, 26. 8. 44, 15. 8. 44, 15. 8. 44,
28. 8. 44, 15. 8. 44
Bemerkungen: Die Verurteilten sind Mittäter des Anschlags vom 20. 7. 44

Mordregister 1944 Nummer 3213/16
v. Stülpnagel und andere

Geschäftsnummer: IV g 43/44 g Rs
Mordregister: Buchstabe S Nr. 2614

v. Stülpnagel, Karl Heinrich
ehem. General d. Infanterie

v. Hofacker, Caesar
Oberstleutnant d. R.

Smend, Günther
ehem. Oberstleutnant i. G.

Rathgens, Karl Ernst
ehem. Oberstleutnant i. G.

Deutsche

Straftat: Hoch-Landesverrat
Erkennendes Gericht: Volksgerichtshof
Tag des Urteils: 30. 8. 44
Eingang des Gnadenberichts: 30. 8. 44
Aktenzeichen: O.J.5.u.9.44 g Rs
Erkannte Strafe: Todesstrafe – Ehrverlust
Entscheidung des Führers des Reichsmin. d. Justiz: Vollstreckung
Tag der Entscheidung: 30. 8. 44
Vollstreckt am: 30. 8. 44, 20. 12. 44, 8. 9. 44, 30. 8. 44 in Berlin
Bemerkungen: v. Stülpnagel und v. Hofacker haben sich an ihren Dienststellen in Frankreich, Smend und Rathgens sonst in verantwortlicher Weise am Komplott des 20. 7. 44 beteiligt.

(Roland Freisler)

b) DER »RASENDE ROLAND«

Fernschreiben

DER REICHSMINISTER DER JUSTIZ

Berlin, den 8. September 1944

An den
Sekretär des Führers
Herrn Reichsleiter
Bormann
Führerhauptquartier

Sehr verehrter Herr Reichsleiter!

Ich übersende Ihnen ...
Die Verhandlungsführung des Vorsitzers war bei den Angeklagten Wirmer und Goerdeler unbedenklich und sachlich, bei Lejeune-Jung etwas nervös. Leuschner und von Hassell ließ er nicht ausreden. Er überschrie sie wiederholt. Das machte einen recht schlechten Eindruck, zumal der Präsident etwa 300 Personen das Zuhören gestattet hatte. Es wird noch zu prüfen sein, welche Personen Eintrittskarten erhalten haben. Ein solches Verfahren in einer solchen Sitzung ist sehr bedenklich. Die politische Führung der Verhandlung war sonst nicht zu beanstanden. Leider redete er aber Leuschner als Viertelportion und Goerdeler als halbe Portion an und sprach von den Angeklagten als Würstchen. Darunter litt der Ernst dieser gewichtigen Versammlung erheblich. Wiederholte längere, nur auf Propagandawirkung abzielende Reden des Vorsitzers wirkten in diesem Kreise abstoßend. Auch hierunter litt der Ernst und die Würde des Gerichts. Es fehlt dem Präsidenten völlig an eiskalter, überlegener Zurückhaltung, die in solchem Prozeß allein geboten ist ...

Heil Hitler!
Ihr gez. Dr. Thierack

(Reichsminister der Justiz)

3.2.1945 bei einem Luftangriff getötet

c) FREISLERS TOD

[Nach Fabian von Schlabrendorff]

(Widerstandskämpfer)

... Als am späten Vormittag des 3. Februar 1945 mein Fall vor dem Volksgerichtshof aufgerufen wurde, erklangen die Alarmsirenen. Um festzustellen, ob es sich um einen Großangriff handelte, wurde telefoniert. Die Antwort war bemerkenswert. Sie lautete: Bomberströme im Anflug auf Berlin. Eiligst sucht das ganze Gericht die Kellergewölbe im Gebäude des Volksgerichtshofes auf. Auch ich wurde nach vorsorglicher Fesselung in den Keller gebracht.

Ein furchtbares Bombardement begann. Es war wohl der schwerste Angriff, den die amerikanischen Bomber je auf Berlin geflogen hatten. Man hatte das Gefühl, als ob die Welt untergehe. Mitten in diesem tosenden Wirbel erscholl ein ohrenbetäubendes Krachen, das alle Insassen des Kellers erbeben ließ. Der Volksgerichtshof selbst war getroffen worden und stand in Flammen. Er wankte in seinen Fugen und brach auseinander. Ein Teil der Decke stürzte herunter. Ein gewaltiger Balken verlor seinen Halt, löste sich, schlug herunter und traf mit voller Wucht den Präsidenten des Volksgerichtshofes Freisler auf den Kopf, während das entgegengesetzte Ende einem Wachtmeister eine Brustquetschung zufügte. Ein Arzt wurde irgendwoher herbeigerufen. Das Ergebnis seiner kurzen Untersuchung lautete: Doppelseitiger Schädelbruch, tot. Mein Pflichtverteidiger erzählte mir später, Freisler habe noch meine Strafprozeßakten in der Hand gehalten ...

[193] *Sie bedürfen keiner Rechtfertigung*

[Aus einem Brief eines jüngeren Offiziers]

... Die Empörer hatten erkannt, daß die Erfüllung der beschworenen Pflicht sie selbst und ungezählte andere, für die sie sich verantwortlich fühlten, zu Handlungen nötigte, die ihr Gewissen als Verbrechen bezeichnete. Das Einzigartige und, um ein oft mißbrauchtes Wort in seinem strengen Sinne anzuwenden, das Tragische ihrer Lage bestand darin, daß ein Ausweg nur möglich erschien, wenn sie selbst durch einen Akt der Gewalt das Odium des Eid-, Treu- und Rechtsbruches auf sich nahmen. Sonst blieb nur der Weg offen, in dumpfer Resignation den Dingen ihren Lauf zu lassen und allenfalls bestrebt zu sein, sich wenigstens persönlich nicht mit Verbrechen zu belasten. Diese Männer nahmen als einzelne für die Allgemeinheit eine Tat auf sich, die in ihrer Anfechtbarkeit, aber auch in ihrer unausweichlichen Notwendigkeit ihnen klar vor Augen stand. Wie schwer dieser Doppelcharakter der Tat auf ihnen gelastet hat, zeigt das letzte Wort des Generalmajors von Tresckow von dem »Kainsmal«, das alle trügen, die mit ihm zusammengewirkt hätten.

Diese Männer haben es sich nicht leicht gemacht. Selbst einleuchtende Rechtfertigungen wie die, daß Hitler selbst der Eidbrüchige sei, daß er selbst niemand die Treue halte, die er doch von allen forderte, ja erzwang, hört man kaum aus ihrem Munde. Wenn etwas in der neueren Geschichte, so muß ihre Tat als ein Opfer bezeichnet werden: sie nahmen wissend ein Verbrechen auf sich, um ungeheure Verbrechen, deren Zeuge sie waren, aus der Welt zu schaffen.

Wer heute aufrichtig sein Gewissen prüft, muß erkennen, daß es unendlich viel bequemer war, sich als Christ auf den Katechismus, als Soldat auf die Heiligkeit des Eides oder die Gehorsamspflicht gegen einen gegebenen Befehl zurückzuziehen, als sich durch eine Tat aufzulehnen. Das mindeste, das wir alle, die wir in dem großen Zwiespalt des vergangenen Krieges die letzte Entscheidung umgangen haben, denen schulden, die sich ihr stellten, ist doch wohl Schweigen ... Jene bedürfen keiner Rechtfertigung, und der Versuch, gegen sie zu sein und ihre Tat anzuzweifeln, richtet den, der ihn unternimmt ...

DER NATIONALSOZIALISMUS UND DIE DEUTSCHE GESCHICHTE

Die Diskussion über das Verhältnis des Nationalsozialismus zur deutschen Geschichte, über seinen Standort in der deutschen Geschichte, die seit 1945 in der politischen und wissenschaftlichen Literatur der gesamten historisch interessierten Welt ausgefochten wird, ist im Grunde bereits seit 1933 auch im Innern Deutschlands ausgetragen worden, wenn auch die offene Diskussion hier sehr bald der geheimen Aussprache im kleinen Kreis und die direkte Aussage der indirekten Methode des Zwischen-den-Zeilen-Schreibens und -Lesens weichen mußte. In welchem Verhältnis steht der Nationalsozialismus zu den Werten und Idealen der deutschen Geschichte? Wie verhalten sich deutsche Tradition und nationalsozialistische Revolution? Das waren damals und sind heute die Fragen, die alle jene sich stellen, denen Geschichte mehr ist als zufällige und sinnlose Anhäufung von Ereignissen und Begebenheiten, nämlich geistiger und seelischer Lebensgrund, aus dem die Völker Kräfte ziehen auch für die Gestaltung ihrer Gegenwart und Zukunft. Wenn Geschichte aber mehr ist als Hinter-uns-Gebrachtes, Endgültig-Abgetanes, dann wird das Bild, das sich ein Volk oder eine Generation von der eigenen Geschichte macht, entscheidend auch für die Erwartungen und Hoffnungen in der Gegenwart. Wenn also Geschichte nicht tote Vergangenheit ist, sondern lebendige Erinnerung, dann ist die Frage nach dem Verhältnis des Nationalsozialismus zur deutschen Geschichte alles andere denn eine akademische Frage, um die sich lediglich Geschichtsprofessoren zu streiten hätten. In der Tat: wenn der Nationalsozialismus nichts anderes als die logische und notwendige Fortentwicklung der in der deutschen Geschichte angelegten Tendenzen darstellt, dann kann der Deutsche, der den Nationalsozialismus auch innerlich überwinden will, nur einen heillosen Bruch mit seiner eigenen Vergangenheit feststellen. Die aufgeworfene Frage ist infolgedessen nicht nur von historischem Interesse, sondern von geradezu existentieller Bedeutung. Mit leidenschaftlicher Hingabe haben denn auch Männer wie der Philosoph Theodor Litt und der Historiker Friedrich Meinecke in ihren Schriften nach 1945 auf diese schwerwiegende Problematik aufmerksam gemacht.

Tatsächlich trafen sich die Auffassung, die der Nationalsozialismus vor 1945 von der deutschen Geschichte verbreitet hatte, und diejenige der Siegermächte nach 1945 in wesentlichen Punkten. Wie der Nationalsozialismus von sich behauptet hatte, die folgerichtige, ja alleinrichtige Fortentwicklung alles dessen zu sein, was wahrhaft deutsch, echt deutsch, wesensmäßig deutsch war, ja, die Deutschen überhaupt an den Ursprung und Urquell deutschen Wesens zurückgeführt zu haben, so sah auch das Verdikt der Siegermächte im Nationalsozialismus zunächst nichts anderes als die verhängnisvolle, aber logische Endphase von längst in der deutschen Geschichte angelegten Krankheitskeimen.

Der Nationalsozialismus verkündete, das Erbe aller großen Deutschen verpflichtend in sich zu tragen und sozusagen in einem letzten heroischen Anlauf zur endgültigen Verwirklichung des Zieles der deutschen Geschichte zu schreiten, Verwirklichung in der Form eines tausendjährigen Reiches, das ein Reich der deutschen Macht und Größe sein sollte. In diesem Sinne wurde etwa die Reformation als Kampf der nordischen Seele gegen römische Bevormundung interpretiert und von der deutschen Befreiungstat Luthers gesprochen, nicht anders als von den politischen und militärischen Taten Friedrichs des Großen und Bismarcks. Fichte und die Männer der preußischen Erhebungszeit, wie der Freiherr vom Stein und die Generäle Scharnhorst, Gneisenau und Clausewitz, wurden als Verkünder des nationalen Gedankens, als Schöpfer des Volksheeres und der preußischen Kriegsphilosophie zu Vorläufern des Nationalsozialismus gemacht, genauso wie Schiller als Sänger der deutschen Freiheit und Herold des heldischen Gedankens, Jean Paul als poetischer Fürsprecher deutscher Art und Sitte, Nietzsche als Rebell gegen Pazifismus und Knechtsmoral des Christentums, als Verkünder der blonden Bestie und des Herrenmenschen, der allein vom Willen zur Macht beseelt ist, Richard Wagner als Prophet des Pangermanismus und Antisemitismus.

Die Reihe könnte beliebig fortgesetzt werden. Man braucht nur eine der zahlreichen Broschüren über die philosophischen und geistesgeschichtlichen Grundlagen des Nationalsozialismus aufzuschlagen, wie wir es eben getan haben. Jene, die nach 1933 versuchten, den Nationalsozialismus philosophisch und geschichtlich zu fundieren und damit erst recht in dem so ausgeprägt historischen Bewußtsein der Deutschen zu verankern, fanden immer mehr Ahnen und Zeugen der neuen Weltanschauung, Propheten und Künder des »Dritten Reiches« in der deutschen Vergangenheit. Die jungen Deutschen wurde schließlich ein Bild der deutschen Geschichte gelehrt, in dem fast jeder große Deutsche des Geistes und der Tat in diesem Sinne eingezeichnet war. Eigentlich nur einer der ganz Großen konnte schwer zum Künder des Nationalsozialismus umgebogen werden: Goethe. Er wurde meistens denn auch mehr oder weniger offen abgelehnt als Vertreter einer ästhetischen Weltseitigkeit und eines weltbürgerlichen Humanitätsideals, das übernationalen geistigen Werten verpflichtet sei.

Dieser Versuch des Nationalsozialismus, sich als Erbe aller großen Güter der deutschen Vergangenheit hinzustellen, als die deutsche Bewegung schlechthin zu erscheinen, ist schon gleich nach 1933 auf den Widerstand von solchen Deutschen gestoßen, die sich trotz Propaganda und Vernebelung den Blick für die wahren historischen Perspektiven nicht trüben ließen. Jene Deutschen, die Widerstand im Sinne einer geistig tief begründeten grundsätzlichen Opposition leisteten, schöpften ihre Kraft fast immer aus dem Glauben, daß der Nationalsozialismus eine satanische Verfälschung der besten Güter und schönsten Ideale der deutschen Geschichte darstelle. Ja sie neigten oft dazu, im Nationalsozialismus mehr Fremdes, Importiertes zu sehen denn Eigenes, Deutsches.

Die Kernfrage war also 1933 dieselbe wie heute: Inwiefern ist der Nationalsozialismus aus spezifisch deutschen Wurzeln entstanden, und inwiefern aus allgemein europäischen Erscheinungen? War der Nationalsozialismus also mehr ein Produkt der deutschen oder der europäischen Geschichte? Eine Antwort aus wissenschaftlichem Geiste kann heute nicht mehr auf ein Entweder-Oder hinauslaufen. Die allzu einfachen Antworten auf geschichtliche Fragen sind meistens schief; sie sind es ganz besonders in diesem Fall.

Bedenken wir diese Problematik nur einmal am Beispiel des Preußentums. Der Geist des preußischen Staates und Heeres wurde vom Nationalsozialismus in vollem Umfange für sich in Anspruch genommen, und Hitler veranstaltete bekanntlich zu diesem besonderen Zwecke die Schaustellung in der Garnisonkirche von Potsdam, wo dem deutschen Volke und der ganzen Welt die Synthese von Preußentum und Nationalsozialismus demonstriert werden sollte. Preußentum, preußischer Staatsgedanke und preußischer Militarismus wurden denn auch nach 1945 als hauptverantwortlich für die Eroberungspolitik und die Machtexzesse des Nationalsozialismus empfunden und erklärt. Sicher ist der Zusammenhang zwischen preußischem Militarismus und nationalsozialistischem Eroberungskrieg so evident, daß er nicht besonders begründet zu werden braucht. Die nationalsozialistische Ideologie und Herrschaft ist ohne das tief nachwirkende Erlebnis des totalen Krieges und der Frontgemeinschaft von 1914 bis 1918 undenkbar. »Wir sind vom militärischen Denken des Weltkrieges herangebildet worden und daher geneigt, militärische Vorstellungen von Führer und Gefolgschaft in das zwanzigste Jahrhundert zu übertragen.« So lesen wir bei einem jener zahlreichen Autoren, die das Heraufkommen des autoritären, auf soldatischer Disziplin beruhenden Führerstaates verkünden und wünschen. Preußentum also doch ein Vorläufer des Nationalsozialismus? Also doch eine Linie von Friedrich dem Großen über Bismarck zu Hitler?

Daß der königliche Philosoph von Sanssouci, aber auch der preußische Junker Bismarck, Hitler, seine Gedankenwelt und seine Politik, aufs schärfste abgelehnt haben würden, kann keinem Zweifel unterliegen. Es sind Welten, die den aus der Asozialität aufgestiegenen Hitler von dem preußischen König und dem preußisch-deutschen Kanzler trennen. Entscheidender ist aber die Einsicht, daß aus demselben Geiste des Preußentums, der die hitlerhörigen Generäle zeugte, ein General Ludwig Beck hervorgehen konnte, das Haupt der Widerstandsbewegung gegen Hitler, eine unabsehbare Reihe anderer Offiziere der preußisch-deutschen Schule hervorgehen konnten, die zu Hitlers schärfsten Widersachern gehörten, nicht zu vergessen die adligen Nachkommen preußischer Junker aus dem Kreisauer Kreis, die alle aus dem echten Preußentum zu schöpfen glaubten, als sie sich zum grundsätzlichen Widerstand entschlossen. Wer vertrat nun hier das wahre Preußentum? Die Generäle, die Hitler bedingungslosen Gehorsam auch bei den wahnwitzigsten Befehlen leisteten, oder die Offiziere und Aristokraten, die ihm unbedingte Feindschaft ansagten?

Der vor wenigen Jahren verstorbene große deutsche Historiker Friedrich Meinecke, wohl einer der feinsten Kenner der preußischen Geschichte, sprach von zwei Seelen, die seit Friedrich dem Großen im Preußentum lebten: einer kulturfähigen und einer kulturwidrigen Seele. Dieser Riß zwischen den beiden Seelen sei durch das ganze neunzehnte und zwanzigste Jahrhundert bis in die Hitlerzeit hineingegangen. Beide Seiten aber verkörpern einen Teil des Preußentums.

Nicht anders steht es doch auch mit dem Luthertum, dem man in der Vorgeschichte des deutschen Verhängnisses so gern eine bedeutende Rolle zuweist. Sicher hat das Luthertum den Obrigkeitsglauben und Untertangehorsam der Deutschen gefördert. Und es hat 1933 die »deutschen Christen« hervorgebracht und damit den Versuch eines arteigenen deutschen Christentums. Auf der anderen Seite sind dem deutschen Widerstand gegen Hitler, wie wir gezeigt haben, beste Köpfe und kühne Kämpfer aus dem Geiste des deutschen Protestantismus zugeflossen. Die »deutschen Christen« behaupten ebenso den wahren Geist Luthers zu verkörpern wie die Männer der Bekennenden Kirche.

Denselben Zwiespalt treffen wir schließlich auch da an, wo man das innerste Wesen des deutschen Menschentums zu fassen glaubt: im Element des Romantischen. Es ist sicher keine simplifizierende Völkerpsychologie, wenn man dem Romantischen einen besonderen Platz einräumt in der Geschichte des deutschen Geistes und der deutschen Seele. So hervorragende Kenner dieser Geschichte wie der Dichter Thomas Mann, der Historiker Friedrich Meinecke, der Theologe und Religionssoziologe Ernst Troeltsch glaubten, im Romantischen das dominierende Element der deutschen Geistesentwicklung, vor allem seit 1800, entdeckt zu haben, ganz abgesehen von den vielen Forschern des angelsächsischen und romanischen Kulturbereiches, von denen hier nur der italienische Philosoph und Historiker Benedetto Croce genannt sei.

Es gehöre zum Wesen der Romantik, so lesen wir bei Thomas Mann, daß Sünden und Laster dicht neben höchsten und fruchtbarsten Ideen sich befänden, daß selbst in ihren holdesten und ätherischsten Erscheinungen Krankheitskeime verborgen sein können, wie in der Rose der Wurm. So scheinen im Wesen des Romantischen alle Möglichkeiten angelegt, welche dem deutschen Menschentum in der neueren Geschichte gegeben waren: von der Schöpfung höchster und sublimster Ideen und Werke bis zum Austoben niedrigster Triebe. Aus dieser Erkenntnis heraus widerlegt denn Thomas Mann auch die These von den zwei Deutschland. Es gebe nicht ein böses und ein gutes Deutschland, »sondern nur eines, dem sein Bestes durch Teufelslist zum Bösen ausschlug. Das böse Deutschland, das ist das fehlgegangene Gute, das Gute im Unglück, in Schuld und Untergang«. Zu demselben Resultat gelangt auch Croce, wenn er die Geschichte des deutschen Geistes dämonisch und tragisch nennt, weil dieser aus seinem innersten Wesen heraus sowohl das Höchste wie das Niedrigste hervorgebracht hat. Im Wesen des Romantischen scheint also das Rätsel deutscher Entwicklung beschlossen zu liegen.

Was ist nun aber dieses Romantische? Es ist das Sehnsüchtige, Phantastische, das Maßlose, Grenzenlose und Uferlose, das Irrationale, ja das Antirationale. Dieses also bestimmte Romantische treffen wir auch wieder in den Ideologien der konservativen Revolution und der völkischen Bewegung nach dem ersten Weltkrieg, in der politischen Philosophie der Gegenrevolution. Inzwischen aber, das heißt im Verlaufe des 19. Jahrhunderts, war die romantisch-idealistische Gedankenwelt einem Zersetzungsprozeß ausgesetzt gewesen, der ihre größten und fruchtbarsten Ideen kaum wiedererkennen ließ. Positivismus, Materialismus, Nationalismus, Darwinismus zersetzten den humanistischen, christlichen und weltbürgerlichen Gehalt und Nährboden des historischen Ideengutes. So entartete die Idee der Nation und des Volkstums zu einem Mythos von Blut und Boden. Humanismus und Christentum wurden als Fremdüberlagerung über einer ursprünglichen deutschen Substanz empfunden, die Beziehungen zwischen den Völkern wurden nicht mehr im Lichte eines weltbürgerlichen Ideals gesehen, sondern dem Gesetz der Freund-Feind-Beziehung oder gar der Lehre vom Daseinskampf aller Lebewesen und dem Recht des Stärkeren unterworfen.

Von einer solchen geistigen Grundlage aus wurde die Weimarer Republik als etwas Fremdes, Aufgezwungenes empfunden und nach dem gesucht, was man den »deutschen Weg« nennen könnte: Suche nach dem deutschen Staat, nach dem deutschen Sozialismus, nach der deutschen Art und Kunst, nach dem deutschen Christentum – deutsch immer verstanden als nicht-westlich, ja antiwestlich, westlich gleichgesetzt mit Aufklärung, Individualismus, liberaler und parlamentarischer Demokratie. Dem angeblichen Formalismus der Verfassung wurde der lebendige Ausdruck des Volkswillens, der vornehmlich im Willen eines Führers zum Ausdruck kommen sollte, entgegengesetzt; dem angeblichen Mechanismus der Gesellschaft die Auslese einer Elite; der angeblich amorphen Masse eine hierarchische und ständische Gliederung. Kultur stand gegen Zivilisation, Seele gegen Geist.
Während Männer wie Meinecke und Troeltsch nach 1918 vergeblich versuchten, die aus den Fugen geratene deutsche Entwicklung in die allgemein-europäische zurückzubiegen, entstand ganz im Gegensatz dazu erst recht ein »deutscher Mythos«, in welchem der Mythos vom »dritten Reich« zunächst nur einen Aspekt und nicht einmal den wichtigsten darstellte. Im Mythos vom besonderen deutschen Weg in Staat, Gesellschaft und Kultur sehen wir die geistige Hauptvoraussetzung für das Heraufkommen des Nationalsozialismus. Die ideologischen Möglichkeiten, die hier angelegt waren, wurden durch die Entwicklung seit 1918 Zug um Zug freigesetzt. Die militärische Niederlage und die politische Revolution von 1918, die der Großteil des deutschen Volkes innerlich nie anerkannte, geschweige denn seelisch überwand, führten dazu, daß die deutsche Demokratie praktisch in einem geistigen Vakuum dahinvegetieren mußte, in das die antidemokratischen Ideologien alsbald auch einzuströmen begannen. Durch die Inflation und die Weltwirtschaftskrise kamen die ökonomischen und die sozialen Bedingungen dazu, die den Nationalsozialismus zur Massenbewegung werden ließen.
Den wirtschaftlichen Ursachen indessen die entscheidende Bedeutung zuzumessen, würde heißen, einem historischen Materialismus zu huldigen, der hier ebenso wenig wie anderswo die geschichtliche Entwicklung zu erklären vermag. Wenn die Wirtschaftskrise notwendig zum Zusammenbruch der Demokratie führen mußte, wie das behauptet wird, dann erhebt sich die Frage, warum ähnliche Zustände nicht überall zu ähnlichen Folgen geführt haben. Die Demokratie aber für das Heraufkommen des Nationalsozialismus verantwortlich zu machen, wie dies noch heute von konservativen Kreisen gern getan wird, ist ein Akt von Kurzschlußdenken, wie leicht nachzuweisen ist. Die Weimarer Republik war wohl der Form nach eine Demokratie, doch war der

Staat in keinem Augenblick seiner Existenz von dem notwendigen demokratischen Geist oder gar Gefühl erfüllt. Die Millionenmassen, die durch ihre Stimmzettel auf demokratischem Wege dem Nationalsozialismus zur Macht verhelfen wollten, können wohl nicht gut als Kronzeugen der Demokratie angesprochen werden, da sie die Demokratie ja gerade beseitigen wollten. Der Untergang der Weimarer Republik ist ein Musterbeispiel für den Selbstmord einer Demokratie: demokratische Freiheiten wurden mißbraucht, um antidemokratische Ziele zu verwirklichen.

Auf der anderen Seite kann nicht übersehen werden, daß die antiliberale und antidemokratische Bewegung nach dem ersten Weltkrieg allgemein-europäischen Charakter hat, so stark die spezifisch deutschen Züge auch hervortreten mögen. Die Tendenz zu Autorität und straffer Führung war auch anderswo stark ausgeprägt, und der autoritäre Staatstypus ist eine durchaus europäische Erscheinung. Es gab ihn zwischen den beiden Weltkriegen in Italien, Polen, Jugoslawien, Portugal, Spanien in der einen oder anderen Form. Nirgends aber ist diese autoritäre Staatsform auf dem Boden altfreier Demokratie erwachsen, deren Wurzeln weit in die Zeit vor der französischen Revolution zurückreichen wie im angelsächsischen und skandinavischen Bereich, in Holland, in der Schweiz. Autoritäre Staatsform ist nur auf dem Boden ehemals absolutistischer Staaten erwachsen. Die plebiszitäre Diktatur des zwanzigsten Jahrhunderts erscheint als ein Bastard von Formaldemokratie und absolutistischem Bürokratismus.

Der Nationalsozialismus hat nun aber über den autoritären Staat hinaus zum totalitären System gedrängt, sicher aus inneren kernhaften Ansätzen. Dennoch ist auch der Typus des totalen Staates keineswegs eine spezifisch deutsche Erscheinung. Der Bolschewismus hat ein analoges Herrschaftssystem auf dem Boden Rußlands hervorgebracht. Die enge Verwandtschaft zwischen dem bolschewistischen und dem nationalsozialistischen System ist lange übersehen worden, weil beide vorgaben, nicht nur der Erzfeind des anderen zu sein, sondern seinen Gegenpol darzustellen. Überall da, wo freie Wissenschaft möglich ist, besteht heute längst kein Zweifel mehr darüber, daß Nationalsozialismus und Bolschewismus zum selben Typus des Totalitarismus gehören. Die Merkmale sind, zumal wenn man das stalinistische System zum Vergleich heranzieht, weitgehend dieselben: Einparteistaat mit unumschränkter persönlicher Diktatur, Ideologie mit Ausschließlichkeitsanspruch, totale Erfassung und Kontrolle der Gesellschaft mit Massenorganisationen, Terror und Propaganda, unersättlicher Imperialismus mit dem Anspruch auf Hegemonie, um nur gerade Stichworte anzugeben.

Auch die Geistesgeschichte des Totalitarismus hat allgemeineuropäischen Charakter. Ob man nun den Namen eines Rousseau mit der Entwicklung zum totalen Staat hin verbinden will oder nicht, die Namen des Franzosen Georges Sorel, des Italieners Vilfredo Pareto und des Russen Wladimir Iljitsch Uljanow, genannt Lenin, müssen auf jeden Fall darin einen hervorragenden Platz finden. Ähnliches gilt für Rassentheorie und Antisemitismus. In ihre Genealogie gehören die Namen des französischen Grafen de Gobineau und des englischen Schwiegersohnes von Richard Wagner, Houston Stewart Chamberlain. Wie hoch man dagegen den Anteil Nietzsches am Heraufkommen des Nationalsozialismus auch veranschlagen will, ein Antisemit war er sicher nicht. Wie ja der Antisemitismus überhaupt keine spezifisch oder auch nur vorwiegend deutsche Erscheinung ist. Er ist eine europäische, ja weltgeschichtliche Erscheinung und in anderen Ländern viel stärker entwickelt gewesen als in Deutschland, bis die nationalsozialistische Demagogie sich seiner zu bedienen begann. Pogrome hat es lange vor dem Nationalsozialismus gegeben, insbesondere in Rußland. Pogrom ist denn auch nicht zufällig ein russisches Wort.

Auch Nationalismus, Militarismus und Imperialismus, diese Dreiheit von Gewalten, die die deutsche Geschichte wie keine andere nationale Geschichte über ihre Ufer treten ließ, ist ja keineswegs eine sonderlich deutsche Erscheinung. Auch andere Völker waren vom Glauben an eine besondere Mission erfüllt und drängten zur Weltgeltung. Der deutsche Nationalismus war vor 1914 kaum von anderer Art als derjenige vieler anderer Völker, der deutsche Imperialismus lange sogar wesentlich harmloser. Vor dem Kampf um eine deutsche Hegemonie gab es in der europäischen Geschichte Kämpfe um eine spanische und eine französische Hegemonie. Entscheidend wurde, daß das deutsche Volk auf dem Höhepunkt seiner nationalen Kraftentfaltung durch den Ausgang des ersten Weltkrieges in seiner nationalen Geltung, ganz zu schweigen von seiner Weltgeltung, weit zurückgeworfen wurde. Dieses Ergebnis wurde dermaßen als eine Ungerechtigkeit des Schicksals empfunden, und es bildeten sich solche Komplexe und Ressentiments, daß es nur eines Demagogen bedurfte, um sie aufzupeitschen und politisch auszunutzen. In der Tat: Wenn man alle Ursachen und Bedingungen allgemeiner Art berücksichtigt hat, macht dies dann den Aufstieg des Nationalsozialismus im letzten Grunde erklärbar? Ohne die verhängnisvolle Persönlichkeit Adolf Hitlers ist er in dieser Form undenkbar. Hier bewahrheitet sich das Wort Jacob Burckhardts, daß eine Zeit ihren Mann finden muß. Es war eine jener historischen Situationen, von denen Jacob Burckhardt in seinen »Weltgeschichtlichen Betrachtungen«

schreibt: »Zeit und Mensch treten in eine große, geheimnisvolle Verrechnung.«

Hitler hatte versprochen, die beiden großen Wellen des Zeitalters, die beiden großen Massensehnsüchte, nämlich Nationalismus und Sozialismus, in einer Partei und in einer Idee zu versöhnen und im Dritten Reich zu verwirklichen. Ist hier, in diesem Anspruch, vielleicht die große, objektive Idee zu sehen, die es gestatten würde, dem Nationalsozialismus trotz allem eine geschichtliche Rechtfertigung zukommen zu lassen? Diese Frage stellt sich auch Friedrich Meinecke in seiner großartigen Analyse des Nationalsozialismus und seiner geschichtlichen Ursprünge, die er uns in seinem Buch über »Die deutsche Katastrophe« vorgelegt hat. Nach sorgsamer Prüfung kommt der große Historiker zu dem Urteil, daß der Nationalsozialismus keine solche große objektive Idee hervorgebracht, geschweige denn verwirklicht habe, keine jener Ideen, die die Geschichte zu neuen Zielen vorantreiben. Vielmehr haben Hitler und seine Partei nur ein völliges Trümmerfeld hinterlassen.

Furchtbar ist in der Tat die geschichtliche Bilanz eines zwölfjährigen Wirkens nationalsozialistischer Führung und Herrschaft. Nicht nur ganz Deutschland und halb Europa lagen in Trümmern, sondern das Erbe Bismarcks, die Einheit des Reiches wurde vertan, das Werk der preußischen Könige vernichtet, ja eine vielhundertjährige geschichtliche Entwicklung, nämlich die deutsche Kolonisation im Osten, rückgängig gemacht, die Soldaten der Sowjetunion stehen an der Elbe, und Europa sieht sich damit der größten Bedrohung seiner Geschichte ausgesetzt. Der deutsche Name wurde mit den größten Verbrechen der Menschheitsgeschichte belastet und in ungeheuerlicher Weise geschändet. Und das alles unter unvorstellbaren Leiden, Opfern und Verwüstungen, nicht nur materieller und physischer Natur, sondern auch seelischer und geistiger Art. Das Dritte Reich ist kein tausendjähriges Reich geworden, aber die zwölf Jahre seines Bestehens haben genügt, die geschichtliche Arbeit von tausend Jahren zu verschleudern.

ZEITTAFEL DES NATIONALSOZIALISMUS

20. 4. 1889	Adolf Hitler in Braunau am Inn geboren
1908–1913	Hitler in Wien
1913–1914	Hitler in München
1914–1918	Hitler nimmt am ersten Weltkrieg teil
16. 9. 1919	Hitler tritt der Deutschen Arbeiter-Partei bei
24. 2. 1920	Verkündung des 25-Punkte-Parteiprogramms
8. 8. 1920	Gründung der NSDAP
8./9. 11. 1923	Mißglückter Putsch in München
23. 11. 1923	Verbot der NSDAP
1. 4. 1924	Verurteilung Hitlers zu 5 Jahren Festungshaft
20. 12. 1924	Vorzeitige Entlassung Hitlers
27. 2. 1925	Wiederbegründung der NSDAP
9. 11. 1925	Begründung der SS (Schutzstaffel)
14. 9. 1930	Anstieg der NSDAP von 12 auf 107 Mandate bei den Reichstagswahlen
13. 3. u. 10. 4. 1932	Hitler unterliegt Hindenburg in zwei Wahlgängen als Kandidat für die Reichspräsidentenschaft
13. 4. 1932	Verbot von SA und SS
14. 6. 1932	Aufhebung des Verbotes
31. 7. 1932	NSDAP erringt in den Reichstagswahlen 230 Mandate von insgesamt 608 Sitzen
13. 8. 1932	Hindenburg lehnt Hitler als Reichskanzler ab
6. 11. 1932	Rückgang der NSDAP bei den Reichstagswahlen auf 196 Mandate
8. 12. 1932	Gregor Strasser legt alle Parteiämter nieder. Schwere Krise innerhalb der NSDAP
4. 1. 1933	Besprechung Hitlers und Papens im Hause des Bankiers Schroeder in Köln
15. 1. 1933	Wahlerfolg der NSDAP in Lippe
30. 1. 1933	Hindenburg beruft Hitler zum Reichskanzler
27. 2. 1933	Brand des Reichstagsgebäudes
28. 2. 1933	Verordnung zum Schutze von Volk und Staat
5. 3. 1933	Letzte Reichstagswahlen mit mehreren Parteien; NSDAP 288 Sitze oder 44 %
21. 3. 1933	Tag von Potsdam (Feier in der Garnisonskirche)
24. 3. 1933	Ermächtigungsgesetz
1. 4. 1933	Boykott jüdischer Geschäfte

2. 5. 1933	Aufhebung der Gewerkschaften
14. 7. 1933	Gesetz gegen Neubildung von Parteien (Einparteistaat)
20. 7. 1933	Abschluß des Reichskonkordates mit dem Vatikan
22. 9. 1933	Reichskulturkammergesetz
27. 9. 1933	Wahl eines Reichsbischofs der Deutschen Evangelischen Kirche
4. 10. 1933	Schriftleitergesetz
19. 10. 1933	Deutschlands Austritt aus dem Völkerbund
12. 11. 1933	Erste Reichstagswahlen im Einparteistaat (92 % für die NSDAP)
20. 1. 1934	Gesetz zur Ordnung der nationalen Arbeit
26. 1. 1934	Freundschaftsvertrag zwischen Deutschland und Polen
30. 1. 1934	Gesetz über den Neuaufbau des Reiches
20. 4. 1934	Himmler Chef des Geheimen Staatspolizeiamtes in Preußen
29./31. 5. 1934	Reichs-Bekenntnissynode in Barmen-Gemarke
17. 6. 1934	Rede Papens in Marburg
30. 6. bis 2. 7. 1934	Niederschlagung der angeblichen Röhmrevolte; Mordaktion gegen politische Gegner mit Hilfe von SS und Gestapo
20. 7. 1934	Die SS wird selbständige Organisation
25. 7. 1934	Mißglückter Putsch der NSDAP in Wien; Ermordung des österreichischen Bundeskanzlers Dollfuß
2. 8. 1934	Tod Hindenburgs; Hitler Nachfolger als »Führer und Reichskanzler«; Vereidigung der Wehrmacht auf Hitler
24. 10. 1934	Verordnung über die »Deutsche Arbeitsfront«
13. 1. 1935	Abstimmung im Saargebiet, welches an Deutschland zurückfällt
16. 3. 1935	Wiedereinführung der allgemeinen Wehrpflicht
18. 6. 1935	Deutsch-britisches Flottenabkommen
16. 7. 1935	Errichtung des Reichs-Kirchenministeriums
15. 9. 1935	Verkündung der antisemitischen »Nürnberger Gesetze«
24. 9. 1935	Gesetz zur Sicherung der Deutschen Evangelischen Kirche

7. 3. 1936	Remilitarisierung des Rheinlandes
29. 3. 1936	Volksbefragung; Billigung der Politik Hitlers mit 99 % der Stimmen
1. 8. 1936	Eröffnung der Olympischen Spiele in Berlin
18. 10. 1936	Göring mit der Durchführung des Vierjahresplans betraut
25. 10. 1936	Begründung der »Achse Rom–Berlin« durch deutsch-italienischen Vertrag
25. 11. 1936	Antikominternpakt zwischen Deutschland und Japan
30. 1. 1937	Verlängerung des Ermächtigungsgesetzes für 4 Jahre
15. 2. 1937	Erlaß Hitlers über die Wahl einer Generalsynode der Deutschen Evangelischen Kirche
4. 3. 1937	Enzyklika des Papstes »Mit brennender Sorge«
5. 11. 1937	Hitler enthüllt seine Kriegspläne (Hoßbach-Niederschrift)
6. 11. 1937	Italiens Beitritt zum Antikominternpakt
4. 2. 1938	Entlassung der Generäle von Blomberg und von Fritsch; Bildung des Oberkommandos der Wehrmacht unter Hitlers oberster Führung; Ribbentrop wird Reichsaußenminister
13. 3. 1938	Anschluß Österreichs
24. 4. 1938	Karlsbader Beschlüsse der Sudetendeutschen Partei
27. 8. 1938	Rücktritt des Generalstabschefs des Heeres, General Ludwig Beck
29. 9. 1938	Konferenz von München; Anschluß der sudetendeutschen Gebiete
29. 10. 1938	Wiener Schiedsspruch der Achsenmächte über die Grenzstreitigkeiten zwischen Ungarn und der Tschechoslowakei
9. 11. 1938	Großer Judenpogrom in Deutschland (»Reichskristallnacht«)
6. 12. 1938	Deutsch-französische Nichtangriffserklärung
15. 3. 1939	Einmarsch deutscher Truppen in Böhmen und Mähren; Bildung des Protektorates
23. 3. 1939	Einmarsch deutscher Truppen ins Memelgebiet
22. 5. 1939	Abschluß eines deutsch-italienischen Militärpaktes (»Stahlpakt«)

23. 8. 1939	Abschluß eines deutsch-sowjetischen Nichtangriffspaktes und Geheimabkommens
1. 9. 1939	Beginn des deutschen Angriffes auf Polen
3. 9. 1939	Kriegserklärung der Westmächte an Deutschland
28. 9. 1939	Neuer deutsch-sowjetischer Grenz- und Freundschaftsvertrag
1. 10. 1939	Ende des polnischen Widerstandes
6. 10. 1939	Friedensangebot Hitlers an die Westmächte
30. 11. 1939	Sowjetischer Überfall auf Finnland
9. 4. 1940	Deutscher Überfall auf Dänemark und Norwegen
30. 4. 1940	Erstes polnisches Ghetto in Lodz eingerichtet
10. 5. 1940	Deutscher Angriff auf Holland, Belgien, Luxemburg und Frankreich; Beginn des Westfeldzuges
22. 6. 1940	Abschluß eines deutsch-französischen Waffenstillstandes
27. 9. 1940	Abschluß eines Dreimächtepaktes zwischen Deutschland, Italien und Japan
28. 10. 1940	Italienischer Überfall auf Griechenland
Febr. 1941	Aufstellung eines deutschen Afrikakorps unter Rommel
6. 4. 1941	Deutscher Angriff auf Jugoslawien und Griechenland
17. 6. 1941	Abschluß eines deutsch-türkischen Freundschaftsvertrages
22. 6. 1941	Beginn des deutschen Angriffs auf die Sowjetunion
31. 7. 1941	Göring beauftragt Heydrich mit der völligen Evakuierung der europäischen Juden
23. 9. 1941	Versuchsvergasungen in Auschwitz
28. 9. 1941	Judenmassaker in Kiew (34 000 Tote)
20. 10. 1941	Erste Deportierungen aus dem Reich angeordnet
11. 12. 1941	Deutschland erklärt den Krieg an die USA
Ende 1941	Ständiges Vergasungslager in Chelmno bei Posen
20. 1. 1942	Wannseebesprechung über die Endlösung der Judenfrage
16. 3. 1942	Todeslager Belzec errichtet

7. 11. 1942	Beginn alliierter Landungen in Nordafrika
31. 1. 1943	Ende der Schlacht um Stalingrad
22. 2. 1943	Hinrichtung der Geschwister Scholl
13. 3. 1943	Mißglücktes Attentat auf Hitler durch Offiziere der Heeresgruppe Mitte in Rußland
12. 5. 1943	Kapitulation der letzten Streitkräfte der Achse in Nordafrika
11. 6. 1943	Himmler ordnet die Liquidierung der polnischen Ghettos an
25. 7. 1943	Sturz Mussolinis und des faschistischen Regimes in Italien
6. 6. 1944	Invasion der Alliierten in Frankreich
20. 7. 1944	Attentats- und Staatsstreichsversuch der deutschen Opposition gegen Hitler
16. 12. 1944	Beginn der Ardennenoffensive
25. 4. 1945	Erster Kontakt der Westalliierten und Sowjetrussen bei Torgau an der Elbe
30. 4. 1945	Selbstmord Hitlers in der Reichskanzlei in Berlin
2. 5. 1945	Kapitulation der Reichshauptstadt Berlin
9. 5. 1945	Bedingungslose Kapitulation Deutschlands und Ende der Feindseligkeiten in Europa

QUELLENNACHWEISE

Den abgedruckten Staats- und Parteidokumenten liegt mit wenigen Ausnahmen der amtliche Text zugrunde. Die nichtamtlichen Dokumente wurden dem jeweils besten verfügbaren Text nachgedruckt. Abkürzungen wurden der Verständlichkeit halber meistens ausgeschrieben. Auslassungen sind immer mit den üblichen drei Punkten (. . .) gekennzeichnet.

[1] Alfred Rosenberg, Letzte Aufzeichnungen. Ideale und Idole der nationalsozialistischen Revolution, Göttingen (1955), S. 316.

[2] Alan Bullock, Hitler. Eine Studie über Tyrannei, Düsseldorf (1953), S. 20.

[3] Konrad Heiden, Adolf Hitler. Das Zeitalter der Verantwortungslosigkeit. Eine Biographie (I), Zürich 1936, S. 30.

[4] Adolf Hitler, Mein Kampf, 220./224. Aufl., München 1936, S. 44, 46, 198, 371.

[5] Hitler (siehe 4), S. 224 f.

[6] Friedrich Purlitz / Sigfried Steinberg (Hrsg.), Deutscher Geschichtskalender, Leipzig o. J., 39. Jg. (1923) A II, S. 262 ff.

[7] Erklärung des Reichsausschusses für das Volksbegehren vom 11. September 1929, in: Purlitz / Steinberg (siehe 6), 45. Jg. (Januar–Dezember 1929), Abteilung A: Inland, S. 221.

[8a] Wolfgang Schäfer, NSDAP. Entwicklung und Struktur der Staatspartei des Dritten Reiches (Schriftenreihe des Instituts für Wissenschaftliche Politik in Marburg/Lahn, Nr. 3), Hannover/Frankfurt (M) 1956, S. 17.

[8b] Schäfer (siehe 8a), S. 19.

[9] Wahlaufruf der NSDAP vom 1. März 1932, in:
Völkischer Beobachter (Bayern-Ausgabe), 45. Jg., Nr. 63 vom 1. März 1932, S. 1, Sp. 1–2.

[10] Joseph Goebbels, Vom Kaiserhof zur Reichskanzlei. Eine historische Darstellung in Tagebuchblättern (Vom 1. Januar 1932 bis zum 1. Mai 1933), 16. Aufl., München 1937, S. 228 f.

[11] Kölnische Zeitung vom 25. November 1932 (Morgenausgabe, Nr. 645).

[12] Reichsanzeiger 1933, Nr. 28 (2. Februar).

[13a] Erklärung der nationalsozialistischen Reichstagsfraktion (Abg. Stöhr) über ihren Auszug aus dem Reichstag vom 10. Februar 1931, in:
Völkischer Beobachter (Bayern-Ausgabe), 44. Jg., Nr. 43 vom 12. Februar 1931, S. 1, Sp. 2.

[13b] Joseph Goebbels, Wesen und Gestalt des Nationalsozialismus (Schriften der Deutschen Hochschule für Politik, Heft 8), Berlin 1934, S. 13.

[13c] Rede Adolf Hitlers in München am 25. September 1930, in: Frankfurter Zeitung vom 26. September 1930
[Text nach: Bullock (siehe 2), S. 157 (Rückübers. a. d. Engl.)].

[14] Alfred Rosenberg (Hrsg.), Das Parteiprogramm. Wesen, Grundsätze und Ziele der NSDAP, 21. Aufl., München 1941, S, 15 ff.

[15] Hitler (siehe 4), S. 272, 420 f., 444 f., 468.

[16] Karl Zimmermann, Die geistigen Grundlagen des Nationalsozialismus (Das Dritte Reich. Bausteine zum neuen Staat und Volk), Leipzig [1933], S. 73 ff.

[17a] Hitler (siehe 4), S. 702 f., S. 722 f.

[17b] Der Reichsführer SS, SS-Hauptamt (Hrsg.), SS-Handblätter für die weltanschauliche Erziehung der Truppe, Thema 18, o. O. [1944], S. 1 ff.

[18] Hitler (siehe 4), S. 378 f.

[19] Carl Schmitt, Staat, Bewegung, Volk. Die Dreigliederung der politischen Einheit (Der deutsche Staat der Gegenwart), 2. Aufl. Hamburg (1933), S. 35, 42.

[20] Rede Adolf Hitlers auf einer Versammlung in München im September 1938, in: Völkischer Beobachter (Bayern-Ausgabe), 41. Jg., Nr. 222 vom 23./24. September 1928.
[Text nach: Bullock (siehe 2), S. 139 (Rückübers. a. d. Engl.)].

[21] Otto Dietrich, 12 Jahre mit Hitler, München 1955, S. 224 ff.

[22] Kölnische Zeitung vom 3. Februar 1933 (Morgenausgabe, Nr. 66).

[23a] Völkischer Beobachter vom 2. 3. 1933.

[23b] Der Prozeß gegen die Hauptkriegsverbrecher vor dem Internationalen Militärgerichtshof, Nürnberg 1947, Band IX, S. 484 (= IMT).

[23c] Dr. Sack, Der Reichstagsbrandprozeß, Berlin 1934, S. 325 ff.

[24] Reichsgesetzblatt, Jg. 1933, Teil I, Nr. 17 (S. 83).

[25] Purlitz / Steinberg (s. 6), 49. Jg. (1933), Abt. A: Inland, S. 96 f.

[26] Reichsgesetzblatt, Jg. 1933, Teil I, Nr. 24 (S. 135).

[27a] Reichsgesetzblatt, Jg. 1933, Teil I, Nr. 25 (S. 141).

[27b] Schmitt (siehe 19), S. 7 f.

[28] Kölnische Zeitung vom 23. Juni 1933 (Morgenausgabe, Nr. 334).

[29] Aufruf des Leiters des Aktionskomitees zum Schutze der deutschen Arbeit zur Besetzung der Gewerkschaftshäuser am 2. Mai 1933, in: Arbeitertum, Jg. 1933, Folge 6, S. 5.

[30] Reichsgesetzblatt, Jg. 1933, Teil I, Nr. 81 (S. 479).

[31] Reichsgesetzblatt, Jg. 1933, Teil I, Nr. 81 (S. 479).

[32a] Reichsgesetzblatt, Jg. 1933, Teil I, Nr. 135 (S. 1016).

[32b] Schmitt (siehe 19), S. 22.

[33a] Reichsgesetzblatt, Jg. 1934, Teil I, Nr. 11 (S. 75).

[33b] Reichsgesetzblatt, Jg. 1934, Teil I, Nr. 16 (S. 89).

[34a] Völkischer Beobachter (Berliner Ausgabe, A), 47. Jg., Nr. 182/183 vom 1./2. Juli 1934, S. 1, Sp. 3–4.

[34b] Völkischer Beobachter (Berliner Ausgabe, A), 47. Jg., Nr. 182/183 vom 1./2. Juli 1934, S. 2, Sp. 5.

[34c] Otto Meißner, Staatssekretär unter Ebert–Hindenburg–Hitler. Hamburg (1950), S. 366 f.

[35] Rede des Vizekanzlers Franz von Papen vor dem Universitätsbund in Marburg am 17. 6. 1934, Berlin 1934.

[36] Vierteljahreshefte für Zeitgeschichte, 1. Jg. (1953), 1. Heft (Januar), S. 85 f.

[37] Reichsgesetzblatt, Jg. 1934, Teil I, Nr. 71 (S. 529).

[38] Erlaß Adolf Hitlers vom 20. Juli 1934, in: Fritz Maier-Hartmann, Dokumente des Dritten Reiches (2. Band der »Sammlung Rehse«), 2. Aufl., München 1940, S. 165.

[39a] Reichsgesetzblatt, Jg. 1934, Teil I, Nr. 89 (S. 747).

[39b] Völkischer Beobachter (Berliner Ausgabe, A), 47. Jg., Nr. 215 vom 3. August 1934, S. 1 [Sp. 1–2].
Vgl. »Gesetz über die Vereidigung der Beamten und der Soldaten der Wehrmacht, vom 20. August 1934«, in:
Reichsgesetzblatt, Jg. 1934, Teil I, Nr 98 (S. 785).

[39c] Völkischer Beobachter (Berliner Ausgabe, A), 47. Jg., Nr. 233 vom 21. August 1934, S. 1, Sp. 3.

[40] Reichstagung in Nürnberg 1933, Berlin (1934), S. 75 f.

[41a] Otto Koellreutter, Der Deutsche Führerstaat, Tübingen 1934, S. 13, 15 f.

[41b] Ernst Forsthoff, Der totale Staat, Hamburg (1933), S. 42.

[42] Hermann Messerschmidt, Das Reich im Nationalsozialistischen Weltbild (Neugestaltung von Recht und Wirtschaft, hrsgg. v. C. Schaeffer, 1. Heft), 6. Aufl., Leipzig 1943, S. 94.

[43] Nuernberg Military Tribunals, Trials of War Criminals Before the Nuernberg Military Tribunals Under Control Council Law No. 10, Washington [1952]; Bd. XII, S. 431 ff. (Nr. – 4955) [Deutscher Text nach: Vierteljahreshefte für Zeitgeschichte, 3. Jg. (1955), 2. Heft (April), S. 204 ff.].

[44] Völkischer Beobachter (Berliner Ausgabe, A), 47. Jg., Nr. 298 vom 25. Oktober 1934, S. 1, Sp. 3–5.

[45] Reichsgesetzblatt, Jg. 1936, Teil I, Nr. 113 (S. 993).

[46] Hermann Rauschning, Gespräche mit Hitler, Zürich/New York 1940, S. 237.

[47] Rede Joseph Goebbels' bei der Eröffnung der Reichskulturkammer am 15. November 1933, in: Völkischer Beobachter (Berliner Ausgabe, A), 46. Jg., Nr. 320 vom 16. November 1933, S. 1 f.

[48a] Reichsgesetzblatt, Jg. 1933, Teil I, Nr. 111 (S. 713 ff.).

[48b] Walter Hagemann, Publizistik im Dritten Reich. Ein Beitrag zur Methodik der Massenführung, Hamburg 1948, S. 363 ff., 392, 394, 396, 401, 402, 404, 409, 411.

[49a] Reichsgesetzblatt, Jg. 1933, Teil I, Nr. 105 (S. 661 f.).

[49b] Joseph Goebbels, »Die deutsche Kultur vor neuem Anfang« (Rede, gehalten zur Eröffnungsfeier der Reichskulturkammer am 15. November 1933), in:
Ernst Adolf Dreyer, Deutsche Kultur im Neuen Reich, Berlin 1934, S. 30 f.

[50] Reichsgesetzblatt, Jg. 1938, Teil I, Nr. 88 (S. 612).

[51] Paul Ortwin Rave, Kunstdiktatur im Dritten Reich, Hamburg 1949, S. 94.
[Nach dem dort abgedruckten Faksimile mit Erlaubnis von Prof. Schmidt-Rottluff].

[52a] Volk im Werden, Heft 7, Sonderheft der Heidelberger Studentenschaft zum 550-jährigen Universitätsjubiläum, Leipzig 1936, S. 414.

[52b] Johannes Stark, Nationalsozialismus und Wissenschaft, München 1934, S. 10.

[52c] Ernst Krieck, »Der Wandel der Wissenschaftsidee und des Wissenschaftssystems im Bereich der nationalsozialistischen Weltanschauung«, in:
Volk im Werden, Heft 7 (Sonderheft der Heidelberger Studentenschaft zum 550-jährigen Universitätsjubiläum), Leipzig 1936, S. 380 f.

[53] Erklärung des Präsidenten des »Reichsinstituts für Geschichte des neuen Deutschland«, Walter Frank, in:
Völkischer Beobachter (Münchener Ausgabe), 49. Jg., Nr. 1 vom 1. Januar 1936, S. 6, Sp. 1–5.

[54a] Deutsches Recht, 6. Jg. (1936), S. 10.

[54b] Schmitt (siehe 19), S. 44 ff.

[54c] Juristische Wochenschrift, 67. Jahrgang (1938), 1. Bd., S. 1017 f.

[55] Carl Schmitt, Positionen und Begriffe im Kampf mit Weimar–Genf–Versailles 1923–1939, Hamburg (1940), S. 200.

[56] Reichsgesetzblatt, Jg. 1934, Teil I, Nr. 47 (S. 345 f.).

[57] Gunter d'Alquen, Die SS. Geschichte, Aufgabe und Organisation der Schutzstaffeln der NSDAP
(Schriften der Hochschule für Politik; II: Der organisatorische Aufbau des Dritten Reiches, Heft 33), Berlin 1939, S. 18 f.

[58] Äußerungen eines SS-Führers der Ordensburg Vogelsang im Herbst 1937, in:
Eugen Kogon, Der SS-Staat, Stockholm 1947, S. 21 f.

[59] Reichsgesetzblatt, Jg. 1938, Teil I, Nr. 10 (S. 111).

[60a] Werner Best, Die deutsche Polizei, Darmstadt 1941, S. 104 f.

[60b] Anordnung Adolf Hitlers über die Aufgaben der Deutschen Polizei und der SS und über die Abgrenzung der gemeinsamen Aufgaben der SS und der Wehrmacht, in:
IMT (siehe 23b), Bd. XXVI, S. 190 ff. (647–PS).

[60c] Anlage zu einem Schreiben des Oberkommandos des Heeres vom 21. März 1941, betr. Äußerungen Adolf Hitlers über die künftige Staatstruppenpolizei in:
IMT (siehe 23b), Bd. XXXV, S. 356 f. (665–D).

[61] Ansprache Heinrich Himmlers an das Offizierskorps der Leibstandarte-SS »Adolf Hitler« am 7. September 1940, in:
IMT (siehe 23b), Bd. XXIX, S. 109 (1918–PS).

[62a] Rede Heinrich Himmlers bei der SS-Gruppenführertagung in Posen am 4. Oktober 1943, in:
IMT (siehe 23b), Bd. XXIX, S. 122 f. (1919–PS).

[62b] Rede Heinrich Himmlers bei der SS-Gruppenführertagung in Posen am 4. Oktober 1943, in:
IMT (siehe 23b), Bd. XXIX, S. 145 (1919–PS).

[63a] IMT (siehe 23b), Bd. XXVII, S. 383 ff. (1609–PS).

[63b] IMT (siehe 23b), Bd. XXXV, S. 493 f. (750–D) u. S. 484 f. 745–D.

[63c] Partei-Kanzlei (Hrsg.), Verfügungen/Anordnungen/Bekanntgaben, III. Band, München o. J., S. 354.

[64a] Wilhelm Corsten (Hrsg.), Kölner Aktenstücke zur Lage der Katholischen Kirche in Deutschland 1933–1945, Köln (1949), S. 63.

[64b] Diktat in der dritten Volksschulklasse an der Blumenschule zu München am 16. März 1934, in:
Johann Neuhäusler, Kreuz und Hakenkreuz. Der Kampf des Nationalsozialismus gegen die katholische Kirche und der kirchliche Widerstand, 2. Aufl., München 1946; 1. Teil, S. 111 f.

[65] Rede Wilhelm Fricks auf dem Gautag Westfalen-Nord in Münster am 7. Juli 1935, in:
Völkischer Beobachter (Münchener Ausgabe), 48. Jg., Nr. 189 vom 8. Juli 1935, S. 1, Sp. 5.

[66a] Nach einer Photokopie der Akten E 581412–13 des Karlsruher Konkordatsprozesses 1955/57.

[66b] Nach einer Photokopie der Akten E 581427–30 (siehe 66a).

[67a] Joachim Beckmann (Hrsg.), Kirchliches Jahrbuch für die Evangelische Kirche in Deutschland 1933–1944 (Evangelische Kirche im Dritten Reich), Gütersloh 1948, S. 32 f.

[67b] Joachim Gauger (Hrsg.), Chronik der Kirchenwirren; 1. Teil: Vom Aufkommen der »Deutschen Christen« 1932 bis zur Bekenntnis-Reichssynode im Mai 1934 (Gotthard-Briefe, 138. bis 145. Brief), Elberfeld 1934, S. 111.

[68] Die kirchlichen Aufgaben des Notbundes, formuliert von v. Rabenau im September 1933, in:
Gauger (siehe 67b), S. 103.

[69a] Dieter Schwarz, Die große Lüge des politischen Katholizismus, (Artikelreihe im »Schwarzen Korps«), Berlin 1938, S. 3, 20, 31, 40.

[69b] Neuhäusler (siehe 64b), 1. Teil, S. 107 f.

[70a] Bischöfliches Ordinariat Berlin (Hrsg.), Dokumente aus dem Kampf der katholischen Kirche im Bistum Berlin gegen den Nationalsozialismus, Berlin 1948, S. 92 f.

[70b] Hermann Hesse, »Er verbirgt mich heimlich in seinem Gezelt!«, in: Konrad Hofmann, Reinhold Schneider, Erik Wolf (Hrsg.), Sieger in Fesseln, Christuszeugnisse aus Lagern und Gefängnissen (Das christliche Deutschland 1933 bis 1945, Gemeinschaftliche Reihe, Heft 1), Freiburg (Brsg.) 1947, S. 64, 70.

[71a] Gesetzblatt der Deutschen Evangelischen Kirche vom 10. 8. 1934.

[71b] Theologisches Gutachten von Heinrich Vogel (1934), in: Wilhelm Niemöller, Kampf und Zeugnis der Bekennenden Kirche, Bielefeld (1948), S. 155.

[72] Beckmann (siehe 67a), S. 57 f.

[73] Reichsgesetzblatt, Jg. 1935, Teil I, Nr. 104 (S. 1178).

[74] Beckmann (siehe 67a), S. 76 f.

[75] Theologische Erklärung zur gegenwärtigen Lage der Deutschen Evangelischen Kirche, erlassen von der Reichs-Bekenntnissynode in Barmen-Gemarke vom 29.–31. Mai 1934, in: Beckmann (siehe 67a), S. 64 f.

[76] Beckmann (siehe 67a), S. 85 f.

[77] Reichsgesetzblatt, Jg. 1937, Teil I, Nr. 20 (S. 203).

[78] Mitteilung an die Bekennende Kirche aus Berlin im Juni 1937, in: Beckmann (siehe 67a), S. 193.

[79] Kanzelabkündigung der Vorläufigen Leitung der Deutschen Evangelischen Kirche für den 13. März 1938, in: Beckmann (siehe 67a), S. 235.

[80] Corsten (siehe 64a), S. 54 f.

[81] Neuhäusler (siehe 64b), 1. Teil, S. 170.

[82a] Neuhäusler (siehe 64b), 2. Teil, S. 199.

[82b] Neuhäusler (siehe 64b), 1. Teil, S. 215.

[83a] Note des Heiligen Stuhles an die deutsche Reichsregierung vom 29. Januar 1936, in: Neuhäusler (Anm. 64b), 2. Teil, S. 199.

[83b] Neuhäusler (siehe 64b), 2. Teil, S. 207 f.

[84] Note des Heiligen Stuhles an die deutsche Reichsregierung vom 4. Mai 1934, in: Neuhäusler (siehe 64b), 2. Teil, S. 29 f.

[85a] Akten zur deutschen auswärtigen Politik 1918–1945; Serie D (1937–1945), Band I: Von Neurath zu Ribbentrop (September 1937 bis September 1938), Baden-Baden 1950, S. 761.

[85b] Neuhäusler (siehe 64b), 1. Teil, S. 230 f.

[85c] Neuhäusler (siehe 64b), 1. Teil, S. 231 f.

[85d] Gestapo-Verfügung, in: Neuhäusler (siehe 64b), 1. Teil, S. 232.

[85e] Neuhäusler (siehe 64b), 1. Teil, S. 233.

[86a] Geheimanweisung des Reichssicherheitsdienstes vom 15. Februar 1938, in:
Neuhäusler (siehe 64b), 1. Teil, S. 123.

[86b] Neuhäusler (siehe 64b), 1. Teil, S. 125 f.

[86c] Neuhäusler (siehe 64b), 1. Teil, S. 155.

[87] Corsten (siehe 64a), S. 252 ff.

[88a] Streng vertrauliches Rundschreiben der Reichsleitung der NSDAP an die Gauleitungen im Jahre 1942, in:
Beckmann (siehe 67a), S. 470 ff.

[88b] Bernhard Stasiewski (Hrsg.), Wichmann-Jahrbuch für Kirchengeschichte im Bistum Berlin, IX. u. X. Jg., Berlin 1955/56, S. 12.

[88c] Bischöfliches Ordinariat Berlin (siehe 70a), S. 79 f.

[89] Predigt von Bischof Clemens August von Galen in der St.-Lamberti-Kirche in Münster am 3. August 1941, in:
Neuhäusler (siehe 64b), 2. Teil, S. 365 f.

[90a] Letzter grundsätzlicher Appell D. Wurms an Hitler und die Mitglieder der Reichsregierung über das Vorgehen gegen »privilegierte Nichtarier« vom 16. Juli 1943, in:
Heinrich Hermelink (Hrsg.), Kirche im Kampf. Dokumente des Widerstandes und des Aufbaus in der Evangelischen Kirche Deutschlands von 1933 bis 1945,
Tübingen/Stuttgart 1950, S. 654 ff.

[90b] Ansprache des Erzbischofs von Köln bei der Papstkrönungsfeier in Köln, Groß-St. Martin, am 12. März 1944, in:
Corsten (siehe 64a), S. 310.

[91] Hitler (siehe 4), S. 728, 742.

[92] Hitler (siehe 4), S. 710.

[93] Hitler (siehe 4), S. 698 f., 757.

[94] Hitler (siehe 4), S. 705.

[95] Gottfried Feder, Das Programm der N.S.D.A.P. und seine weltanschaulichen Grundgedanken (Nationalsozialistische Bibliothek, Heft 1), 66.–70. Aufl., München 1932, S. 42.

[96] Hitler (siehe 4), S. 1.

[97] Verhandlungen des Reichstags, Stenograph. Berichte, IX. Wahlperiode 1933, Bd. 458, S. 42.

[98] Hitler (siehe 4), S. 688 f.

[99] Handschriftliche Aufzeichnungen des Generalleutnants Liebmann; München, Archiv des Instituts für Zeitgeschichte, Nr. 167/51, fol. 39.

[100] Hitler (siehe 4), S. 736.

[101] IMT (siehe 23b), Bd. XXVI, S. 327 ff. (789–PS).

[102] IMT (siehe 23b), Bd. XXXIV, S. 488 f. (140–C).

[103] Reichsgesetzblatt, Jg. 1934, Teil II, Nr. 15 (S. 118).

[104] Völkischer Beobachter (Münchener Ausgabe), 48. Jg., Nr. 105 vom 15. April 1935, S. 2, Sp. 2.

[105] Reichsgesetzblatt, Jg. 1935, Teil I, Nr. 28 (S. 375).
[106] Völkischer Beobachter (Münchener Ausgabe), 49. Jg., Nr. 300 vom 26. Oktober 1936, S. 1, Sp. 4.
[107a] Reichsgesetzblatt, Jg. 1937, Teil II, Nr. 4 (S. 28 ff.).
[107b] Reichsgesetzblatt, Jg. 1938, Teil II, Nr. 4 (S. 26 ff.).
[108] IMT (siehe 23b), Bd. XXXIX, S. 91 ff. (075–TC).
[109] Akten zur deutschen auswärtigen Politik 1918–1945; Serie D (1937–1945), Band I: Von Neurath zu Ribbentrop (September 1937 bis September 1938), Baden-Baden 1950, S. 600.
[110] IMT (siehe 23b), Bd. XXV, S. 403 ff. (386–PS).
[111] IMT (siehe 23b), Bd. XXVI, S. 327 ff. (789–PS).
[112] IMT (siehe 23b), Bd. XXXIV, S. 336 f. (102–C).
[113] Reichsgesetzblatt, Jg. 1938, Teil I, Nr. 21 (S. 237 f.).
[114a] IMT (siehe 23b), Bd. XXXI, S. 117 f. (2789–PS).
[114b] IMT (siehe 23b), Bd. XXXI, S. 114 ff. (2788–PS).
[115a] IMT (siehe 23b), Bd. XXV, S. 415 ff. (388–PS).
[115b] IMT (siehe 23b), Bd. XXV, S. 433 ff. (388–PS).
[116] Reichsgesetzblatt, Jg. 1938, Teil II, Nr. 49 (S. 853 ff.).
[117] Völkischer Beobachter, 51. Jg., Sonderausgabe vom 27. September 1938, S. 3, Sp. 1–3.
[118a] IMT (siehe 23b), Bd. XXXIV, S. 477 ff. (136–C).
[118b] Völkischer Beobachter (Berliner Ausgabe, A), 51. Jg., Nr. 326 vom 22. November 1938, S. 1, Sp. 3.
[119] IMT (siehe 23b), Bd. XXXI, S. 149 f. (2801–PS).
[120a] Völkischer Beobachter (Berliner Ausgabe), 52. Jg., Nr. 75 vom 16. März 1939, S. 7 [Sp. 3–5].
[120b] IMT (siehe 23b), Bd. XXXII, S. 16 f. (3061–PS).
[121] Reichsgesetzblatt, Jg. 1939, Teil II, Nr. 14 (S. 607).
[122] Reichsgesetzblatt, Jg. 1939, Teil I, Nr. 47 (S. 485 f.).
[123] IMT (siehe 23b), Bd. XXXIV, S. 388 ff. (120–C).
[124] IMT (siehe 23b), Bd. XXXVII, S. 546 ff. (079–L).
[125] Reichsgesetzblatt, Jg. 1939, Teil II, Nr. 25 (S. 826 ff.).
[126] Reichsgesetzblatt, Jg. 1939, Teil II, Nr. 38 (S. 968 f.).
[127] Department of State (Hrsg.), Das nationalsozialistische Deutschland und die Sowjetunion 1939–1941. Akten aus dem Archiv des Deutschen Auswärtigen Amtes, (Berlin) 1948, S. 86.
[128] Verhandlungen des Reichstags, Stenograph. Berichte, IX. Wahlperiode 1933, Bd. 458, S. 69.
[129] IMT (siehe 23b), Bd. XXXIV, S. 456 f. (126–C).
[130] Auswärtiges Amt (Hrsg.), Dokumente zur Vorgeschichte des Krieges, Berlin 1939; Nr. 2, S. 317.
[131a] Reichsgesetzblatt, Jg. 1940, Teil II, Nr. 1 (S. 4).

[131b] Department of State (siehe 127), S. 118.

[131c] Department of State (siehe 127), S. 119.

[131d] Department of State (siehe 127), S. 119 f.

[132] Hans-Günther Seraphim, Das politische Tagebuch Alfred Rosenbergs aus den Jahren 1934/35 und 1939/40 (Quellensammlung zur Kulturgeschichte, Bd. 8), Göttingen/Berlin/Frankfurt 1956, S. 9.

[133] IMT (siehe 23b), Bd. XXVIII, S. 547 ff. (1831–PS).

[134] Bernhard von Loßberg, Im Wehrmachtsführungsstab. Bericht eines Generalstabsoffiziers, 2. Aufl., Hamburg (1950), S. 158 f.

[135] IMT (siehe 23b), Bd. XXXIV, S. 729 f. (174–C).

[136] IMT (siehe 23b), Bd. XXXIX, S. 68 f. (059–TC)
[Deutscher Text nach: Johannes Hohlfeld (Hrsg.), Dokumente der Deutschen Politik und Geschichte von 1848 bis zur Gegenwart, Berlin o. J.; Bd. V, S. 178 f.]

[137] Verhandlungen des Reichstags, Stenograph. Berichte, 4. Wahlperiode 1939–1942, Bd. 460, S. 78.

[138] Nach: Peter de Mendelssohn, Die Nürnberger Dokumente. Studien zur deutschen Kriegspolitik 1937–45, Hamburg 1946, S. 251 f.

[139] Franz Halder, Tagebuch, 31. Juli 1940
[Text nach: Gerhard L. Weinberg, »Der deutsche Entschluß zum Angriff auf die Sowjetunion« in: Vierteljahreshefte für Zeitgeschichte, 1. Jg. (1953), 4. Heft (Oktober) S. 512 f.].

[140] IMT (siehe 23b), Bd. XXVI, S. 47 f. (446–PS).

[141] Reichsgesetzblatt, Jg. 1940, Teil II, Nr. 41 (S. 280 f.).

[142] Helmuth Greiner, Die Oberste Wehrmachtsführung 1939–1943, Wiesbaden (1951), S. 342 ff.

[143] Reichsgesetzblatt, Jg. 1942, Teil II, Nr. 6 (S. 132).

[144a] IMT (siehe 23b), Bd. XXV, S. 235 (149–PS).

[144b] Personal-Amt des Heeres (Hrsg.), Wofür kämpfen wir?, o. O. 1944, S. II ff.

[145] Der Reichsführer SS, SS-Hauptamt Berlin (Hrsg.), SS-Leitheft, 7. Jg., Folge 9b, S. 2.

[146] Alfred Ingemar Berndt / von Wedel (Hrsg.), Deutschland im Kampf, Berlin, Nr. 83/84 (Februar 1943), S. 80 ff.

[147] Reichgesetzblatt, Jg. 1944, Teil I, Nr. 53 (S. 253 f.).

[148a] Reichsgesetzblatt, Jg. 1945, Teil I, Nr. 6 (S. 30).

[148b] Erich Kuby (Hrsg.), Das Ende des Schreckens. Dokumente des Untergangs, Januar bis Mai 1945, München [1955], S. 13.

[148c] Kuby (siehe 148b), S. 46 f.

[148d] Bundesministerium für Vertriebene (Hrsg.), Dokumentation der Vertreibung der Deutschen aus Ost-Mitteleuropa (in Verbindung mit Adolf Diestelkamp, Rudolf Laun, Peter Rassow und Hans Rothfels bearbeitet von Theodor Schieder); Bd. I/1: Die

Vertreibung der deutschen Bevölkerung aus den Gebieten östlich der Oder-Neiße,
Groß-Denkte/Wolfenbüttel o. J., S. 282 f.

[149] Albert Kesselring, Soldat bis zum letzten Tag, Bonn 1953, S. 387.

[150a] Denkschrift Albert Speers an Adolf Hitler vom 15. März 1945, in: IMT (siehe 23b), Bd. XLI, S. 420 ff. (Speer–23).

[150b] IMT (siehe 23b), Bd. XLI, S. 430 f. (Speer–25).

[150c] Heinz Guderian, Erinnerungen eines Soldaten, 4. Aufl., Heidelberg 1951, S. 384 f.

[151] Gerhard Stalling Verlag (Hrsg.), Bilanz des Zweiten Weltkrieges. Erkenntnisse und Verpflichtungen für die Zukunft, Oldenburg/Hamburg (1953), S. 442 ff.

[152a] Das Reich, Jahr 1944, Nr. 53 vom 31. Dezember 1944, S. 1, Sp. 5.

[152b] Franz Halder, Hitler als Feldherr, München (1949), S. 62.

[153] Halder (siehe 152b), S. 62 f.

[154] Walter Lüdde-Neurath, Regierung Neurath. Die letzten Tage des Dritten Reiches (Göttinger Beiträge für Gegenwartsfragen, Heft 2), Göttingen 1951, S. 148 f.

[155] Verhandlungen des Reichstags, Stenograph. Berichte, 4. Wahlperiode 1939–1942, Bd. 460, S. 16.

[156] Nuernberg Military Tribunals (siehe 43), Bd. XIII, S. 523 ff. (No.–4317)
[Deutscher Text nach: Vierteljahreshefte für Zeitgeschichte, 4. Jg. (1956), 1. Heft (Januar), S. 78 f.].

[157a] Der Beauftragte des Führers für die Überwachung der gesamten geistigen und weltanschaulichen Schulung und Erziehung der NSDAP. (Hrsg.), Deutschland ordnet Europa neu – Dieser Krieg ist ein weltanschaulicher Krieg – Sinn und Wesen nationalsozialistischer Feiergestaltung (Schulungsgrundlagen für die Reichsthemen der NSDAP. für das Jahr 1941/42), S. 45 f.

[157b] Der Reichsführer SS, SS-Hauptamt (Hrsg.), Der Untermensch, Berlin [1935];
Auszug in: Nuernberg Military Tribunals (siehe 43), Bd. XIII, S. 226 f. (No.–1805)
[Deutscher Text nach: Léon Poliakov/Josef Wulf, Das Dritte Reich und die Juden. Dokumente und Aufsätze, Berlin (1955), S. 217].

[157c] SS-Hauptamt (Hrsg.), Lehrplan für die weltanschauliche Erziehung in der SS und Polizei, o. O. u. J., S. 77.

[157d] Adler im Süden (Frontzeitung für die deutsche Luftwaffe in Italien), Nr. 471 vom 26. August 1944, S. 3.

[158] Völkischer Beobachter (Süddeutsche Ausgabe), 46. Jg., Nr. 88 vom 29. März 1933, S. 1, Sp. 4–6.

[159] Reichsgesetzblatt, Jg. 1935, Teil I, Nr. 100 (S. 1146).

[160] Reichsgesetzblatt, Jg. 1935, Teil I, Nr. 100 (S. 1146 f.).

[161a] Gerhard Weisner, »Zur Scheidung rassisch-gemischter Ehen«, in: Deutsches Recht, 1939, Heft 31, S. 1678.

[161b] Dokument CXX–29 aus dem Centre de Documentation Juive Contemporaine, Paris
[Text nach: Léon Poliakov/Josef Wulf, Das Dritte Reich und seine Diener. Dokumente, Berlin (1956), S. 255 f.].

[162] H. Cornelius (Hrsg.), J. A. Seufferts Archiv für Entscheidungen der obersten Gerichte in den deutschen Staaten; 91. Band (Der dritten Folge 36. Band), München/Berlin 1937, S. 65 ff.

[163a] Dokument CXX–28 aus dem Centre de Documentation Juive Contemporaine, Paris
[Text nach: Poliakov/Wulf (siehe 161b), S. 231 f.].

[163b] Reichsgesetzblatt, Jg. 1943, Teil I, Nr. 64 (S. 372).

[164] IMT (siehe 23b), Bd. XXVII, S. 487 ff. (1721–PS).

[165] IMT (siehe 23b), Bd. XXXII, S. 1 f. (3058–PS).

[166a] Artikel Joseph Goebbels', in:
Völkischer Beobachter (Münchener Ausgabe), 51. Jg., Nr. 316 vom 12. November 1938, S. 2, Sp. 1.

[166b] Bericht des Obersten Parteigerichts an Hermann Göring vom 13. Februar 1939, in:
IMT (siehe 23b), Bd. XXXII, S. 27 (PS–3063).

[167a] Reichsgesetzblatt, Jg. 1938, Teil I, Nr. 189 (S. 1579).

[167b] Reichsgesetzblatt, Jg. 1938, Teil I, Nr. 189 (S. 1580).

[167c] Reichsgesetzblatt, Jg. 1938, Teil I, Nr. 189 (S. 1581).

[167d] Völkischer Beobachter, 51. Jg., Nr. 318 vom 14. November 1938, S. 1, Sp. 4.

[168] Reichsgesetzblatt, Jg. 1938, Teil I, Nr. 201 (S. 1676).

[169] Nuernberg Military Tribunals (siehe 43), Bd. XIII, S. 169 f. (NG–2586–E)
[Deutscher Text nach: Poliakov/Wulf (siehe 157b), S. 116].

[170] Verordnungsblatt des Generalgouvernements Polen, Jg. 1939, S. 6.

[171] Reichsgesetzblatt, Jg. 1941, Teil I, Nr. 100 (S. 547).

[172] Nuernberg Military Tribunals (siehe 43), Bd. XIII, S. 181 f. (NG–4905)
[Deutscher Text nach: Poliakov/Wulf (siehe 161b), S. 211 f.].

[173a] Eidliche Erklärung des Hermann Friedrich Gräbe vom 10. November 1945, in:
IMT (siehe 23b), Bd. XXXI, S. 441 ff. (2992–PS).

[173b] Eidliche Erklärung des Hermann Friedrich Gräbe vom 10. November 1945, in:
IMT (siehe 23b), Bd. XXXI, S. 447 f. (2992–PS).

[174] Nuernberg Military Tribunals (siehe 43), Bd. XIII, S. 210 ff. (NG–2586–G)
[Deutscher Text nach: Poliakov/Wulf (siehe 157b), S. 119 ff.].

[175] Eidesstattliche Erklärung von Rudolf Franz Ferdinand Höß vom 5. April 1946, in:
IMT (siehe 23b), Bd. XXXIII, S. 275 f. (3868–PS)
[Deutscher Text nach: Poliakov/Wulf (siehe 157b), S. 127 ff.].

[176] Gerald Reitlinger, Die Endlösung. Hitlers Versuch der Ausrottung der Juden Europas 1939–1945, Berlin (1956), S. 573.

[177a] Niederschrift Kurt Gersteins vom 4. Mai 1945 über Massenvergasungen am 18. August 1942, in:
Vierteljahreshefte für Zeitgeschichte, 1. Jg. (1953), 2. Heft (April), S. 189 ff.

[177b] Karl Loewenstein, »Minsk – Im Lager der deutschen Juden«, in: Aus Politik und Zeitgeschichte (Beilage zur Wochenzeitung »Das Parlament«), B XXXXV / 56 vom 7. November 1956, S. 716.

[178a] Günther Weisenborn (Hrsg.), Der lautlose Aufstand. Bericht über die Widerstandsbewegung des deutschen Volkes 1933 bis 1945, Hamburg (1953), S. 265 f.

[178b] Weisenborn (siehe 178a), S. 295.

[179a] Ulrich von Hassell, Vom andern Deutschland, 3. Aufl., Zürich (1947), S. 19.

[179b] Hassell (siehe 179a), S. 86 ff.

[179c] Hassell (siehe 179a), S. 92 f.

[180] Dietrich Bonhoeffer, Widerstand und Ergebung, München 1951, S. 10 ff.

[181] Kuby (siehe 148b), S. 95.

[182a] Weisenborn (siehe 178a), S. 314 f.

[182b] Inge Scholl, Die weiße Rose, Frankfurt/Main (1953), S. 151 ff.

[182c] Urteil des Volksgerichtshofes vom 19. April 1943 (6 J 24/43 – 1 H 101/43), in:
Weisenborn (siehe 178a), S. 269 ff.

[182d] Scholl (siehe 182b), S. 112 ff.

[183] Theodor Steltzer, Von deutscher Politik. Dokumente, Aufsätze und Vorträge, Frankfurt/M. (1949), S. 156 f.

[184a] Helmuth J. Graf von Moltke, Letzte Briefe aus dem Gefängnis Tegel, Berlin 1951, S. 30 f.

[184b] Moltke (siehe 184a), S. 39 ff.

[185a] Gerhard Ritter, Carl Goerdeler und die deutsche Widerstandsbewegung, Stuttgart (1954), S. 598 ff.

[185b] Ritter (siehe 185a), S. 569.

[186a] Denkschrift Ludwig Becks vom 5. Mai 1938, in:
Wolfgang Foerster, Generaloberst Ludwig Beck. Sein Kampf gegen den Krieg, München 1953, S. 104.

[186b] Stellungnahme Ludwig Becks zu Ausführungen Adolf Hitlers am 29. Mai 1938, in:
Foerster (siehe 186a), S. 110 ff.

[186c] Denkschrift Ludwig Becks vom 16. Juli 1938, in:
Foerster (siehe 186a), S. 117, 120.

[186d] Notiz Ludwig Becks für den Vortrag beim Oberbefehlshaber des Heeres, Walter von Brauchitsch, am 16. Juli 1938, in:
Foerster (siehe 186a), S. 122.

[187] Erich Kordt, Nicht aus den Akten ..., Die Wilhelmstraße in Frieden und Krieg. Erlebnisse, Begegnungen und Eindrücke 1928–1945, Stuttgart (1950), S. 279 ff.

[188] Ritter (siehe 185a), S. 609.

[189a] Militärisches Gutachten von Prof. Percy Schramm im Remerprozeß, in:
Bundeszentrale für Heimatdienst (Hrsg.), 20. Juli 1944, Bonn o. J., S. 115, 119.

[189b] Bundeszentrale für Heimatdienst (siehe 189a), S. 120.

[189c] IMT (siehe 23b), Bd. XXI, S. 38.

[190] Hans Speidel, Invasion 1944. Ein Beitrag zu Rommels und des Reiches Schicksal, Tübingen/Stuttgart (1949), S. 137 f.

[191a] Bundeszentrale für Heimatdienst (siehe 189a), S. 44 ff.

[191b] Bundeszentrale für Heimatdienst (siehe 189a), S. 54.

[192a] Rudolf Pechel, Deutscher Widerstand, Erlenbach–Zürich (1947), S. 327 ff.

[192b] Bundeszentrale für Heimatdienst (siehe 189a), S. 176.

[192c] Fabian von Schlabrendorff, Offiziere gegen Hitler, Zürich (1951), S. 213 f.

[193] Eberhard Zeller, Geist der Freiheit. Der zwanzigste Juli, München o. J., S. 291 f.

NAMENVERZEICHNIS

mit biographischen Angaben zu den wichtigeren im Text oder in den Dokumenten erwähnten Personen.

Die mitgeteilten Daten beziehen sich im wesentlichen auf den Zeitraum der nationalsozialistischen Herrschaft. Die kursiv gesetzten Ziffern hinter den Namen beziehen sich auf Erwähnungen in den Kommentaren, die normalen Zahlen verweisen auf die Dokumente.